I0198784

Studies in Talmudic Logic
Volume 5

Resolution of Conflicts and Normative Loops in the Talmud

In this book we describe the fundamental rules for conflict resolution and address the basic Talmudic methods for resolving conflicts. We also investigate logical loops in Talmudic argumentation. It is obvious that one needs meta-level (out of the box) considerations. We also consider conflicts between Biblical Obligations and Prohibitions, a topic we studied in our third book. We conclude by comparing some features of conflict resolution with our matrix model presented in our first book.

Volume 1
Non-Deductive Inferences in the Talmud
Michael Abraham, Dov Gabbay and Uri Schild

Volume 2
The Textual Inference Rules Klal uPrat. How the Talmud Defines
Sets
Michael Abraham, Dov Gabbay, Gabriel Hazut, Yosef E. Maruvka
and Uri Schild

Volume 3
Talmudic Deontic Logic
Michael Abraham, Dov Gabbay and Uri Schild

Volume 4
Temporal Logic in the Talmud
Michael Abraham, Israel Belfer, Dov Gabbay and Uri Schild

Volume 5
Resolution of Conflicts and Normative Loops in the Talmud
Michael Abraham, Dov Gabbay and Uri Schild

Studies in Talmudic Logic
Series Editors
Michael Abraham, Dov Gabbay, and Uri Schild
dov.gabbay@kcl.ac.uk

Resolution of Conflicts and Normative Loops in the Talmud

Michael Abraham

Dov Gabbay

and

Uri J. Schild*

Bar Ilan University

*and Ashkelon Academic College

© Individual author and College Publications 2011. All rights reserved.

ISBN 978-1-84890-048-6

College Publications
Scientific Director: Dov Gabbay
Managing Director: Jane Spurr
Department of Computer Science
King's College London, Strand, London WC2R 2LS, UK

http://www.collegepublications.co.uk

Printed by Lightning Source, Milton Keynes, UK

All rights reserved. No part of this publication may be reproduced, stored in a retrieval system or transmitted in any form, or by any means, electronic, mechanical, photocopying, recording or otherwise without prior permission, in writing, from the publisher.

The Handling of Loops in Talmudic Logic, with Application to Odd and Even Loops in Argumentation

M. Abraham, D. Gabbay and U. Schild

1   Background

The Talmud is a body of arguments and discussions about all aspects of the human agent's social, legal and religious life. It was completed over 1500 years ago and its argumentation and debates contain many logical principles and examples very much relevant to today's research in logic, artificial intelligence, law and argumentation.

In a series of books on Talmudic Logic, the authors have studied the logical prinicples involved in the Talmud, one by one, devoting a volume to each major principle

We have just finished writing Volume 5, entitled *Resolution of Conflicts and Normative Loops in the Talmud*, and the present paper describes how the Talmud deals with even and odd loops and compares the results with open issues in argumentation.

For other English papers corresponding to previous books, see [1, 2, 3, 4, 5, 6].

We start by looking at two typical loops, as in Figures 1 and 2.

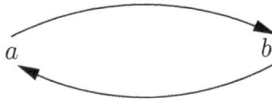

Figure 1:

We need to give some definitions.

An abstract network has the form (S, R), where S is a set of abstract nodes (arguments) and $R \subseteq S^2$ is the attack relation. Traditional research looks at extensions, these are subsets of S satisfying certain conditions (formulated in terms of R). Given (S, R) there may be several possible extensions of several types. In our case, for example, Figure 1 has three extensions $\{a\}, \{b\}$ and $\varnothing$, and Figure 2 has only one extension $\varnothing$.

Current research in argumentation, which relates to such loops and which connects with Talmudic logic, has two aspects:

1

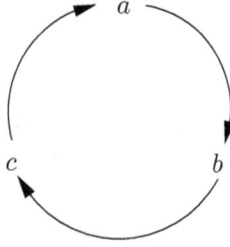

Figure 2:

1. Giving new definitions of extensions which can apply to abstract argumentation networks containing loops and allow us to get some new extensions other than "all undecided".

2. Adding extra information to the argumentation network which helps resolve the loops or help choose an extension.

The extra information one can add to the nodes of the network can be valuations or preferences among nodes. Mathematically one can look at valuations only, as preferences can be derived from them.

When we add valuations, we add a function $V : S \mapsto U$ where U is a value domain, giving some value to each $x \in S$.

V can be used in two extreme ways:

(a) Use V in the definition of extensions, by modifying the network or by disregarding and removing attacks, etc.

(b) Calculate the extensions without using V (i.e. ignoring V) and then using V to choose one's favourite extension or modify existing extensions and create new modified extensions.

(c) There is a third way, highly recommended by some members of the community, which is to use V to give internal content to the arguments and relate (define) R in terms of such content.

(a) is supported by Leila Amgoud and Trevor Bench-Capon.

(b) is supported by the 1500 years old Talmudic logic and recently by a 2010 paper by Toshiko Wakaki, [11].

(c) is supported by Henry Prakken in a 2010 paper [9].

The (b) and (c) approaches maintain consistency while (a) is problematic. See a critique by Martin Caminada [12]. We are grateful to Martin Caminada for providing us with the above information, as well as sending us his critique of aproach (a).

Our plan for this paper is very simple. In Section 2 we present the notion of Shkop extension to an abstract network (S, R) and compare it with Baroni's and his colleagues [13, 15] CF2 extensions.[1]

---

[1]Rabbi Shimon Shkop, 1860–1930. A Talmudic scholar analysing many logical principles in the Talmud.

In Section 3 we discuss some counter examples by Martin Caminada. In Section 4 we conclude the paper. In a follow-up paper, yet to be written, we give examples of how the Talmud offers valuations to resolve loops of odd and even types and how the Talmud chooses extensions.

2 Shkop extensions

We begin with a motivating Talmudic example, the dates are all in the same year, say 2010.

Example 2.1 (The divorce) *Jane is married to John. She develops some feelings for Frank and wants a divorce from John. Frank is a rich man and promises to compensate John generously if he cooperates. We now have the following temporal sequence:*

Jan 01:   *John gives divorce papers to Jane. The divorce is conditional on Jane marrying Frank by the 31st of March. Such conditional divorces are allowed in the Talmud. If Jane marries Frank before 31st March then all is well. If Jane does not marry Frank by 31st March then the divorce papers, the beginning, from January 01 are nullified and the divorce is not valid from Jan 01. This is Talmudic legal backwards causality.*

Feb 01:   *Jane takes her divorce papers and marries Terry. This marriage is valid because Jane's divorce papers are valid. Jane can still potentially fulfill the condition mentioned in the divorce papers; she can still divorce Tery and marry Frank.*

31st March: Jane, without getting a divorce from Terry, goes and marries Frank.

There is no doubt that Jane is a naughty girl! Frank is a bit paranoid, asking John to give Jane a conditional divorce.
    Now we seem to have landed in a logical loop.
    Let us build up an argumentation network based on this story.
    The base logic is classical temporal logic. The base theory in the logic is the following:

1. *If x is married to someone then x cannot marry someone else.*

2. *If x is married to y at time t then x continues to be married to y until there is a divorce or death.*

3. *(a) A divorce can be given at time t, conditional on an action taken at time s > t.*

    (b) If the action is not taken at time s then there is backward causality and the divorce is not valid from time t.

    (c) If the action is taken at time s then the divorce is valid at time t.

(d) *At any time $t', t \leq t' < s$, the divorce given at time t on a condition to be fulfilled at time s, is considered valid at time t' as long as there is the reasonable possibility, as seen from time t', that the condition will be fulfilled at time s.*

4. **Fact**: *John gave a divorce to Jane on January 01, conditional on Jane marrying Frank by March 31.*

5. **Fact**: *Jane married Terry on Feb 01.*

6. **Fact**: *Jane married Frank on March 31, without ever getting a divorce from Terry.*

7. *Note: It is possible for x to give a divorce to y at time t on the condition that y marries z $(z \neq x)$ at time $s > t$.*

   One might argue that at time s, we have a problem:

   y is still married to x therefore y cannot marry z. It is only when y marries z at time s that y is divorced from x at time t and is therefore able to marry z at time s.

   Since we allow for such conditions, we regard marrying z at s and enabling the divorce at t as simultaneous.

   The answer is that the condition of marrying z is not an enabling condition for the divorce papers but a nullifying condition. If it is not fulfilled the divorce papers are nullified.

We now consider the following arguments seen from the temporal point of view of March 31.

DJJ- *John's divorce from Jane on January 01 is not valid.*
The reasoning in this argument from base data goes as follows:

On February 01, the divorce was valid because there was the possibility of fulfilling the condition of the divorce, from Rule (3d). Therefore the marriage to Terry (Fact (5)) is valid and does not nullify the divorce, since Jane can still divorce Terry and marry Frank (Rule (3d)).

Therefore at the time March 31, when Jane married Frank without divorcing Terry, her marriage to Frank was not valid (Rules (1) and (2)). Hence, since the condition of the divorce was not fulfilled, the divorce is not valid.

MJT+ *Jane's marriage to Terry on Feb 01 is valid.*
The argument goes as follows:

Since Jane got a conditional divorce from John and the condition can still be fulfilled her divorce stands and she can marry Terry.

MJF+ *Jane's marriage to Frank is valid.*
the argument for that is as follows:

Assume the marriage to Frank is not valid. Then Jane's divorce from John is not valid. Hence her marriage to Terry is not valid. But then

Jane has a conditional divorce from John and she is not married to Terry, therefore she is free to marry Frank and the marriage is valid. Therefore since ¬MJF+ → MJF+, we conclude MJF+.

We now get the argumentation loop presented in Figure 3.

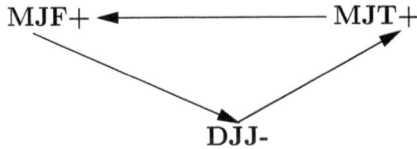

Figure 3:

It is clear that we have an odd loop here and the only Dung extension is ∅, being all undecided. However, life must go on and we need a resolution as to whom Jane is married to! Is she married to John, to Terry or to Frank?!

Here we introduce the intuitive Rabbi Shkop principle:

Shkop principle

If by assuming $x = $ in, we deduce that $x = $ out, then surely x must be out.

Let us apply this to our example. We have three possibilities for the choice of x, see Figure 3.

1. $x = $ **DJJ−**

2. $x = $ **MJT+**

3. $x = $ **MJF+**

We reason against the direction of the attack arrows. This reasoning is done later on, see Example 2.6 below for the calculation.

We get three extensions for each one of the choices of x:

1. Marriage to Frank is valid.

2. Divorce not valid — Jane is married to John.

3. Marriage to Terry is valid.

Commonsense dictates that we should not test the validity of the divorce because at the time (and here we make use of the temporal sequence) we did not know what Jane was going to do. Similarly we should not test the validity of the marriage to Terry because Jane could still have divorced him. So the only test is that of the validity of marriage to Frank. This test gives by the Shkop principle that **MJF+** = out and therefore the network looks like Figure 4, (see also Example 2.6 below for a detailed analysis).

5

a is an annilhilator node
making sure **MJF+** is out

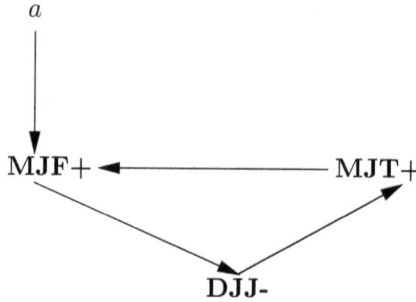

Figure 4:

Figure 4 has the extension:

$$
\begin{array}{rcl}
a & = & \text{in} \\
\mathbf{DJJ-} & = & \text{in} \\
\mathbf{MJT+} & = & \text{out} \\
\mathbf{MJF+} & = & \text{out}
\end{array}
$$

In the above considerations we kept the temporal aspects in the metalevel. We can include these aspects in the object level. We time stamp each argument and each attack arrow, according to the way the story unfolds. If we do this we get Figure 5.

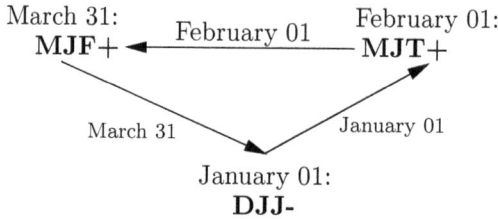

Figure 5:

Obviously the loop occurs on March 31. So we have to do the Shkop test on the March 31 argument, which is **MJF+**.

In general we can talk about Shkop temporal argumentation frames of the form $\mathbf{N} = (S, R, \mathbf{T})$, where (S, R) is an ordinary network and $\mathbf{T}$ is a time stamping function:

$$\mathbf{T} : S \cup R \mapsto \text{Time axis.}$$

For any choice of time t we look at the network

$$\mathbf{N}_t = (S_t, R_t),$$

6

where

$$S_t = \{a \in S | \mathbf{T}(a) \leq t\}$$
$$R_t = \{(x, y) \in R | \mathbf{T}(x, y) \leq t\}$$

Given $a \in S$ with $\mathbf{T}(a) = s$, we check according to Shkop the test $a = 1$? in the network $\mathbf{N}_s = (S_s, R_s)$.

Let us now be a bit more formal about Shkop extensions. Our aim is to offer the argumentation community the notion of Shkop semantics, and compare it with CF2 or Stage semantics. To do that, we need to generalise the intuitive Shkop principle in a sensible way.

For reasons of clear exposition, we find it advantageous to actually start from a recent paper of Martin Caminada, entitled Preferred semantics as Socratic discussion [10].

Caminada sets himself to give a game theoretic answer to the question:

Q: Given (S, R) and $a \in S$, can a be an element of some admissible extension?

His method is to assume that $a = $ in and see by Socratic discussion whether such a position can be maintained. The method is best explained by two examples.[2]

Example 2.2 *Consider Figure 6*

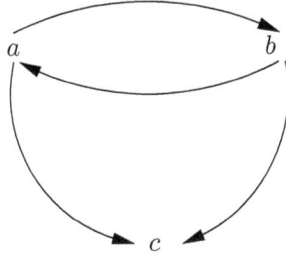

Figure 6:

We ask can we have $c = $ in in some extension? We proceed as follows:

1. $c = $ in, assumption

2. $b = $ out, from (1)

3. $a = $ in, from (2)

4. $a = $ out, from (1)

We get a contradiction. The assumption $c = $ in, lead us, using the attack rules and the geometry of the figure, that both $a = $ out, and $a = $ in.

Thus the answer the question about c is that it cannot be in, it must be out.

---

[2] Appendix A offers a Tableaux algorithm for this test.

7

Example 2.3 *Consider Figure 2. Ask the question can $c = in$? Let us check:*

1. *$c = in$, assumption*

2. *$b = out$, from (1)*

3. *$a = in$, from (2)*

4. *$c = out$, from (3)*

So again the answer is negative, there is no extension in which $c = in$.

Remark 2.4 *Note that the proofs in the Caminada Socratic discussion obtain a contradiction by using the direction in the graph against the arrow. Thus if we have*

$$x \to y \to z$$

and we assume $y = in$, Caminada is allowed to deduce $x = out$, going against the arrow, but is not allowed to deduce $z = out$ going with the arrow.

It seems that even with this restriction, the Socratic discussion is strong enough to identify all nodes a in the network for which $a = in$ is impossible.

Caminada's paper stops when we get our answers to the question of whether $a = in$ is possible or not.

Now let us use these two examples to explain what Shkop does. Shkop introduced a principle for resolving loops:

Shkop's original principle
If the test assumption $a = in$ leads to the conclusion that $a = out$, then a must be annihilated and be out.

To implement such a principle we need some notation. Let (S, R) be a network and let the elements of S be denoted by lower case letters. Let us add for any $a \in S$ a new annihilator letter, capital A.

With the above notation, let us redo Examples 2.2 and 2.3 according to Shkop.

Example 2.5 (Doing Example 2.2 according to Shkop) *We start by testing $c = in$ in Figure 6.*

1. *$c = in$, test assumption*

2. *$b = out$, from (1)*

3. *$a = in$, from (2)*
   The Caminada Socratic discussion goes against the arrow and would continue

4*. *$a = out$, from (1), a contradiction, because we get both $a = in$ and $a = out$.*
   The Shkop original principle requires us to get $c = out$ for a contradiction, because our original test was for $c = in$?. Therefore we need to go forward with the arrow using (3), as this is the only way to get back to c, and get (4) below. Going forward:

8

4. c = out, from (3)

5. From (1)–(4) we get that c must be annihilated by the Shkop principle.

This means that we replace Figure 6 by Figure 7.

We may now feel comfortable, allowing ourselves to go both backwards and forwards with the arrow, and thus maintaining the intuitive spirit of the Shkop principle. This, however, is problematic. Caminada has shown a counter example which is problematic. We discuss this later in Section 3. So we cannot allow ourselves to prove forward with the arrow. So we need to modify the Shkop principle.

Our choice of modifying the Shkop principle is to state:

- *If a = in leads to a contradiction then a must be out. In deriving the contradiction, we use reasoning going backwards with the arrow only, see Appendix A. Once the contradiction is derived we introduce an annihilator for c.*

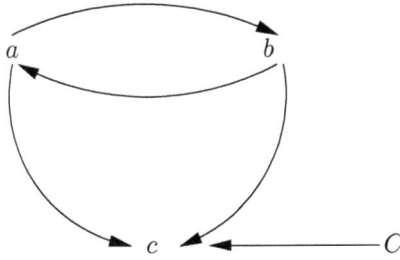

Figure 7:

Coming back to the argumemtation network of Figure 6, having tested c = in?, we can continue to test a = in and test b = in but this will not require any more annihilators.

The Shkop extensions for Figure 6 are obtained by taking ordinary extensions for Figure 7 and ignoring the annihilators. In the case of Figure 6 the Shkop procedure made no difference but for Figure 2 it does as it resolves loops.

Example 2.6 (Doing Example 2.3 according to Shkop) *We have three tests to conduct:*

Test 1: c = in

Test 2: b = in

Test 3: a = in

Test 1

1. c = in, test assumption

2. b = out, from (1)

3. $a = in$, from (2)

4. $c = out$, from (3)

5. Using the Shkop principle c must be annihilated and Figure 2 replaced by Figure 8.

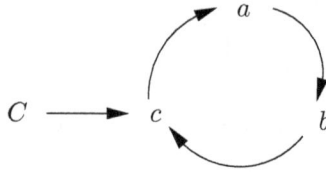

Figure 8:

Figure 8 is a new network and we can apply the Shkop test to it. We will get no more contradictions. The Dung extension for it is $\{C, a\}$.

The other tests will give us Figures 9 and 10.

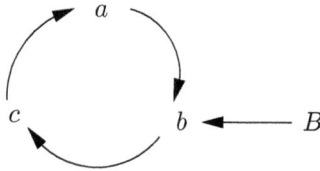

Figure 9:

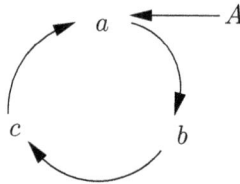

Figure 10:

The normal Dung extensions for Figures 9 and 10 are respectively $\{B, c\}$ and $\{A, b\}$.

According to Shkop, the Shkop extensions for Figure 2 are obtained from the normal extensions of Figures 8, 9 and 10 by ignoring the annihilators letters.

Thus we get the extensions $\{a\}, \{b\}, \{c\}$. Notice that these are the conflict free sets of Figure 2.

We ask the reader to remember this because we shall compare the Shkop extensions with Baroni's CF2 extensions.

Remark 2.7 The reader should note that the Shkop procedure was originally intended for elements x of a network which are part of an odd loop, see Example

2.1. Once the element is found to be out by the Shkop principle, we move to a new network containing the annihilator X of x and we deal with the new network only. Shkop would never test $c = $ in ? immediately (at that moment, if we take into account the temporal aspect, see Section 4) in Figure 1 because c is not part of a loop. He would test $a = $ in? and $b = $ in? and find no contradiction. For the sake of mathematical completeness and generalising Shkop, we can allow the use of the Shkop principle to any x in the network. The test is similar to the Caminada Socratic discussion (see Appendix A for a Tableaux algorithm doing the same as Caminada's Socratic discussion), and if $x = $ in is found contradictory, this means that x must be out. Thus adding the annihilator X with $X \rightarrow x$ to the network will make no difference and we get an equivalent network.

We therefore put forward the Generalised Shkop Principle:

Generalised Shkop Principle

Let (S, R) be a network and let $a \in S$. If the assumption $a = $ in leads to a contradiction (i.e. for some $x \in S$, we get both $x = $ in, and $x = $ out) by reasoning only backward against the direction of the arrow (as Caminada does in his Socratic discussion, or as we do in Appendix A using Tableaux) then a must be out. To ensure that a is out, we move to a new network $(S \cup \{A\}, R \cup \{A, a)\})$, where A is a new letter, being the annihilator of a.

Note that Caminada proved in his Socratic paper that for a network (S, R) and $a \in S$ the condition:

- The assumption $a = $ in leads to a contradiction by correctly reasoning backwards against the direction of the arrow.

is equivalent to the declarative condition

- a is not a member of any admissible set.

We can therefore formulate the Generalised Shkop principle in an equivalent declarative way as follows:

Generalised Shkop principle (declarative)

Let (S, R) be a network and let $a \in S$. If a is not a member of any admissible set, then a must be out. To ensure that a is visibly out we move to a new network $(S \cup \{A\}, R \cup \{(A, a)\})$, where A is a new letter, being the annihilator of a.

We are now ready to define the notion of Shkop extensions.

Definition 2.8 *1. Let $\mathbf{N} = (S, R)$ be a finite argumentation network. Assume elements $y \in S$ are denoted by lower case letters. For each such y let Y be the annihilator of y.*

We define by induction the notions of

(a) $(y_1, \ldots, y_k), y_i \in S$ is a legitimate Shkop sequence.

(b) $\mathbf{N}_{(y_1,\dots,y_k)}$ *is a Shkop model dependent on* $(y_1,\dots,y_k)$.

Case $k = 1$

y_1 *is a legitimate Shkop sequence if y is not a member of any admissible set of (S, R) (or equivalently by Caminada [10], if the assumption $y = in$, in (S, R) leads to a contradiction using Caminada Socratic discussion). In this case let*

$$
\begin{aligned}
\mathbf{N}_{y_1} &= (S \cup \{Y_1\}, R \cup \{(Y_1, y_1)\}) \\
&= (S_{y_1}, R_{y_1}).
\end{aligned}
$$

Case $k + 1$

Assume $(y_1, \dots, y_k)$ is a legitimate sequence and assume $\mathbf{N}_{(y_1,\dots,y_k)}$ is well defined. Let $y_{k+1} \in S$ be a point such that y_{k+1} is different from all $y_1, \dots, y_k$. Assume that y_{k+1} is not a member of any admissible set in $\mathbf{N}_{(y_1,\dots,y_k)}$, (or equivalently the assumption $y_{k+1} = in$, in the network $\mathbf{N}_{(y_1,\dots,y_k)}$ leads to a contradiction using Caminada Socratic discussion). Then $(y_1, \dots, y_{k+1})$ is a legitimate sequence and let $\mathbf{N}_{(y_1,\dots,y_{k+1})}$ be $(S_{(y_1,\dots,y_{k+1})}, R_{(y_1,\dots,y_{k+1})}$, where

$$
\begin{aligned}
S_{(y_1,\dots,y_{k+1})} &= S_{(y_1,\dots,y_k)} \cup \{Y_{k+1}\} \\
R_{(y_1,\dots,y_{k+1})} &= R_{(y_1,\dots,y_k)} \cup \{(Y_{k+1}, y_{k+1})\}.
\end{aligned}
$$

2. *Let $(y_1, \dots, y_k)$ be a legitimate sequence. Let n be the number of elements of S. Then we say the rank of $\mathbf{N}_{(y_1,\dots,y_k)}$ is $n - k$.*

3. *Let $(y_1, \dots, y_k)$ be a legitimate sequence. Let $\mathbf{N}_{(y_1,\dots,y_k)}$ e its associated Shkop network. We say $\mathbf{N}_{(y_1,\dots,y_k)}$ or equally $(y_1, \dots, y_k)$ is clean iff there are no legitimate sequences extending $(y_1, \dots, y_k)$. Alternatively, iff for any $y \in S, y \neq y_i, i = 1, \dots, k$, we have that the test $y = in$ does not lead to a contradiction.*

4. *Let $\mathbf{N}_{(y_1,\dots,y_k)}$ be clean. Then we define the set of Shkop extensions of $\mathbf{N} = (S, R)$ as derived from $(y_1, \dots, y_k)$.*
   Notation
   $$
   \mathbb{E}^{\text{Shkop}}_{(y_1,\dots,y_n)}
   $$
   to be defined as follows.

   Let E be any ordinary Dung extension of $\mathbf{N}_{(y_1,\dots,y_k)}$ or equivalently let λ be any Caminada labelling for $\mathbf{N}_{(y_1,\dots,y_k)}$, then $E \cap S$ (or equivalently) $\lambda \restriction S$ be an element of $\mathbb{E}^{\text{Shkop}}_{(y_1,\dots,y_k)}$.

5. *We now define the notion of all Shkop extensions of a finite network $\mathbf{N} = (S, R)$. We define the set of all Shkop extensions of $\mathbf{N}$ to be*
   $$
   \mathbb{E}^{\text{Shkop}}_{\mathbf{N}} = \bigcup_{\substack{(y_1,\dots,y_k) \\ \text{clean}}} \mathbb{E}^{\text{Shkop}}_{y_1,\dots,y_k)}
   $$

Remark 2.9 *Note that this is our definition based on the generalised Shkop principle. We can give restricted variations of it. For example, following Baroni et al. in their paper [15] of SCC recursiveness, we can first rewrite (S, R) as an acyclic ordering of maximal loops and then apply the Shkop procedure to loop elements starting from the top loops. This is like the way the CF2 extensions are calculated. We shall give a substantial example below to show you what happens.*

It is now time to give some more Shkop examples.

Example 2.10 *Consider Figure 11*

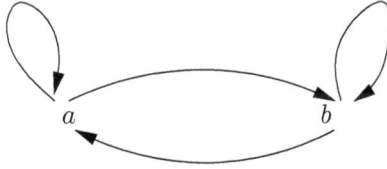

Figure 11:

Testing b and then testing a or testing a and then testing b will lead to the same Figure 12.

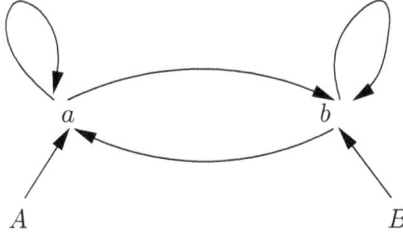

Figure 12:

Therefore the Shkop extension of Figure 11 is $\{a = out, b = out\}$. This does not contradict the usual Dung extension of all undecided!

Example 2.11 (Shkop compared with CF2) *Consider the network in Figure 13. This figure appears in [8] as an example of how Baroni's CF2 semantics works. Gaggl and Woltran have a program which can compute the CF2 extensions.*

The CF2 extensions for Figure 13 are the following:

$$\begin{aligned} E_1 &= \{c, f, h\} \\ E_2 &= \{c, g, i\} \\ E_3 &= \{b, d, e, g, i\} \\ E_4 &= \{a, d, e, g, i\}. \end{aligned}$$

The CF2 semantics would start with the top cycle $\{a, b, c\}$. They would take maximal conflict free subsets which are in this case $\{a\}, \{b\}, \{c\}$ and then arbitrarily decide on the three assignment:

13

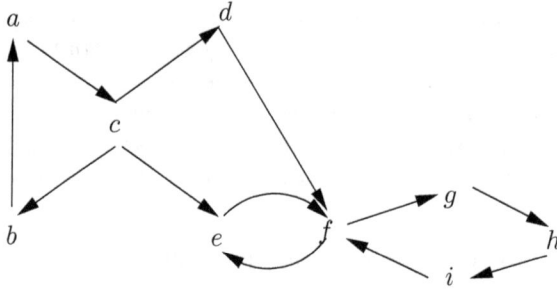

Figure 13:

1. $c = in$, $b = out$, $a = out$

2. $b = in$, $c = out$, $a = out$

3. $a = in$, $c = out$, $a = out$

Having now given values to a, b and c, one can propagate the values to the rest of the network and get extensions.

For example:

If $c = in$, then $d = e = out$.

Therefore $f = in$ and hence $g = out$, $h = in$ and $i = out$.

We got ourselves an extension by breaking the loop $\{a, b, c\}$. The alternative, if we follow traditional Dung style approach is to have one extension only $=$ all undecided.

The method seems arbitrary, a technical device to generate extensions. It does not always help. Consider Figure 14 for example.

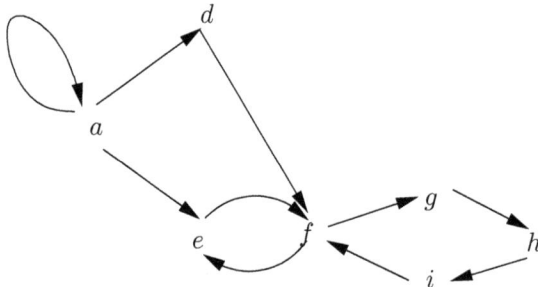

Figure 14:

CF2 can do nothing here because they do not have loop breaking principles, only an ad-hoc device of taking maximal conflict free subsets.

Now let us look at Shkop extensions of Figure 13.

Option 1

Accept the procedure where we start from the top loops. Call this top-down

14

Shkop procedure. In this case we start from $\{a, b, c\}$ *and ask, as in Example 2.6,*

Test 1: $a = in$
Test 2: $b = in$
Test 3: $c = in$

This will yield Shkop figures 15, 16 and 17.

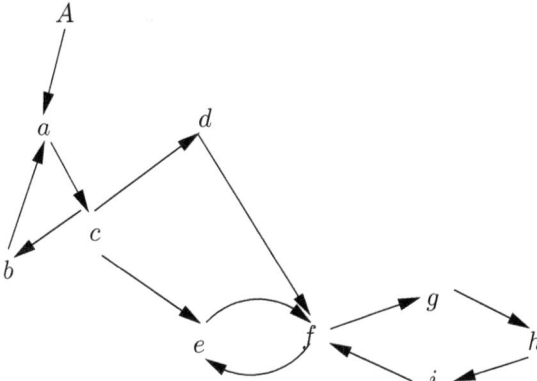

Figure 15:

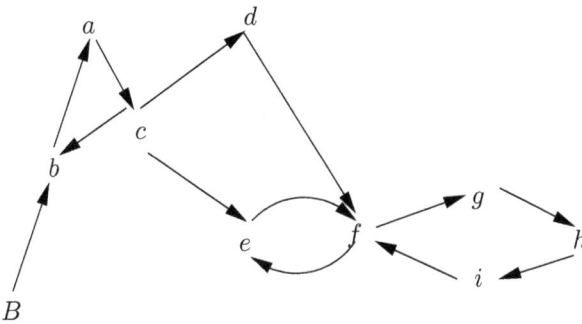

Figure 16:

From Figure 15 we get the extensions E_1 and E_2. From Figure 16 we get Extension E_4 and from Figure 17 we get extension E_3.

In the case of Figure 14, using the Shkop procedure on $a = in$ will give Figure 18.

and we get the extension $\{d, e, g, i\}$.

Let us now check what happens if we allow the Shkop process to start from any point. Let us start with $d = in$? and then $e = in$?. We will get that both need to be annihalated. If we carry on asking $a = in$? or $b = in$? or $c = in$?

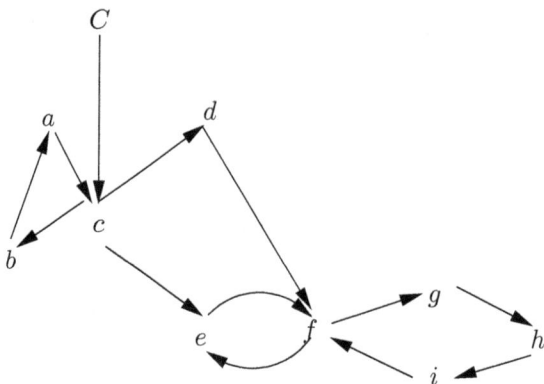

Figure 17:

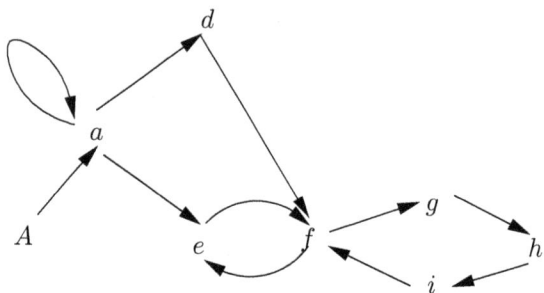

Figure 18:

we get the extensions

$$\{c, f, h\}$$
$$\{c, g, i\}$$
$$\{a, f, h\}$$
$$\{a, g, i\}$$
$$\{b, f, h\}$$
$$\{b, g, i\}$$

This paper is mainly qualitative. A more mathematical exposition will need to address some open problems.

Problem 1

Under what circumstances is the top down Shkop process the same as CF2?

Problem 2

Is there a set of equations in the equational approach [7] characterising say the top down Shkop extensions?

Note that all extensions obtained by the Shkop procedure are stable. There is no undecided. Shkop kills all undecided!

16

Remark 2.12 *The reader may seek some meaning to the Shkop algorithm. For this, see the conclusion Section 4. The reader must remember that Talmudic logical argumentation and debate was conducted from the first to the end of the fifth centuries and was used in Jewish communities in the world during the following 1500 years.*

Rabbi Shkop just explained the principles involved and we in this paper are formally modelling them in terms of known abstract argumentation methods.

The principle works!

3 Caminada counter examples: A discussion

Martin Caminada read an earlier version of Section 2 and gave us penetrating comments and devastating counter examples. The aim of this Section is to put forward an alternative formulation of the Shkop principle which maintains the spirit of Shkop while avoiding the counter examples of Caminada.

We need to summarise the intellectual chain of reasoning events.

(1)   The original Shkop principle, as formulated by Shkop, says as follows:

(*1)   Let $\mathbf{N} = (S, R)$ be a network. Let $x \in S$. Assume (test) $x = $ in. If one can prove that this entails $x = $ out, then surely x must be out.

Our modelling of this principle was to move to the network $\mathbf{N}_x$, as defined in Definition 2.8.

Shkop does not specify what it means "to be able to prove that $x = $ in entails $x = $ out". We adopted the Caminada Socratic method to give meaning to this notion.

(2)   Here we had a problem. Caminada's method uses reasoning against the direction of the arrow. So if we have, for example

$$y \to x \to z$$

and we test the assumption $x = 1$, then Caminada allows us to deduce $y = 0$, but we are not allowed to deduce $z = 0$.

The difficulty with this is that Shkop formulated his principle by saying "$x = $ in can prove $x = $ out".

It is the same x.

The "same x" restriction is OK for cases of pure loops of the form

$$x \to a_1 \to a_2 \to \ldots \to a_k \to x$$

We can prove $x = $ in implies $x = $ out by going backwards, but for cases like Figure 6 (the test case assuming $c = $ in) we cannot get $c = $ out by going against the arrow only, as discussed in Example 2.5.

Our original modification of Shkop principle was to allow forward reasoning with the arrow. However, Caminada landed a devastating counter example on this attempt (see Example 3.1 below).

We therefore reformulated the generalised Shkop principle in a safe way, as follows.

(*2)   Let $\mathbf{N} = (S, R)$ be a network. Let $x \in S$. Assume (test) $x = $ in. If one can prove a contradiction from this assumption, say that for some $y \in S$, both $y = $ in and $y = $ out are derivable, then surely x must be out, and move to $\mathbf{N}_x$

The above is equivalent to the following (in view of Caminada's Socratic paper).

(*3)   Let $\mathbf{N} = (S, R)$ and let $x \in S$. If x is not part of any extension (equivalently if there is no Caminada labelling λ with $\lambda(x) = $ in), then surely x must be out and we move to $\mathbf{N}_x$

So the Shkop extensions and Shkop semantics are obtained by systematically annihilating all points which cannot be part of an extension, as defined in Definition 2.8. This is a Draconian instrument. Note that it needs to be done in sequence, one node at a time.

Example 3.1 (Caminada's counter example) *Consider Figure 19*

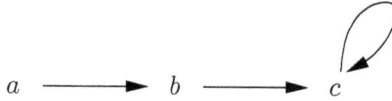

Figure 19:

Let us test $a = 1$? allowing reasoning both with and against the arrow. We reproduce Caminada's reasoning

1. $a = $ in, assumption

2. $b = $ out, from (1)

3. We now do case analysis for c.

   Case 3a $c = $ in
   In this case we continue

   (4a) $c = $ out, since c attacks itself.
   (5a) $b = $ in, from (4a)
   (6a) $a = $ out, from (5a)

   Case 3b $c = $ out

   (4b) $b = $ in, since $c = $ out
   (5b) $a = $ out, from (4b)

18

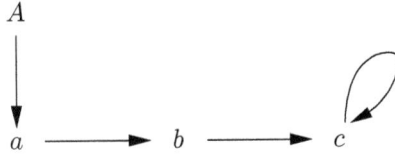

Figure 20:

4. Since in both cases we get $a = $ out, then by the Shkop principle surely $a = $ out and we move to Figure 20.

Clearly this is not acceptable.

Later on we shall modify the forward proof procedures by means of Labelled Deductive Systems and hopefully avoid the Caminada counter example.

We shall now show the idea behind this modification. Let us do the proof again, using our idea:

1. $a = $ in, assumption

2. $b = $ out, from (1)

3. we now have a node c which is not attacked by any node which is in, and instead of doing a case analysis, let us ask, by way of a subcomputation, can $c = $ in?

Subcomputation

- Given assumptions: $a = $ in, $b = $ out

- we test: $c = $ in.

(3.1) $c = $ in, assumption

(3.2) $c = $ out, from (3.1)

Therefore using the Shklop principle c surely must be out, and we move to Figure 21.

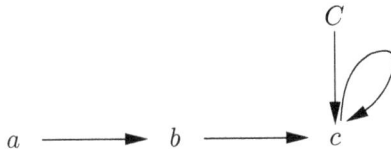

Figure 21:

(4) We now continue the original computation with Figure 21.

To make our idea crystal clear, let us present the reasoning structure as follows: (Note the network changes as we reason, so each line has to indicate which network we are dealing with).

1. Figure 19, $a = $ in, assumption

2. Figure 19, $b = $ out, from (1)

3. subcomputation in Box1

Box 1:

3.1	Figure 19, $c = $ in, assumption
3.2	Figure 21, $c = $ out, from (3.1)
3.3	Use (3.1) and (3.2) and the Shkop principle: c must be out
3.4	Exit subcomputation with Figure 21

4. We are now in Figure 21 from Box 1: we continue reasoning.

Thus the network changes as we reason along the arrows!

At present we do not know if this new computation is sound. It may be that counter examples can be found. Even if it is sound, we do not know exactly what it does. Our conjecture is that it just forces us to consider the loops first and eliminate them. At any rate, this is not crucial to our paper, since we are happy with the General Shkop Principle and the algorithm we have in the Appendix.

4 Conclusion

The original Shkop principle is given in temporal context: Imagine a group of agents operating in time and taking actions. To execute an action **a** the pre-condition of the action $\alpha_{\mathbf{a}}$ needs to be fulfilled and then after the action is taken, the post-condition $\beta_{\mathbf{a}}$ of the action holds.

So if we start at time $t = 0$ in a certain state s and let our agents proceed with their actions then we move from state to state without any trouble and no argumentation networks arise and no loops arise.

The difference between ordinary actions and Talmudic actions is that the Talmud allows for the pre-conditions to contain future conditions and actions. Thus the enabling conditions of the actions can depend on the future and this can create loops. The Talmud also says that if the future condition is not fulfilled, then the action is nullified backwards in time (backward causality). See our papers [4] and [6].

To give a simple example, suppose that on Monday John orders a new laptop to be delivered on Friday. John gives his old laptop on Monday to a student named Tracy, free of charge, on the condition that on Friday, Tracy will configure his new laptop. Call this action **a**.

On Tuesday Tracy is ready to sell the laptop she got from John to a new buyer, Mary, for a good price, but Mary insists that on Friday Tracy transfers the contents of her old computer to the laptop she is buying. Call this action **b**.

The pre-condition for action **b** is that Tracy owns the laptop she is selling. For this to hold she must configure John's new laptop on Friday. However, if we allow action **b**, then Tracy will not be able to configure John's new laptop on Friday, because she will be busy transferring Mary's old data. If Tracy does that for Mary, then action **a** is nullified and so Tracy will not be the owner of the laptop she wants to sell and therefore action **b** is nullified.

What we get here is that if action **b** is allowed then it is nullified. The Shkop principle says that in this case do not allow action **b**.

We see here the context in which the Shkop principle operates. It is a time action model with future pre-conditions and backward causality, which progresses in time. Shkop says that any action which is about to be taken at time t which causes a chain reaction which cancels its own pre-condition at the same time t, should not be taken at time t.

We used the idea of Shkop to suggest and create the Shkop extensions for argumentation networks. These networks are not temporal but are static. We get them from the temporal action model by looking at what is happening at any certain fixed time.

This initial paper is mainly qualitative and a more detailed modelling of the temporal aspects is forthcoming.

Appendix

A   Tableaux for Caminada Socratic discussion

We offer here a tableaux method designed to test, for an element x in a finite argumentation network, whether x is an element of any admissible extension.

Definition A.1 *Let* $\mathbf{N} = (S, R)$ *be a finite argumentation frame.*

1. *A tableaux for* $\mathbf{N}$ *has the form*

$$\tau = (\mathbb{A}_\tau, \mathbb{B}_\tau, \mathbb{D}_\tau)$$

   where $\mathbb{A}_\tau \subseteq S$ *is the left inside of* τ *and* $\mathbb{B}_\tau \subseteq S$ *is the right outside of* τ, *and* $\mathbb{D}_\tau$ *is the set of elements marked to be treated in* τ. $\mathbb{D}_\tau$ *will be treated in the next tableau derived from* τ. *We have either* $\mathbb{D}_\tau \subseteq \mathbb{A}_\tau$ *(left treatment) or* $\mathbb{D}_\tau \subseteq \mathbb{B}_\tau$ *(right treatment).*

2. *A tableau* τ *is said to be closed if one or more of the following holds:*

   - $\mathbb{A}_\tau \cap \mathbb{B}_\tau \neq \varnothing$
   - *For some* $y \in \mathbb{B}_\tau$, *we have* $\{x \in S \mid xRy\} = \varnothing$.

Definition A.2 *Let* $\mathbf{N} = (S, R)$ *be finite argumentation frame and let* $x \in S$. *We define a tree* $\mathbb{T}$ *of tableaux for testing whether* $x = in$ *is possible at all, i.e. whether* x *can be a member of any admissible extension. The tree of tableaux will have tree relation* ρ.

Step 1
Form the tableau $\tau_1 \in \mathbb{T}$, *where*

$$\tau_1 = (\{x\}, \varnothing, \{x\})$$

21

say $\{x\}$ is marked to be dealt with at this stage.

Step 2

Form the tableau $\tau_2 \in \mathbb{T}$, where

$$\tau_1 = (\{x\}, \{y|yRx\}, \{y|yRx\})$$

Say $\{y|yRx\}$ are marked to be dealt with at this stage and that $\{x\}$ has been dealt with. Let $\tau_1 \rho \tau_2$ hold.

If for some y such that yRx we have $\{z|zRy\} = \varnothing$ or if xRx then this tableau is closed. Otherwise we move to Step 3.

Step 3

Let $\mathbf{f}$ be any choice function such that for each y to be dealt with in the tableaux τ_2 of the previous step, (i.e. $y \in \mathbb{D}_{\tau_2}$), it chooses an element $\mathbf{f}(y) \in S$ such that $\mathbf{f}(y)Ry$. Form the tableaux, $\tau_3^{\mathbf{f}} \in \mathbb{T}$:

$$\tau_3^{\mathbf{f}} = (\mathbb{A}_3^{\mathbf{f}}, \mathbb{B}_3^{\mathbf{f}}, \mathbb{D}_3^{\mathbf{f}})$$

for each such an $\mathbf{f}$, where

$$\mathbb{A}_3^{\mathbf{f}} = \mathbb{A}_2 \cup \{\mathbf{f}(y)|y \in \mathbb{B}_2\}$$
$$\mathbb{B}_3^{\mathbf{f}} = \mathbb{B}_2$$
$$\mathbb{D}_3^{\mathbf{f}} = \{\mathbf{f}(y)|y \in \mathbb{B}_2 \text{ and } \mathbf{f}(y) \notin \mathbb{A}_2\}.$$

Say that all elements of $\mathbb{B}_2$ (all the ys) have been dealt with and all elements of $\mathbb{D}_3^{\mathbf{f}}$ are marked to be dealt with.

Let $\tau_2 \rho \tau_3^{\mathbf{f}}$, for all $\mathbf{f}$.

Note that $\mathbb{D}_3^{\mathbf{f}}$ may be empty.

Step 4

Let $\tau_3^{\mathbf{f}}$ be any tableau of Step 3. Construct the tableau $\tau_4^{\mathbf{f}} \in \mathbb{T}$ as follows:

$$\mathbb{A}_4^{\mathbf{f}} = \mathbb{A}_3^{\mathbf{f}}$$
$$\mathbb{B}_4^{\mathbf{f}} = \mathbb{B}_3^{\mathbf{f}} \cup \{z| \text{ for some } u \in \mathbb{D}_3^{\mathbf{f}} \text{ we have } zRu\}$$
$$\mathbb{D}_4^{\mathbf{f}} = \{z| \text{ for some } u \in \mathbb{D}_3^{\mathbf{f}} \text{ we have } zRu \text{ and } z \notin \mathbb{B}_3^{\mathbf{f}}\}.$$

We say the elements of $\mathbb{A}_3^{\mathbf{f}}$ have been dealt with and the elements of $\mathbb{B}_4^{\mathbf{f}}$ are marked to be dealt with.

Let $\tau_3^{\mathbf{f}} R \tau_4^{\mathbf{f}}$.

Inductive step type odd

We assume by induction that we have $\tau = (\mathbb{A}, \mathbb{B}, \mathbb{D})$ and the elements marked to be dealt with are all in $\mathbb{A}$, i.e. $\mathbb{D} \subseteq \mathbb{A}$ and $\mathbb{D} \neq \varnothing$. In this case proceed as in Step 3 and create τ' and let $\tau' \in \mathbb{T}$ and let $\tau R \tau'$.

Inductive step type even

We assume by induction that we have $\tau = (\mathbb{A}, \mathbb{B}, \mathbb{D})$ and all the elements to be dealt with are from $\mathbb{B}$ (i.e. $\mathbb{D} \subseteq \mathbb{B}$), and that $\mathbb{D} \neq \varnothing$.

Then proceed as in Step 4.

Lemma A.3 *If* $\mathbf{N} = (S, R)$ *is finite then after a finite number of steps the Tableaux process terminates. We reach tableaux at the bottom of the ρ-tree such that they are either closed or their $\mathbb{D}$ is empty.*

Proof. Since $\mathbb{D}$ always adds new elments either to $\mathbb{A}$ or to $\mathbb{B}$ and $\mathbb{A}$ and $\mathbb{B}$ do not decrease, and S is finite, sooner or later $\mathbb{D} = \varnothing$. ∎

Lemma A.4 *Let (S, R) be a finite argumentation network and let $(\mathbb{T}, \rho)$ be the tableaux for it.*
Then there exists a maximal path $\tau_1 \rho \tau_2 \rho \ldots \rho \tau_n$ of non-closed tableaux in $\mathbb{T}$, if and only if x is a member of some admissible extension E.

Proof.

1. Assume $x \in E$ and E is an admissible extension. We will define a maximal path $\tau_1 \rho \tau_2 \rho \ldots \rho \tau_n$ of non-closed tableaux in $(\mathbb{T}, \rho)$.

   Let $\tau_1 = (\{x\}, \varnothing, \{x\})$ as in Step 1 of the inductive definition of $(\mathbb{T}, \rho)$.

   Let τ_2 be as in Step 2. τ_2 is not closed, because if xRx holds, then x cannot be in any admissible extension, and if for some y, yRx and $\neg \exists z(zRy)$ hold, then x is out.

   Assume by induction that we have defined a chain $\tau_1 \rho \tau_2 \rho \ldots \rho \tau_k$ of non-closed tableaux such that for each $1 \le i \le k$ we have

   - If $y \in \mathbb{A}_{\tau_i}$ then $y \in E$
   - If $y \in \mathbb{B}_{\tau_i}$ then for some $z \in E, zRy$ holds.

   We now define τ_{k+1}.

   Case k is odd
   In this case we have
   $$\mathbb{D}_{\tau_k} \subseteq \mathbb{A}_{\tau_k}$$

   Let τ_{k+1} be defined in Inductive Step type odd (same as Step 3). Clearly $\tau_k \rho \tau_{k+1}$ holds. We want to show that τ_{k+1} is not closed. Since $\mathbb{A}_{\tau_k} \subseteq E$ and $\mathbb{D}_{\tau_k} \subseteq \mathbb{A}_{\tau_k}$ we have that any yRu for $u \in \mathbb{D}_{\tau_k}$ is atatcked by E and hence is out. Thus
   $$\mathbb{A}_{\tau_{k+1}} \cap \mathbb{B}_{\tau_{k+1}} = \varnothing.$$

   Also every such y is attacked by something and so τ_{k+1} is not closed.

   Case k is even
   In this case we have $\mathbb{D}_{\tau_k} \subseteq \mathbb{B}_{\tau_k}$. This means that all points of $\mathbb{D}_{\tau_k}$ are out. Moreover by construction, $\mathbb{D}_{\tau_k}$ are points attacking points in $\mathbb{A}_{\tau_{k-1}}$, and so by the admissibility of E each such point y has an attacker $\mathbf{f}(y) \in E$. Then let τ_{k+1} be $\tau_{k+1}^{\mathbf{f}}$ for this function $\mathbf{f}$. we have that $\tau_k \rho \tau_{k+1}^{\mathbf{f}}$ and $\tau_{k+1}^{\mathbf{f}}$ is non-closed.

   We carry on until such an n that $\mathbb{D}_{\tau_n} = \varnothing$.

23

2. Assume there exists a maximal path of non-closed tableaux $\tau_1 \rho \tau_2 \rho \ldots \rho \tau_n$ in $(\mathbb{T}, \rho)$. Then clearly

$$\mathbb{D}_{\tau_n} = \varnothing.$$

Let $E = \mathbb{A}_{\tau_n}$. We show that E is conflict free and self-defending. If xRy holds for $x, y \in E$, then at some $\tau_i, y \in \mathbb{A}_{\tau_i}$ and so $x \in \mathbb{B}_{\tau_{i+1}}$ and so τ_j will be closed, for some $j \geq i$ (the j in which x gets into $\mathbb{A}_{\tau_j}$).

Assume for some z that $zRx, x \in E$. We need to show a $u \in E$ such that uRz. Since $x \in E$ then $x \in \mathbb{A}_{\tau_i}$ for some i. Then $z \in \mathbb{B}_{\tau_{i+1}}$ and so in $\mathbb{B}_{\tau_{i+1}} = \mathbb{B}_{\tau_i}\mathbf{f}$ we have $\mathbf{f}(z) \in \mathbb{A}_{\tau_i} = \mathbb{A}_{\tau_{i+1}}$ and $\mathbf{f}(z)Rz$.

This completes the proof. ∎

Example A.5 *Let us check again whether $c = in$ is possible in Figure 6, this time using tableaux.*

$$\tau_1 : (\{c\}, \varnothing, \{c\})$$
$$\tau_2 : (\{c\}, \{a, b\}, \{a, b\})$$
$$\tau_3^{\mathbf{f}} : (\{c, a, b\}, \{a, b\}, \{a, b\}).$$

Here $\mathbf{f}(a) = b$ and $\mathbf{f}(b) = a$. $\tau_3^{\mathbf{f}}$ is closed.

Remark A.6 *Note that the tableaux method works for the query for several points, namely*

- *Can $c_1, \ldots, c_n$ all be together in some admissible set?*

We simply start our tableaux with

Step 1:

$$(\{c_1, \ldots, c_n\}, \varnothing, \{c_1, \ldots, c_n\})$$

Acknowledgements

We are grateful to Martin Caminada for helpful information and comments, and counter examples.

References

[1] M. Abraham, D. Gabbay, and U. Schild. Analysis of the Talmudic Argumentum A Fortiori Inference Rule (Kal-Vachomer) using Matrix Abduction. *Studia Logica*, vol 92 , No 3, pp 281–364, 2009.

[2] M. Abraham, G. Hazut, D. Gabbay, Maruvka and U. Schild. Logical Analysis of the Talmudic Rule of General and Specific (Klal-u-Prat). Special issue on Judaic Logic edited by A Schumann, *Journal of the History and Philosophy of Logic*, Vol 32 issue 1, pp 47–62, 2011.

[3] M. Abraham, D. Gabbay, and U. Schild. Obligations and Prohibitions in Talmudic Deontic Logic. In G. Governatori and G. Sartor, eds., *DEON 2010, LNAI 6181*, pp. 166–178, 2010.

[4] M. Abraham, D. Gabbay, and U. Schild. Contrary to Time Conditionals. Submitted to *J of AI and Law*.

[5] M. Abraham, D. Gabbay, and U. Schild. Obligations and Prohibitions in Talmudic Deontic Logic.

Expanded Journal version. To appear in *J. AI and Law*, special issue Deon 2010.

[6] M. Abraham, I. Belfer, D. Gabbay, and U. Schild. Future Oriented determination of entities in Talmudic Logic. Submitted to *J. AI and Law*.

[7] D. Gabbay. Equational Approach to Argumentation Networks. Submitted to *Argumentation and Computation*, 2011.

[8] S. A. Gaggl and S. Woltran. Strong Equivalence for Argumentation Semantics Based on Conflict-Free Sets, slides of lecture presented in ECSQARU 2011.

[9] H. Prakken. An abstract framework for argumentation with structured arguments *Argument & Computation*, 2010.

[10] M. Caminada. Preferred Semantics as Socratic Discussion, 2011.

[11] T. Wakaki. Preference-based Argumentation Capturing Prioritized Logic Programming, *ArgMAS*, 2010.

[12] M. Caminada. On the Limitations of Abstract Argumentation. Submitted to *BNAIC*, 2011.

[13] P. Baroni and M. Giacomin. Solving semantic problems with odd-length cycles in argumentation. In *Proceedings of the 7th European Conference on Symbolic and Quantitative Approaches to Reasoning with Uncertainty (ECSQARU 2003)*, pp. 440–451. LNAI 2711, Springer-Verlag, Aalborg, Denmark, 2003.

[14] G. A. Bodanza and F. A. Tohmé. Two approaches to the problems of self-attacking arguments and general odd-length cycles of attack. *Journal of Applied Logic*, 7, 403–420, 2009.

[15] P. Baroni, M. Giacomi and G. Guida. SCC-recursiveness: a general schema for argumentation semantics. *Artificial Intelligence*, 168 (1-2):162–210, 2005.

מחקרים בלוגיקה תלמודית

כרך ה

הכרעת קונפליקטים ולולאות נורמטיביות בתלמוד

בספר זה, אנחנו עוסקים בבניית הכללים היסודיים להכרעה למצבי קונפליקט,
ובדרכים העקרוניות לפתור קונפליקטים ערכיים בתלמוד ובכלל. אנחנו נוגעים
גם בלולאות לוגיות בהלכה, ונראה שהדרך להכריע קונפליקטים היא באמצעות
יציאה על מחוץ לקופסא. בין היתר אנו עוסקים בקונפליקט שנוגע ישירות
בכללי ההתנגשות בין לאו לעשה שנדונו בספר השלישי. לבסוף אנחנו עורכים
כאן השוואה למה שעשינו בספר הראשון, ומראים קווי דמיון מסויימים.

לוגיקה דאונטית לאור התלמוד

לוגיקה של זמן בתלמוד

הכרעת קונפליקטים ולולאות נורמטיביות בתלמוד

מחקרים בלוגיקה תלמודית
עורכי הסדרה:
מיכאל אברהם, דב גבאי ואורי שילד
dov.gabbay@kcl.ac.uk

הכרעת קונפליקטים ולולאות נורמטיביות בתלמוד

מיכאל אברהם

דב גבאי

ואורי שילד*

אוניברסיטה בר אילן

*והמכללה האקדמית אשקלון

© Individual author and College Publications 2011. All rights reserved.

ISBN 978-1-84890-048-6

College Publications
Scientific Director: Dov Gabbay
Managing Director: Jane Spurr
Department of Computer Science
King's College London, Strand, London WC2R 2LS, UK

http://www.collegepublications.co.uk

Printed by Lightning Source, Milton Keynes, UK

כל הזכויות שמורות. אין להעתיק לאכסן במאגר מידע או להעביר כל חלק מפרסום זה, בכל צורה, אלקטרונית, מכנית, צילום, הקלטה, או אחר, ללא רשות מראש ובכתב מהמו"ל.

1

הקדמה כללית

ספר זה הוא החמישי בסדרה 'מחקרים בלוגיקה תלמודית', שמבוססת על מחקרים שנעשו בקבוצת הלוגיקה התלמודית באוניברסיטת בר-אילן. מחקרים אלו משלבים כלים לוגיים עם כלים תלמודיים קלאסיים בכדי לרדת לשורש התובנות הלוגיות שמצויות בתלמוד.

כפי שכבר כתבנו גם בספרים הקודמים, המטרה של הסדרה כולה היא כפולה: 1. יבוא – כלומר שימוש בכלים לוגיים מודרניים, והבאתם לשדה התלמודי, בכדי לנתח סוגיות תלמודיות והלכתיות עמומות ולהבהיר אותן. 2. יצוא – העברת תובנות מהעיון הלוגי בתלמוד, והוצאתן אל ההקשרים הלוגיים הרחבים יותר, תוך ניסיון להעשיר באמצעותם את הלוגיקה הכללית ולפתור בעיות שונות שקיימות בה.

למרבה הפתעתנו, מעת שהתחלנו במחקר השיטתי הזה אנחנו חוזרים ומגלים בכל פעם מחדש שלמרות שבמבט ראשון ההיגיון התלמודי נראה חריג ושונה מהחשיבה האנושית הסטנדרטית, מבט נוסף מעלה שיש בו תובנות אוניברסליות מחודשות, שמאירות באור חדש מבוכות ששוררות בתחומי עיון שונים, ואף פותרות כמה מהן. במובן זה, ניתן לומר שחכמינו הקדימו את זמנם, לפעמים שלא במודע, בכאלף וחמש מאות שנה. מניסיוננו, לא פחות משחקר התלמוד יוצר נשכר משימוש בכלים לוגיים מודרניים (היבוא), חקר הלוגיקה עשוי לצאת נשכר מחקר התובנות הלוגיות התלמודיות (היצוא).

בספר הראשון[1] בסדרה עסקנו בהיסק הלא-דדוקטיבי, וראינו שהתלמוד מציע סכימות מחודשות שממפות בצורה משוכללת למדיי את דרכי ההיסק הלא-דדוקטיביות. מה שהלוגיקה הקלאסית לא עשתה, ועד היום לא נעשה בצורה מלאה, יכול להיעשות באופן שיטתי תוך שימוש בכלים התלמודיים. בספר

---

[1] מידות הדרש ההגיוניות: היסקים לא דדוקטיביים בתלמוד, מ. אברהם, ד. גבאי, א. שילד, מחקרים בלוגיקה תלמודית 1, College Publications, Kings College London, 2010

ההוא פיתחנו באופן שיטתי מודל לוגי כללי להיסקים לא דדוקטיביים על בסיס מידות הדרש ההגיוניות. מודל זה הוא תוצאה של 'יבוא', כלומר שימוש בכלים לוגיים ומתמטיים מודרניים בכדי להבין תובנות אינטואיטיביות שהיו אצל חכמי התלמוד. מאידך, דומה כי במקרה ההוא ה'יצוא' היה הרבה יותר משמעותי מהיבוא. התברר לנו כי מידות הדרש ההגיוניות (קל וחומר ושני בנייני אב) מהוות את ארגז הכלים הבסיסי של ההיסק הלא דדוקטיבי, במדע במשפט ובכל הקשר אנושי אחר, בה במידה שהסילוגיזמים האריסטוטליים מהווים את ארגז הכלים הבסיסי ללוגיקה הדדוקטיבית. ראינו שהכלים הללו יוצרים לוגיקה של צבירת מידע, מה שהפילוסופיה של המדע מחפשת כבר מזה כמה מאות שנים (מאז פרנסיס בייקון במאה ה-16). יש בנותן טעם לציין שהרב הנזיר, ר' דוד הכהן, בספרו **קול הנבואה**, כבר צפה זאת בחזונו וכתב על כך.

הספר השני[2] בסדרה עסק בהגדרה אינטואיטיבית של קבוצות בתלמוד. גם שם יצאנו מתוך מאמץ לפענח את מידות 'כללי ופרטי', שעד היום אינן מובנות כל צרכן ללומדי התלמוד וחוקריו. לאחר שהצענו את הסכימה הכללית, ואת אוסף העקרונות הבסיסי שמופיע בתלמוד, ראינו כמה וכמה תמוהות בכמה סוגיות, שנפתרות מאליהן תוך שימוש בכלים אלו. זה היה רכיב ה'יבוא'. ה'יצוא' היה כמה וכמה השלכות לשני תחומי דעת ועיון נוספים: א. הגדרה אינטואיטיבית של קבוצות בהקשרים אחרים (בעיקר משפטיים). כאן הוברר לנו להפתעתנו שמידות הדרש הטכסטואליות, כמו אלו ההגיוניות, גם הן מכילות רכיבים אוניברסאליים. הן אינן מסורת ייחודית שניתנת ליישום רק על הטכסט המקראי לבדו. ב. בחינה מחדש של הפרדיגמה המקובלת במחקר התלמודי. אנחנו הצענו תמונה היסטורית קוהרנטית של התפתחות ההיסק המדרשי, במקום התמונה הרב-שכבתית המקובלת במחקר התלמודי. הראינו

---

[2] מידות הדרש הטכסטואליות כללי ופרטי: הגדרה אינטואיטיבית של קבוצות בתלמוד, מ. אברהם, ד. גבאי, ד. חזות, י. מרובקה, א. שילד, מחקרים בלוגיקה תלמודית 2, College Publications, Kings College London, 2010

שמידות 'כללי ופרטי' מהוות דוגמא מובהקת ליתרונות של השיטה ההרמוניסטית-התפתחותית אותה הצענו בספר, הן ביחס לשיטה ההרמוניסטית הפשטנית (הלימוד הישיבתי והמסורתי, שרואה הכל כאילו ניתן מסיני כלשונו), והן ביחס לשיטה ההתפתחותית הפשטנית (הרווחת בעולם המחקר התלמודי, שרואה את השלבים ההתפתחותיים המאוחרים יותר כיצירה חדשה ולא כחשיפה נוספת של מה שהיה טמון בשלבים הקודמים). הראינו שהשילוב בין שתי הגישות הללו נותן לנו תמונה מלאה ושלימה יותר, לפיה רוב השלבים בתהליך התפתחות ההלכה הם בגדר המשגה ופורמליזציה של מתודות ששימשו גם בשלבים הקודמים, אלא שהדבר נעשה באופן אינטואיטיבי, ולפעמים לא מודע.

בספר השלישי[3] בסדרה, עסקנו בלוגיקה הדאונטית לאור התלמוד. גם כאן מטרתנו היתה כפולה: מחד, פענוח של התפיסות התלמודיות, שבאופן לא מפתיע גם כאן לכאורה חורגות מהתפיסות המקובלות. מאידך, מבט נוסף גילה כי התובנות התלמודיות מעמיקות באינטואיציות האנושיות הכלליות שלנו, ויש בהן מימדים אוניברסליים.

בספר הרביעי[4] עסקנו בלוגיקה של הזמן, מתוך סוגיות כמו 'ברירה' ו'תנאי' ודומותיהן. הצגנו שם מודל של חזרה (נורמטיבית) בזמן שפותח על בסיס חזרה בזמן במובן הפיסיקלי. לאחר מכן השווינו בין המאפיינים התלמודיים של לוגיקת הזמן לבין המאפיינים המשפטיים. מתוך כך הגענו לכמה מסקנות רחבות יותר בדבר היחס בין שני סוגי המערכות הנורמטיביות הללו.

בספר זה אנחנו ממשיכים במובן מסויים את מה שנעשה בספר השלישי. שם ראינו כמה דוגמאות של כללי הכרעה למצבי קונפליקט ערכיים (בין מצוות עשה ולאוין). אמנם שם עיקר העיסוק היה באפיון של הציוויים עצמם ולא

---

[3] לוגיקה דאונטית לאור התלמוד, מ. אברהם, ד. גבאי, א. שילד, מחקרים בלוגיקה תלמודית 3, College Publications, Kings College London, 2010

[4] לוגיקה של זמן בתלמוד, מ. אברהם, י. בלפר, ד. גבאי, א. שילד, מחקרים בלוגיקה תלמודית 4, College Publications, Kings College London, 2011

במצבי הקונפליקט. מצבי הקונפליקט היו דיון צדדי, שבו הנחנו את קיומם של כללי הכרעה, ובנינו מתוך הכללים היסודיים הללו כמה כללים למצבים מורכבים יותר.

בספר זה, החמישי בסדרה, נעסוק בבניית הכללים היסודיים עצמם, ובדרכים העקרוניות לפתור קונפליקטים ערכיים בתלמוד ובכלל. ניגע גם בלולאות לוגיות בהלכה, ונראה שהדרך להכריע קונפליקטים היא באמצעות יציאה על מחוץ לקופסא. בין היתר נעסוק בקונפליקט שנוגע ישירות בכללי ההתנגשות בין לאו לעשה שנדונו בספר השלישי. לבסוף נערוך כאן השוואה למה שעשינו בספר הראשון, ונראה קווי דמיון מסויימים.

5

תוכן העניינים

פרק ראשון

על ערכים ומשקלם[5]

מבוא

בפרק זה נעסוק בהגדרת המונח 'ערך', ובבעייתיות שהיא מעוררת לגבי מצבי קונפליקט שונים. הדיון יהיה קצר ולא ממצה, שכן הנושא כבר נדון בהרחבה במקומות רבים. כאן נציג רק את עיקרי הדברים שיהיו דרושים לנו להמשך.

על ערכים ועובדות: האם ניתן לנמק ערכים?

גישות נטורליסטיות באתיקה גורסות כי ניתן להעמיד ערכים על עובדות. לפי גישות אלו הערכים ניתנים להנמקה על בסיס עובדות. אך רוב הוגי הדעות, לפחות מאז יום וקאנט, סוברים כי ערכים לא ניתנים להיגזר מעובדות. הערכים קובעים מה ראוי לעשות, וכבר דייויד יום קבע כי אין לגזור את הראוי (ought) מהמצוי (is). בעקבות זאת, מור מגדיר היסק שהנחותיו עובדתיות ומסקנתו ערכית ככשל. זהו 'הכשל הנטורליסטי'. לפי גישות אלו אין דרך לגזור ערכים מעובדות כלשהן.

מסיבה זו, באותו מצב עובדתי עצמו יכולים שני אנשים שונים לגזור מסקנות ערכיות מנוגדות לגמרי. המסקנות הללו הן תוצאה של הכרעה שלהם ולא משהו שנגזר מהעובדות והנסיבות בהן הם פועלים. לייבוביץ מביא לכך דוגמה ישראלית: מהקשיים שכרוכים בשירות מילואים יכול אזרח ישראלי אחד לומר שנמאס לו ולרדת מן הארץ. לעומת זאת, חברו שמשרת יחד איתו ונושא בעומס דומה יאמר שיש להתגייס לצבא ולתרום יותר לבטחון ישראל. ההבדל בין שני אלו אינו נעוץ בעובדות, שהרי שניהם פועלים באותן נסיבות עובדתיות. ההבדל הוא בהכרעה הערכית שלהם.

---

[5] ראה דיון רחב ומפורט על כך בספרו של מיכאל אברהם, **אנוש כחציר**, הוצאת תם וספריית בית אל, כפר חסידים תשסז.

בגלל העובדה שלא ניתן לגזור ערכים מעובדות, קשה לראות כיצד ניתן לנמק ולהצדיק ערכים. בהקשר זה לייבוביץ מזכיר את ההבדל בין ערכיה של אלינור רוזוולט, שדגלה בערך של כוס חלב לכל ילד, לבין ערכיו של הגנרל טוג'ו (מצביא יפני במלחמת העולם השנייה) שדגל בערך של מיתה על כבוד הקיסר ועל הכבוד בכלל. ולעומת שני אלו, הוא מביא את הערך השלישי, של דוד המלך, שכתב: "ואני קרבת אלוהים לי טוב" (תהלים עג, כח). ההבדלים בין שלושת אלו אינם קשורים לעובדות, טוען לייבוביץ, אלא להכרעות ערכיות שונות של אנשים שונים.

רציונליזציה של ערכים אצל ישעיהו לייבוביץ

ישעיהו ליבוביץ מרבה להתייחס לערכים, ולהבחנה בינם לבין עובדות. בספרו **אמונה היסטוריה וערכים**,[6] מופיע מאמר אשר דן בזכותה של חולה לבקש ולבצע ניתוק ממכשירי החייאה. בתוך דבריו שם כותב ליבוביץ כך:

זכותו של האדם לחיות היא עקרון לא-רציונלי. מאחר שהוא איננו רציונלי - אין הוא ניתן לרציונאליזציה, ז.א. אי-אפשר לקבוע לו סייגים או גדרות. ניתן דוגמא נגדית, ומכלל הן - נלמד לאו. האיסור לנסוע בשטח בנוי במהירות העולה על חמישים קילומטר לשעה - יש לו בסיס רציונאלי: נסיעה במהירות גדולה מזו מסכנת את הנוסע ומסכנת בני-אדם אחרים. החוק הזה איננו פוסטולט אלא הוא נובע מהסקת מסקנה ממציאות מסוימת ומנתונים אובייקטיביים. מאחר שביסוסו רציונאלי - הוא גם ניתן לרציונאליזציה, ז.א. ניתן לבדוק עד היכן מגיעה תקפותו ומתי היא בטלה. למשל, יתכן שחוק זה מכוון לשעות היום שבהן התנועה בכבישים רבה, וסכנת ההתנגשות גדולה מאד, ואילו בשעות הלילה, כשהסכנה של התנגשות בין מכוניות מועטת, יתכן שניתן לבטל את האיסור הזה, או שיכול נהג להרשות לעצמו לא להקפיד עליו. עד כאן בחוק שיש לו ביסוס

[6] ישעיהו ליבוביץ, **אמונה היסטוריה וערכים**, אקדמון, ירושלים תשמב, עמוד 246.

רציונאלי, ואילו אם אין לחוק בסיס רציונאלי אלא הוא פוסטולט מוחלט, אין אני יכול לדון באפשרות של הגבלתו, ולומר: עד כאן הוא תקף, מכאן ואילך אין הוא תקף.

אם מישהו יציג לי את השאלה - מדוע לא נוציא את התקע ממיתקן-ההנשמה של קארן ונניח לאותה נערה מסכנה למות, שהרי לחייה אין ערך והיא עומס נורא על סביבתה? אם תוצג לי שאלה זו, אענה לשואל: מדוע לא אחסל גם אותך, אם בעיני אין ערך גם לחייך, ולא זו בלבד אלא שאתה מטרד גדול לי?

על השאלה: מדוע אסור לי לחסל אותך אם לחייך אין ערך בעיני? - אין תשובה אלא שאין אני רשאי לחסל אותך גם אם אין ערך לחייך, ואפילו אם קיומך הוא מטרד לי ולעולם, משום שהפוסטולט שאין ליטול חיי אדם איננו ניתן לרציונאליזציה. אם הפוסטולט הזה מגן עליך, ולכן אין אני רשאי לחסל אותך, הרי הוא מגן גם על אותה נערה. מבחינה הגיונית אינני יכול להגיד שהאיסור להרוג יצור אנושי חל עלי רק לגביך, ואילו מתן יד למותה של אותה נערה איננו בגדר הריגה.

הציטוט הזה ממצה את הדיון הבסיסי בשאלה מהו 'ערך'. ערך הינו לעולם תכלית ולא אמצעי למשהו מחוצה לו, ובדיוק מסיבה זו הוא אינו ניתן להנמקה. הערך עצמו הוא אשר מהווה הנמקה לפעולות המיועדות להשיגו. ערך שיש לו הנמקה אינו ערך אלא אמצעי כדי להשיג ערך אחר. נימוקים ערכיים, או מוסריים, בנויים בדרך כלל כהסבר שמבאר לנו איזו מטרה, כלומר ערך, נשיג על ידי פעולה מסוימת. מסיבה זו ניתן להציג נימוקים רק כלפי פעולות המיועדות להשיג ערכים, ולא לגבי הערכים עצמם.

לדוגמה, נסיעה במהירות גבוהה אסורה כי היא מסכנת חיים. לכן האיסור על נסיעה במהירות גבוהה אינו ערך, אלא אמצעי. זהו אמצעי להשגת הערך של שמירה על חיי אדם. מסיבה זו גופא ניתן לסייג את החובה לנהוג כך, ולטעון שבלילה כשאין תנועה אולי לא חייבים להקפיד על כלל זה.

טענתו היסודית של לייבוביץ היא שלא ניתן לעשות רציונליזציה לערכים. ערך החיים, בהיותו ערך, אינו ניתן להעמדה על עיקרון אחר, מחוצה לו. הוא לא מהווה אמצעי לשום מטרה שהיא. לעומת זאת, המצדדים בניתוק החולה הסופני ממכשירים מניחים במובלע שערך החיים אינו בלתי מוגבל, ויש לסייג אותו בנסיבות שונות. לדוגמה, ערך החיים אינו קיים במקום בו לא ניתן לחיות באופן כזה או אחר, או לעשות דברים אלו או אחרים. פירושן של הנחות אלו הוא שאנחנו מעמידים את ערך החיים על היכולת לעשות דברים, כלומר עושים לערך הזה רציונליזציה. לאחר שעושים רציונליזציה לערכים, הם כבר לא מטרות אלא אמצעים (החיים הם אמצעי כדי לפעול בצורות שונות, או לממש את רצונותיי), ולכן ניתן לסייג אותם בנסיבות שבהן המטרות הללו אינן מושגות. לעומת זאת, אם ערך החיים הוא ערך שאינו עומד על עקרונות שמחוצה לו, אין אפשרות לסייג אותו, ואי אפשר לקבוע שבנסיבות מסויימות הוא אינו קיים.

מסקנתו של לייבוביץ היא שערכים, מעצם היותם כאלה, אינם ניתנים להעמדה על עקרונות מחוצה להם. הערכים הם העקרונות היסודיים שכל שאר הנורמות וההנחיות הנורמטיביות עומדות עליהם.

האם ערכים הם שרירותיים?

אם נצרף את שתי המסקנות משתי הפסקאות הקודמות נגיע לתמונה בעייתית למדיי. ראינו שערכים לא ניתנים לביסוס, לא על סמך עובדות (הפיסקה שלפני הקודמת) ולא על סמך עקרונות נורמטיביים-ערכיים שונים (הפיסקה הקודמת). המסקנה היא שאין שום דרך לבסס ערכים.

ואכן ממקורות רבים בכתביו של לייבוביץ עולה לכאורה שלדעתו ערכים אינם אלא תוצאה של הכרעה שרירותית. אם אי אפשר לנמק אותם בשום צורה שהיא, אז כנראה מדובר בהחלטה שרירותית גרידא. אך גישה זו נראית בעייתית, שכן אדם מוכן להקריב רבות למען ערכיו. לפעמים הוא מוכן להרוג או ליהרג כדי לממשם. קשה לקבל תפיסה שצעדים כאלה נעשים ללא הצדקה, רק מכוח הכרעה שרירותית ותו לא.

בספרו של מיכאל אברהם, **אנוש כחציר**,[7] מתואר פתרון אפשרי לבעייה הזו. הוא טוען שהערכים עולים מסוג של תצפית. אמנם לא תצפית בעובדות במובן הפיסיקלי, וכמובן לא תצפית באמצעות העיניים, אך מדובר בסוג של תצפית בעולם אידיאי כלשהו. קשה לראות פתרון מספק אחר לבעייה. אם ערכים אינם מבוססים על עובדות, וגם לא על עקרונות קודמים כלשהם, ומאידך הם אינם שרירותיים, על כורחנו יש להן מקור אחר, לא עובדתי רגיל.

התנגשות וקונפליקטים[8]

התמונה שמתוארת עד כאן מעלה בעייה נוספת. במקרים רבים ישנם קונפליקטים ערכיים. מדובר במצבים בהם בסיטואציה נתונה כלשהי נוצרת התנגשות בין ערכים מנוגדים. לדוגמא, המצב אותו מתאר סארטר, בספרו **האקזיסטנציאליזם הוא הומניזם**.[9] סטודנט שלו פנה אליו בשנות המלחמה וביקש את עצתו. אביו היה מסוכסך עם אמו ושיתף פעולה עם הגרמנים, והוא רצה לעבור לבריטניה על מנת להילחם בגרמנים ולנקום בכך את נקמת אחיו שנהרג בפלישה. מאידך, הוא חי עם אמו שהיתה מדוכאת ממות בנה ומהתנהגות בעלה, והוא היה נחמתה היחידה. כאן ישנה התנגשות בין שני ערכים, שבאופן מעשי לא ניתן לקיים את שניהם. אם הוא יעזוב את צרפת אמו עשויה להיפגע אנושות, ואם לא יעשה כן הוא לא יוכל ללחום בגרמנים. חשוב להבין שאין כאן התנגשות תוכנית ישירה בין שני הערכים הללו. אין כל סתירה עקרונית בין הרצון לסעוד את האם לבין הרצון לנקום בגרמנים. ההתנגשות נוצרת בגלל הסיטואציה המעשית, שיוצרת מצב בו פעולה למען הערך האחד אינה מאפשרת לפעול למען השני, ולהיפך.

---

[7] הוצאת תם וספריית בית-אל, ירושלים תשסח. ראה שם בנספח, עמ' 577, דיון על כוונתו של לייבוביץ עצמו. דומה כי גם הוא לא התכוין לשרירותיות כפי שאנחנו מבינים אותה. באופן דומה עומד על כך גם שלום רוזנברג, במאמרו 'פרדוכסים ואמונה במשנתו של ישעיהו לייבוביץ' ' (מופיע באתר **כיפה**), ראה שם בעיקר בפרק ג.

[8] לעניין זה, ראה את ספרו של דניאל סטטמן, **דילמות מוסריות**, מאגנס, ירושלים תשנא. להלן: סטטמן.

[9] תרגם וערך: יעקב גולומב, כרמל, ירושלים תשמט.

11

גם בהקשר ההלכתי אנחנו מכירים התנגשויות כאלה. לדוגמה, כאשר נוצר
מצב בו כדי לטפל בחולה מסוכן עלינו לחלל שבת. כאן מתנגשים ערך החיים
עם הערך של שמירת שבת. ושוב, לא מדובר בהתנגשות תוכנית, שכן אין כל
סתירה עקרונית בין ערך החיים לבין ערך השבת. מה שיוצר את הדילמה הוא
הסיטואציה המעשית שמחייבת אותנו לבחור אך ורק באחד משניהם.
הצורך להכריע בין ערכים מתנגשים מחייב אותנו לבנות סולם ערכים. סולם
זה יקבע את משקלו של כל ערך, וכך נוכל לדרג אותם ולבנות היררכיה
ביניהם. אם יהיה בידינו סולם ערכים כזה, הוא יאפשר לנו להכריע בדילמות
שתוארו למעלה, שכן אם בסולם שלנו ערך חיי אדם נמצא מעל לערך של
שמירת שבת, אזי המסקנה היא שעלינו לחלל שבת כדי להציל את החולה. גם
לגבי הדילמה של סארטר, אם ערך הנקמה בגרמנים עומד בסולם מעל הערך
של טיפול באם, המסקנה היא שעל הבחור לעזוב לבריטניה על מנת להילחם
בגרמנים, ולהיפך.

אינקומנסורביליות של ערכים
האם תמיד ניתן לבנות סולם כזה? האם כל דילמה יכולה להיות מוכרעת על
ידי היררכיה בין הערכים המעורבים בה? ניתן לראות שני מצבים שעלולים
ליצור דילמות לא פתירות (ראה אצל סטטמן, עמ' 32-33):

א. מצבים סימטריים, שבהם המשקל של שני הערכים זהה, ולכן לא
ניתן להכריע את הדילמה. לדוגמא, דילמה שמחייבת אותנו לבחור
באופן כלשהו בין שני תאומים זהים (כמו בסרט הידוע ׳בחירתה של
סופי׳).

אך כפי שסטטמן כותב שם, זוהי דילמה מדומה. אם אכן ישנה
סימטריה כזו, אזי שני הצעדים הם שקולים. ניתן לעשות איזה מהם
שנרצה. פתרון מתבקש למצב כזה הוא הגרלה, או החלטה שרירותית

אחרת.[10] מצב בו מישהו נתקע בלי החלטה במצב שקול, מתואר על ידי הפילוסוף הצרפתי ז'אן בורידאן (המאה ה-14), במשל החמור שלו. החמור של בורידאן ניצב בין שני אבוסים שנמצאים במרחק שווה ממנו, ומכיון שאין לו שום קריטריון להעדיף אחד מהם על השני, הוא מת ברעב. אדם רציונלי, במצב כזה, היה עושה הגרלה או בוחר שרירותית בין האבוסים כדי לשרוד.

נעיר כי במצבי קונפליקט סימטריים בהם אחד הערכים מורה לנו לפעול והשני מורה לנו שלא לפעול, נוכל לקבל החלטה לכיוון מועדף, לפי הכלל 'שב ואל תעשה עדיף'. לפחות בהלכה זהו אחד מכללי ההכרעה למצבי קונפליקט. כלל זה מבוסס על ההנחה שפעולה דורשת הצדקה, ואי פעולה לא. לכן כשאין העדפה לשום כיוון המוצא הוא לא לפעול, כלומר להישאר פסיבי.[11]

ב. מצב של אי הכרעה מהותית בין ערכים נוצר כאשר הערכים הם אינקומנסורביליים (incommensurable), כלומר חסרי מידה משותפת. במצבים כאלו לא ניתן לקבוע יחס או היררכיה בין שני הערכים המתנגשים, בגלל שהם שייכים לעולמות מושגיים או ערכיים שונים. רז מגדיר את האיקומנסורביליות בדרך שלילית: ערכים הם אינקומנסורביליים אם לא נכון שאחד מהם עדיף על השני, וגם לא נכון שהם שווים.

סטטמן טוען כי במקרה כזה קשה יותר להמליץ על בחירה שרירותית באחד הכיוונים, מפני שהאופציות אינן שוות. אך נראה כי עדיין, על אף שהן אינן שוות, היעדר דרך הכרעה יכול לגרום לנו להסיק שיש לטפל במצב כזה בדיוק כמו במצב הסימטרי, כלומר אפשר לפעול בכל צורה שהיא.

---

[10] לעניין זה, ראה מאמרו של מיכאל אברהם, הפרדת תאומי סיאם, **תחומין** כז, תשסז, עמ' 144.

[11] על כלל זה והדומים לו, ראה בספר השלישי בסדרה, **לוגיקה דאונטית לאור התלמוד**, בפרק השלושה-עשר.

אמנם ניתן להעלות את הטיעון שבאופן תיאורטי קיים פתרון עדיף ונכון יותר לדילמה, אלא שהאינקומנסורביליות אינה מאפשרת לנו 'לחשב' אותו, כלומר למצוא אותו בפועל. אם אכן זהו המצב, אזי באמת קשה להמליץ על בחירה שרירותית בין שני הכיוונים, שכן בחירה כזו עלולה להביא אותנו לפעולה לא נכונה מבחינה מוסרית (=עבירה).

כעת עולה השאלה, האם יש קריטריון שקובע מתי שני ערכים הם אינקומנסורביליים? אם מדובר רק ברובד המעשי, כי אז התשובה היא פשוטה למדיי: כל אימת שאנחנו לא מצליחים להעמיד את שניהם על מידה משותפת, וכך למצוא יחס היררכי ביניהם.

אך מהגדרתו של לייבוביץ שהובאה למעלה עולה תמונה בעייתית הרבה יותר: כל שני ערכים, מעצם הגדרתם ככאלו, הם אינקומנסורביליים. ההסבר לכך הוא פשוט מאד. משקול של ערכים זה מול זה מחייב העמדה של שניהם על בסיס משותף כלשהו. יש למדוד את שניהם ביחידת מידה משותפת כלשהי, והערך שמשקלו ביחידות הללו הוא הגבוה יותר הוא זה שניצב מעל הערך השני בסולם הערכים שלנו. אם יהיה קונפליקט בין שניהם הערך הראשון ידחה את השני.

אולם למעלה ראינו שערכים, מעצם הגדרתם ככאלו, אי אפשר לנמק אותם, או לעשות להם רציונליזציה. ערך לעולם אינו אמצעי למטרה שמחוצה לו. אם כן, כיצד בכלל ניתן למצוא יחידות מידה למדוד ערכים? הרי גם זהו סוג של רציונליזציה. ברגע שיש יחידות מידה לערכים, נוכל לקבוע שבמצבים מסויימים, כאשר קיום הערך הזה יעלה לנו במחיר גבוה מדי, אין לפעול על פיו. קביעת משקל של ערך כלשהו תלויה בשאלה לאלו מטרות הוא מיועד. מתוך כך ניתן לגזור את משקלו, על ידי קביעה עד כמה המטרות הללו חשובות ועד כמה הערך הזה נחוץ להשגתן. אולם אם ערכים לעולם אינם אמצעים למטרות כלשהן, אזי נראה כי לא ניתן למשקל אותם.

חשוב להבין שלשיטתו של לייבוביץ הבעייה עמוקה הרבה יותר: לא רק שכל אחד מהערכים הוא עולם ערכי שונה, ולכן בלתי אפשרי לעשות השוואה

ביניהם. הבעייה מתחילה לא בהשוואה בין ערכים שונים, אלא במהותו של ערך בודד כשלעצמו. לפי לייבוביץ אין דרך למדוד ולשקול ערך כלשהו (מפני שאין יחידת מידה מחוצה לו שמודדת אותו), ממילא גם לא ניתן למצוא יחידות משותפות שמודדות שני ערכים שונים. ומכאן שגם לא ניתן לערוך השוואות בין ערכים שונים. האינקומנסורביליות של הערכים היא ביטוי לחוסר יכולת למדוד ערך בודד מעצם היותו ערך.

כדי לבחון ולהדגים את שני סוגי הבעיות, היעדר מידה לערך בודד, ואינקומנסורביליות של שני ערכים שונים, נביא כעת כמה דוגמאות. נתחיל בשתי דוגמאות הלכתיות שיבהירו את המכניזם של הכרעה באמצעות העמדה על יחידת מידה משותפת. לאחר מכן נראה כמה דוגמאות להכרעות שאינן משתמשות במכניזם הזה, ולכן הן מעוררות שאלה לגבי עצם הקביעה של לייבוביץ.

דוגמא ראשונה: פיקוח נפש ושבת

בסוגיית יומא פה ע״א אנו מוצאים:

> ***וכבר היה רבי ישמעאל ורבי עקיבא ורבי אלעזר בן עזריה מהלכין בדרך, ולוי הסדר ורבי ישמעאל בנו של רבי אלעזר בן עזריה מהלכין אחריהן. נשאלה שאלה זו בפניהם: מניין לפקוח נפש שדוחה את השבת?***

הגמרא מחפשת מקור לכך שפיקוח נפש דוחה את השבת. זוהי התנגשות ערכית, בין ערך חיי אדם לבין ערך שמירת שבת, והגמרא מתלבטת בדיוק בשאלה של הכרעת קונפליקט ערכי. על פניו מדובר בשני ערכים לגמרי אינקומנסורביליים, שכן לא נראה שניתן למדוד אותם באותה יחידת מידה. לכן ההכרעה כאן על פניה אינה אפשרית. בדיוק מסיבה זו, מעניין יהיה לבחון כיצד הגמרא מגיעה להכרעה בשאלה זו.

באשר למקור אפשרי להכרעת שאלה זו, מובאות שם בסוגיא כמה דעות. שתיים מהן, זו של ר״ש בן מנסיא וזו של שמואל, שמובאות שם בע״ב, נתפסות בפוסקים כעיקריות.[12] הראשונה, היא דעתו של ר״ש בן מנסיא:

רבי שמעון בן מנסיא אומר: +שמות לא+ ושמרו בני ישראל את השבת, אמרה תורה: חלל עליו שבת אחת, כדי שישמור שבתות הרבה.

המקור שמביא ר״ש בן מנסיא הוא מסברא: חילול השבת עולה לנו במחיר שאיבדנו שבת אחת. אך התועלת שצומחת ממנו היא שמירה של שבתות רבות שיקיים אותו אדם שניצל על ידינו.

מה טיבה של סברא זו? נראה שיש כאן מדידה של שני הערכים המתנגשים ביחידת מידה משותפת: שמירות שבת. חילול השבת עולה לנו במחיר של שמירת שבת אחת. אבל הרווח הוא שמירה של שבתות רבות. אם כן, אנו מודדים את שני הצעדים האלטרנטיביים במונחי שמירות שבת: לחלל שבת כעת כדי להציל את החולה, ערכו הוא מספר השבתות שהחולה ישמור פחות אחת (שחוללה כעת). לעומת זאת, האפשרות לא לחלל כעת שבת, ערכה במונחי שמירות שבת הוא שלילי מאד, שכן אנחנו מפסידים המון שבתות שהחולה הזה יכול היה לשמור. לכן ההכרעה היא שעדיף לנו לחלל שבת אחת כעת כדי להציל את החולה.

זהו 'חישובי' אתי-הלכתי, שבו אנחנו משתמשים בהעמדת שני הערכים המתנגשים על יחידת מידה משותפת, קביעת מישקול יחסי שלהם, ומתוך כך גזירת ההכרעה הנכונה של הקונפליקט הערכי, או קביעת המיקום היחסי של שני הערכים על פני הסולם הערכי שלנו.

המקור השני שמובא שם בגמרא הוא אמוראי, והוא מובא בשם שמואל:

---

[12] ממהלך הסוגיא ביומא שם נראה שהמקור של שמואל הוא שנותר למסקנה ללא פירכא. אך גם המקור של ר״ש בן מנסיא לא ממש נדחה, אלא רק אינו מספיק (כי לא ניתן ללמוד ממנו שגם ספק פיקוח נפש דוחה שבת). יתר על כן, סברתו של ר״ש בן מנסיא מובאת להלכה בסוגיית שבת קנא ע״ב לגבי הצלת תינוק בן יומו. גם הפוסקים חלוקים בשאלה מיהו הטעם העיקרי מבין השניים, ולא נאריך בזה כאן.

אמר רב יהודה אמר שמואל: אי הואי התם הוה אמינא: דידי עדיפא מדידהו: +ויקרא יח+ וחי בהם - ולא שימות בהם.

כאן מובא מקור מפסוק. נראה שההנחה כאן היא שלא ניתן להעמיד את שני הערכים על יחידת מידה משותפת, ולכן נדרשת הכרעה מכוח מקור מפורש בתורה. ההיגיון האתי שלנו לא יכול להגיע להכרעה, מפני שאין כאן מידה משותפת. מדוע באמת שמואל סובר שאין כאן מידה משותפת? ייתכן שההסבר לכך הוא שאנחנו לא יכולים להשוות בין אי חילול שבת לבין שמירת שבת. אם לא נחלל כעת שבת והחולה ימות, אמנם לא יישמרו שבתות על ידו, אך הוא גם לא חייב בזה. אם כן, שמואל כנראה לא רואה בזה משקל שלילי במונחי שמירות שבת. מסתבר שהוא רואה את הערך של שמירות השבת לא כערך אובייקטיבי (כמה שבתות נשמרו בעולם), אלא כערך שתלוי בחיוב שמוטל על כל אדם.

בכל אופן, לפי שמואל הפסוק מגלה לנו שערך חיי אדם גבוה יותר מערך שמירת השבת, וזו מסקנה שלא יכולנו להגיע אליה לבדנו, מפני שלפי שמואל אין לנו דרך לקבוע יחידת מידה משותפת לשני הערכים המתנגשים.

האם לפי ר"ש בן מנסיא בהכרח חיי אדם הם רק אמצעי לקיום מצוות (כמו שמירת שבת)? מדוע הוא לא מקבל את הטענה שערך חיי אדם גבוה מערך שמירת השבת, אלא דווקא מודד את ערך חיי האדם במונחי שמירת שבת? לכאורה לשיטתו חיי אדם אינם ערך, שכן הם מהווים אמצעי למשהו אחר. מאידך, הפסוק שמביא שמואל מלמד אותנו שחיי האדם הם הערך העליון. האם הוא חולק על דרשתו של שמואל?

דומה כי המסקנה הזו אינה הכרחית כלל ועיקר. בהחלט ייתכן שגם ר"ש בן מנסיא מקבל את הדבר ברמה העקרונית, אלא שלדעתו אין צורך להגיע לקביעת היררכיה בין הערכים כדי להכריע את הקונפליקט הזה. הוא מבצע תרגיל עקיפה, ובכך הוא מייתר את הצורך בקביעת מעמדם היחסי של שני הערכים. מכיון שהוא מצליח למדוד את הערך של חיי אדם במונחי שמירות שבת, הדבר מאפשר לו להכריע את הקונפליקט ללא צורך במקור מיוחד מן התורה. כמובן שאם נוסיף למשקל של הצעד לחלל שבת כדי להציל את

החולה, גם את ערך חיי החולה, זה רק יחזק את ההכרעה שקיבלנו. כעת מה שעומד מול חילול השבת אותו אנחנו עושים כעת, הוא גם ערך חיי החולה וגם שמירות השבת שהוא יקיים כל חייו אם יינצל. אם כן, ההכרעה לטובת הצלתו היא עוד יותר חד משמעית.

לסיכום, אנחנו פוגשים כאן שני מכניזמים של הכרעה בקונפליקט ערכי: א. סברא שמעמידה את שני הערכים על מידה משותפת וקובעת יחס היררכי ביניהם (ממקמת אותם על סולם הערכים). ב. הכרעה מכוח פסוק. זו נדרשת במקום בו הערכים הם אינקומנסורביליים, כלומר שלא ניתן למדוד ולשקול אותם זה מול זה על פי מידה משותפת.

דוגמה שנייה: כיבוד הורים [13]

כידוע, ישנה בתורה מצווה לכבד את ההורים, ובכללה ישנה חובה לשמוע בקולם. מה קורה כאשר אביו או אמו מצווים אותו לעבור על אחת המצוות? במצב כזה אדם אינו חייב לשמוע בקולם, ולמעשה אסור לו לעשות זאת. וכך קובעת הגמרא (יבמות ו ע״א):

דתניא: יכול אמר לו אביו היטמא]=בכהן שאסור להיטמא**[, או שאמר לו אל תחזיר]**אבדה**[, יכול ישמע לו? ת״ל** (ויקרא יט, ג): **איש אמו ואביו תיראו ואת שבתותי תשמורו, כולכם חייבין בכבודי!**

הגמרא כאן דורשת שאסור לשמוע בקול ההורים כאשר הם מורים לו לעבור על אחת המצוות. הנימוק הוא שכולנו חייבים בכבוד המקום. לומדים זאת מהפסוק (ויקרא יט, ג):

אִישׁ אִמּוֹ וְאָבִיו תִּירָאוּ וְאֶת שַׁבְּתֹתַי תִּשְׁמֹרוּ אֲנִי יְקֹוָק אֱלֹהֵיכֶם:

נראה שעיקר הלימוד הוא מהסיפא של 'אני ה' ', שבאה ללמד שגם כבוד ההורים יונק מכוח החובה לכבד את הקב״ה. ראה על כך עוד להלן.

---

[13] ראה על כך במאמר 'על טריטוריה הלכתית', בתוך הספר **לעשות מצוותיך**, גבריאל חזות ומיכאל אברהם, הוצאת תם, כפר חסידים תשע, עמ' 211.

זהו מצב של התנגשות בין כבוד ההורים לבין כבוד המקום, ובהתנגשות כזו כבוד המקום גובר. מה טיבו של הנימוק הזה? האם ניתן למפות אותו על אחד משני הסוגים שפגשנו בסעיף הקודם? נבחן זאת כעת ביתר פירוט.

ניסוח ראשון: קדימה לוגית

נראה לכאורה שהנימוק כאן אינו יחס הירככי כמותי, שכבוד המקום גבוה מכבוד ההורים. מאידך, כן נראה שיש כאן סוג של העמדה של יחידת מידה משותפת. אמנם כאן המקור הוא מפסוק, וכנראה שלא די לנו בסברא כמו במקרה הקודם של חילול שבת לצורך פיקוח נפש.

נראה שהנימוק שמופיע בגמרא כאן הוא איכותי-מהותי: כל כבוד ההורים הוא ביטוי לכבוד המקום, ולכן כשכבודם דורש פגיעה בכבוד המקום החובה לעשות כן בטלה מעיקרא. נראה זאת דרך ניסוח, לכאורה הפוך, אשר מופיע ברמב״ם, ביסוד החובה לכבד את ההורים. וזו לשונו ברפ״ו מהל׳ ממרים:

> ***כבוד אב ואם מצות עשה גדולה וכן מורא אב ואם שקל אותן הכתוב בכבודו ובמוראו, כתוב כבד את אביך ואת אמך וכתוב כבד את ה׳ מהונך, ובאביו ואמו כתוב איש אמו ואביו תיראו וכתוב את ה׳ אלהיך תירא, כדרך שצוה על כבוד שמו הגדול ומוראו כך צוה על כבודם ומוראם.***

כאן רואים שהחובה לכבדם נובעת מהשוואה בינם לבין כבוד המקום. לכאורה זה סותר את התמונה העולה מהגמרא ביבמות, שכן שם נראה בבירור שכבוד ההורים נמצא במעמד נמוך יותר מכבוד המקום.

ובכל זאת, נראה כי שתי אלו אינן התייחסויות הפוכות, אלא להיפך – הן משקפות יסוד אחד: מכיון שכבוד אב ואם נגזר מכבוד המקום, לכן כבודם מושווה לכבוד המקום. כאשר מכבדים אותם עושים בכך כבוד גם למקום שציווה על זה, ולכן שני הערכים הללו הם שווי משקל. ובכל זאת, ואולי דווקא בגלל זה, אם כבודם דורש פגיעה בכבודו, כאן כלל לא נאמר העיקרון שמחייב לכבד אותם, ולכן החובה לכבדם במצב כזה כלל אינה קיימת.

נראה מכאן שהחובה לכבדם מצויה באותו מעמד כמו החובה לכבד את המקום, אף שהראשונה נגזרת מהשנייה (שהרי הוא זה שציווה לכבד אותם, ומי שמכבד אותו חייב למלא את ציווייו). היחס בין שתי החובות הללו אינו יחס של חשיבות אלא יחס לוגי של גזירה. האחד נובע מהשני, אך הוא אינו בהכרח במעמד נמוך יותר.

ניסוח שני: קדימה נורמטיבית

בספר **שאילתות דר' אחאי גאון** ניתן לראות זאת מהיבט אחר. וכך הוא כותב בשאילתא נו, אחרי שהוא מביא את ההיקשים שמשווים את כבוד ההורים לכבוד המקום:

> ***וכן בדין*** [=להשוות את כבודם לכבוד המקום] ***ששלשתן שותפין בו. דתנו רבנן: שלשה שותפין יש בו באדם, הקדוש ברוך הוא ואביו ואמו. לובן שהאיש מזריע נוצרים ממנו גידים ועצמות ומוח וצפורנים. ולבן שבעינים אדום שהאשה מזרעת נוצרים הימנו עור ובשר ודם ושיער ושחור שבעינים. והקדוש ברוך הוא נותן רוח ונשמה בינה דיעה והשכל ומראה עינים ושמיעת אוזן וקלסתר פנים. ובשעת פטירתו של אדם נאמן בעל העולם נוטל חלקו ומניח חלק אביו ואמו לפניהם תולעת ורימה ועמלו מונח במקומו שנאמר והרוח תשוב אל האלהים אשר נתנה.***

ה**שאילתות** כותב שההשוואה לכבוד המקום היא הגיונית וראויה. הסיבה לכך היא שהקב״ה וההורים הם שותפים ביצירת האדם (ראה קידושין ל סוע״ב), ושותפים שווים (לפחות במובן הפסיבי: שללא אחד משלושתם לא היה נוצר האדם) זכאים ליחס שווה.

הנחת היסוד בנימוק הזה שונה מאשר ההנחה שבבסיס הנימוק הקודם: למעלה ראינו שהחובה לכבד הורים נגזרת מכך שהקב״ה מצווה עלינו לכבדם, ואולי אף מכך שהכבוד אליהם מהווה כיבוד של המקום עצמו. לעומת זאת, ב**שאילתות** נראה שהבסיס לחובה לכבד הורים היא מפני שהם חלק מן

היצירה שלנו, וכמו שעלינו לכבד את הקב״ה שיצר אותנו ישנה חובה לכבד גם אותם. כאן נראה שזוהי חובה בלתי תלויה בחובה לכבד את המקום.

נציין כי הנימוק של בעל **השאילתות** גם מסביר כיצד החובה לכבד את ההורים, שהם בני אדם קרוצי חומר, מצויה באותה רמה כמו החובה לכבד את בורא העולם ומלואו. התשובה לפי **השאילתות** היא שהכבוד אינו פונקציה של המעמד האובייקטיבי של היישות המכובדת, אלא של המחוייבות שלנו כלפיה. ובמובן זה המחוייבות של כל אחד מאיתנו היא שווה לכל השותפים שתרמו להיווצרותנו.

גם ב**ספר החינוך** מצווה לג, כותב דברים דומים:

> ***משרשי מצוה זו, שראוי לו לאדם שיכיר ויגמול חסד למי שעשה עמו טובה, ולא יהיה נבל ומתנכר וכפוי טובה, שזו מידה רעה ומאוסה בתכלית לפני אלהים ואנשים. ושיתן אל לבו כי האב והאם הם סיבת היותו בעולם, ועל כן באמת ראוי לו לעשות להם כל כבוד וכל תועלת שיוכל, כי הם הביאוהו לעולם, גם יגעו בו כמה יגיעות בקטנותו. וכשיקבע זאת המדה בנפשו יעלה ממנה להכיר טובת האל ברוך הוא, שהוא סיבתו וסיבת כל אבותיו עד אדם הראשון, ושהוציאו לאויר העולם וסיפק צרכו כל ימיו, והעמידו על מתכונתו ושלימות אבריו, ונתן בו נפש יודעת ומשכלת, שאלולי הנפש שחננו האל יהיה כסוס כפרד אין הבין, ויערוך במחשבתו כמה וכמה ראוי לו להזהר בעבודתו ברוך הוא.***

גם ב**חינוך** נראה שכבוד ההורים אינו נגזרת של כבוד המקום, אלא שווה לו ובלתי תלוי בו. ביסוד ההשוואה ביניהם עומד אותו יסוד של הכרת הטוב למקור ההיווצרות שלנו.

נוסיף כי מכמה מקורות מדרשיים עולה שכבודם של ההורים גדול מכבוד המקום. לדוגמא, ב**פסיקתא רבתי** פרשה כג (ד״ה 'תני ר' שמעון') מובא כך:[14]

[14] וראה כמה מקבילות ב**אוצר המדרשים** (אייזנשטיין, עמ' 79-80, 171, 272), ובתוד״ה 'כבד את ה'' קידושין לא ע״א הביא כן מהירושלמי.

וידאמר רבי שמעון בן יוחי, גדול הוא כבוד אב ואם שהעדיפן הקב״ה יותר מכבודו, שבכבודו של הקב״ה כתיב כבד ה׳ מהונך (משלי ג׳ ט׳) כיצד מכבדו מהונו, מפריש לקט שכחה ופאה מעשר ראשון ומעשר שני וחלה, עושה שופר סוכה לולב, מאכיל רעיבים משקה צמיאים מלביש ערומים, אם יש לך הון [אתה] חייב בכולן, ואם אין לך הון אי אתה חייב באחד מהם, אבל כשאתה בא אצל כיבוד אב ואם מה כתיב כבד את אביך ואת אמך וגו׳ אפילו אתה מסבב על הפתחים.

ייתכן שההסבר לכך הוא שהחובה לכבד את המקום היא חובה אחת, אולם החובה לכבד את ההורים היא הן מחמת כבוד המקום והן מחמת עצמם (כשותפים ביצירה). יש בכבוד ההורים שני דינים, הן זה של **השאילתות** והן זה של הרמב״ם. ולכן כבודם גדול מכבוד המקום שהרי ׳בכלל מאתיים מנה׳.

אלא שכעת לא ברור מדוע לפי הסבר זה כבוד המקום דוחה את כבוד ההורים? לכאורה אם המעמד הוא שווה (כלומר אין עדיפות נורמטיבית לכבוד המקום, ואולי אף יש עדיפות לכבוד ההורים) ואין יחס של קדימה לוגית (כמו שהצענו בניסוח הראשון), היה עלינו להשוות גם את המעמד ההלכתי. ייתכן שכאן הרקע הוא ההבדל במעמד האובייקטיבי של ההורים והקב״ה, אך אם נשוב לדרשת הבבלי ביבמות, נוכל להבין אותה באופן מעט שונה.

מלשון הברייתא נראה כי ניתן להבין את עקרון הדחייה הזה באופן שונה. הדחייה של כבוד ההורים מפני כבוד המקום אינה נובעת מכך שהחובה לכבדם נגזרת מכבוד המקום (כי הוא ציווה על כך), כלומר מיחס לוגי בין החובה לכבד את המקום לחובה לכבד את ההורים. ההכרעה מתקבלת במישור שונה לגמרי: מכך שגם הם עצמם חייבים בכבוד המקום. אם ההורים עצמם חייבים בכבוד המקום, אזי ברור שגם לגבי הילד החובה שלו לכבד את המקום גדולה מהחובה שלו לכבד אותם. זוהי כבר היררכיה נורמטיבית (ולא לוגית), שמעמידה את שני הערכים על סולם משותף וקובעת שאחד מהם גובר על חברו. מכאן ברור שאם הם דורשים מילדם לעבור על

מצווה כלשהי אסור לו לעבור עליה. לא בגלל שאין כלל חובה לכבדם, כמו בהסבר הקודם שנתלה בהירכיה הלוגית, אלא מפני שהחובה לכבדם חלשה יותר מהחובה לכבד את המקום.

זהו המכניזם שפגשנו בדוגמא הקודמת, שמגיע להכרעה בקונפליקט הערכי מתוך השוואה נורמטיבית בין שני הערכים, על ידי שקילתם והעמדתם על סקלה משותפת אחת.

שני מנגנוני דחייה: לוגי ונורמטיבי

ראינו למעלה שעל פי חז״ל היחס בין כבוד ההורים לכבוד המקום הוא יחס מורכב: אין הבדל במעמד, אך ישנה קדימה לוגית. כבוד ההורים אינו פחות חשוב מכבוד המקום, אך הוא נגזר ממנו. מכאן גוזרים חז״ל שבמצב בו מתנגשות שתי החובות הללו - החובה לכבד הורים בטלה. מדוע באמת בהתנגשות כזו הכבוד למקום גובר? ישנו כאן מנגנון דחייה הלכתי מעניין שאינו נובע מן המעמד המשפטי של הנורמות המתנגשות אלא מן היחס הלוגי ביניהן.

במצב בו ההורים דורשים מעשה שהוא עבירה חז״ל אומרים שאין מקור שמחייב לכבדם. כלל הגזירה שממנו מסתעף כבוד ההורים מכבוד המקום לא פועל כאן, ולכן החובה לכבדם בטלה. במנגנון הדחייה הזה בא לידי ביטוי דווקא היחס הלוגי, ולא המעמד המשפטי. הדחייה הזו אינה תוצאה של הבדל בחשיבות בין שתי הנורמות המתנגשות, אלא תוצאה של הקדימה הלוגית של האחת לגבי השנייה.

לעומת זאת, מנגנוני דחייה הלכתיים אחרים, כמו בניסוח השני שהבאנו למעלה, נובעים ממעמד משפטי ולא מיחס לוגי. בדרך כלל כאשר נורמה אחת נדחית בפני נורמה אחרת, הדבר נובע מהבדלים במעמד המשפטי של שתי הנורמות. אחת מהן חשובה יותר מהשנייה, ולכן קודמת לה בסולם הערכים.

השלכה הלכתית של ההבדל בין שני סוגי מנגנוני הדחייה היא בשאלה האם הערך הנדחה הוא מותר או דחוי (ובז׳רגון ההלכתי: ׳הותרה׳ או ׳דחויה׳). כאשר הדחייה היא נורמטיבית, כלומר שערך כלשהו עדיף על ערך אחר ולכן

דוחה אותו, התפיסה הפשוטה היא שיש כאן מצב של 'דחויה', כלומר הערך הנדחה גם הוא בעינו, אך הוא נדחה בפני הערך הדוחה. יש שיאמרו שנדרשת אפילו תשובה וכפרה על העבירה שנאלצנו לעשות. לעומת זאת, כאשר הדחייה היא לוגית, הפירוש הסביר יותר הוא שיש כאן 'הותרה'. הערך הדחוי אינו קיים, ולכן מעבר עליו אינו דורש תשובה וכפרה. בנסיבות בהן אנו דנים החובה השנייה כלל אינה קיימת, ולכן ברור שיש לקיים את החובה הקודמת לה לוגית. להלן בפרק השישי נדון עוד בהבחנה הזו.[15]

שאלת הטרנזיטיביות

כל מנגנון דחייה וכלל הכרעה בהלכה יכול לעורר את הדיון האם מדובר ביחס לוגי או ביחס נורמטיבי. השלכה חשובה של האפיונים הללו תהיה תכונת הטרנזיטיביות של מנגנון הדחייה.

טרנזיטיביות של יחס כלשהו מוגדרת באופן הבא: אם ישנו יחס כלשהו P בין שני עצמים A ו-B, שנסמן אותו: P(A,B). אזי הוא ייקרא טרנזיטיבי אם הוא מקיים את הקשר הבא:

$$P(A,B) \; \& \; P(B,C) \rightarrow P(A,C)$$

לדוגמא, היחס 'להיות אבא שלי' אינו טרנזיטיבי. אם ראובן הוא אביו של שמעון ושמעון הוא אביו של לוי, אז ראובן אינו אביו של לוי. לעומת זאת, יחס של שוויון הוא טרנזיטיבי: אם א שווה לב' וב' שווה לג', אז בהכרח א שווה לג'. יחס שקובע היררכיה בין דברים גם הוא צריך להיות טרנזיטיבי. לדוגמא, היחס 'גדול מ' הוא טרנזיטיבי. היחס 'יפה מ' הוא טרנזיטיבי (אם כי, יש קצת לדון בזה).

יחסי דחייה הלכתיים נראים לנו כיחסים היררכיים, ולכן התחושה היא שהם צריכים להיות טרנזיטיביים. אבל זה הכרחי אך ורק אם היחס באמת מבוסס

---

[15] בספר השלישי בסדרה, עסקנו בשאלה האם כלל ההכרעה עשה דוחה לא-תעשה הוא כלל מסוג 'הותרה' או 'דחויה'. כאשרא אנחנו מקיימים את העשה ועוברים על הלאו, האם יש כאן עבירה (שמוצדק וצריך לעבור עליה) או שזו כלל אינה עבירה. ראינו שהראשונים חלוקים בשאלה זו. כאן טענתנו היא שניתן להעלות את הדיון הזה לגבי כל אחד מכללי ההכרעה.

על היררכיה של מעמד, כלומר זהו יחס של דחייה נורמטיבית. לעומת זאת, יחס של דחייה לוגית, או כל כלל הכרעה אחר שאינו מבוסס על עדיפות נורמטיבית, יכול באופן עקרוני לשבור את מעגל הטרנזיטיביות.[16] אנו נעסוק בזה בהרחבה בהמשך הספר. נראה כעת כמה דוגמאות להיעדר טרנזיטיביות בהקשר של דחיית מצוות כיבוד אב ואם.

הרמב״ם (הל׳ ממרים פ״ו הי״ב) מביא שאפילו איסור דרבנן דוחה את מצוות כבוד אב ואם. ו**האור שמח** במילואים (שנדפסים במהדורות הרגילות בח״א לאחר הל׳ חנוכה) על הל׳ ממרים הקשה על הדין הזה כך: כבוד הבריות דוחה ל״ת של דבריהם (ראה ברמב״ם סוף הל׳ כלאיים). אך כבוד אב ואם לא נדחה בפני כבוד הבריות, כמו כל מצווה דאורייתא. אם כן, לכאורה קשה שכן היחס אינו טרנזיטיבי.

האו״ש שם מביא לכך דוגמא נוספת מהמשנה שלומדת שאינו רשאי לשמוע לאביו שמצווהו שלא להחזיר אבידה, מהפסוק ״איש אמו ואביו תיראו ואת שבתותי תשמורו״. אך השבת אבידה נדחית בפני כבוד הבריות (כמו כהן בבית הקברות וזקן ואינה לפי כבודו, שאינם חייבים להתבזות ולהשיב אבידה). אם כן, כיצד בכל זאת השבת אבידה דוחה כבוד אב ואם. גם כאן רואים שאין טרנזיטיביות ביחסי העדיפות (או הדחייה).

לפי דברינו, ההסבר לשני הקשיים הללו הוא פשוט. דחיית מצוות כבוד אב ואם בפני מצוות אחרות אינה כלל של דחייה נורמטיבית, כלומר דחייה שנובעת מפער של חשיבות בין המצוות. הרי קשה לטעון שמצוות כיבוד אב ואם היא המצווה הנמוכה ביותר בסולם הערכים, שהרי נאמר בכמה וכמה מקומות (שאת חלקם הבאנו למעלה) שהיא מהחשובות שבמצוות. אם הדחייה נובעת מעיקרון לוגי (ולא נורמטיבי), כמו השיקול שללא כבוד לקב״ה

---

[16] בהמשך הספר נדון בהרחבה בחוסר טרנזיטיביות בין ערכים. לעת עתה, ראה על כך במאמר ׳על קונפליקטים ערכיים והכרעתם׳, בספר **לעשות מצוותיך**, גבי חזות ומיכאל אברהם, הוצאת תם, כפר חסידים תשע, עמ׳ 111 (בעיקר בפרק ד). כמו כן, ראה במאמר ׳על פתרונם של פרדוכסים הלכתיים׳, בספר **בצל החכמה**, גבי חזות ומיכאל אברהם, הוצאת תם, כפר חסידים תשע, עמ׳ 11. ראה גם במאמר ׳שני סוגי שלילה: בין עשין ללאוין׳, בספר **בנתיב המצוות**, גבי חזות ומיכאל אברהם, הוצאת תם, כפר חסידים תשע, עמ׳ 141, ובהמשך הספר כאן, לגבי היחס בין מצוות עשה ללאוין.

אין כל ערך לכבוד אב ואם, אזי אין פלא שכבוד הקב״ה, אפילו אם מדובר בל״ת של דבריהם, דוחה את כבוד אב ואם. החובה לכבד הורים במצבים כאלו לא נדחית אלא בכלל לא קיימת. אך במקום שבו החובה לכבד הורים כן קיימת, שם היא אינה נדחית בפני שום דבר (שהרי היא חשובה כמו כבוד המקום). זו גופא משמעותו של מנגנון דחייה לוגי. לעומת זאת, הדין שכבוד הבריות דוחה איסורים דרבנן הוא דין דחייה נורמטיבית רגילה, כלומר זוהי דחייה שמבוססת על היררכיה בחשיבות של שני הערכים.[17] על כן היעדר הנורמטיביות הוא צפוי ומובן.

ראינו שבמקורות מסויימים הדחייה של כבוד ההורים מפני כבוד המקום מבוססת על מנגנון דחייה לוגי ולא נורמטיבי: כבוד אב ואם הוא ביטוי לכבוד המקום, ולכן אין מקום לכבדם כנגד כבודו. הדבר אינו נובע מכך שכבודו גדול משלהם, אלא מפני שללא כבודו אין לכבודם כל משמעות, ובמקום שנפגע כבודו של מקום אין כלל חובה לכבד אותם.

נעיר כי בתוד״ה 'כולכם' יבמות ה ע״ב, עולה לכאורה שזהו דין דחייה הרגיל, ולא שיקול לוגי (שאל״כ קושייתם שם לא קשה). כך גם עולה מתוד״ה 'אבידתו' בב״מ לג ע״א שמעלה בעייה של טרנזיטיביות ביחס לעיקרון הזה (אנו נעסוק בזה בהרחבה בהמשך הספר). משני המקורות הללו עולה תפיסה שכבוד אב ואם נדחה בפני מצוות בדחייה נורמטיבית ולא בדחייה לוגית. זה כמובן מזכיר את גישת ה**שאילתות** וה**חינוך** הנ״ל. נראה שלשיטות אלו צריכה להישמר תכונת הטרנזיטיביות של כלל הדחייה הזה.

---

[17] אמנם יש להעיר מדברי ה**כס״מ** בהל' ממרים שם, שכתב של״ת של דבריהם עקרונית אינו דוחה כבוד אב ואם, ומה שזה נדחה זה רק מפני שלשיטת הרמב״ם כל עבירה דרבנן היא עבירה דאורייתא של 'לא תסור'. משמע מדבריו שסתם דרבנן לא היה דוחה כבוד אב ואם, כלומר שהוא רואה זאת כדחייה נורמטיבית רגילה. ואולי אפשר לומר שלולא הלאו ד'לא תסור' לא היה בל״ת של דבריהם כבוד המקום, אלא רק כבוד חכמים, ולכן זה לא היה דוחה כיבוד אב ואם. אך כל דבריו של הכס״מ הם תמוהים, שכן די ברור שלא נכון שלפי הרמב״ם כל עבירה דרבנן היא איסור דאורייתא. לפירוט רחב בעניין זה, ראה בספרו של מיכאל אברהם, **מעשה במשפט**, שעומד לצאת לאור בקרוב.

שתי דוגמאות נוספות למנגנוני דחייה לא נורמטיביים

אנו מוצאים שתלמוד תורה נדחה בפני כל מצווה עוברת. כלומר לגבי מצוות תלמוד תורה לא חל הכלל שהעוסק במצווה פטור מן המצווה (ראה **שו״ע** יו״ד סי׳ רמו הי״ח. וכן בשו״ת **ציץ אליעזר** ח״ד סי׳ טז, ד״ה ׳והנה ראיתי׳, וחכ״ב סי׳ צג, ד״ה ׳ולכאורה ישי׳). את הסיבה לכך הסבירו הראשונים בשיקול שתלמוד תורה הוא על מנת לעשות, ואם הלימוד ימנע את העשייה שוב אין לו כל טעם. לכן העשייה דוחה לימוד, אף שהלימוד חשוב יותר. זהו כלל דחייה שאינו מבוסס על היררכיה נורמטיבית אלא על מכניזם לוגי דומה לזה שראינו למעלה.

יש שהסבירו כך גם את תקנת אושא, שלא לתת לצדקה (או לכל מצוות עשה) יותר מחומש מממונו. הכלל הזה הוא קשה, שהרי בצדקה יש גם לאו ״לא תקפוץ את ידך״, וכדי לא לעבור על מצוות ל״ת אדם מחוייב להוציא את כל ממונו. ההסבר שהוצע לכך הוא שאם האדם ייתן את כל ממונו הוא עצמו יהפוך להיות עני, ואז הוא עצמו ייזקק לצדקה. שוב יש כאן טיעון לקדימה לוגית ולא בהכרח להירכיה נורמטיבית.

שני סוגים נוספים של כללי הכרעה

לשם השלימות, נציג כאן בקצרה עוד שני סוגים של כללי הכרעה בין ערכים מתנגשים.

הסוג הראשון הוא כללים ׳טריטוריאליים׳, כלומר קביעה לפיה תחום התחולה של אחד הערכים הוא מוגבל, והוא לא חל במקום בו יש ערך מנוגד. במצב כזה לא מדובר בכלל הכרעה, אלא בהיעדר קונפליקט. לאחר שערך אחד אינו רלוונטי בסיטואציה הנדונה, נותר בזירה ערך יחיד, ולכן הולכים על פיו. במונחים הלכתיים ניתן לומר שזה מוליך לתפיסה של ׳הותרה׳.

ניתן להביא כמה דוגמאות לכללי דחייה כאלה,[18] וכדי להבהיר את הרעיון נסתפק כאן בדוגמא אחת. בשו"ת מהרי"ק שורש קסו (הדבר נפסק להלכה גם ברמ"א ב**שו"ע** יו"ד סוף סי' רמ) פוסק שאם אביו ואמו מורים לו לא לשאת אישה כלשהי הוא לא חייב לשמוע בקולם. יש שהבינו את דבריו כביטוי לעיקרון שאין לשמוע בקול ההורים אם הם מורים לו שלא לקיים מצווה. אך כפי שניתן לראות מעיון נוסף בדבריו, מדובר כאן בטענה מרחיקת לכת יותר. מהרי"ק טוען שיש גבול לטריטוריה שבה חלים ציוויי ההורים. החובה לשמוע בקולם לא נדחית במקרה זה מכוח חובה נגדית חזקה ממנה, אלא מתוך מגבלה פנימית על תחום התחולה שלה עצמה. הורים יכולים לצוות על בנם לעשות דברים מסויימים, אבל לא דברים שנוגעים למאפיינים מהותיים של האופן בו הוא בוחר לחיות את חייו.

ישנו סוג נוסף של כללים, שאינם באמת כללי הכרעה. במצבים מסויימים איננו יכולים לקבוע היררכיה בין הערכים המתנגשים, או מפאת אינקומנסורביליות שלהם, או מפאת העובדה שהתוקף של שני הערכים הוא שווה. במקרים אלו אנו פועלים על סמך כללים טכניים שנמנעים מדירוג, כגון שב ואל תעשה עדיף, ספק לחומרא וכדו'. לדוגמא, לגבי עשה מול עשה (וכך גם לגבי לאו מול לאו) הכלל המכריע הוא שוא"ת עדיף (ראה יבמות כ ע"א: "מאי אולמיה דהאי עשה מהאי עשה").[19] אלו אינם כללי הכרעה אלא כללים שמנחים אותנו מה לעשות בהיעדר הכרעה. כאן זה אפילו לא 'דחויה', אלא אי הכרעה.

[18] ראה על כך במאמרו של מיכאל אברהם, 'סייגים על מצוות כבוד אב ואם', **מישרים** ד, ירוחם תשסו, עמ' 169. ראה גם מיכאל אברהם וגבריאל חזות, **לעשות מצוותיך**, בית אל והוצאת תם, כפר חסידים תשע, בשני מאמרים: עמ' 211 ועמ' 287. שם מובאות כמה דוגמאות לכללים טריטוריאליים.

[19] וראה גם בריטב"א (חדש וישן) ב"מ ל ע"א, וב**שדי חמד** כרך ה, מערכת עי"ן סוס"י עב (בתחילת עמ' 246, ד"ה 'ומכללי'). הדברים נדונו בהרחבה בספר השלישי בסדרה שלנו, בעיקר בחלק השלישי.

28

השוואות כמותיות

עד כאן ראינו כמה סוגי כללי הכרעה בקונפליקטים ערכיים. ישנם כללים
שמבוססים על קדימה לוגית, ויש שמבוססים על עדיפות נורמטיבית. הסוג
השני דורש העמדה על יחידת מידה משותפת כדי שנוכל לקבוע את ההיררכיה
הנורמטיבית בין הערכים המתנגשים.

במקרה של כיבוד הורים עשינו זאת דרך יחס החשיבות: אנחנו חייבים בכבוד
ההורים וכבוד המקום. גם הם עצמם חייבים בכבוד המקום. לכן ברור שיש
כאן יחידת מידה משותפת של רמת הכבוד הנדרשת, וביחידת המדידה הזו
כבוד המקום הוא בעל המשקל הגבוה ביותר.

במקרה של חילול שבת לצורך פיקוח נפש מצאנו מידה משותפת של שמירות
שבת. וגם שם השתמשנו בה כדי לקבוע היררכיה בין הערכים המתנגשים וכך
להכריע את הקונפליקט.

אולם כפי שראינו בתמונה אותה מציג לייבוביץ נראה שכל שני ערכים צריכים
להיות אינקומנסורביליים. ישנה בעייה מהותית למצוא יחידת מידה משותפת
ביניהם, וכפי שהערנו הבעייה קיימת כבר במדידה של ערך יחיד. ומכאן, שאם
מצאנו יחידת מדידה כזו, פירוש הדבר הוא שההתנגשות לא היתה בין ערכים
אלא בין נורמות נגזרות. כשיש התנגשות בין ערכים, טוען לייבוביץ, היא בלתי
פתירה באופן מהותי.

אך גם תמונה זו אינה נראית סבירה, ולו מבדיקה אמפירית. במקרים רבים
אנחנו מצויים בהתנגשות בין ערכים ואנחנו מכריעים אותה ללא שימוש
ביחידת מידה משותפת, וגם בלי שיש יחס של קדימה לוגית ביניהם. כמה
וכמה דוגמאות כאלה מוכרעות על סמך שיקולים כמותיים.

לדוגמא,[20] שחקן מקבל הצעה לשחק בסרט פרסומת לסיגריות. לשם כך עליו
לעשן כמה סיגריות מול המצלמה, ותמורת המשחק הוא אמור לקבל סכום
כסף גדול מאד (נאמר מיליון דולר). הפרסומת לסיגריות גורמת לאנשים
אחרים לעשן, עישון הוא כמובן סיכון לבריאותו, אבל מספר כה קטן של

---

[20] הדוגמה הזו לקוחה ממאמרו של שי ע׳ ווזנר, ׳על משמעותה של הנאמנות להלכה׳,
אקדמות גליון יא. ראה שם את כל דבריו.

סיגריות אינו מהווה סיכון משמעותי. הוא הולך להתייעץ עם חברו הרופא. הלה אומר לו שכרופא הוא מאד ממליץ לו שלא לעשן, ולכן לא לשחק בסרט. אך כחבר הוא אומר לו שלא יהיה טיפש ויקפוץ על המציאה. מה עומד מאחורי ההכרעה הזו? ישנו ערך מסויים לבריאות ואיכות ואורך החיים. כנגדו עומד כאן ערך כלכלי. כעת עלינו לקבל החלטה איזה משני הערכים עלינו להעדיף. במקרה שבו הסיכון היה משמעותי וסכום הכסף היה קטן יותר, הדילמה היתה אולי אמיתית. אולם כאשר מדובר בנתונים כאלה, השיקול הכמותי (הנזק הקטן לבריאות מול הסכום הגדול בערך הכלכלי) הוא שמכריע את הקונפליקט.

ישנן עוד דוגמאות רבות מאד להכרעות משיקולים כמותיים. סטטמן בפרק הראשון של ספרו מתייחס לדילמות כאלה כמשהו שאינו דילמה אמיתית, מפני שיש להן פתרון מובן מאליו. לדוגמה (ראה שם עמ' 28), אדם קבע עם חברו פגישה למטרה טריביאלית כלשהי, ובדרך הוא רואה תאונה עם נפגעים ועליו לסייע להם כדי להציל את חייהם. האם עליו להישאר לסייע ובכך לאחר לפגישה עם החבר (פגיעה בערך האמינות ובאיכות חייו של החבר), או שמא עליו לזנוח את פצועי התאונה (פגיעה בערך חיי אדם) כדי להגיע בזמן לפגישה? גם כאן דומה כי הפתרון הוא מובן מאליו. השיקול הכמותי הוא שמכריע. החשיבות של הפגישה עם החבר אינה דרמטית, ואילו הצלת חיי אדם שנמצאים בסכנה הם ערך עליון.

במקרים כאלה השיקול הכמותי נראה מובן מאליו, עד שקשה לראות במצב כזה קונפליקט של ממש. אולם השאלה הפילוסופית בעינה עומדת: מדוע באמת במקרים אלו הפתרון הוא מובן מאליו? כיצד אנחנו משווים שני דברים שאין להם מידה משותפת? ובאופן כללי יותר: כיצד אנחנו מכריעים בהתנגשות בין שני ערכים שהם אינקומנסורביליים? אם אין לנו דרך למדוד ולשקול אותם זה מול זה, ולהעמיד אותם על יחידת מדידה משותפת, אז כיצד מתקבלת כאן ההכרעה? הדבר דומה למי שישאל מה יותר יפה, הקשת בענן או הסימפוניה התשיעית של בטהובן? לא ניתן לענות ברצינות על שאלה

כזו, שכן כל אחד משני סוגי ההנאות הללו הוא מסוג שונה ונמדד במונחים שונים. אי אפשר להשוות ביניהם.

אמנם כאן מדובר בשני סוגי הנאה, כך שיש להם משהו במשותף. לפעמים האינקומנסורביליות היא חמורה יותר. לדוגמה, כאשר מישהו ישאל מה יש בעולם שלנו יותר, מים או טוב לב? אי אפשר לענות על שאלה כזו, גם אם כל האנשים היו רעי לב והעולם היה מוצף במים (או להיפך), שכן לא ניתן להשוות שני דברים שנמדדים ביחידות שונות. השוואה כמותית יכולה להיעשות רק בין שני דברים שנמדדים באותה יחידת מדידה. ראובן הוא טוב לב יותר משמעון, או שבאוקיינוס השקט יש יותר מים מאשר בים התיכון. טענות אלו הן קבילות מפני שהן עורכות השוואות בין שני דברים שנמדדים באותה יחידת מדידה. אם כן, כיצד ייתכן שדילמות ערכיות מוכרעות על ידי שיקולים כמותיים?

ובכל זאת, הכרעות כאלה הם לחם חוקנו. כאשר אנחנו מחליטים במה להשקיע משאב כלשהו, זמן או כסף. האם לתרום לבית חולים או למוזיאון לאמנות? האם להתנדב בסיוע למשפחות במצוקה או לקשישים? ומצד שני: למה הייתי מוכן לשלם יותר, עבור קונצרט שבו תנוגן הסימפוניה התשיעית של בטהובן, או למסע לראות קשת בענן? אנשים מחליטים במה להשקיע את כספם או את זמנם, אף שהערכים שמשתתפים בדילמות הללו נראים חסרי מידה משותפת. גם כאן ההכרעה היא בדרך כלל כמותית. במקום שבו יידרש המון כסף להצלת חולים ומעט כסף לתלמוד תורה, אנשים רבים יעדיפו לתרום לתלמוד תורה. אם הסיור יעלה מעט כסף והקונצרט הוא יקר מאד, אנו לא נשלם על הקונצרט.

כיצד קיבלנו את ההחלטות הללו? יש כאן שיקול שמכמת את שני הצדדים ועורך השוואה ביניהם, על אף שאין להם יחידת מדידה משותפת. הכסף הוא כמובן מדד חיצוני. הוא מבוסס על ההשוואה, ולכן לא יכול להוות בסיס לה. הרי אין ערך כספי אובייקטיבי של הנאות או מעשים טובים. השאלה היא במה אני מחליט להשקיע את כספי. את ההחלטה הזו אני מקבל אחרי שערכתי את ההשוואה הערכית. אבל כיצד אני עורך את ההשוואה הזו?

יש שיתרגמו זאת למונחי סיפוק (כמה סיפוק אני שואב מכל פעולה כזו), אך ישנה כאן הנחה שהפעולה המוסרית של האדם מבוססת על אינטרס. האלטרואיסטים שבינינו לא יוכלו לקבל תפיסה כזו. לשיטתם, החלטה כזו מבוססת על הכרעה ערכית ומתוך רצון לעשות את הטוב, ולא כחלק ממילוי הסיפוקים שלי עצמי. אז כיצד מתקבלת החלטה ערכית כזאת?

בה במידה ניתן לשאול גם על הכרעות שנעשות מכוח לימוד מפסוקים. גם אם המקור לקביעת סולם הערכים הוא פסוק מפורש, השאלה המושגית עדיין לא נפתרה: אם אכן שני הערכים (כמו ערך החיים וערך שמירת השבת) הם אינקומנסורביליים, אזי מהי המשמעות של הדירוג שעושה הפסוק? כיצד ייתכן שהפסוק קובע היררכיה ביניהם? הרי הפסוק לא יכול לקבוע מה יש יותר בעולם, שפנים או חול? או מה יותר גדול: 100 ק״ג או 30 מטרים? אלו שאלות חסרות מובן, ולא רק שאלות שלנו קשה להגיע לתשובה לגביהן. יש כאן חוסר אפשרות מהותי לערוך השוואה כזו, ולכן לא ברור כיצד הפסוק כן מצליח לעשות זאת.

זהו שורש הבעייה בהשוואות הכמותיות שהזכרנו למעלה. השחקן שמתלבט בין המון כסף לפגיעה קטנה בבריאותו. ההכרעה נראית לנו מובנת מאליה, על אף שמדובר בהשוואה בין שני ערכים שנמדדים ביחידות שונות (הם אפילו לא שייכים לאותה קטגוריה: האחד כלכלי והשני מוסרי). לכאורה יש כאן בעייה מושגית, שהרי לא ניתן להשוות בין המון כסף לבין מעט בריאות, כמו שלא ניתן להשוות בין המון ק״ג לבין מעט מטרים.

לסיכום, בעיית האינקומנסורביליות החזקה מתעוררת כאשר הגדלים המושווים נמדדים ביחידות שונות (כמו מטר וק״ג), לדוגמא: a ו-b. כעת כשאנחנו מודדים כל אחד מהערכים או מהמעשים ביחידות הרלוונטיות עבורו (ביחידות הערך שאותו הוא מבטא), אנחנו מקבלים תשובות כמו: $n\times a$ (n יחידות של a) או $m\times b$ (m יחידות של b). כיצד משווים שני גדלים שנמדדים ביחידות שונות? האם די לנו בקביעה: $n > m$ כדי לקבל הכרעה כזו לטובת אחד הצדדים? ודאי שלא, שהרי מדובר ביחידות שונות. נראה לכאורה

שאין שום דרך לעשות זאת. יתר על כן, גם הפסוק לא יכול לומר לנו ש-100 ק״ג הם יותר או פחות מ-300 שניות. זו לא בעייה שאין לנו דרך להגיע לתשובה עבורה, אלא בעייה שכלל אינה מוגדרת. אין לה תשובה.

לאור כל הבעיות הללו, דומה כי אין מנוס מהמסקנה שישנו מדד מוסרי הומוגני, שבאמצעותו אנחנו מודדים את כל הערכים (או לפחות קבוצות שלהם). מיקומיהם של הערכים על הסולם שלנו מבוססים על משקלם ביחידת המדידה המופשטת הזו. מדובר הן בערכים אסתטיים (מה יותר יפה) והן בערכים אתיים (מה יותר טוב, או ראוי מוסרית). המכפלות $m\times b$ או $n\times a$ הן בנות השוואה מפני שניתן להעמיד את a ואת b על אותה יחידת מדידה מופשטת.

בשאלה זו דן בהרחבה מיכאל אברהם, בספרו **אנוש כחציר** (ומאספקט אחר, ראה גם בספרו **שתי עגלות וכדור פורח**, הארה 8), ונביא כאן תקציר של הדברים הנוגעים לענייננו.

למשמעותם של מושגי הערך

חיים פרלמן, בספרו **ממלכת הרטוריקה** (עמ׳ 27) דן בשאלת משמעותו של המושג ׳טוב׳. לכאורה כשראובן אומר לשמעון ״עשה מעשה X מפני שהוא טוב״, אין כאן הנמקה אמיתית. שכן עולה כאן השאלה מהו המושג ׳טוב׳? האם הוא אינו אלא אוסף ההנחיות המוסריות שיש לנהוג על פיהן? לפי התפיסה הזו, המושג ׳טוב׳ פירושו ׳מה שעלינו לעשות׳. אולם אם נחזור כעת למשפט ״עשה מעשה X מפני שהוא טוב״, כעת הוא מיתרגם למשפט: ״עשה מעשה X מפני שעלינו לעשות אותו״. זוהי כמובן טאוטולוגיה ריקה מתוכן.

מהי, אם כן, משמעותו של משפט כזה? מדוע בכל זאת אנשים אומרים אותו? נראה שההנחה ביסוד אמירה כזו היא שהמושג טוב אינו רק סכום המעשים שאותם יש לעשות. יש כאן ממד עמוק יותר. זוהי הצבעה על הקטגוריה המוסרית. העובדה שמעשה X הוא טוב, היא אכן סיבה לעשות אותו. הקביעה שהמעשה הוא טוב, היא כביכול קביעה עובדתית (עובדה אתית, לא

עובדה פיסיקלית). וממנה נגזרת המסקנה האתית שיש לעשות את המעשה הזה.

כדי להבין זאת טוב יותר, נביא כעת דוגמא. ישנו ויכוח בין חברות שונות בשאלה מהו המעשה הטוב. האסקימוסים נוהגים להוציא את הזקנים לשלג כדי שימותו שם בקור. לעומת זאת, בעולם שלנו נהוג לטפל בהם ככל האפשר בבית חם. יש כאן ויכוח כיצד ראוי לנהוג, ורבים יראו בכך דוגמא לרלטיביזם מוסרי. מאידך, כאשר מתנהל ויכוח בין שני צדדים לגבי שאלה מוסרית כמו זו, התחושה של שני הצדדים היא שיש כאן נושא שעליו מתנהל ויכוח. שניהם עוסקים בשאלה מהו המעשה הטוב. אולם אם המעשה הטוב אינו אלא אוסף המעשים אותם יש לעשות, אזי אין כל מקום לויכוח. המושג טוב משמש בשתי משמעויות סמנטיות שונות בשתי החברות, ולכן אין טעם להתווכח על משמעותו. יגדיר כל אחד מהצדדים לעצמו את המושג באופן עקבי, וישתמש בו בהתאם להגדרה שהוא אימץ.

אם בכל זאת מתנהל ויכוח לגבי מושג כזה, אות הוא ששני הצדדים מסכימים שיש למושג הזה אותה משמעות בדיוק, אלא שהם מתווכחים על הביטויים המעשיים שלו. כביכול יש אידיאה של טוב, שמוסכמת על כולם. והויכוח הוא בשאלה אילו מעשים מתחייבים מתוך תצפית באידיאה הזו. לכל אחד יש נקודת מבט שונה, ולכן הוא רואה את המושג האובייקטיבי הזה באופן שונה, ומסיק ממנו מסקנות מעשיות שונות. כך נוצר ויכוח אמיתי.

מהי אותה משמעות אובייקטיבית ומוסכמת שאין לגביה חולק? זוהי המשמעות של הקטגוריה המוסרית. כאשר אני אומר שמעשה כלשהו הוא טוב, זה מעורר בתוכי קונוטציה מסויימת (נחת רוחנית, שביעות רצון או סיפוק של המצפון). הקונוטציה הזו משותפת לאדם המערבי ולאסקימוסי. הויכוח הוא רק מהו המעשה שאמור לעורר את החווייה הזו.[21]

---

[21] אנחנו משתמשים במושג 'קונוטציה', ולא 'חווייה' או 'תחושה', מפני שתחושה היא עובדה. או שמתעוררת תחושה או שלא. לא יכול להיות ויכוח בשאלה האם מתעוררת תחושה (אלא אם אחד הצדדים הוא שקרן). הטענה אליה אנחנו מתכוונים כאן אינה נמצאת במישור העובדות הנפשיות, או העובדות בכלל, אלא במישור המושגי-נורמטיבי. שני הצדדים נותנים אותה משמעות למשפט "מעשה X הוא טוב", אלא שמבחינתם יש למלא את X במעשים

כעת ניתן להמשיך צעד אחד הלאה, ולטעון שהמושג טוב משקף את אותו קנה מידה אובייקטיבי שניתן להעריך באמצעותו את כל הערכים. כאשר אני אומר שמעשה כלשהו או ערך כלשהו הוא טוב, כוונתי לומר שהוא שייך לקטגוריה המוסרית (וערכו בה הוא חיובי). אם כן, ישנה קטגוריה משותפת לכל הערכים ולכל המעשים הטובים, וממילא אין מניעה להניח שניתן למדוד באמצעותה את כל הערכים ולדרג אותם, האחד ביחס לשני. כל אחד יימדד דרך השאלה עד כמה הוא 'טוב', והתוצאה תקבע את מעמדו על סולם הערכים.

אותו שיקול עצמו נכון גם לגבי האסתטיקה. גם שם ישנם מושגי ערך, כמו 'יפה' או 'מכוער' וכדו'. גם שם נראה שהכוונה היא לקביעה קטגוריאלית, ושניתן באמצעותה לדרג את יצירות האמנות או עצמים אחרים בסולם אסתטי כלשהו. כל אחד מהם יימדד דרך השאלה עד כמה הוא יפה, וזה יקבע את הסולם האסתטי שלנו.

המסקנה היא שגם ערכים, אתיים או אסתטיים, שנראים על פניהם אינקומנסורביליים, אין פירוש הדבר שלא ניתן לבנות מהם סולם היררכי. ישנה מידה מופשטת שקובעת את מעמדם היחסי.

מסתבר שהדבר נכון גם ביחס להלכה, כמו גם לכל מערכת נורמטיבית/ערכית אחרת. גם שם יש מקום לדרג ערכים (מצוות) דרך השאלה עד כמה הם חשובים בעבודת השם, או כמה קדושה יש בהם וכדו'. אנו נראה השלכות של המסקנה הזו בהמשך הספר.

סטטמן בפרק ג של ספרו מדבר על אינקומנסורביליות של ערכים, ועל אי רדוקטיביליות שלהם (אי יכולת להעמיד אותם על יסוד משותף). הוא מבחין שם בין שני סוגים של אינקומנסורביליות: מדידה בשתי יחידות מידה שונות (אין יסוד משותף), והיעדר יחידת מידה משותפת. בהקשר המתמטי, המושג אינקומנסורביליות מיוחס למספרים אי רציונליים. היחס בין מספרים שלמים יוצר מספר רציונלי. זה אומר שישנה יחידת מידה שבאמצעותה ניתן

שונים. קבוצת האמת של המשפט הזה היא שונה לפי כל אחד מהם. שניהם מסכימים מהי הקטגוריה של המוסר, כלומר מה משמעותו של טוב. הויכוח הוא רק איזה מעשה ראוי לתואר הזה.

למדוד את שני המספרים. לדוגמא, שני המספרים 3 ו-5 יכולים להימדד ביחידת מידה שאורכה 1/2. המספר 3 מכיל 6 יחידות כאלה, והמספר 5 מכיל 10 יחידות כאלה. יש לשניהם מידה משותפת. אך ישנם מספרים שלא ניתן למצוא יחידה כזו עבורם. לדוגמא, האורכים של צלע הריבוע ואלכסונו מיוצגים על ידי צמד מספרים כזה (1 ו- $\sqrt{2}$). אין שום יחידה שבאמצעותה ניתן למדוד את שניהם, כלומר שהיא נכנסת מספר שלם של פעמים לתוך כל אחד מהם. במקרה כזה אנחנו אומרים שהם אינקומנסורביליים.

האם זה אומר שלא ניתן להשוות ביניהם? ודאי שלא. הרי שניהם מייצגים מידת אורך, ולכן אין כל מניעה לדרג אותם. בדוגמא הזו, ברור שהמספר $\sqrt{2}$ גדול מ-1. הסיבה לכך היא ששניהם מייצגים יחידת מידה משותפת, ובמקרה זה אורך. לכן זוהי אינקומנסורביליות חלשה.

אך ישנה גם אינקומנסורביליות חזקה, כמו בדוגמא הבאה: מה יותר יפה, הגינה שלידי או סימפוניה של בטהובן? מה יותר מוסרי, מניעת גניבה או גרימת שמחה למישהו? ובמישור שהוא לכאורה כמותי: מה יש בעולם יותר, מים או שפנים? או: האם 100 ק״ג הם יותר מ-30 מטרים? כאן ההשוואה נראית פחות סבירה כי הדברים המושווים נמדדים ביחידות שונות במהות, ולכן לא נראה שבאמת ניתן כאן להגיע לתשובה בעלת משמעות כלשהי. כך גם לגבי התנגשות ערכים, כמו צדק חברתי וערך הקניין, או שלום ושגשוג כלכלי. גם בצמדים אלו לא ברור כיצד ניתן לערוך השוואה שכן אין כאן יסוד משותף.

אך לאור דברינו כאן, יש מקום להשוות גם בין צמדי דברים כאלה, שכן שניהם מייצגים מידות שונות של היחידה המופשטת של ׳יופי׳ בקטגוריה האסתטית, או של ׳טוב׳ בקטגוריה האתית. אמנם אין ביניהם יסוד משותף שניתן להצביע עליו (כמו אורך בדוגמא המתמטית), אך יש יסוד מופשט שהוא בכל זאת משותף.[22]

---

[22] במקרים רבים החברה צריכה לקבל הכרעה בדבר עדיפות של יופי על טוב. לדוגמה, האם להשקיע כסף בהקמת בתי חולים או בהקמת מוזיאונים. זו שאלה סבוכה יותר, ולכאורה

אם נשווה כעת את שני הגדלים האינקומנסורביליים, שמדדנו למעלה זה מול זה, וקיבלנו: $n \times a$ או $m \times b$, ונמצא פסוק שמורה לנו מי מהם עדיף (או גדול, או קודם), משמעות הדבר היא שתרגמנו את היחידות השונות a ו-b, וכעת הן מבוטאות במונחי היחידה ההומוגנית המופשטת (עד כמה זה חשוב, מוסרי, או יפה), ולכן כעת ניתן להשוות ביניהם. אנחנו לא יכולים לעשות זאת לבד, ולכן זה נראה לנו אינקומנסורבילי. אבל הבעייה אינה עקרונית, והקב"ה כן יכול לעשות זאת. הפסוק מגלה לנו את התוצאה.

זה מסביר גם את התופעה של השוואה כמותית. כאשר אנחנו משווים בין שני ערכים אינקומנסורביליים ומגיעים לתוצאה כלשהי על מידרג ביניהם, ראינו שהדבר לכאורה אינו מובן, שהרי אין להם יחידות משותפות (כמו השוואה בין המון ק"ג לבין מעט מטרים). לאור דברינו כאן, גם התופעה של השוואה כמותית היא מובנת יותר. בעצם אנחנו מתרגמים, בלי להיות מודעים לזה, את היחידות השונות לאותה יחידה הומוגנית מופשטת, ועושים את ההשוואה. כאשר אין הבדל כמותי גדול מאד, התרגום הזה לא מוביל לתוצאה ברורה, ולכן נדרש לנו פסוק שיעשה זאת עבורנו.

כעת נוכל להבין גם את המשמעות של הכרעות שמתקבלות מכוח פסוק. אם מדובר בשאלה שקשה לנו להגיע לתשובה לגביה, כמו שאלה של יחס בין שני ערכים שיש ביניהם מידה משותפת אבל משקלם שווה, אז יש מקום ללמוד מפסוק את ההיררכיה הנכונה ביניהם. אבל כשאין מידה משותפת בין שניהם, שאלנו כיצד ניתן ללמוד מפסוק על קיומה של היררכיה כזו? זו שאלה שאין לגביה תשובה, ולא שאלה שאנחנו לא יודעים כיצד לענות עליה. זו משמעותה העמוקה של האינקומנסורביליות. לאור דברינו כאן מובנת יותר האפשרות ללמוד מפסוקים על סולמות ערכים. לפחות ברמה המושגית הבעייה פתורה, והיא רק הופכת להיות בעייה שקשה לנו למצוא את התשובה לגביה. לכך בדיוק מיועד הלימוד מהפסוקים.

עולה ממנה שישנה יחידת מידה משותפת אפילו בין אתיקה לאסתטיקה (ולא רק בין ערכים אסתטיים שונים, או ערכים אתיים שונים).

נציין כי אין זה הכרחי שבאמת תמיד ניתן יהיה להשוות בין כל שני דברים אינקומנסורביליים כאלה, ובודאי יהיה קשה עוד יותר להגיע לתשובה מוסכמת, או לתשובה בכלל (לפחות כשאין פסוק שעושה זאת עבורנו). מה שנוכל לומר הוא שלפחות זה פותח פתח לטענה שיש מקרים בהם ניתן להשוות בין שני דברים כאלה, ובודאי לטענה שיש להשוואה כזו משמעות תיאורטית (כלומר שהיא לא מופרכת על פניה כבר ברמה המושגית). אנו נראה את משמעות הדברים להלן.

פרק שני

קונפליקטים ערכיים מורכבים

מבוא

בפרק הקודם עמדנו על משמעותו של המושג ערך, ועל הבעייתיות שכרוכה במדידה ומשקול שלו. מתוך כך הצגנו כמה סוגי כללים לפתרון קונפליקטים ערכיים, כמו: לוגי, נורמטיבי ומקור חיצוני (בהלכה: מקור מפסוק).

קונפליקטים בינאריים

הקונפליקטים בהם טיפלנו בפרק הקודם עסקו בשני ערכים שסיטואציה כלשהי מביאה אותם לידי התנגשות. לדוגמה, עסקנו בהתנגשות בין שמירת שבת לערך חיי אדם, או בין החובה לכבד הורים לבין החובה לשמור מצוות. ובמישורים אתיים כלליים יותר, פגשנו התנגשות בין רצון להילחם בגרמנים לבין הצורך לסעוד אם מזדקנת וחולה.

מה טיבה של התנגשות זו? די ברור שאין כאן בעייה לוגית, אלא בעייה מעשית. אין כל סתירה בין מחוייבות לשמירת שבת לבין מחוייבות לערכם של חיי אדם. מה שיוצר את הבעייה הוא הסיטואציה שבה עליי להכריע האם לחלל שבת או לוותר על הצלת חיים.

נתבונן על כך מזווית שונה. לכאורה הטענה שעליי לחלל שבת ובו בזמן לשמור אותה היא טענה סתירתית ברמה הלוגית. אך הדבר אינו נכון. ברמה הלוגית אין כאן כל בעייה, מפני שאין עליי חובה לחלל שבת, אלא חובה להציל חיים. בסיטואציה המסויימת הזו החובה להציל חיים מחייבת אותי לחלל שבת. בספר השלישי בסדרה עסקנו בלוגיקה דאונטית לאור התלמוד, והפרדנו בין שני מישורי דיון שונים: המישור הנורמטיבי (תלמודי) והמישור הדאונטי. המישור הנורמטיבי הוא המישור של הנורמות כשלעצמן. זהו מישור תיאורטי, ובו לא אמורות להיות סתירות. לא סביר שתהיה מערכת שמחייבת

לגנוב ובו בזמן אוסרת לגנוב. זוהי סתירה במישור הנורמטיבי-תיאורטי. אולם גם אם אין כל סתירה תיאורטית בין הנורמות, המציאות יכולה להכניס אותנו למצבי קונפליקט. הסתירה היא פרקטית ולא עיונית. למעשה אין כאן כל סתירה, אלא שאלה מעשית שעליי להכריע בה: מה עליי לעשות בפועל. לא נכון לומר שעליי לחלל שבת ובו בזמן אסור לי לחלל שבת. מה שנכון יותר לומר הוא שיש נימוקים נורמטיביים משמעותיים שמכוחם יהיה עליי לעשות פעולה מעשית של חילול שבת, ובו בזמן יש נימוקים נורמטיביים טובים שאוסרים עליי לעשות זאת. זו אינה סתירה לוגית, אלא דילמה שבה יש להכריע.

נראה שכך עלינו להבין כל התנגשות בין שני רצונות, או שתי הוראות סותרות. לדוגמה, כאשר אדם מודיע שהוא רוצה לאכול שוקולד ובו-בזמן גם לא רוצה בכך, ניתן לראות בטענה זו סתירה לוגית. אולם מסתבר שאין הכוונה לטעון טענה סתירתית, אלא להציג שני צדדים שונים: מבחינת הטעם והרצון ליהנות יש נימוקים טובים לטובת אכילת שוקולד, אך מבחינת הבריאות ישנם נימוקים טובים מאד לא לאכול אותו. הדבר דומה לדוגמה אותה הבאנו של השחקן שמבחינת הבריאות צריך להימנע מלשחק בסרט הפרסומת לסיגריות, אך מן ההיבט הכלכלי דווקא כדאי לו להשתתף בסרט הזה.

אם כן, כדי שטענה כזו לא תהיה סתירתית ברמה הלוגית, עלינו לפרש כל חלק בה כמבטא עולם ערכי שונה, ובמקרה הזה: בריאות מול הנאה, או חיי אדם מול שמירת שבת. עד כאן מדובר בניתוח לוגי הכרחי (כדי למנוע פרשנות סתירתית לטענות כאלה).

נכון הוא שלאחר שהסברנו כל חלק כזה כנובע מעולם ערכי שונה מהותית, מתעוררת שאלת האינקומנסורביליות, שכן אין לנו דרך לבנות הירכיה בין כללים ששייכים לעולמות מושגיים שונים. כיצד נכריע האם לאכול או לא לאכול את השוקולד, כלומר האם הבריאות עדיפה על הטעם או להיפך? על כך עמדנו בפרק הקודם, והצענו השערה בדבר קיומה של מידה הומוגנית

אוניברסלית שבאמצעותה אנחנו בונים סולמות ערכים במקרים בהם לא הצלחנו למצוא מידה משותפת קונקרטית ומפורשת.

בכל אופן, כדי להכריע בבעייה הפרקטית עלינו להניח את קיומה של מידה חיצונית כלשהי שממשקלת את הערכים המעורבים בה. אנו נראה השלכות של המסקנה הזו להלן.

קונפליקטים משולשים

בפרק הקודם ראינו שבמקרים מסויימים עלול להיווצר יחס לא טרנזיטיבי בין כללי הדחייה. עמדנו על כך שכאשר יש הירכיה נורמטיבית ביניהם, צפוי שתישמר הטרנזיטיביות. אולם אם חלק מכללי הדחייה אינם מבוססים על הירכיה כזו, אין ערובה שתישמר הטרנזיטיביות. שוב, לא מדובר כאן בסתירה לוגית, שכן כללים שאינם מבוססים על הירכיה נורמטיבית לא אמורים להיות טרנזיטיביים בהכרח. לכן גם כאן הבעייה שייכת לעולם הפרקטי. זו אינה סתירה במובן הלוגי, אלא דילמה מעשית שקשה להכריע בה (כיצד לנהוג בפועל).

חשוב להבין שבעייה של טרנזיטיביות מתקיימת רק כאשר בקונפליקט מעורבים שלושה ערכים, ולא רק שניים. האם יש בהלכה בעיות כאלה? בהחלט כן. נביא כעת כמה דוגמאות להתנגשויות משולשות, שבהן לא נשמרת הטרנזיטיביות.

השבת אבידה

בתוד"ה 'אבידתו' במסכת בבא מציעא דף לג ע"א (ובדומה בתוספות ד"ה 'ר' יהודה' במסכת קידושין דף לב), מביא דוגמה מעניינת לקונפליקט משולש כזה. המשנה שם קובעת את העקרונות הבאים:

> ***אבדתו ואבדת אביו - אבדתו קודמת, אבדתו ואבדת רבו - שלו קודם. אבדת אביו ואבדת רבו - של רבו קודמת, שאביו הביאו לעולם הזה ורבו שלמדו חכמה מביאו לחיי העולם הבא. ואם אביו חכם - של אביו קודמת.***

אבדתו קודמת לשל אביו, מפני שלהלכה אדם לא חייב לאבד את ממונו כדי לכבד את הוריו (משלהם ולא משלו). המשנה קובעת שאבידתו קודמת גם לאבידת רבו. ומה בדבר היחס בין אבידת אביו לרבו? כאן המשנה קובעת שאבידת רבו קודמת לאבידת אביו.

בינתיים לא נראה שיש בעייה לוגית כלשהי, שכן אין סתירה בין שלושת העקרונות הללו. אך בתוד"ה 'אבידתו', שם, מעלה את השאלה לגבי המצב המשולש:

אבדתו קודמת - וא"ת אבדתו ואבדת רבו וכבוד אביו איזהו קודם אי אבדתו הלא כבוד אביו עדיף למאן דאמר בפ"ק דקדושין (דף לב. ושם) משל בן ואם כבוד אביו הלא אבדת רבו קודמת כדאמר לעיל אני ה'.

מדובר על מצב בו עומדות בפני אדם שלוש אפשרויות פעולה, שמגלמות התנגשות בין שלושה ערכים: כבוד אביו,[23] אבידתו ואבידת רבו (תוס' בקידושין מדבר על אבידת חברו, ומנסח את הדילמה באופן מעט שונה. אמנם לענייננו כאן אין הבדל משמעותי, ונדון בכך בפרקים הבאים).

תוס' מנתח את המצב לפי השיטה שאדם חייב לכבד את אביו גם על חשבון ממונו שלו (כלומר לאבד את אבידתו כדי לעסוק בכבוד אביו).[24] לפי השיטה

---

[23] לכאורה היה פשוט יותר לנסח קונפליקט משולש בין שלוש אבידות: אבידתו, אבידת אביו ואבידת רבו. מדוע תוס' מכניס דווקא את כבוד אביו ולא את אבידת אביו? ובפרט, שאם היה מדובר באבידת אביו, הרי אבידת רבו קודמת מדיני השבת אבידה (כפי שמופיע בפירוש במשנה ב"מ שם, כי אביו מביאו לחיי עוה"ז ורבו לחיי עוה"ב), ולא צריך להיכנס לפרשנות בעייתית של 'אני ה' '.

נראה שהתשובה היא פשוטה: אם היה מדובר באבידת אביו, לא היתה דעה שהיא קודמת לאבידתו שלו. מבחינת הצלת ממון שלו קודם לכולם, וכך אכן מפורש במשנה ב"מ לג ע"א שם. השרבוב של שיטת ר' יהודה כחולק על המשנה הוא אפשרי רק אם ההתנגשות היא בין אבידתו לכבוד אביו, שכן זה דוחה את הצלת ממונו. אבל בממון מול ממון ר' יהודה לא היה חולק על המשנה.

[24] זוהי שיטת ר' יהודה, והדיון בתוס' נערך לפי שיטה זו. נציין כי להלכה לא פוסקים כך, כלומר אין עליי חובה לכבד הורים מממוני, אלא רק משלהם.

כאנקדוטה נביא כאן סיפור חביב בנושא זה, שמיוחס לר' חיים מבריסק (פעל בשליש הראשון של המאה ה-20). בחור ישיבה בא אליו ושאל אותו האם הוא חייב לנסוע ברכבת לבקר את הוריו, שכן הנסיעה עולה כסף, ולהלכה אנחנו פוסקים שאין חובה לכבד הורים מכספו של הבן אלא רק משלהם. ר' חים ענה לו: "אכן, אינך חייב. לך אליהם ברגל". משמעות טענתו היא שהנסיעה ברכבת היא למען נוחיותו של הבן ולא למעם ההורים. מבחינתם הוא יכול גם

הזו נוצר כאן מצב לא טרנזיטיבי, שהרי אבידתו קודמת לרבו (כפי שקובעת המשנה שם), רבו קודם לאביו (מדין 'אני ה'', שלא ייתכן שכבוד אביו ידחה קיום מצווה. ראה על כך בפרק הראשון), ואביו קודם לו (לשיטה שחובת הכבוד לאביו קיימת גם במחיר איבוד ממון שלו).

תוס' מציע פתרון לדילמה, אך זהו פתרון מקומי:

> ***ויש לומר אבדתו קודמת דהיכא דאביו נהנה מגוף הבהמה חייב לכבדו כגון שחוט לי בהמתך אבל הניחה ליאבד ותביא לי לאכול שגם לאב קשה האבדה אלא שרוצה לאכול.***

הוא קובע שאין חובה לוותר על ממון (על האבידה) כדי לעסוק בכבוד אביו, אלא אם כבוד אביו דורש שימוש בממון הזה עצמו. לכן השאלה כלל לא מתעוררת. אבל מה בדבר השאלה העקרונית? מה היה הדין אם מבחינה הלכתית כן היתה חובה כזו?

אפשר היה להבין שתוס' בעצם טוען שלעולם לא ייתכן שההלכה תכיל נורמות שבסיטואציה מסויימת לא ניתן יהיה להכריע ביניהן, וכאן הוא רק מסביר כיצד זה מתרחש במקרה המסויים הזה. כלומר לשיטתם לא תיתכן חוסר טרנזיטיביות בהלכה. אמנם לא ברור מדוע, שהרי עקרונית מצבים כאלה ייתכנו, וכפי שראינו הם אף לא מכילים סתירה לוגית. אז מהי הערובה לכך שבמישור הפרקטי לעולם לא ייווצר קונפליקט? ייתכן שמדובר בהנחות תיאולוגיות אפריוריות, לפיהן ההלכה היא שלימה במובן כלשהו, כלומר מציעה פתרון חד משמעי לכל סיטואציה. אך כפי שנראה להלן, גם אם נאמץ את ההנחה הזו, הדבר אינו אומר בהכרח שלא ייתכנו קונפליקטים משולשים לא טרנזיטיביים.

לבוא לבקר אותם ברגל. נראה לנו פשוט שההלכה אינה מסכימה עם ההוראה הזו (כי הדרך הנורמלית לעבור מרחקים ארוכים היא ברכבת ולא ברגל), אך יש כאן בהחלט לקח מוסרי חשוב.

האם מדובר בבעייה לוגית?

לכאורה מצבים אלו מעוררים קונפליקטים עם בעייתיות מסוג שונה. נראה שכאן הבעייה נעוצה במישור הלוגי ולא במישור הנורמטיבי-מעשי, שכן יש כאן שלוש נורמות שלא מתיישבות זו עם זו. אולם דומה כי גם כאן הדבר אינו נכון. במישור העקרוני אין סתירה בין הערכים התיאורטיים כשלעצמם. הערך של כיבוד אב וכבוד רבו וערך הממון שלו עצמו, אינם סותרים זה את זה בשום מובן ישיר. גם כאן הבעייה נוצרת אך ורק מחמת הסיטואציה שמוליכה אותנו למצב בו עלינו לבחור באחד מהם ולוותר על שני האחרים. אם כן, גם כאן לא מדובר בסתירה לוגית אלא בדילמה מעשית. אמנם נכון שלא ברור כיצד ניתן לפתור אותה, ובכך נעסוק בהרחבה בהמשך דברינו.

למעשה, הדילמות בהן עסקנו בפרק הקודם הן דומות מאד. גם שם ישנה דילמה במישור המעשי בין שתי הוראות סותרות, וגם שם במישור העיוני-תיאורטי לא נכון שישנה סתירה בין הערכים כשלעצמם. אם כן, אין הבדל עקרוני בין דילמות משולשות לבין דילמות בינאריות. בשני המקרים מדובר בדילמה מעשית שקשה או בלתי אפשרית להכרעה, אך בהחלט לא בסתירה לוגית.

ההבדל הוא רק באופי הסתירה. בדילמות בינאריות יש סתירה חזיתית בין שתי הוראות מעשיות שאינן מתיישבות זו עם זו: 1. עשה X. 2. אל תעשה X (או עשה Y). אך כפי שראינו זו הצגה לא מדויקת. למעשה יש כאן שני נימוקים שמוליכים למסקנות מעשיות מנוגדות. ולכן הניסוח המדויק יותר הוא: 1. X עדיף על Y (מבחינת חיי אדם). 2. Y עדיף על X (מבחינת שמירת שבת). כעת נוכל לראות שהעובדה ש-Y אינו אלא לא לעשות X אינה חשובה לצורך הבנת הבעייה. די לנו בכך שאי אפשר לעשות את שניהם.

כך בדיוק קורה גם בדילמות המשולשות. שם כלל לא נמדובר על הוראות מעשיות אלא על העדפות, ובין ההשלכות המעשיות של ההעדפות הללו מופיעה סתירה לא חזיתית, אלא משולשת: 1. X עדיף על Y. 2. Y עדיף על Z. 3. Z עדיף על X. הדילמה הזו נוצרת כמובן רק ברובד המעשי, ורק כאשר אני

נמצא במצב בו יש לי שלוש אופציות פעולה: X, Y ו-Z, ושלא ניתן לבצע את כולן גם יחד (בכל מצב בו יש רק צמד אפשרויות אין שום בעיה לקבל החלטה כיצד לפעול).

קונפליקט משולש בהלכות קרבנות

במשנת זבחים צ ע"א מופיע כלל קדימה:

חטאת העוף קודמת לעולת העוף.

מה יהיה הדין לגבי עולת בהמה? הדבר מוכרע במשנה שם פט ע"א:

המעשר קודם לעופות, מפני שהוא זבח ויש בו קודש קדשים דמו ואימוריו;

כלומר זבחי בהמה (ובפרט עולות) קודמים לעופות.

כעת יש לדון מה יקרה כאשר יש חטאתה עוף מול עולת בהמה? מחד, חטאת קודמת לעולה, ומאידך, בהמה קודמת לעוף. והנה, בגמרא צ ע"א מובא לכך מקור שמרחיב את הדין לכל חטאת ועולה (כלומר גם לעולת בהמה):

חטאת העוף קודמת כו'. מנא ה"מ? דת"ר: +ויקרא ה+ והקריב את אשר לחטאת ראשונה - מה ת"ל? שאין ת"ל ללמד שתקרב ראשונה, הרי כבר נאמר: +ויקרא ה+ ואת השני יעשה עולה! אלא זה בנה אב לכל חטאות שיקדמו לעולה הבאות עמהן, בין חטאת העוף לעולת העוף, בין חטאת בהמה לעולת בהמה, ואפי' חטאת העוף לעולת בהמה, הלכך: חטאת העוף לעולת העוף - מואת השני, חטאת בהמה לעולת בהמה - מדרבי רחמנא, חטאת העוף לעולת בהמה - מזה בנה אב.

כאן רואים שחטאת העוף קודמת גם לעולת בהמה שבאה עמה. הקדימה של חטאת לעולה גוברת על הקדימה של בהמה לעוף.

יש לשים לב שמדובר כאן על חטאת ועולה שבאות ביחד, ולא על סתם שני קרבנות שהזדמנו באופן מקרי להקרבה באותו זמן. באיזה מצב מובאים שני קרבנות כאלה ביחד? רש"י כותב על כך:

חטאת העוף לעולת בהמה - כגון יולדת עשירה כבש בן שנתו לעולה ובן יונה או תור לחטאת (ויקרא יב).

עד כאן ראינו שני כללים: בהמה קודמת לעוף, וחטאת קודמת לעולה. מעבר לזה, קיים גם כלל שלישי: המקודש מחברו קודם לו, ולכן עולת בהמה (שהיא קדשי קדשים, ועולה כליל על המזבח) קודמת למעשר (שהוא קדשים קלים, ואף קל משלמים – כפי שמופיע בגמרא פט ע"א).

משלושת הכללים הללו ניתן לראות שכאשר יהיו בפנינו שלושה קרבנות כאלה ביחד, ייווצר מצב לא טרנזיטיבי, ומתוכו קונפליקט משולש. ואכן בגמרא שם צ ע"ב אנו מוצאים את הדיון הבא:

איבעיא להו: חטאת העוף ועולת בהמה ומעשר, איזו מהן קודם? תיקדום חטאת העוף, איכא מעשר דקדים לה! ליקדים מעשר, איכא עולת בהמה דקדמה ליה! תיקדום עולת בהמה, איכא חטאת העוף דקדמה לה!

כאמור, יש כאן שלושה כללי קדימה שאין ביניהם יחס טרנזיטיבי: מעשר קודם לחטאת העוף (כי הוא מין זבח). עולת בהמה קודמת למעשר (כי היא מקודשת יותר). וחטאת העוף קודמת לעולת בהמה (מהכלל שחטאות קודמות לעולות).

ובאמת בתוד"ה 'חטאת', שם, העירו על הדמיון בין הקונפליקט הזה לבין הקונפליקט שהוצג למעלה לגבי השבת אבידה:

חטאת העוף ועולת בהמה ומעשר איזה מהן קודם - וכעין בעיא זו איכא למיבעי אבדתו ואבדת חבירו וכיבוד אב ואם למ"ד משל בן בפ"ק דקדושין (דף לב.) איזה מהן קודם תקדום אבדתו איכא כיבוד אב ואם [דקודם] למ"ד דמשל בן תקדום אב ואם איכא אבדת חבירו דאמר באלו מציאות (ב"מ דף לב.) אפילו אמר ליה אביו אל תחזיר לא ישמע לו כו' תקדום אבידת חבירו איכא אבידתו דקודמת לאבידת חבירו.

כיצד פותרים את הדילמה הזו? מה עושים בפועל במקרה כזה? הגמרא שם בהמשך מביאה מחלוקת בין חכמי בבל לחכמי ארץ ישראל בשאלה זו:

הכא [=בבבל] תרגימו: מין זבח עדיף.

בבבל ההכרעה שהתקבלה היא שיקריבו מעשר. ומסביר זאת רש״י על המקום:

מין זבח עדיף - ויקדים מעשר ואח״כ חטאת ועולה דאילו עולת בהמה לא מצי קדמה לחטאת העוף מגזירת הכתוב.

חכמי בבל שקלו את כללי הקדימה זה מול זה, והעדיפו את הכלל שלא להקדים עולה לחטאת ואם העולה אינה יכולה בשום אופן להיות ראשונה, עולה המסקנה שיש להתחיל במעשר.

מדוע באמת העדיפו את הכלל הזה? ניתן להבין מדברי רש״י שהכלל שנלמד מגזיה״כ הוא כלל עדיף, ולכן לא מקדימים עולה לחטאת. הכללים האחרים שהמקודש קודם ושבהמה קודמת לעוף הם כללים שנלמדים מסברא (ראה גם שם פט ע״ב, לגבי קדימת מעשר לעוף אף שהעוף הוא מקודש יותר). אמנם בהוריות יב ע״ב אנו מוצאים מקור לקדימה של מקודש (מדין ״וקידשתו״. וראה גם **בבאר שבע** שם).[25]

על כן נראה יותר שיש להשתמש כאן בכלל הכרעה שמקובל במערכות משפט שונות, שהנורמה הספציפית לעולם גוברת על הנורמה הכללית. הקדימות של המקודש והקדימות של הזבח על העוף הם כללים גורפים. העדיפות של חטאת על עולה היא עיקרון ספציפי, ולכן הוא גובר על שני אלו, כי זה מתפרש כעיקרון שמסייג את שני הכללים הגורפים.

ועדיין, העובדה שיש להקדים חטאת העוף לעולת בהמה, לא מגדירה סופית את סדר ההקרבה במקרה המשולש. ישנן עדיין שתי אפשרויות שמקיימות את הכלל הזה: 1. מעשר, חטאת העוף ועולת בהמה. 2. חטאת העוף, עולת

---

[25] אמנם ה**ט״ז** או״ח סי׳ תרפא סק״א שתדיר עדיף על מקודש כי תדיר הוא כלל בתורה. ומשמע מדבריו שמקודש אינו אלא סברא בעלמא. וכבר הקשו עליו ה**שאג״א** סי׳ כח **וארצות החיים** (למלבי״ם) או״ח סי׳ כה **ארץ יהודה** סק״א ועוד, שבסוגיית הוריות למדנו זאת מהכתובים. ובקרן אורה הוריות יב ע״ב ד״ה ׳כלי, הקשה מדוע לא הביאו כאן בזבחים מקור לדין קדימת המקודש, בעוד שלתדיר כן הביאו. והסביר ששם מדובר על קדימה של הגברא (שהכהן שהוא אדם מקודש יותר עשית המצווה שלו קודמת לאחרים), ואילו כאן מדובר על קדימה בין מצוות שונות. ולפי זה מיושבים דברי ה**ט״ז**, ואולי אפשר לקבל את ההסבר הראשון שהבאנו למעלה, שדין מקודש הוא סברא בעלמא. ועיין גם ב**תוי״ט** על המשנה זבחים פ״י סוף משנה ו, שכתב שלקדימת המוקדש אין מקור כמו לקדימת התדיר.

בהמה ומעשר. מדוע חכמי בבל בחרו את האפשרות 1? כנראה שהם מעדיפים את העיקרון שבהמה קודמת לעוף על העיקרון שהמקודש קודם. ואכן ניתן לראות זאת בפירוש בסוגיית פט ע״ב, שם אנו מוצאים:

מעשר קודם לעופות כו׳. אדרבה, עופות קדמי, שכן קדשי קדשים! אפ״ה מין זבח עדיף.

רואים כאן בפירוש שהכלל שהזבח קודם גובר על הכלל שהמקודש קודם.

עד כאן ראינו שחכמי בבל דגלו בתפיסה שמבוססת על דירוג של כללי הקדימה עצמם: א. קדימת החטאת לעולה. ב. קדימת בהמה לעוף. ג. קדימת מקודש לפחות מקודש. ובאופן מינימלי די לנו בהחלטה שהכלל של קדימת המקודש הוא הפחות חשוב משלושתם, ומייד אנחנו מקבלים את הפתרון הזה. אין צורך לדרג את שלושת הכללים (כי כשמורידים אחד, שני האחרים אינם סותרים זה לזה). אמנם ברש״י ראינו שהכניס גם את הדירוג הזה, ומדבריו נוצר המדרג הכללי.

לעומת זאת, בארץ ישראל הגמרא אומרת שהכריעו אחרת:

במערבא אמרי: עיילא בה עולת בהמה בחטאת העוף ואגבהתה ממעשר.

שם סברו שמתחילים בחטאת העוף, ולאחר מכן עולת בהמה ומעשר. במונחים הקודמים ניתן לומר שגם כאן לא היו מוכנים לוותר על העיקרון שחטאת קודמת לעולה. אולם את שני הכללים האחרים הם מדרגים הפוך מאשר בארץ ישראל: א. קדימת החטאת לעולה. ב. קדימת מקודש לפחות מקודש. ג. קדימת בהמה לעוף. ושוב, עצם הפתרון אינו דורש דירוג משולש, ודי לנו בקביעה שבתפיסה הארץ ישראלית הכלל הפחות חשוב הוא קדימת בהמה לעוף. הדירוג בין שני הכללים האחרים אינו נחוץ באמת, אף כי לפי רש״י נראה שגם כאן הכלל שיוצא מגזיה״כ (או שהוא כלל ספציפי יותר)[26] עדיף.

---

[26] זוהי הדוקטרינה המשפטית שמעדיפה את הכלל הספציפי על הכללי: Lex specialis.

אמנם הניסוח של הגמרא משתמע שלא זהו ההסבר בדעת בני מערבא. ההסבר שהצענו כאן אינו אפשרי כלל ועיקר, שכן אם הוא היה נכון, אזי הדין הזה היה קיים גם במצב בו אנו מביאים עולת בהמה וחטאת העוף שלא קשורות זו לזו. אך הגמרא אומרת להדיא שמדובר כאן רק במקום בו הם באים יחד. ומה הדין כשיש שלושה קרבנות שהצטרפו במקרה? כאן אין בעייה, שכן חטאת העוף באה אחרונה (כי גם עולת בהמה שלא באה איתה מקדימה אותה, והמעשר ודאי מקדים אותה).

אז מהו ההסבר שמייחד את המקרה של עולת בהמה שבאה עם חטאת העוף? די ברור שהוא מסתמך על העובדה ששלושת הקרבנות בהם אנחנו עוסקים כאן אינם מצורפים באותה צורה. חטאת העוף ועולת בהמה באים יחד על ידי יולדת עשירה (ראה לעיל). ההצטרפות של המעשר לשני אלו היא מקרית (הוא הזדמן להקרבה באותו זמן). מלשון הגמרא נראה שהיא משתמשת בצירוף של חטאת העוף עם עולת בהמה, ומכיון שהם יחידה אחת הם גוברים יחד על המעשר. כלומר אין כאן קדימה של כללים כפי שהצגנו זאת למעלה, אלא אסימטריה שנובעת מסוגים שונים של הצטרפות. במפרשים מצאנו שני ניסוחים שונים להסבר בדעת בני מערבא: של רש"י ושל הרדב"ז.

ברש"י כאן הסביר את שיטת חכמי ארץ ישראל כך:

> ***ע"לא בה חשיבות דעולת בהמה - שבאה עמה והיא חשובה ממעשר שהיא קדש קדשים וכליל ומגזירת הכתוב החטאת קודמת ואף על פי שזו מין זבח.***
>
> ***ואגבהתה ממעשר - לבטל חשיבות שם מין זבח שבו דהא בעולה נמי איתיה לאותה חשיבות ובטיל ליה מגזירת הכתוב הלכך יקדים חטאת העוף לעולה ועולה למעשר.***

מדברי רש"י כאן נראה שהוא לא מדבר על הצטרפות סתם של שני הקרבנות, אלא ישנו כאן שיקול מורכב יותר. נראה מלשונו שכוונתו להסביר שהדחייה

49

נובעת מכך שבמעשר בטל חשיבות הזבח שבו בגלל חטאת העוף שמורידה חשיבות זבח מעולת בהמה. אז במקרה כזה היא עושה זאת גם למעשר.[27]

הרמב״ם תמידין ומוספין פ״ט ה״ח פוסק כחכמי ארץ ישראל (הכס״מ והרדב״ז כותבים שזה מפני שמסתבר טעמם) :

היו שם חטאת העוף ומעשר ועולת בהמה הואיל ועולה קודמת למעשר וחטאת העוף קודמת לעולת בהמה מקריב חטאת העוף תחילה ואחר כך העולה ואחר כך המעשר.

ה**כס״מ** על אתר מביא את הסברו של רש״י. אך הרדב״ז שם מסביר את שיטתם כך :

כלומר נהי דגזירת הכתוב שיקדם חטאת העוף לעולת בהמה אע״פ שהוא מין זבח, אבל היאך יקדום מעשר לעולת בהמה שזה מין זבח וזה מין זבח. ויתירה עליה העולה שהיא קדש קדשים. אלא יקדים חטאת העוף לעולת בהמה כדינו ועולת בהמה למעשר כדינו.

נראה שהוא אינו מסביר ממש כרש״י. לפי דבריו חטאת העוף מסתתרת אחר עולת הבהמה, שהרי היא קודמת לעולת בהמה, ולכן היא דוחפת יחד איתה את המעשר לסוף. לשיטתו נראה שדווקא עולת הבהמה היא שדוחה את המעשר לסוף, וחטאת העוף נגררת מאחוריה. ואילו לפי רש״י נראה שחטאת העוף דוחה את המעשר כי היא מורידה את חשיבות הבהמה שבו.

נראה שהרדב״ז מבין כדברינו למעלה, שיש כאן צירוף של חטאת העוף עם עולת בהמה, ומכיון שעולת הבהמה דוחה את המעשר לסוף, חטאת העוף נגררת עמה (ולפניה). ואילו רש״י לא רואה זאת כפעולה של הצירוף, אלא לשיטתו חטאת העוף לבדה דוחה את המעשר, כי כשהיא באה עם עולת בהמה יש לה כוח לקדום לבהמות, ולכן היא קודמת גם למעשר.

---

[27] ולפי זה לכאורה קשה, שהרי מסברא זו יוצא שחטאת העוף היתה צריכה להיות קודמת למעשר גם בעלמא (כי היא קודמת לחשיבות בהמה). אך זה לא נכון, שהרי הקדימות שלה לבהמה היא רק ביחס לבהמה שבאה ומוקרבת איתה (כמו ביולדת עשירה, וכנ״ל).

השלכה לגבי הקונפליקט בהלכות השבת אבידה

ראינו שבתוד"ה 'חטאת', זבחים צ ע"ב, נעשית אנלוגיה בין הקונפליקט בהלכות קרבנות לקונפליקט בהלכות השבת אבידה. כיבוד אב קודם לאבידתו (למ"ד שחייב לכבד את אביו גם מממונו). אבידתו קודמת לחברו. וחברו קודם לכבוד אב (שהרי אין כבוד אב כשאומר לו לבטל מצווה).

והנה, בהמשך לדברי התוס', בספר **צאן קדשים** על תוד"ה 'חטאת', זבחים צ ע"ב, ניסה לגזור ממסקנת הסוגיא כאן פתרון לקונפליקט שפגשנו למעלה בהלכות השבת אבידה:

> ***ול"נ דאפשר נמי למיפשט זו כדאמרי' במערבא הכא עיילא בו באבידתו חשיבת דאבידת חבירו שהיא חשוב מכבוד אב ואם מג"ה ואפ"ה אבידתו חשובה מאבידת חבירו ואגבהת' מכיבוד אב ואם לבטל חשיבות דכיבוד אב ואם ואבידתו קודמת נ"ל. ועיין שם קדושין דף ל"ב ע"ב בתוספת דכתבו בשם ר"י סתם דאבידתו קודמת ונכנס בדוחק. וכאשר כתבתי נכון היא.***

טענתו היא שאפשר ליישם את סברת בני מערבא לגבי הקונפליקט של השבת אבידה, ולהגיע להכרעה של תוס' (שאבידתו קודמת), שנאמרה באופן סתמי ולא מנומק. הוא מסביר שאבידת חברו דוחה כיבוד אב ואם, וחשיבותה נכנסת לאבידתו כדי שתדחה כיבוד אב ואם. ולכן למסקנה אבידתו קודמת לכולם.

אך דבריו תמוהים, בעיקר משני צדדים של אותה מטבע:

1. מדוע שלא נעשה אותו שיקול עצמו על אבידת חברו. הרי אין עדיפות לאף אחד מהצדדים כאן, והכל סימטרי. לדוגמה: כבוד אב ואם דוחה את אבדתו, ולכן חשיבות כבוד אב ואם נכנסת לאבדת חברו שתדחה את אבדתו.

2. במקרה של הגמרא בזבחים כבר הערנו שיש אסימטריה מובנית, מפני שמדובר רק במקרה בו עולת בהמה וחטאת העוף באות יחד (ההצטרפות שלהם אינה מקרית), והמעשר מצטרף אליהם באופן מקרי. אם שלושתם היו מצורפים מקרית באמת ססברת בני מערבא

לא היתה עומדת. והרי בקונפליקט של השבת אבידה אין צמד מועדף, ושלושת הצדדים מצורפים מקרית בלבד. אם כן, כאן אין מקום לסברת בני מערבא.

בדוחק היה אפשר להסביר שהוא רואה את כלל הקדימה של חבירו להוריו כגזיה״כ, ולכן זהו הכלל שהוא לא מוותר עליו. אף שזה קשה, שכן עדיין עליו להחליט על הירכיה בין שני הכללים הנותרים (כפי שראינו במחלוקת בני מערבא ובני בבל בסוגיית זבחים). ועוד קשה, שהרי שני הכללים האחרים גם הם אינם סברא אלא גזיה״כ מכוח ציווי התורה. אמנם הקדימה שלו לשל חברו היא אולי מסברא, אבל הקדימה של ההורים לאבידתו היא מכוח מצוות כיבוד הורים.

עוד נראה שלדעת **הצ״ק** באמת הקדימה של חטאת העוף לא נאמרה דווקא במקום בו יש צירוף של שני קרבנות שבאים יחד. מה שצריך את ההצטרפות שלהם יחד זה רק מפני שבלי זה לא היה נוצר קונפליקט כי אז חטאת העוף לא היתה דוחה עולת בהמה (שלא באה עמה). אבל לדעתו ניתן לפתור את הקונפליקט, אם היה נוצר כזה, גם אם ההצטרפות היתה סימטרית.

לקונפליקט משולש סימטרי אין פתרון

נזכיר שגם התוס׳ בב״מ וקידושין פשטו את הקונפליקט של השבת אבידה מסברא מקומית (גדר בהלכות כיבוד אב ואם): שאין חובה לכבד את האב על ידי איבוד ממונו אם לאב אין הנאה מממון זה. רואים שהם לא מקבלים את דברי **הצ״ק**, ולדעתם אין לפשוט את הקונפליקט הזה מסוגיית זבחים. הסיבה לכך היא כנראה מה שתיארנו כאן למעלה. לדעתם הצורך בהצטרפות של שניים מהקרבנות אינו רק כדי שייווצר קונפליקט, אלא גם כדי לפתור אותו. במצב סימטרי לדעתם אין פתרון, והקונפליקט נותר לא מוכרע.

ובאמת לדעת תוס׳ גם הקונפליקט בהשבת אבידה נפשט רק בגלל שיש כאן מקרה מוצלח בגדרי הלכות כיבוד אב ואם שמסייע לנו לפשוט אותו. כבר שאלנו למעלה מה יהיה הדין אם לא היה גדר כזה למצווה (כלומר אם היתה חובה לכבד אותם מממונו גם במקום שאין להם הנאה מאבדן הממון)? במצב

כזה השאלה היתה נותרת פתוחה. זהו מקרה סימטרי, ואין צמד עדיף, ולכן הקונפליקט אינו פתור. בדיוק כמו שלושה קרבנות שהצטרפו באקראי, שגם לגבי זה ראינו שלפי תוס׳ השאלה נותרת פתוחה.

קונפליקט משולש בהלכות ברכות

ב**שו״ע** או״ח סי׳ ריא דן בהלכות ברכות, ובדיני קדימה (על מה מברכים קודם). חלק מהכללים הללו נקבעים על פי חשיבות המאכל והברכה, חביבות המאכל לאוכל, תדירות הברכה ועוד. בפירות משבעת המינים הקדימה נקבעת על פי הקרבה של הפרי הנדון לאחת משתי המילים ״ארץ״ שבפסוק (דברים ח, ח): אֶרֶץ חִטָּה וּשְׂעֹרָה וְגֶפֶן וּתְאֵנָה וְרִמּוֹן אֶרֶץ זֵית שֶׁמֶן וּדְבָשׁ: כאשר הקירבה למילה הראשונה עדיפה על אותה קירבה למילה השנייה (ראה ב**שו״ע** שם ה״ד).

והנה ב**מג״א** בחציו השני של סק״ח מביא שברכה על יין שונה מברכה על ענבים, מפני שהיא חשובה, וכך גם לגבי מעשה קדרה, שגם ברכתו חשובה:

> ***ובהגה בלבוש כתב השואל דבאמת דיין קודם לכל כיון שברכתו חשובה וברכת במ״מ*** (=בורא מיני מזונות) ***קודמת ליין משום שהיא חשובה וגם קודמת בפסוק וברכת זית קודמת לברכת במ״מ מפני שקודמת בפסוק דקדימת הפסוק הוא עדיפ׳ מחשיבת ברכת במ״מ וחשיבת היין היא עדיפא מקדימת הפסוק אך במ״מ לפי שהיא חשובה וקודמת היא קודמת ליין עכ״ד, וברמזים משמע דמעשה קדירה דשעורים וזית זית קודם ע״ש וכ״כ בהדיא בהגהו׳ סמ״ק ע״ש ועס״ה וס״ו.***

נמצאנו למדים שליין יש חשיבות רבה, וגם למעשה קדרה (לפחות של שעורים, שהוא שני בפסוק) יש חשיבות, אלא שהיא פחותה. חשיבותו של יין גוברת על קדימה מכוח הפסוק (לדוגמה, על זית), ואילו חשיבות מעשה קדרה לבדה אינה גוברת על קדימה מכוח הפסוק (על זית). אבל במעשה קדרה שהוא גם קודם בפסוק וגם חשוב יש קדימה למה שרק חשוב, ואפילו הוא חשוב יותר ממעשה קדרה (כמו יין).

לאור שלושת הכללים הללו, **המג"א** שם בסוף סקי"ג מסתפק במקרה משולש:

היו לפניו יין ותבשיל שעורים וזית צ"ע מה יעשה דהא יין קודם לזית ושעורים קודמין ליין וזית קודם לשעורים כמ"ש ס"ד:

כאמור, יש כאן שלושה דיני קדימה: יין קודם לזית, כי ברכתו חשובה יותר (והיא מתגברת אפילו על קדימה בפסוק). שעורים קודמים ליין כי הם גם קודמים בפסוק וגם ברכתם חשובה (אם כי פחות מיין). וזית קודם לשעורים כי הוא קודם בפסוק, וקדימה בפסוק עדיפה על חשיבות הברכה של שעורים (שאינה כמו יין). מה שנוצר כאן הוא קונפליקט משולש, בדיוק כמו שראינו לגבי השבת אבידה ובסוגיית זבחים לגבי הקרבנות.

והנה, **החת"ס** על הלכה זו ב**שו"ע** קושר את הדיון הזה למה שראינו בסוגיית זבחים, ומעיר שכבר הרגיש בזה בתשובות **פנים מאירות** ח"ג סי' לח:

שאלה או"ח סי' רי"א כתב המג"א בס"ק י"ג היה לפניו יין ותבשיל ושעורים וזית צריך עיון מה יעשה דהא יין קודם לזית ושעורים קודמים ליין וזית קודם לשעורים כמו שכתבתי בסי' ד' עכ"ל. ונראה לי דדבר זה איכא למיפשט מהך אבעי' דמבעי' לן בפ' כל התדיר דף צ' ע"ב דקאמר הש"ס אבעי' להו חטאת עוף ועולת בהמה ומעשר איזה מהם קודם תקדים חטאת עוף איכא מעשר דקדים ליה משום דקתני במתניתן מעשר בהמה קודם לחטאת עוף משום דהוי מין זבח ליקדם מעשר איכא עולת בהמה דקדמה לה דעולת בהמה הוי קדשי קדשים תקדם עולת בהמה איכא חטאת עוף דקדמה לה הכי תרגומהו מן זבח עדיף במערבא אמרי עיילי בה עולת בהמה בחטאת עוף ואגבהת' ממעשר. ופירש"י עייל ביה חשיבות דעולת בהמה שבאה עמה והיא חשובה ממעשר שהיא קדשי קדשים וכליל ומגזירת הכתוב חטאת קודמת ואף על פי שהוא מין זבח ואגבהתה ממעשר לבטל חשיבות שם מין זבח דהא בעולה נמי איתיא לאותו חשיבות ובטיל ליה מגזירת הכתוב הילכך יקדים חטאת עוף לעולה

ועולה למעשר עכ״ל ופסק הרמב״ם בפ׳ ט׳ מהל׳ תמידין כי הך דבמערבא.

הרי כיון דגזירת הכתוב שחטאת עוף קודם לעולה נכנס חשיבת דעולת בהמה בחטאת עוף וקדים נמי למעשר אף אם היה בא עם מעשר בהמה לבד היה מעשר בהמה חשיב מצד המעלה שהוא מין זבח אפ״ה אם שלשתן באין לפנינו דוחה המעלה שהוא מדרבנן וחשיב דחטאת עוף דחשיב מן עולת בהמה הוא דאורייתא דוחה המעלה שעשה רבנן.

הוא מבין שהמעלה של קדימת המקודש וקדימת הזבח היא מדרבנן. ורק הקדימה של חטאת העוף לעולת בהמה היא מדאורייתא. ולדעתו לזה כנראה התכוין רש״י כשכתב שההקדימה הזו היא מגזיה״כ. כוונתו היתה לומר שהיא מדאורייתא.[28] שוב הוא מתעלם מזה שהגמרא מדברת על מצב שחטאת העוף ועולת בהמה באים ביחד, ורק בגלל זה הם מצטרפים. הוא תולה זאת בכך שהקדימה של העוף לעולת בהמה היא מדאורייתא, ולכן גם במקרה סימטרי (שאין צמד מיוחד) אם יש כלל שהוא מדאורייתא הוא יהיה החשוב ביותר. וזה כשיטת הצ״ק שראינו למעלה, שהצטרפות עולת הבהמה לחטאת העוף הובאה רק כדי שייווצר קונפליקט, אבל הפתרון לא זקוק למצב כזה.

כעת הוא מיישם זאת לגבי הקונפליקט בדיני ברכות:

א״כ הכא נמי דהא זית קודם לשעורה הוא דאורייתא דאחשביה רחמנא שהוא ראשון לארץ בתרא ושעורה שני לארץ קמא וא״כ נכנס מעלת השעורה אף שמברכין בורא מיני מזונות במעלת הזית ואגבהתי׳ נמי מן ברכת היין אף אם היה זית ויין היה יין קודם מצד חשיבת ברכות שהוא מדרבנן דאחשבי׳ להאי ברכת היין מ״מ היכי דשלשתן לפנינו נכנס חשיבת׳ דשעורה לתוך זית מצד גזירת הכתוב דזית קודם ואגבתי׳ נמי לברכת היין.

---

[28] ראה בהערת השוליים למעלה את הדיון האם קדימת המקודש יש לה מקור מן התורה או לא.

גם כאן הוא מסביר שיש כלל קדימה אחד שהוא מדאורייתא, ולכן הוא קובע איזו חשיבות נכנסת לתוך מה. יש לשים לב שכאן זה נאמר על מקרה סימטרי, כלומר כאן אין צמד מועדף שמצורף באופן מהותי. כפי שראינו, זו אכן שיטתו, כמו הצ"ק.

כעת הוא דוחה את האפשרות הזו, ומחלק בין המקרה בזבחים לבין הספק בהלכות ברכות:

אך יש לחלק בשלמא התם אחשבי' רחמנא לחטאת עוף מעולת בהמה ונדחה מעלת דמין זבח וכי היכי דגזירת הכתוב לדחות מעלות דמין זבח גבי עולת בהמה הכי נמי דחי מעלת דמעשר בהמה שיש בה שהוא מין זבח אבל הכא דאף דזית דוחה למעלת שעורים שהוא בורא מיני מזונות מ"מ לא מצינו דאחשבי' ממעלת בורא פרי הגפן.

הוא מסביר שבזבחים הסברא של רש"י היא שחטאת העוף מקבלת את חשיבות עולת בהמה, ובכך היא מורידה את חשיבות בהמה גם מהמעשר, שהרי גם הוא בהמה כמו עולת בהמה. אבל בהלכות ברכות הרי העובדה שזית דחה את החשיבות של השעורים מכוח הקדימה בפסוק, אינה אומרת שהוא דוחה את חשיבות היין (אף שהיא גדולה יותר).[29]

אז מה עושים במצב כזה? הוא מסביר שאם לא קיימת סברת בני מערבא, חוזרת ועולה סברת בני בבל:

א"כ דוק לאידך גיסא ע"כ לא פליגי בני מערבא ובני בבל אלא מטעמי' דלעיל אבל אי לאו הך טעמא הוי מודו לבני בבל דסברא דמין זבח עדיף וכיון דמין זבח עדיף מקריב תחילה מעשר ואח"כ חטאת עוף ואח"כ עולת בהמה א"כ הכי נמי ברכת יין שהיא חשובה מן זית היא קודמת ואח"כ מברך על הזית ואח"כ על תבשיל שעורים כן נראה לי מדברי ש"ס הנ"ל.

שוב לא ברור מדוע הוא מתעלם מההצטרפות המהותית שיש בין חטאת העוף לעולת בהמה, ולא קיימת בקונפליקט של הלכות ברכות. ראינו שסברת בני

---

[29] דבריו לא ברורים, שהרי גם בזית ויין מדובר בחשיבות הברכה מחמת חשיבות המאכל, ולכן זה כן מאותו סוג.

מערבא גם היא מבוססת על ההצטרפות המהותית. אך לשיטתו (כמו הצ״ק)
ההצטרפות הזו לא נחוצה להכרעה. היא קיימת רק בגלל שבלעדיה לא היה
נוצר הקונפליקט עצמו. ועדיין לא ברור מדוע הוא מדמה את מעשר (שהוא
הראשון לפי בני בבל) ליין. מדוע שלא יעשה את אותו מהלך כשהמעשר דומה
לזית או למעשה קדרה?

סיכום ביניים: קונפליקטים משולשים סימטריים

ראינו כאן שלושה הקשרים שבהם עולים קונפליקטים משולשים בתלמוד
(ובפוסקים). המסקנה היא שבמצב סימטרי של ההוראות המעשיות, וכשיש
סימטריה של דיני הקדימה (אף אחד אינו דאורייתא או גזיה״כ יותר
מהאחרים, אנו נותרים עם חוסר אפשרות הכרעה. הצ״ק והפנ״מ לא חלקו על
תוס׳ אלא בפירוש סוגיית זבחים, מדוע נדרשת ההצטרפות המהותית (האם
רק כדי ליצור את הקונפליקט, או גם כדי להכריע אותו). אבל כשיש סימטריה
ואין הצטרפות מהותית, וכששלושת כללי הקדימה סימטריים, אין שום דרך
להכריע את הבעייה.

לכן גם אם במקרים מסויימים אנו מוצאים הכרעה לפי גדרים מקומיים של
הבעייה, עדיין השאלה העקרונית בעינה עומדת: כיצד מכריעים במקרים
סימטריים?

במצבים כאלה ברור שלא יהיה פתרון כללי ופורמלי. ללא ספק ההכרעה
תהיה תלויה   בתכנים. האם בכל זאת ניתן למצוא סכימה לוגית לחיפוש
פתרון והכרעה כאלה? בכך נעסוק בפרקים הבאים.

פרק שלישי
על קונפליקטים ופרדוכסים

מבוא

עד כאן עסקנו בקונפליקטים ערכיים. ראינו שמדובר בהוראות סותרות
במישור המעשי, שנוצרות מאוסף של כללי קדימה שכשלעצמם אינם סותרים
זה את זה. חידדנו ואמרנו שלא מדובר כאן בסתירה לוגית אלא בקונפליקט
שקשה להכריע אותו במישור המעשי.

כדי לחדד את הדברים, נציג בפרק זה בקצרה שני סוגי טענות בעייתיות במובן
הלוגי, פרדוכס ואנטי-פרדוכס,[30] שלשתיהן לא ניתן להצמיד ערך אמת יחיד.[31]
לאחר מכן נדון בקשר בין התופעות הללו ופרדוכסים בכלל לבין
הקונפליקטים הערכיים בהם פגשנו בפרקים הקודמים.

טענות וערכי אמת[32]

אריסטו הגדיר טענה כפסוק שניתן להצמיד לו אחד משני ערכי אמת: 'אמיתי'
או 'שקרי'. לדוגמא, הפסוק 'כעת זורחת השמש' הוא טענה, מפני שבכל רגע
נתון הוא אמיתי או שקרי. ערך האמת כמובן יכול להשתנות בכל רגע.

לעומת זאת, שאלה 'האם אתה אוהב שוקולד' אינה טענה, שכן לא ניתן לומר
לגביה שהיא אמיתית או שקרית. הוא הדין לגבי ציווי, כמו: 'עשה מעשה X'.
גם פסוק כזה אינו יכול להיות מוגדר כאמיתי או כשקרי.

בדרך כלל פסוקי עובדה הם טענות, אף שלפעמים אין לנו דרך לדעת מהו ערך
האמת הנכון לגביהן. מה שחשוב הוא שיש ערך אמת כזה, גם אם הוא אינו

---

[30] חשוב לציין שאנחנו עוסקים כאן בפרדוכסים לוגיים בלבד. יש שמגדירים סוגים אחרים
של פרדוכסים, אך לא נעסוק בהם כאן.
[31] לעניין זה, ראה מאמרו של מיכאל אברהם, 'פרדוכס ואנטי פרדוכס בהכרעת הלכה', **המעין**
נא, א, תשרי תשעא, עמ' 56.
[32] ראה על כך בחלק הראשון של הספר הרביעי בסדרה שלנו.

ידוע לנו. אך ישנם פסוקים שנראים כמו פסוקי עובדה, ובכל זאת לא ניתן להצמיד להם ערך אמת יחיד. נציג כעת שני סוגי פסוקים כאלה: פרדוכס ואנטי פרדוכס.

פרדוכסים לוגיים[33]

פרדוכס השקרן הוא אחד הפרדוכסים העתיקים ביותר. בניסוח הידוע שלו הוא מוצג כך: תושב כרתים אומר: "כל תושבי כרתים שקרנים". מקובל לחשוב שזהו פרדוכס, מפני שאם אכן כל תושבי כרתים הם שקרנים, אזי גם התושב הזה הוא שקרן, ולכן משפט זה הוא שקרי, וממילא יש לשלול את תוכנו. כלומר המצב הוא שלא כל

תושבי כרתים אינם שקרנים, ומכאן שהמשפט הזה הוא אמיתי, וחוזר חלילה...

משמעות הטענה שהפסוק הזה הוא פרדוכסלי היא שלא ניתן להצמיד לו שום ערך אמת. לא ניתן לומר שהוא 'אמיתי', וגם לא ניתן לומר שהוא 'שקרי'.

אך ספציפית לגבי הפסוק הזה, הקביעה שמדובר בפרדוכס היא טעות. במישור הלוגי משפט זה אינו פרדוכסלי כלל, שכן הלולאה שתוארה כאן מבוססת על שגיאה בהפעלת אופרטור (=פעולת) השלילה. שלילתו של המשפט "כל תושבי כרתים שקרנים" אינה המשפט "כל תושבי כרתים דוברי אמת", אלא הפסוק "יש תושב כרתים אחד לפחות שהוא דובר אמת". אם נניח שאכן יש בכרתים רק דובר אמת אחד, ושאותו תושב אינו הדובר עצמו אלא חברו, הלולאה נעצרת מיידית. המסקנה היא שיש מישהו מתושבי כרתים שהוא שקרן, אך לא מדובר בדובר עצמו.[34]

לעומת זאת, המשפט הבא הוא משפט פרדוכסלי באמת:

משפט א: משפט א הוא שקרי.

---

[33] ראה את ספרה של ענת בילצקי, **פרדוכסים**, אוניברסיטה משודרת, משרד הביטחון.

[34] אין בכוונתנו לומר שבהכרח זו היתה כוונת הדובר, אלא רק לטעון שקיים פשר לוגי עקבי לפסוק הזה. לפי מה שמכונה בפרשנות הלוגית 'עקרון החסד', אנו מצמידים לכל פסוק פשר עקבי, גם אם לא ברור שהדובר התכוון לכך.

זהו משפט שעוסק בעצמו, וכאן הלולאה באמת לא ניתנת לעצירה; אם משפט זה הוא שקרי, כי אז יש לשלול את תוכנו, ומכאן שהוא אמיתי. אך אם הוא אמיתי אזי טענתו נכונה, כלומר שהוא שקרי, וחוזר חלילה...

כאמור, משפט זה הוא פרדוכסלי, מפני שלא ניתן להצמיד לו שום ערך אמת: לא את הערך 'אמיתי' ולא את הערך 'שקרי'.

דוגמא נוספת היא פרדוכס הספר שהציג ברטרנד ראסל. בסביליה ישנו ספר שמספר את כל האנשים שלא מספרים את עצמם. כעת עולה השאלה: האם הוא מספר את עצמו? אם הוא מספר את עצמו, אז הוא שייך לקבוצת האנשים שמספרים את עצמם, אבל את האנשים הללו הוא לא מספר. ואם הוא לא מספר את עצמו, אז הוא שייך לקבוצת האנשים שלא מספרים את עצמם, אבל אלו בדיוק האנשים שהוא כן מספר אותם. גם כאן נוצר מצב פרדוכסלי, כי הטענה "הספר מסביליה מספר את עצמו" לא יכולה לקבל שום ערך אמת.

ניתן להביא כאן עוד כמה וכמה דוגמאות לפרדוכסים שמבוססים על הוראה עצמית (טענות שמתייחסות לעצמן, כמו בפרדוכס השקרן), ונסתפק בעוד אחת אחרונה. הסטודנט למשפטים עושה חוזה עם המרצה, ובו הוא מתחייב לשלם לו את שכר הלימוד אם הוא יזכה במשפט הראשון שהוא ינהל. לאחר סיום הלימודים, הסטודנט נוסע לאפריקה ומתחיל לחקור את חיי הבבונים. המרצה שמאבד את סבלנותו ורוצה את שכרו תובע אותו לדין. כעת השופט צריך להחליט האם לקבל את טענת התובע (=המרצה) או לא. אך אם הוא יקבל את טענת התובע שהסטודנט אכן חייב לשלם, הרי שהסטודנט הפסיד במשפט הראשון שהוא ניהל, וממילא הוא אינו חייב לשלם. ואם השופט יחליט שהסטודנט צודק, אזי הסטודנט זכה במשפט הראשון אותו הוא ניהל, ולכן הוא חייב לשלם את שכר הלימוד.

פרדוכס מסוג אחר (לא של הוראה עצמית) הוא פרדוכס הערימה. ניתן להציג את הפרדוכס הזה דרך שלוש טענות, שכל אחת מהן נראית סבירה:

א. אבן חצץ אחת אינה ערימה.

ב. אם יש צבר אבני חצץ שאינו ערימה, תוספת אבן אחת אינה משנה את מעמדו (לא הופכת אותו לערימה).

ג. מיליון אבני חצץ הן ערימה.

כאמור, אלו שלוש טענות סבירות, אבל ברור ששלושתן יחד אינן עקביות. לא ניתן להחזיק בו זמנית בכולן.

זהו פרדוכס משולש, שכן הוא מבוסס על סתירה בין שלוש טענות ולא על סתירה בינארית, אבל ברמה העקרונית זה לא נראה שונה.

פרדוכס אחר, שגם הוא אינו מבוסס על הוראה עצמית, הוא פרדוכס בוחן הפתע (נקרא בדרך כלל 'פרדוכס הצבא השוודי'). בסוף שבוע הלימודים (יום ו') המורה מכריז שבשבוע הקרוב יהיה בוחן פתע. כעת התלמיד עושה חשבון לעצמו מתי יכול הבוחן הזה להיערך: ביום ו' שהוא היום האחרון ללימודים בשבוע הבא, זה ודאי לא יקרה. הסיבה לכך היא שאם הבוחן לא יהיה עד יום ה', אזי כבר ביום ה' בצהרים (עם תום הלימודים) אנחנו נדע מראש שביום ו' בוודאות יהיה בוחן. כלומר הבוחן לא יהיה מפתיע. כעת נשאל: האם הבוחן יכול להיערך ביום ה'? גם כאן התשובה היא שלילית. הסיבה לכך היא שאם שללנו את יום ו', כעת אותו שיקול עצמו שולל גם את יום ה'. נסביר זאת מעט יותר. אם הבוחן ייערך ביום ה', אזי אזי ביום ד' בצהרים התלמיד כבר יכול לדעת שהבוחן ייערך למחרת ביום ה'. שהרי הוא לא נערך ביום ד', וכפי שכבר הוכחנו, זה ודאי לא יכול להיערך ביום ו'. אם כן, ברור שהוא ייערך ביום ה', ושוב לא תהיה כאן הפתעה. כך אפשר להמשיך עד יום א', ולהוכיח שאין אפשרות לערוך בוחן פתע באף יום.

אנטי פרדוכס

נשוב כעת לפרדוכס השקרן, ונעשה לו וריאציה קלה. מה נאמר ביחס למשפט הבא:

משפט ב: משפט ב הוא אמיתי.

לכאורה כאן אין שום בעיה, שכן תוכן המשפט הזה אינו סותר את ערך האמת שלו. אך מתברר שגם כאן ישנה בעיה לוגית, והפעם הבעיה היא הפוכה (לכן ניתן לומר שזהו 'אנטי-פרדוכס').

כפי שראינו, טענה היא פסוק שיכול לקבל אחד משני ערכי אמת: 'אמיתי', או 'שקרי', ותמיד ישנו ערך אמת יחיד שצמוד אליו. פסוק עובדה הוא אמיתי אם תוכנו מתאים לעובדות (=מצב העניינים בעולם), והוא שקרי אם הוא אינו מתאים לעובדות.

כאן בדיוק מופיע האופי המיוחד של טענה ב. אם נחליט שהיא אמיתית, אזי בדיקת התוכן שלה תעלה שהיא אכן אמיתית, ולכן ניתן לומר שערך האמת של טענה זו הוא 'אמיתית'. כלומר הקביעה שטענה זו היא אמיתית היא עקבית עם תוכנה (=מצב העניינים שהיא מתארת), ולכן ערך האמת שמתאים למשפט זה הוא 'אמת'. אך גם אם נחליט שהיא שקרית פירוש הדבר הוא שטענה ב היא שקרית, כלומר שהתוכן של טענה ב אינו נכון. ואכן לאור זה הטענה תימצא שקרית. כלומר גם הקביעה הזו מוליכה אותנו לתוצאה עקבית (=התאמה בין ערך האמת של הטענה לבין מצב העניינים שהיא מתארת). לכן לפסוק הזה מתאים גם הערך 'שקר'.

אם כן, יש לנו כאן אנטי-פרדוכס: בפרדוכס דוגמת 'פרדוכס השקרן', כלומר משפט א דלעיל, אין אף ערך אמת אפשרי. לעומת זאת, באנטי-פרדוכס דוגמת משפט ב, ניתן לקבוע שני ערכי אמת, ושניהם יהיו עקביים עם העובדות (=התוכן של הטענה).

נעבור כעת לתאר שתי דוגמאות לבעיות בהכרעות הלכתיות, אחת מהטיפוס של פרדוכס השקרן, והשניה מהטיפוס של אנטי-פרדוכס.

ניסוח שונה: שתי קרניים לדילמה

שני הטיעונים שהבאנו עד כאן היו מורכבים מטענה בודדת שאין לה ערך אמת או שיש לה שני ערכי אמת. ניתן לנסח אותם בצורה אחרת, שתבטא את אותו עניין באמצעות שתי טענות שונות.

הניסוח לפרדוכס השקרן:

(א) משפט ב הוא אמיתי.

(ב) משפט א הוא שקרי.

והניסוח המתאים לאנטי פרדוכס:

(א) משפט ב הוא אמיתי.

(ב) משפט א הוא אמיתי.

(כך גם אם היינו מציבים בשני המשפטים 'שקרי' במקום 'אמיתי').

ניתן לראות בבואה של האנטי פרדוכס הזה בציור הידוע של M. C. Escher,

שנקרא 'ידיים רושמות' (Drawing Hands, 1948):

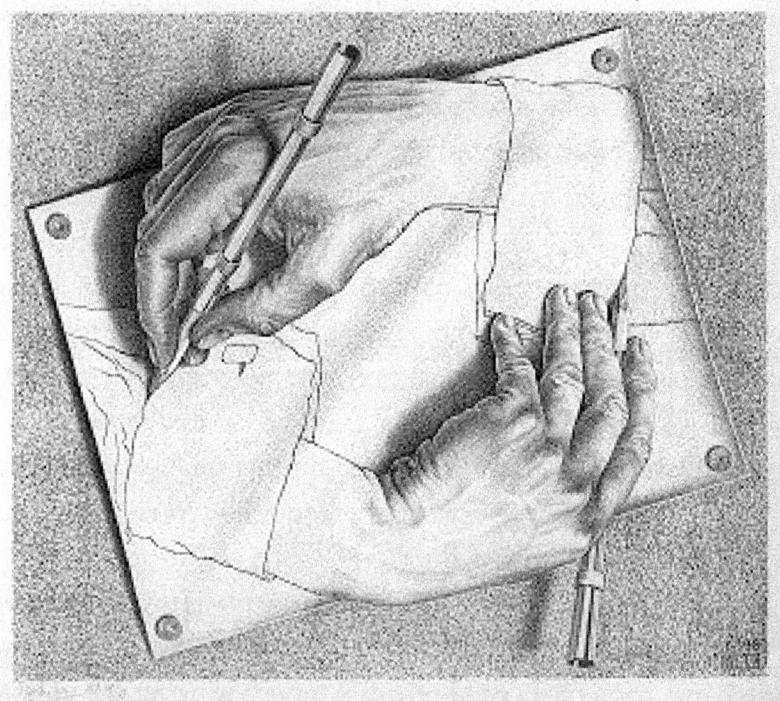

בספר **Goedel, Escher, Bach**, של דוגלאס הופשטדטר, הציור הזה מובא כדי להביע את הרעיון של הוראה עצמית, כפי שראינו בפרדוכסים שהובאו למעלה. הוראה עצמית נוגעת כמובן גם לפרדוכס השקרן וגם לאנטי פרדוכס. כאן נוסיף ונאמר שבעצם הוא מתאים יותר לאנטי פרדוכס, שכן בציור הזה כל אחת מהידיים מכוננת את השנייה, ולא פורכת אותה. אולי אם היינו שמים בקצה אחת הידיים מחק במקום העיפרון, הציור שהיה מתקבל יכול היה לייצג את פרדוכס השקרן. כידוע, ציורים אחרים של Escher מראים סתירות מסוגים שונים.

אנטי-פרדוכס בהכרעת הלכה

הגמרא בעירובין יג מתארת מחלוקת מתמשכת בין ב״ש לב״ה, שמסתיימת בהכרעה על פי בת קול שהלכה כב״ה. ובתוד״ה ׳כאן׳ (עירובין ו, ב) התקשו:

> ***כאן לאחר בת קול. ואם תאמר מאי שנא דלא קיימא לן כבת קול דרבי אליעזר דהזהב (ב״מ נט, ב)?***

תוס׳ תמהים כיצד הולכים אחרי בת קול, בעוד שבסיפור תנורו של עכנאי (ב״מ נט ע״ב) התחדש שמהפסוק ״לא בשמים היא״ לומדים שאין משגיחין בבת קול?

וכתבו על כך התוס׳ בתירוץ השני:

> ***ועוד דהתם היתה כנגד רבים והתורה אמרה אחרי רבים להטות, אבל הכא אדרבה בית הלל הוו רובא, ולא הוצרכו בת קול אלא משום דבית שמאי הוו חריפי טפי.***

משמע מדברי התוס׳ שמעבר לכל המחלוקות הספציפיות שהיו בין ב״ש לב״ה, היתה ביניהם עוד מחלוקת מטה-הלכתית רוחבית: האם הולכים אחרי רוב החכמה או רוב המניין (כעין מה שמביא **ספר החינוך** במצווה עח, ונחלקו בזה רמב״ן ורב האי גאון האם בבי״ד הולכים אחרי רוב החכמה או רוב הדיינים, ע״ש ו**במנ״ח**).

המצב כעת הוא כזה: יש מחלוקת בין ב״ש לבין ב״ה בשאלה האם הולכים אחרי רוב החכמה או אחרי רוב המניין. העובדות הן שב״ש מחדדי טפי (כלומר הם היו רוב החכמה) וב״ה היו רבים יותר. אם כן, אם הולכים אחרי רוב החכמה, כי אז הלכה כב״ש שיש ללכת אחרי רוב החכמה. כלומר עמדה זו היא עקבית. אבל גם אם להלכה יש ללכת אחרי רוב המנין המסקנה היא שהלכה כב״ה, והם סוברים שיש ללכת אחרי רוב המנין. כלומר גם קביעה זו היא עקבית. זהו מצב דומה לזה שראינו באנטי-פרדוכס, ולכן אין לנו דרך הגיונית להכריע במחלוקת הזו. זהו ההסבר אותו מציעים בעלי התוס׳ (שהבאנו לעיל) לכך שנדרשה כאן הכרעה של בת קול, והיא אף התקבלה על ידי חכמים כמחייבת. כאשר לא ניתן להכריע את הקונפליקט בכלי ההיגיון שלנו, עלינו להיזקק למקור טרנסצנדנטי שיורה לנו מה לעשות.

פרדוכס בהכרעת הלכה

התורה אוסרת להונות במקח ומימכר, כלומר למכור במחיר שונה ממחיר השוק. מאידך, לפחוות בתחום העסקי רשאי כל אדם לכרות חוזה כפי שברצונו, כל עוד הצד השני לחוזה מסכים לכך.

והנה, בב״מ דף נא נחלקו רב ושמואל בשאלה של מי שמתנה תנאי על אונאה:

איתמר, האומר לחברו על מנת שאין לך עלי אונאה, רב אמר יש לו עליו אונאה, ושמואל אמר אין לו עליו אונאה.

מדובר באדם שמוכר חפץ כלשהו לחברו, והוא מתנה עמו שהמקח ייעשה בתנאי שהקונה לא יבוא בטענות אם יימצא שהמחיר גבוה מדיי.

כיצד נכריע את ההלכה במחלוקת זו? הכלל בידינו הוא (עי׳ בכורות מט ע״ב ונידה כד ע״ב) שהלכה כשמואל בדיני (=דיני ממונות) וכרב באיסורי (=איסורים). כיצד נגדיר את תחום המחלוקת לגבי התנייה על מה שכתוב בתורה? בתוד״ה ׳במה׳ (שם נא, ב) הביאו את דברי ר״ח שפסק כרב, והסביר זאת בכך שהלכתא כרב באיסורי. והקשה עליו התוס׳:

תימה, דהא לא פליגי אם מותר לעשות כן אלא פליגי אם חייב להחזיר האונאה, והלכה כשמואל בדיני.

תוספות תמהים על ר"ח כיצד הוא פוסק כרב על אף שמדובר בשאלה ממונית, וכפי שראינו בדיני הממונות הלכה כשמואל. ר"ח עצמו כנראה סבר שמדובר בשאלה איסורית ולא ממונית. הם נחלקים לא בהלכות מקח וממכר אלא בשאלה האם אפשר להתנות על מה שכתוב בתורה.[35] זוהי שאלה של איסור והיתר ולא של ממון.

אך יש מהראשונים שפסקו כשמואל. לדוגמא ב**הגהות מיימוניות** (הל' מכירה פי"ג ה"ג סק"ג) כתב שיש גאונים שפסקו כשמואל, ונימק: "דהלכתא כוותיה בדיני". כלומר הוא רואה את המחלוקת כאילו היא נסובה על דיני ממונות, ולכן יש להכריע בה כדעת שמואל.

בפשטות, המחלוקת לגבי הכרעת ההלכה תלויה בשאלה כיצד להגדיר את תחום המחלוקת: האם מדובר בדיני ממונות או באיסור והיתר.

והנה, אנחנו מוצאים בהמשך הגמרא שם ניתוח של המחלוקת הזו, והשוואתה למחלוקת התנאים (ר"מ ור"י) לגבי מתנה על מה שכתוב בתורה:

> ***לימא רב דאמר כרבי מאיר ושמואל דאמר כרבי יהודה, דתניא האומר לאשה הרי את מקודשת לי על מנת שאין לך עלי שאר כסות ועונה הרי זו מקודשת ותנאו בטל דברי רבי מאיר, רבי יהודה אומר בדבר שבממון תנאו קיים.***

ישנה מחלוקת תנאים האם ניתן להתנות על מה שכתוב בתורה (כלומר להתנות לעשות משהו שהתורה אוסרת) בממונות. ר"י סובר שניתן ור"מ סובר שלא ניתן. הגמרא מציעה לראות את מחלוקת רב ושמואל כתלויה במחלוקת התנאים הזאת. אך מיד אחר כך כל אחד מהאמוראים מנסה להסביר מדוע הוא הולך כשיטת שני התנאים:

> ***אמר לך רב, אנא דאמרי אפילו לרבי יהודה, עד כאן לא קאמר רבי יהודה התם אלא דידעה וקא מחלה, אבל הכא מי ידע דמחיל? ושמואל אמר, אנא דאמרי אפילו לרבי מאיר, עד כאן לא קאמר רבי מאיר התם אלא דודאי קא עקר, אבל הכא מי יימר דקא עקר מידי?***

---

[35] דמות ראיה לדבר: בסוגיית גיטין דף פד רע"ב העלו אפשרות לקשור את דין מתנה על מה שכתוב בתורה להתנייה לעשות איסור (כגון "על מנת שתאכלי חזיר"); ואכ"מ.

רב מסביר שהתנייה על מה שכתוב בתורה בממון היא עניין של מחילה, וכשאדם לא יודע על מה הוא מוחל אין כאן מחילה. ושמואל מסביר שהתנייה כזו היא בלתי אפשרית באופן מהותי, ולדעתו אין הבדל בין איסורים לממונות, אלא שגם באיסורים אם אין עקירה ודאית של דברי תורה אין זה נחשב מתנה על מה שכתוב בתורה.[36]

מתוך ההנמקות הללו עולה די בבירור שלפי שיטת רב העיקרון של התנייה על מה שכתוב בתורה בממון שייך לדיני חוזים, ולכן הוא מסביר שלפי ר׳ יהודה אפשר להתנות מפני שיש כאן מחילה. ואילו לשיטת שמואל מדובר בשאלה הלכתית עקרונית (בדיני תנאים בכלל, ולאו דווקא בתנאי ממון); לדעתו העובדה שלשיטת ר׳ יהודה ההתנייה בממון חלה אינה קשורה לדיני מחילה - אלא למשפטי התנאים.

נמצאנו למדים שלפי רב יש כאן מחלוקת בדיני חוזים, שהם חלק מדיני הממונות ומחו״מ, ולכן הלכה צריכה להיות כשמואל. ואילו לפי שמואל מדובר כאן במחלוקת הלכתית של איסור והיתר, ולכן ההלכה צריכה להיות כרב. זהו פרדוכס הכרעה, שהוא מקביל ל׳פרדוכס השקרן׳: אם רב צודק אז הלכה כשמואל, ואם שמואל צודק אז הלכה כרב.

אמנם יש מקום להבין אחרת את המחלוקת ביניהם, אך בהחלט יש להבנה זו שהצגנו כאן מקום (גם בראשונים). ובוודאי שיש בה כדי להדגים אפשרות של פרדוכס הכרעה בהלכה.

הקשר לקונפליקטים ערכיים

שתי הדוגמאות שהובאו כאן לכאורה לא ממש מכילות קונפליקטים, אלא פרדוכסים. כפי שראינו כאן, פרדוכס הוא טענה שאי אפשר להצמיד לה ערך אמת כלשהו. אולם אם נתבונן בשני המקרים הללו, נראה שגם בהם אין ממש

---

[36] בפשטות, לפי שמואל אם אדם יתנה על מה שכתוב בתורה באיסורים באופן שלא ודאי עקר, גם שם התנאי קיים. לדוגמא, אם אדם יתנה הריני נזיר על מנת שאהא מותר בשתיית תוכן הבקבוק הזה (והוא אינו יודע האם זה יין או מים), אין כאן מתנה עמש״כ בתורה, ותנאו קיים.

פרדוכס במובן הלוגי. העקרונות כשלעצמם אינם מצויים בסתירה, ומה שיש לנו הוא רק בעיית הכרעה במישור המעשי.

העיקרון שהלכה כשמואל בדיני וכרב באיסורי אינו מכיל שום סתירה. נכון שישנה סיטואציה שבה יהיה קשה לנו ליישם את שתי ההוראות הללו, ולכן נוצרת בעיית הכרעה מעשית. גם במקרה של ב״ש וב״ה, הבעייה אינה במישור העיוני-לוגי. יש כאן שתי דעות לגבי צורת ההכרעה במחלוקת הלכתית: האם הולכים אחרי רוב החכמה או רוב האנשים. הבעייה נוצרת רק במישור המעשי, שכן אין לנו דרך להכריע לטובת צד מן הצדדים הללו.

גם בדילמות כמו התנגשות בין ערכים, עליהן עמדנו בפרק הראשון, לא מדובר בפרדוכס. השאלה האם לאכול או לא לאכול שוקולד, נראית קשה להכרעה אבל היא בהחלט לא פרדוכסלית. האיסור לאכול שוקולד הוא מחמת הבריאות, והרצון לאכול שוקולד הוא מחמת הטעם. לכן ברמה התיאורטית אין כאן סתירה, ובודאי לא פרדוכס. אמנם במישור המעשי יכולה להיווצר בעיית הכרעה (אם לא נצליח לדרג את הערכים המתנגשים, או אם הם אינקומנסורביליים).

אמנם נכון שכל עוד לא דירגנו את הערכים המתנגשים, או את כללי הקדימה המתנגשים, במישור המעשי אנחנו באמת במצב פרדוכסלי: אם הלכה כרב אז הלכה כשמואל ולהיפך. הטענה ״הלכה כרב״, אין לה ערך אמת חד ערכי.

כדי להדגים פרדוכס הלכתי שלכאורה אינו קונפליקט הכרעה, נביא כאן דוגמא נוספת. אדם נתן לאשתו גט על תנאי שלא תינשא לפלוני. כעת הוא הולכת ונישאת לפלוני. לכאורה הגט בטל שכן התנאי לא קויים. אך אם הגט בטל, היא נותרת אשתו של הראשון, ממילא קידושי השני לא תופסים בה. אבל אם היא לא מקודשת לשני אזי הגט הוא תקף, ושוב היא מגורשת וקידושיה לשני תופסים, וחוזר חלילה.

כאן לא מדובר בקונפליקט הכרעה אלא בפרדוכס: לטענה ״האישה מגורשת״ לא ניתן להצמיד ערך אמת כלשהו: לא ׳שקר׳ ולא ׳אמת׳. אין כאן התנגשות בין ערכים שקשה לנו להכריע בה, אלא סיטואציה שההלכה לגביה אינה מוגדרת.

ניתן לומר את אותו דבר גם על הדוגמאות הקודמות. הטענה "הלכה כב"ה" היא טענה שיכולה להיות גם 'אמת' וגם 'שקר'. הטענה "הלכה כרבי" לא יכולה להיות אמת וגם לא שקר. משפט ההכרעה הוא טענה פרדוכסלית.

הוא הדין לקונפליקטים שהוצגו למעלה. בהלכות ברכות, הטענה "יש לברך על הזית ראשון" לא יכולה להיות אמת וגם לא שקר. כך גם הטענה "יש להקריב ראשון את המעשר", או הטענה "יש להשיב את אבידת רבו ראשונה". הקונפליקט הערכי יוצר פרדוכס ביחס לערכי האמת של טענת ההכרעה.

מה בכל זאת מבדיל בין כל אלו לבין פרדוכסים, ופרדוכס השקרן בפרט? פרדוכס השקרן נוצר מעצם המבנה הלוגי של הטענה. הוא לא קשור לתוכן הטענה, ולכן קשה לראות דרך לפתור אותו. אך זה מייחד אך ורק את פרדוכס השקרן, ואולי גם את שאר פרדוכסי ההוראה העצמית. לעומת זאת, הפרדוכסים האחרים שהצגנו, בהחלט תלויים בתוכן הטענות. הם לא פרדוכסים שנגזרים מעצם המבנה הלוגי.

מה בכל זאת משותף לכל הפרדוכסים הללו? דומה כי לגבי כולם נכון לומר שהפרדוכס נמצא במישור הראשוני. אין מישור עיוני גבוה יותר, שבו ניתן לחפש פתרון לפרדוכס. נראה שכך הוא המצב גם לגבי הספר מסביליה, בוחן הפתע, או הסטודנט למשפטים.

לעומת זאת, הקונפליקטים הערכיים שהצגנו למעלה ניתנים עקרונית לפתרון. הקונפליקטים הללו מורכבים מכללי הכרעה ועדיפות, ולא מערכי אמת או שקר כמו הפרדוכסים. זהו הבדל חשוב מאד, שכן כבר הערנו שהקונפליקטים הללו קיימים בתמונה בה מעורבים שני מישורים שונים: המישור הערכי – שבו עוסקים בערכים עצמם: החובה להשיב אבידה לרבו, לו, לעסוק בכבוד אביו, לברך על זית, להקריב מעשר וכדו'. גם כללי הקדימה נמצאים במישור הזה, וכפי שראינו אין ביניהם כשלעצמם שום סתירה. הסתירה נוצרת כאשר אנחנו מצויים בסיטואציה שבה ההוראות המעשיות שנגזרות מן העקרונות הללו הן מנוגדות.

אם כן, בקונפליקטים מן הסוג הזה ישנה אפשרות לפשוט את הדילמה המעשית על ידי חזרה למישור של הערכים המתנגשים שיוצרים את

הקונפליקט, ולבנות הירכיה ביניהם. אם נצליח לעשות את זה, אזי יש סיכוי שנצליח גם למצוא את הדרך המעשית בה עלינו ללכת, כלומר משפט ההכרעה כבר לא יהיה פרדוכסלי. לדוגמא, בקונפליקט האם לאכול או לא לאכול שוקולד, ננסה לדרג את ערך השמירה על הבריאות מול הערך של אכילת דברים טעימים. אם נצליח לדרג את שני הערכים הללו, לא תיווצר כל דילמה גם במישור המעשי. בדומה לזה, אם נצליח לדרג את חשיבותם של כללי הקדימה השונים, בברכות או בקרבנות, אזי הקונפליקט כלל לא ייווצר.

אם כן, בקונפליקטים ערכיים נראה שיש מוצא תיאורטי שמאפשר לנו לצאת מן הסבך: עלינו לחזור למישור התיאורטי שיצר את הבעייה, ולנסות להתיר אותה שם. את זה לא ניתן לעשות בפרדוכסים הלוגיים, שכן בהם אין מישור גבוה יותר. הם פרדוכסליים מעצם המבנה שלהם.

מזווית אחרת ניתן לומר זאת כך: פרדוכסים לוגיים עוסקים בערכי אמת ושקר. כאן הבעייה היא עמוקה, שכן טענה חייבת להיות אמיתית או שקרית. אין אפשרות לומר שהטענה הזו אמיתית מבחינה א ושקרית מבחינה ב. השאלה האם היא מתאימה למצב העניינים בעולם או לא. לעומת זאת, הקונפליקטים הערכיים עוסקים בנורמות: טוב ורע, מותר ואסור, יפה ומכוער וכדו'. לגבי נורמות בהחלט ייתכן מצב של סתירה שכן מדובר בנורמות מבחינות שונות. בדוגמת השוקולד, בחינת הבריאות ובחינת הטעם. בדוגמאות אחרות נצטרך להגיע לבחינות אחרות. כך גם לגבי שיפוט אסתטי, לדוגמא: התמונה הזו יפה מבחינת מגוון הצבעים, אך מכוערת מבחינה פיגורטיבית.

כאמור, כדי להגיע לפתרונות הללו עלינו לחזור למישור התיאורטי ולנסות להבחין בין הבחינות השונות, ולאחר מכן לנסות ולשקול אותן זו מול זו.

פרק רביעי

פתרון לקונפליקטים ערכיים: ניתוח ראשוני

מבוא

בפרק הקודם השווינו בין פרדוכסים לבין קונפליקטים ערכיים. ראינו שם שקונפליקט ערכי גם הוא מסתיים בטענה פרדוכסלית: "יש לעשות X", שאינה מקבלת שום ערך אמת. אבל בניגוד לפרדוכס הרגיל, הטענה הזו משקפת מישור עיוני שבו מתנגשים ערכים או כללי קדימה שביניהם עצמם אין כל סתירה. רמזנו שההבדל הזה עשוי להוביל אותנו לדרך סיסטמטית להתיר קופליקטים ערכיים: לחזור אל המישור התיאורטי שמונח בבסיס הסתירה. בפרק זה נרחיב את היריעה, ונשרטט את הדרך להתיר קונפליקטים ערכיים באופן יותר כללי ומוגדר.

קונפליקטים בינאריים שנדונים בתלמוד: תדיר ומקודש

כאשר יש התנגשות בין שני ערכים, כמו בדוגמא שהצגנו למעלה של חילול שבת להצלת חיים, שם עומדים זה מול זה הערכים: שמירת החיים (=פיקו"נ) ושמירת שבת. די ברור שמה שעלינו לעשות כדי להכריע את הדילמה הוא ליצור היררכיה בין שני הערכים הללו. ברור ששני הערכים הם ראויים, הן שמירת שבת והן שמירת החיים, אך כדי להתיר את הקופליקט המעשי עלינו לדרג אותם ולקבוע מי משניהם גבוה מחברו בסולם הערכים ההלכתי. בפרק השני ראינו כמה דרכים לעשות זאת: דרך אחת היתה על ידי מציאת מידה משותפת (מדידת ערך החיים במונחי שמירות שבת), או פסוק שנותן לנו את התשובה הסופית (במקרה זה: שערך החיים גובר).

הדבר דומה לדוגמת אכילת השוקולד, שגם בה עלינו לדרג את ערך שמירת הבריאות מול הערך של אכילת דברים טעימים. כאן כמובן כל אדם עושה

זאת לעצמו. בכל אופן, הקונפליקט המעשי נפתר על ידי חזרה למישור האידיאות.

מה באשר להתנגשות בין כללי קדימה? גם כאן ישנן התנגשויות בינאריות ומשולשות. בתלמוד מצויות כמה דוגמאות להתנגשויות בינאריות בין כללי קדימה. לדוגמא, הזכרנו בפרק השני שבמשניות זבחים מופיעים כמה כללי קדימה לגבי קרבנות: המקודש יותר קודם, התדיר יותר קודם, זבח קודם לעוף, חטאת קודמת לעולה וכדומה. בסוגיות שם נדונים גם קונפליקטים בין כללי ההכרעה הללו. לדוגמא, בסוגיית זבחים צ ע״ב אנו מוצאים:

איבעיא להו: תדיר ומקודש, איזה מהם קודם? תדיר קודם משום דתדיר, או דלמא מקודש קדים דקדיש?

ישנה כאן דילמה לגבי התנגשות בין שני כללי קדימה: תדיר מול מקודש. מהי הדוגמא המעשית להתנגשות כזו? הגמרא שם מביאה מייד דוגמא:

תא שמע: תמידין קודמין למוספין, ואף ע״ג דמוספין קדישי.

תמידים הם קרבנות שבאים בכל יום, ומוספים הם קרבנות שבאים רק במועדים. אך המוספים קדושים יותר (רש״י מסביר: כי הם באים על שבת, והתמידים מוקרבים גם בחול). כאן ישנה דילמה של תדיר (תמידים) מול מקודש (מוספים), ובעצם בין שני כללי קדימה.

הדרך להתיר קונפליקט כזה היא לנסות ולדרג את שני כללי הקדימה הללו, ולראות מי גובר על מי. האם קדימת הקדוש חשובה יותר מאשר קדימת התדיר או ההיפך. בסופו של דבר הגמרא לא מצליחה לקבוע דירוג בין שני הכללים הללו, ולכן הרמב״ם בהל׳ תמידין ומוספין פ״ט ה״ב פוסק:

וכיצד סידור הקרבתן, מוסף שבת תחלה ואחריו מוסף החדש ואחריו מוסף יום טוב, שכל התדיר מחבירו קודם את חבירו וכן כל המקודש מחבירו קודם את חבירו, היה לפניו תדיר ומקודש יקדים איזה מהם שירצה.

אין לנו דרך להכריע בין שני כללי הקדימה הללו, ולכן עושים מה שרוצים. כך גם ראינו בפרק הראשון שיש להכריע בקונפליקטים סימטריים.

קונפליקטים בינאריים שנדונים בתלמוד: רוב וקרוב

דוגמא אחרת שייכת לדיני ראיות. גם בראיות יכולות להיות ראיות שמצביעות לכיוונים מנוגדים, והשאלה שמתעוררת היא איזו ראיה גוברת. לדוגמא, בסוגיית ב״ב כג ע״ב אנו מוצאים:

> *אמר רבי חנינא: רוב וקרוב - הולכין אחר הרוב, ואף על גב דרובא דאורייתא וקורבא דאורייתא, אפילו הכי רובא עדיף.*

יש כאן התנגשות בין הראיה של רוב לראיה של קרוב. לדוגמא, ישנו דין בתורה שאם נמצא חלל קרוב לעיר ולא יודעים מיהו הרוצח יש להביא עגלה ערופה כדי לכפר על המעשה הזה. מה קורה אם נמצא חלל בין שתי ערים? אם אחת קרובה מהשנייה אז מביאים ממנה. ואם אחת גדולה מהשנייה מביאים ממנה. מה קורה כשהעיר האחת היא קרובה אבל קטנה יותר (עם פחות תושבים) והשנייה רחוקה אבל עם יותר תושבים? כאן יש לנו דילמה למי לשייך את החלל הזה (מניין יצא הרוצח)? איזו משתי הערים צריכה להביא את העגלה? זהו הדיון בגמרא, האם הולכים אחרי הרוב או אחרי הקרוב.

כאן נפסקת הלכה (שם כד ע״א) שהולכים אחרי הרוב:

> *ש״מ מדרבי חייא תלת: שמע מינה רוב וקרוב הלך אחר הרוב;*

ניתן לראות את המצב הזה כהתנגשות בין שני כללי קדימה. הליכה אחר הרוב היא כלל קדימה, שהרי בשתי ערים במרחקים שווים עם מספר תושבים שונה, אנו מעדיפים (=מקדימים) את העיר הגדולה לקטנה. ואילו בשתי ערים עם אותו מספר תושבים שנמצאות במרחקים שונים אנו מעדיפים את העיר הקרובה. כלומר שני אלו הם כללי קדימה, ובמצבים בהם נוצרת התנגשות בין שני הכללים הללו יש קונפליקט. מכריעים את הקונפליקט הזה על ידי דירוג של שני כללי הקדימה, ובמקרה זה הרוב עדיף על הקרוב. זוהי דוגמא להבדל בין קונפליקט לפרדוכס. בקונפליקטים יש לנו מישור עליון יותר שניתן לחזור אליו ולהכריע את הקונפליקט. עלינו להעריך את כללי הקדימה, או את הערכים, זה מול זה. בפרדוכס לוגי אין לנו מישור הערכה כזה, ולכן האופציה הזו לא קיימת. אם היתה סתירה בין שני ערכים (ולא רק קונפליקט מעשי) זו היתה סתירה לוגית, והיא באמת לא היתה ניתנת לפתרון.

73

להשלמת התמונה נביא כאן עוד קריטריון קדימה שעולה שם בסוגיית ב"ב, והוא המצוי. וכך מצאנו שם כד ע"א:

אמר אביי, אף אנן נמי תנינא: דם שנמצא בפרוזדור - ספיקו טמא, שחזקתו מן המקור; ואף על גב דאיכא עלייה דמקרבא! א"ל רבא: רוב ומצוי קא אמרת? רוב ומצוי ליכא למאן דאמר, דתני ר' חייא: דם הנמצא בפרוזדור - חייבין עליו על ביאת מקדש, ושורפין עליו את התרומה.

מדובר באישה שרואה דם ונטמאת. רק דם שבא מהמקור מטמא, ולכן השאלה היא האם הדם שהאישה ראתה הוא מהמקור או לא. הדם נמצא בפרוזדור, ולשם הוא יכול להגיע מהעלייה או מהמקור. העלייה קרובה יותר, ואילו במקור הדם מצוי יותר לצאת. גם כאן ישנה דילמה בין קרוב למצוי, ובזה ברור לגמרא שהולכים אחר המצוי. גם במקרה של עגלה ערופה ייתכן מצב של מצוי, אם לאחת מהערים יש שביל שמוליך אל הנחל בו נמצא המת. במצב כזה, גם אם העיר הזו רחוקה יותר, ישנה סבירות שהרוצח בא דווקא ממנה כי בגלל השביל מצוי יותר שמגיעים למקום הרצח מהעיר הזו ולא מהעיר הקרובה (שממנה אין שביל כזה למקום הרצח).

משמעותו של הדירוג: יצירת פונקציית מידה

בפרק הראשון עסקנו בשאלת האינקומנסורביליות של ערכים. ראינו שם שכאשר אנחנו רוצים ליצור מידרג בין שני דברים יש לוודא שהם נמדדים באותן יחידות, שאם לא כן לא ניתן להשוות ביניהם. הדבר נכון לערכים, והוא נכון גם לכללי קדימה. כאשר אין יחידת מידה משותפת כזאת, לא ניתן לבצע את הדירוג.

פונקציית המידה מבטאת את המשקל של כל אחד מצידי הקונפליקט או הדילמה במונחי יחידה משותפת כלשהי. הערכים הללו מבוטאים באמצעות מספרים (שמתארים את משקלו של כל צד במונחי היחידות האלה). לכן לאחר שאנחנו מתרגמים את משקלו של כל אחד משני הצדדים לכמות יחידות כאלה, ומדובר באותן יחידות, אזי ניתן לדרג את שניהם זה מול זה.

בין מספרים בהכרח קיים יחס פשוט: או שא׳ גדול מב׳ (ואז יש להקדים את א) או שב׳ גדול מא׳ (ואז יש להקדים את ב) או ששניהם שווים (ואז לא משנה מה נעשה). אם לא ניתן לתרגם את המשקלים הללו ליחידות משותפות, אזי לא ניתן למדוד את הערכים זה מול זה, ולא קיים יחס פשוט ביניהם. במקרה כזה הקונפליקט שלנו לא הותר, שכן הוא אינקומנסורבילי, ואין לנו דרך לדעת מה עלינו לעשות. נראה זאת כעת בשתי הדוגמאות ההלכתיות שהבאנו כאן למעלה.

האפשרות שלנו ליצור מדרג בין רוב לקרוב נובעת מן העובדה ששני הכללים הללו אמורים ללמד אותנו על המציאות. השאלה בה אנו עוסקים היא האם הקריטריון של רוב מהווה אינדיקציה חזקה יותר למיקומו של הרוצח העלום מאשר הקרוב, או שההיפך הוא הנכון. לכן מטבע הדברים שני הכללים הללו נמדדים באותן יחידות (שמייצגות את הסיכוי לגלות את האמת. כלומר מי מהשניים הוא הראיה החזקה יותר). עקרונית ניתן אפילו לבחון זאת בניסוי: לעשות סטטיסטיקה ולבחון האם רוב מהווה אינדיקציה טובה יותר מאשר קרוב או לא. לכל הפחות ניתן לומר שהשאלה מוגדרת היטב.

מה לגבי תדיר ומקודש? כאן המצב נראה קשה יותר, ודומה יותר לדילמות בין ערכים אינקומנסורביליים (שנדונו בפרק הראשון). אלו הם שני כללי קדימה שונים, שאינם מסתיימים בקביעה עובדתית. כיצד ניתן לקבוע מי מהם חשוב יותר? חשוב באיזה מובן, של קדימות או של קדושה? לכאורה אלו שני סולמות שונים, ולכן נראה שכאן אין יחידת מידה משותפת. ובלשוננו כאן, לא ניתן להגדיר לבעייה זו פונקציית מידה, ולכן במקרה זה נראה שאי אפשר למצוא דירוג בין שניהם, אלא על ידי פסוק מפורש. ואכן, ראינו למעלה שהגמרא לא מצאה מקור ברור, ולכן אל לנו להתפלא שהדילמה נותרה ללא הכרעה.

במקרה כזה לא קיימת פונקציה f שמצליחה לתרגם את שני המשקלים לאותן יחידות, מפני שאין לנו יחידות כאלה. כאן הדבר דומה לשאלה שפגשנו כבר בפרק הראשון, מה יותר יפה, הגינה שלידי או סימפוניה של בטהובן? אין

לנו דרך לייצג את היופי של שני אלו ביחידות אחידות, ולכן השאלה לא ניתנת להכרעה.

אמנם בסוף הפרק הראשון עמדנו על כך שבאופן עקרוני קיימת אפשרות להשוות בין כל שני ערכים, שכן ישנה יחידת מידה מופשטת שהיא הומוגנית (משותפת לכל הערכים). בהקשר האתי מדובר במידת הטוב שישנה בכל אחד, בהקשר האסתטי במידת היפה שבכל אחד, ובהקשר ההלכתי במידת החשיבות שבכל אחד (במובן כלשהו). לכן בדוגמא הזו אנחנו שואלים מה יותר חשוב, תדיר או מקודש? עצם העובדה ששני הדברים הללו עומדים זה מול זה, מעלה את האפשרות שיש יחידת מידה משותפת בין שניהם, אלא שבגלל מופשטותה קשה לנו לערוך את ההשוואה בפועל. לכן, כפי שהסקנו שם, גם במקרים אלו לא בהכרח נכון לומר שהבעייה לא מוגדרת ברמה המושגית. גם בעיות אלה אינן אלא בעיות קשות, כלומר בעיות שקשה לנו לענות עליהן, ולא בעיות לא מוגדרות. לכן הסוגיא כן מנסה לבחון את השאלה (אחרת לא היה טעם לדון בה, כי גם פסוק לא היה עוזר לנו). אם היה פסוק שעושה עבורנו את העבודה, זה היה פותר את הבעייה. אלא שכאן הסוגיא לא מצאה פסוק כזה, ולכן היא נותרה ללא הכרעה. ועדיין מדובר בבעייה קשה, ולא בבעייה שהתשובה לגביה כלל אינה מוגדרת. אנו נראה השלכות של ההערה הזו בהמשך דברינו.

הבעייה בקונפליקטים המשולשים

מה לגבי קונפליקטים משולשים? ניטול כדוגמא את הקונפליקט של השבת אבידה. בניסוח של תוס׳ בב״מ יש לנו שלושה כללים: הוא קודם לאביו. אביו קודם לרבו. ורבו קודם לו. מה עושים במקרה כזה? לכאורה גם כאן כדי להכריע את הקונפליקט עלינו למצוא פונקציית מידה שתאפשר לנו לדרג את שלושת הצעדים הללו זה מול זה. אלא שאם אנחנו מתבוננים בשלושת הצעדים האפשריים אנחנו בבעיה אמיתית: ניתן להוכיח שהם אינקומנסורביליים.

ההוכחה היא פשוטה מאד, והיא נעשית בדרך השלילה. נניח שיש פונקציית מידה שמודדת את משקלו של כל אחד מהם באותה יחידת מידה. המשקל של השבת האבידה של הרב הוא: f(r). המשקל של הצלת אבידתו שלו עצמו הוא: f(m). והמשקל של השבת אבידת אביו הוא: f(p). אם היה תרגום כזה של המשקלים הללו למספרים שמייצגים יחידה משותפת, אזי הערכים הללו היו צריכים לקיים את שלושת היחסים הבאים:

$$f(r) > f(m)$$

$$f(m) > f(p)$$

$$f(p) > f(r)$$

אבל יש לשים לב שלאחר התרגום למספרים על ידי פונקציית המידה, מדובר כאן בשלושה מספרים. אין שום שלשת מספרים שמקיימת את שלושת היחסים הלא טרנזיטיביים הללו.

זוהי ההוכחה לכך שאין תרגום מספרי ליחידות משותפות של שלושת הצעדים האפשריים, ולכן לכאורה הבעייה לא ניתנת להכרעה. זוהי בדיוק הסיבה לכך שבתורת המידה (measure theory) במתמטיקה מגדירים מידה כך שהיא חייבת לקיים יחס טרנזיטיבי, כלומר שעבור כל שלושה עצמים (a, b, c) שאותם אנחנו מודדים, תוצאת הפונקציה המודדת f חייבת לקיים:

$$\{[f(a) > f(b)] \;\&\; [f(b) > f(c)]\} \rightarrow [f(a) > f(c)]$$

אם הקשר הזה לא מתקיים אזי בהכרח לא מדובר כאן בפונקציית מידה. היא לא מייצרת מדידה של העצמים הללו. אורך של עצמים הוא מידה, וגם משקל הוא מידה. טמפרטורה היא מידה, וגם IQ זו מידה. כל אלו הם תרגום למספרים של ערכים מופשטים. מה עושה התרגום למספרים? הוא מוודא שיש יחס טרנזיטיבי בין הערכים הללו. אם הצלחנו לתרגם למספרים אות הוא שהיחס הוא טרנזיטיבי. כשהיחס אינו טרנזיטיבי – לא נצליח למצוא תרגום מספרי לערכים הללו, כלומר לא תהיה כאן פונקציית מידה.

ראינו שישנם מקרים בהם סולם העדיפויות הערכיות אינו טרנזיטיבי, כלומר ערך/צעד א עדיף מב׳, ב עדיף מג׳, ובכל זאת ג עדיף מא׳. היה מקום לומר שלכאורה גם בעיות מסוג זה אינן עקרוניות, זאת מכיון שגם בתחומים לא הלכתיים מצויים יחסים רבים שאינם טרנזיטיביים. ניטול כדוגמא את היחס ׳להיות אב של׳. אם יחס זה קיים בין יצחק ליעקב, וגם בין יעקב לראובן, עדיין הוא אינו קיים בין יצחק לראובן (שהרי יצחק הוא סבו של ראובן, ולא אביו).

אמנם די ברור שיחסי קדימה כמו ׳עדיף מ-׳, או ׳חשוב מ-׳, בהם עסקנו כאן, כן צריכים להיות טרנזיטיביים, כלומר יחסים שמבוססים על קיומה של מידה, ולכן בכל זאת נראה כי ישנה בעיה לפחות במישור הפרקטי. המסקנה הזו משתלבת היטב עם מה שראינו בפרק השני, שאם אין תכונות מיוחדות של הקופליקט המשולש (שקשורות לתכנים ההלכתיים שלו) נראה שלא ניתן לפתור אותו. ראינו שם שהפתרונות שאנחנו מוצאים בתלמוד ובראשונים אינם לוגיים אלא לוקליים (תלויים בתכונות הייחודיות של הבעייה). בהמשך הפרק נציע דרך לוגית כללית לפתור את הבעיה, אף שגם היא לא בלתי תלויה בתכנים ההלכתיים של הבעייה.

אותה בעייה בהתנגשויות בינאריות

למרבה ההפתעה, ניתן לראות תופעה דומה גם בהתנגשויות בינאריות בין כללי קדימה. לדוגמא, כשננסה לנסח באותה צורה את הקונפליקט של רוב וקרוב, ונסמן את שתי הערים באותיות a (העיר הרחוקה) ו-b (העיר הגדולה), נגלה את הקשרים הבאים:

דין קרוב נותן לנו: $f(a) > f(b)$

ואילו דין רוב נותן לנו: $f(b) > f(a)$

יש לזכור שהפונקציה f היא פונקציית מידה, כלומר היא נותנת לנו מספר עבור כל עיר. אבל יחסים כאלה בין מספרים אינם אפשריים, ולכן לכאורה גם הדילמה הזו נותרת ללא אפשרות התרה.

עקרונית אפשר לחלק את האוכלוסיה במרחק וליצור מידה שמשקללת את שני היחסים הללו. השאלה האם המידה הזו אכן נכונה הלכתית. דרך כזאת פתוחה בפנינו גם במצבים לא טרנזיטיביים של קונפליקטים משולשים, אך היא תלויה בתוכן הבעייה. ברור שאין דרך לוגית כללית לעשות זאת, כלומר דרך שתהיה אוניברסלית ותלויה רק במבנה הלוגי של הבעייה ולא בתכנים המעורבים בה.

אז כיצד בכל זאת מתירים את הדילמה הזאת?

המעבר למישור התיאורטי: פתרון להתנגשויות הבינאריות

הדרך לפתור את הקונפליקטים הבינאריים היא לנסות למצוא פוקנציית מידה לכללי הקדימה ולא לאובייקטים עצמם. כלומר הפונקציה f לא תמדוד את הסיכוי שהרוצח יצא מהעיר a, אלא את המשקל של כלל ההליכה אחר הרוב (העדיפות של הרוב על המיעוט) ושל כלל הקדימה של הקרוב (העדיפות של העיר הקרובה על הרחוקה). עד כמה כל אחד מהכללים הללו הוא חשוב בקביעת מיקומו של הרוצח.

אם R מסמן את כלל עדיפות הרוב ו-K את כלל עדיפות הקרוב, נוכל לסמן זאת בצורה הבאה:

$$f(R) > f(K)$$

הפונקציה f מתרגמת את המשקל הראייתי של הרוב והקרוב למספרים (שמייצגים את המשקל ביחידות המשותפות = הסיכוי לחשיפת המציאות הנכונה), ובין שני המספרים קיים יחד של אי שוויון שקובע את הדירוג.

אם כן, במקום למדוד בפונקציית המידה את הערים עצמן, אנחנו מודדים את כללי הקדימה. משמעות הדבר היא שאנחנו מעתיקים את הבעייה מהשאלה המעשית (עיר a או עיר b), לשאלה התיאורטית: רוב או קרוב. זו המשמעות של מה שהזכרנו בסוף הפרק הקודם, שבקונפליקט ערכי ניתן לחפש פתרון על ידי חריגה מהמישור המעשי בו הקונפליקט נראה ללא פתרון, ומעבר למישור התיאורטי שמחולל את הקונפליקט, ובו לפעמים אולי ניתן למצוא פתרון.

אמנם עד עתה הצלחנו לכל היותר לקבוע איזה כלל קדימה עדיף. אבל השאלה שלנו היתה במישור הפרקטי: איזו עיר צריכה להביא עגלה ערופה? כעת עלינו לתרגם את ההכרעה התיאורטית בחזרה למישור המעשי. כלומר עלינו לתרגם את המשקלים הללו כעת בחזרה לערים, וכך להכריע על איזו עיר מוטלת החובה להביא עגלה ערופה. כיצד עושים זאת?

לשם כך עלינו להמשיך את הפורמליזם שלנו צעד אחד הלאה, ולקבוע שהיחס אותו הגדרנו למעלה הוא יחס בין יחידות בסיסיות של שני כללי הקדימה. כלומר העדיפות של רוב על קרוב פירושה שקירבה נותנת סיכוי פחות טוב מאשר רוב לכך שהרוצח בא מהעיר הזו.

אם נשאל מה הסיכוי שהרוצח יצא מהעיר a (העיר הרחוקה)? התשובה היא שיש לנו סיכוי שפרופורציוני ל-f(R). ומה הסיכוי שהרוצח יצא מהעיר b? הסיכוי כאן הוא פרופורציוני ל-f(K). לכן ההכרעה המעשית היא שהרוצח יצא מהעיר a.

לפני שנחזור לקונפליקטים משולשים שהם מסובכים יותר, ננסה לשכלל מעט את השפה שפיתחנו כאן. לצורך הדיון נאמר שישנה פונקציה g שבאמצעותה אנחנו מודדים קירבה של כל עיר לחלל, וישנה פונקציה f שבאמצעותה אנחנו מודדים את מספר התושבים שבכל עיר.

כעת נוכל לתרגם את הסיכוי שהרוצח יצא מכל אחת מהערים באופן הבא:

הסיכוי שהוא יצא מהעיר a: $g(a) + f(a)$

הסיכוי שהוא יצא מהעיר b: $g(b) + f(b)$

מהו הסיכוי הגבוה יותר? אנחנו יודעים שקיימים שני האי שוויונים הבאים:

העיר a היא פחות קרובה: $g(a) < g(b)$

העיר a היא גדולה יותר: $f(a) > f(b)$

אם כן, לכאורה מתוך זה עדיין לא ברור איזו עיר עדיפה, שהרי יש כאן קיזוז. כדי להכריע את הקונפליקט הזה אנחנו נזקקים גם לקביעת הגמרא שהגודל חשוב יותר מהמרחק, כלומר שהפונקציה f חשובה יותר מהפונקציה g, ולכן

התוצאה היא שהרוצח יצא מהעיר a. יש לשים לב, לא מדובר בהשוואה בין הגודל או המרחק של שתי הערים, אלא בהשוואה בין שני כללי הקדימה. הטענה היא שמשקלו של כלל הרוב גדול יותר ממשקלו של כלל הקירבה, וזה מה שמכריע את הבעייה.

נמשיך כעת לפתח את השפה שלנו. מה יהיה הדין אם יש עיר מאד קרובה שמספר תושביה מעט קטן יותר מהשנייה? מסתבר שלא נוכל לקחת את העדיפות של הגודל על המרחק עד לאבסורד. ואכן, כמה פוסקים קובעים שבמקום שהקירבה היא מובהקת הולכים אחרי הקרוב נגד הרוב (ובמינוח ההלכתי: "כאן נמצא כאן היה" (ראה רמב"ן ב"ב שם. **בקצוה"ח** סי' רסב סק"ב דן בזה בהרחבה, והביא שתוס' והרא"ש חולקים על הרמב"ן).

כיצד נייצג את התפיסה המורכבת יותר של הרמב"ן? לשם כך עלינו להתחיל לדון ביחידות יסודיות שונות של קירבה ושל רוב. כל עיר תימדד באמצעות מספר יחידות הקירבה ויחידות הגודל שלה, כאשר יחידות הקירבה נלקחות בחשבון פחות מיחידות הגודל. הסכום של הקירבה והגודל ייתן לנו את משקלה הכולל של כל עיר, ואת הסך הכל עלינו להשוות כדי להגיע להכרעה.

לדוגמא, נסמן יחידת קירבה (לדוגמא, מטר) באות x ויחידת גודל (לדוגמא, אדם אחד) באות y. אם לעיר יש n יחידות קירבה ו-m יחידות גודל, אז משקלה הכולל הוא: my-nx.[37] יש לזכור שיחידת הגודל חשובה יותר מיחידת הקירבה (x>y). את זה יש להשוות למשקלה הכולל של העיר השנייה, ולקבל את ההכרעה מהפונקציה המורכבת הזאת. במקרה בו הקירבות הן מאותו סדר גודל, ברור שהגודל יכריע. אבל לפי הרמב"ן אם יש קירבה רבה (n מאד קטן) זה עשוי לשנות את המשקל הכולל כך שתהיה עדיפות לעיר הזאת. אנו נראה את התמונה המורכבת הזאת ביתר פירוט בסעיף הבא.

חשוב לשים לב לכך שבדיוק כמו בפרק הקודם אנחנו מניחים כאן שיש יחידת מידה משותפת ל-x ול-y. אלו מודדים קריטריונים שונים, אבל ניתן להשוות

---

[37] הסימן שלפני המרחק הוא שלילי מפני שמרחק הוא פקטור שלילי (מרחק גדול מקטין את הסיכוי שהרוצח בא מהעיר הזאת).

ביניהם (כי שניהם מהווים אינדיקציה לסיכוי שהרוצח יצא מעיר פלונית.
הקירבה ומספר התושבים שניהם מודדים את אותו עניין מהיבטים שונים. זה
דומה לאינקומנסורביליות של המספרים האירציונליים).

מה יהיה הדין במקרה בו סביב החלל יש שלוש ערים, שיש ביניהם יחסים
מורכבים של גודל וקירבה:

מבחינת קירבה: a>b>c

מבחינת גודל: c>b>a

מהתמונה הפשטנית אותה הצגנו בהתחלה, זו שקובעת רק עדיפות לגודל על
הקירבה, נוכל להגיע להכרעה במצב כזה. ברור שהעיר העדיפה ביותר היא c
שכן הגודל הוא הקובע. אבל במודל המורכב יותר (של הרמב"ן), המצב עלול
להיות מסובך יותר, שכן יש למשקל עד כמה כל עיר קרובה וגדולה, ויכול
להיווצר מצב בו אין הכרעה.

אמנם ברור שאם נדע את ערכיהם של כל הפרמטרים כאן תהיה לנו הכרעה
ברורה, שהרי מדובר במספרים, ומספרים הם לעולם טרנזיטיביים. נצטרך
לחשב את משקלה הכולל של כל עיר (בהתחשב במרחק ובגודל שלה),
ולהשוות את שלושת המספרים הללו. הסיבה לכך היא שהנחנו כאן שקיימת
פונקציית מידה משותפת לכל הערים. כפי שראינו, פונקציה כזו היא
טרנזיטיבית בהגדרה (כי היא מתרגמת את הסיכוי לכך שהרוצח יצא מהעיר
הנדונה למספרים). למעלה ראינו שבקונפליקטים משולשים נוצרים מצבים
לא טרנזיטיביים, ובהכרעה במצבים אלו נעסוק בסעיף הבא.

פתרון של קונפליקטים משולשים: דוגמא בדין עגלה ערופה

נחשוב כעת על מצב מורכב יותר, ובו יש שלוש ערים סביב מקום החלל: x, y
ו-z. שלוש הערים הללו נבדלות זו מזו בשלושה פרמטרים (ולא רק בשניים
כמו שתיארנו עד עתה): מצוי, קרוב ורוב. וכעת עלינו להכריע איזו עיר תביא
עגלה ערופה. ייתכנו כמובן מצבים שונים לפי היחסים השונים בין הערים. כדי
ליצור קונפליקט משולש ניטול כאן את המקרה עם היחסים הבאים:

עיר	מצוי (נמדד ביחידות a)	קירבה (נמדד ביחידות b)	גודל (נמדד ביחידות c)
x	a	b	2c
y	a	2b	c
z	2a	b	c

יש לשים לב לכך שההנחה שביסוד הטבלא הזו היא שכל הקריטריונים הם בעלי מידה משותפת, במובן הזה שההבדל בין b ,a ו-c, הוא רק הבדל בגודל, אבל כולם מודדים את אותו דבר (=הסיכוי שהרוצח יצא מהעיר הנדונה). כולם מוערכים באותן יחידות (כמו האינקומנסורביליות של האירציונליים). למעלה, כאשר עסקנו בבעיות הבינאריות, ראינו שלגבי סוגיית רוב וקרוב ההנחה הזו היא סבירה, ולכן שם הגמרא מסיקה מסקנה שהרוב עדיף על הקרוב. זאת לעומת תדיר ומקודש שאינם נמדדים באותן יחידות, ולכן הבעייה נותרה בגמרא ובפוסקים ללא הכרעה.

יש לשים לב למצב שנוצר כאן: מהעמודה הימנית (המצוי) עולה שהעיר z עדיפה על x ו-y. מהעמודה האמצעית (קירבה) עולה ש-y עדיפה על שתי האחרות. ומהעמודה השמאלית (הגודל) עולה ש-x עדפה על שתי האחרות. יש כאן מצב לא טרנזיטיבי.

אבל כאן המוצא נראה מובן מאליו. העדיפות של x היא רק מבחינת היבט אחד (הגודל). העדיפות של y היא מבחינת היבט אחר (הקירבה) והעדיפות של z היא מהיבט שלישי (המצוי). אם כן, ברור שאין סתירה לוגית בין שלושת כללי הקדימה התיאורטיים הללו. ועדיין נותרת השאלה הפרקטית כיצד פותרים את הקונפליקט במישור המעשי? מה עושים בפועל? לשם כך עלינו לקבוע היררכיה בין כללי הקדימה, כלומר לקבוע מה חשוב יותר: המצוי, הגדול, או הקרוב. לאחר שתהיה בידינו היררכיה כזו, נוכל להכריע את הקונפליקט המעשי.

לדוגמא, למעלה ראינו שהגמרא הכריעה שהרוב עדיף על הקרוב, ושהמצוי עדיף גם הוא על הקרוב. לכן ברור שהגודל של a ו-c הוא גדול יותר מאשר b, כלומר הם חשובים יותר לעניין ההכרעה (הסיכוי לכך שהרוצח יצא מהעיר הגדולה או המצויה, גדול יותר מאשר העיר שנמצאת באותה דרגת עדיפות מבחינת הקירבה).

אם כן, ברור שהעיר y לא תביא עגלה ערופה. מי מבין השתיים הנותרות עדיפה? זה לא עולה ישירות מסוגיית הגמרא, אבל הדרך להכריע כאן היא ברורה. יש לחפש מקור או סברא שיכריעו מה חשוב יותר: המצוי או הרוב (כלומר מה גדול יותר, a או c). לצורך השלמת הדוגמא, נניח כעת שהמצוי מכריע את הרוב, כלומר a>c. במצב כזה ברור שהעיר z היא שתביא את העגלה.

נוכל כמובן לשכלל עוד יותר את המודל שלנו, ולהכניס עוד סט של מספרים שמייצגים עד כמה עיר כלשהי קרובה או מצויה או גדולה, ולא רק 1 או 2. הטבלא הכללית ביותר עבור דוגמא זו תיראה כך:

עיר	מצוי (נמדד ביחידות a)	קירבה (נמדד ביחידות b)	גודל (נמדד ביחידות c)
x	$N_{13}a$	$N_{12}b$	$N_{11}c$
Y	$N_{23}a$	$N_{22}b$	$N_{21}c$
Z	$N_{33}a$	$N_{32}b$	$N_{31}c$

המצוי נמדד ביחידות a, הקרוב ביחידות b, והגודל ביחידות c. יחידות המדידה מקבילות ליחידות כמו מטר, ק״ג, שנייה. המספרים N_{ij} אומרים לנו כמה מטרים, כמה שניות או כמה ק״ג ישנם בכל עצם שנמדד.

כפי שראינו בדיון על האיקומנסורביליות בסוף הפרק הראשון, לפחות בהקשר של ציר המספרים, מדידה במונחי יחידת מידה נעשה באמצעות

מספרים שלמים (לכן מספר אירציונלי לא ניתן למדידה משותפת עם מספר רציונלי או שלם. הוא לא נכנס בהם מספר שלם של פעמים). לכן בלי הגבלת הכלליות נניח שהמספרים הללו הם שלמים.

אם נרשום את המשקל (=פונקציית המידה) הכולל (כלומר זה שמתחשב בכל פרמטרי הקדימה) של כל אחת מהערים, נקבל:

$$f(x) = N_{11}c + N_{12}b + N_{13}a$$

$$f(y) = N_{21}c + N_{22}b + N_{23}a$$

$$f(z) = N_{31}c + N_{32}b + N_{33}a$$

זוהי בעצם הכפלה של מטריצת הערכים השלמים בווקטור היחידות. לכן אנחנו יכולים לרשום את פונקציית המידה עבור שלוש הערים בצורה מטריציאלית:

$$\vec{f} = \underline{\underline{N}} \times \vec{a}$$

כאשר $\vec{f}$ הוא ווקטור עמודה של התוצאות: [f(z), f(y), f(x)], והווקטור $\vec{a}$ הוא ווקטור עמודה ובו שלשת היחידות (a,b,c), ו-$\underline{\underline{N}}$ הוא מטריצה ובה המקדמים השלמים מהטבלא שלמעלה.

ניתן לרשום את פונקציית המידה באופן מפורש עבור כל רכיב של הווקטור כך:

$$f_i = f(x_i) = \sum_{j=1}^{3} Nijaj$$

כאמור למעלה, בלי הגבלת הכלליות ניתן להניח שכל המספרים במטריצה הזו הם שלמים.

הסבר וסיכום ביניים

נסכם את מה שעשינו כדי לפתור את הקונפליקט המשולש: ראשית, איתרנו וקבענו את שלושת יחידות המדידה של שלושת כללי הקדימה (או

הקריטריונים). כך נוצר הווקטור $\vec{a}$. לאחר מכן קבענו עבור כל עיר כמה יחידות מכל קריטריון יש בה, וזו המטריצה $\underline{\underline{N}}$. פונקציית המידה עבור הערים מוגדרת כמכפלה בין שני אלו. לאחר שמצאנו פונקציית מידה, יש לנו מספר שמייצג את הסיכוי שהרוצח ייצא מכל אחת מהערים. ברגע שהסיכוי הזה מתורגם לשלשת מספרים, מובטח לנו שיש היררכיה טרנזיטיבית ביניהם, כלומר שעקרונית יש לנו הכרעה בקונפליקט. נציין שוב שאמנם ייתכן מצב שהערכים לשלושת הערים ייצאו זהים, אבל גם זה נחשב פתרון של הקונפליקט, שכן כבר ראינו שבמצב כזה לא משנה איזו עיר תביא את העגילה (או שכולן תבאנה אותה). בפרק הראשון הסברנו שזה אינו קופליקט לא פתור.

למעלה ראינו שבקונפליקטים המשולשים לכאורה לא ניתן להגדיר פונקציית מידה עבור שלוש האלטרנטיבות המעשיות. אך כעת נוכחנו לדעת שהדבר אינו בהכרח נכון. הקונפליקט אינו טרנזיטיבי אם בוחנים אותו במישור המעשי, כלומר מצמידים מידה לכל אחת מהאלטרנטיבות המעשיות. אולם בדיוק כמו שראינו בקונפליקטים הבינאריים, אם עוברים למישור התיאורטי, כלומר בוחנים את המידות של קריטריוני הקדימה (ולא של האלטרנטיבות המעשיות), הבעייה פתירה. לאחר קביעת המטריצה התיאורטית, ניתן לכפול אותה ביחידות המידה השונות, וכך לחזור לקביעת מידה עבור האלטרנטיבות המעשיות, באופן שהמידה יוצאת טרנזיטיבית. כך בונים פונקציית מידה ששוקלת את שלוש האלטרנטיבות המעשיות, ומכריעים את הקונפליקט.

הדבר נראה דומה בדיוק למה שראינו לגבי הקונפליקטים הבינאריים. גם שם היתה לנו בעיה במישור המעשי, ופתרנו אותה על ידי מעבר למישור התיאורטי (של הערכים המתנגשים, או קריטריוני הקדימה) וחזרה למישור המעשי.

נזכיר כאן שלמעלה ראינו שאם לא קיימות תכונות מיוחדות של קונפליקט משולש שכזה (בדוגמא של השבת אבידה: בגדרי כיבוד הורים אין חובה לאבד ממון כדי לכבד אותם. ובדוגמא של הקרבנות: אין שניים מהם שמצורפים

באופן מהותי), אזי הוא נראה ללא מוצא. לכאורה נראה כי אין דרך לפתור
אותו ללא היזקקות לתכונות מיוחדות, במקרה שאכן ישנן כאלה. זוהי בדיוק
המסקנה העולה גם מניתוח באמצעות פונקציית המידה. שם ראינו שמדובר
בשלושה ערכים לא טרנזיטיביים, כלומר הוכחנו שאין לבעייה הזו פונקציית
מידה, ולכן לא ניתן להכריע אותה.

מאידך, כאן ראינו שבקונפליקט של קדימה לגבי עגלה ערופה הצלחנו ליצור
פונקציית מידה ולהכריע את הקונפליקט. עשינו זאת על בסיס התובנה
ששלושת הקריטריונים מודדים את אותו גודל: הסיכוי שהרוצח בא מהעיר
הנדונה. זה היה הבסיס שפתח בפנינו את האפשרות ליצור פונקציית מידה.
האם זה נכון עבור כל קונפליקט משולש? נבחן זאת כעת על הדוגמא של
השבת אבידה.

פתרון של קונפליקטים משולשים: הדוגמא של השבת אבידה

כעת ניישם את הדיון שנערך למעלה לגבי הקונפליקט של השבת אבידה. גם
כאן ניתן להניח באופן כללי שעקרונות הקדימה יכולים להיות מבוטאים
במונחי יחידה משותפת מופשטת (=עוצמת הקדימה של החובה ההלכתית).
לצורך ההדגמה נשתמש כאן בניסוח של תוס' בב"מ.[38] נזכיר כי מדובר כאן
בסיטואציה בה אדם רואה את אבידתו ואת אבידת רבו טובעות בנהר, ובו
בזמן אביו דורש טיפול כלשהו, ומכוח כיבוד הורים הוא חייב לטפל בכבוד
אביו (כגון להאכילו או להשקותו). ההנחה היא שאותו אדם אינו יכול לעשות
את כל הפעולות המתחייבות במצב כזה. הוא אינו יכול להציל את שתי
האבידות וגם לטפל באביו, אלא רק לעשות את אחת מהפעולות הללו.[39] כאן
מתעוררת השאלה מה לעשות קודם, ובעצם על מה לוותר.
הכללים ההלכתיים השולטים על מצב כזה הם הבאים:

---

[38] כבר הזכרנו שבתוס' ב"מ הניסוח הוא כמו שמתואר כאן: אבידתו, אבידת רבו וכבוד
אביו. ואילו בתוס' קידושין וזבחים הניסוח הוא אבידתו, אבידת חברו וכבוד אביו. להלן נדון
בהבדלים בין הניסוחים שנוגעים לענייננו.

[39] למעשה ישנה בעיה מקבילה גם כאשר הוא יכול לעשות רק שתי פעולות מתוך השלוש.

- כלל א: אבדתו קודמת לאבדת רבו (כלומר זכותו לטפל באבדתו ולהזניח את אבדת רבו).
- כלל ב: כבוד אביו קודם לאבידתו (לפי ר' יהודה, שסובר שחיוב כיבוד הורים הוא גם מממונו שלו).
- כלל ג: אבדת רבו קודמת לכבוד אביו.

כאמור, כל סיטואציה בה נפגשות שתים מן הפעולות הללו ניתנת להכרעה הלכתית. אך נוצרת בעיה (פרקטית, לא לוגית) כאשר שלוש הפעולות הללו ביחד נפגשות באותה סיטואציה. נראה על פניו שהבעיה הזו היא ללא מוצא, שכן שלושת הערכים המעורבים בה הם לא טרנזיטיביים: אם הוא ירצה להציל את אבידתו הוא לא יוכל לעשות כן, שכן כבוד אביו קודם. ואם ירצה לעסוק בכבוד אביו, שוב תיווצר בעיה, שהרי אבידת רבו קודמת לעיסוק בכבוד אביו.[40] ואם הוא ירצה להציל את אבידת רבו, שוב אינו חייב לעשות כן,[41] שהרי אבידתו שלו קודמת.

כעת ננסח זאת בצורה פורמלית וכללית יותר. נתונה מערכת בת שלושה צעדי התנהגות אפשריים בסיטואציה נתונה (הצלת אבידתו, הצלת אבידת רבו, ועיסוק בכבוד אביו): x, y ו-z. ישנם שלושה עקרונות מנחים למקרה של התנגשות (כללי דחיה: הכללים שפורטו לעיל):

1. $y > x$ (צעד x עדיף על צעד y).
2. $z > y$ (צעד y עדיף על צעד z).
3. $x > z$ (צעד z עדיף על צעד x).

---

[40] מבחינה הלכתית, למסקנה זוהי סיטואציה פתירה (כמו שמציינים התוספות בבא מציעא שדבריהם הובאו בפרק השני). הדוגמא מוצגת כאן רק כאילוסטרציה נוחה לדיון התיאורטי.

[41] כאן ישנה נקודה עדינה, שכן הוא אינו חייב להציל את אבידתו שלו, יש לו רק זכות לעשות זאת. אם הוא בוחר לוותר על אבידתו, הלולאה אינה קיימת, שכן אבידת רבו קודמת לכולם. אנו ניזקק לנקודה זו להלן.

אם בחרתי בצעד x - קיימתי את כלל 1 והפרתי את 3. אם בחרתי בצעד y -
קיימתי את 2 אך הפרתי את 1. ואם בחרתי בצעד z - קיימתי את 3 והפרתי
את 2. זוהי תוצאה הכרחית של היעדר טרנזיטיביות בין ערכים.

נעיר שוב כי הבעיה היא מה לעשות כאשר מתרחשת התנגשות משולשת,
כלומר נוצר מצב בו שלושת הצעדים מתבקשים אולם ניתן לבצע רק אחד
משלושתם. כאמור, במישור העיוני לכאורה אין כל בעייה, שכן הכללים הללו
כשלעצמם אינם סותרים זה את זה.

אולם יש מקום לטענה שהבעייה הפרקטית הזו משקפת גם בעייה תיאורטית.
גם אם לא היתה נוצרת לעולם סיטואציה של התנגשות משולשת, עדיין
שלושת הכללים הללו לא נראים עקביים. אנחנו מצפים מיחסי עדיפות להיות
טרנזיטיביים, וכאן יש לנו יחסים שאינם כאלה. אז באיזה מובן מדובר כאן
ביחסי עדיפות? הביטוי המעשי של הבעייה הוא בסיטואציה של ההתנגשות
המשולשת, אבל יסודה של הבעייה נמצא כבר במישור התיאורטי.

אך זה גופו יכול להיות רמז לדרך אפשרית לפתרון הקונפליקט. ההנחה
הפשוטה היא שלא ייתכן שיש במערכת הנורמות עצמה סתירות לוגיות
חזיתיות. לכן ברור שהעדיפויות השונות של הצעדים השונים הן מבחינות
שונות. הצלת אבידתו קודמת לשל אביו מבחינה a (כלומר בחינה שנמדדת
ביחידות a), ואילו אביו קודם לרבו מבחינה b, ורבו קודם לו מבחינה c. אם
העדיפויות לא היו מבחינות שונות היתה כאן סתירה לוגית, אבל כשיחסי
הקדימה קיימים על פני צירים שונים אין כל בעייה עקרונית (רק בעייה
מעשית).

הדבר דומה לחלוטין למה שראינו לגבי אכילת השוקולד: הטענה שעדיף
לאכול וגם עדיף לא לאכול היא סתירה לוגית. הפתרון לסתירה זו הוא
שמדובר כאן בעדיפות מהיבטים שונים (בריאות וטעם), ולכן אין כאן סתירה
עקרונית. זהו כמובן פתרון לבעייה הלוגית העקרונית, אך בהחלט לא מצביע
על הכרעה בקונפליקט המעשי (האם לאכול את השוקולד או לא). כך גם
בדוגמא של השחקן עם הסיגריות: אסור לו לשחק בסרט ובו בזמן יש ערך רב

לשחק בסרט. גם שם פתרנו את הבעייה הלוגית בכך שהבחנו בין שני צירי הערכה שונים: ציר השמירה על הבריאות והציר הכלכלי. וגם כאן הצעה זו פתרה את הבעייה הלוגית העקרונית של הסתירה בין הערכים, אך הותירה על כנה את הבעייה המעשית: האם לשחק בסרט או לא.[42]

על כן, גם בהקשר של הקונפליקט המשולש, כמו בדוגמא של השבת אבידה, נלך באותה דרך. כדי להימנע מסתירה לוגית בין כללי הקדימה כשלעצמם, אנו נניח שהעדיפויות השונות הן מהיבטים שונים. גם כאן נראה שזה פותר את הבעייה הלוגית, אבל מכאן לא ברור האם ניתן להתקדם עוד צעד ולגזור גם הכרעה לקונפליקט המעשי.

בדיון על הקונפליקטים הבינאריים ראינו שההכרעה מתקבלת על ידי מעבר למישור התיאורטי, וניסיון לפתור את הבעייה שם. כך יהיה גם בקונפליקטים המשולשים, כפי שראינו למעלה לגבי עגלה ערופה. ראינו לגבי שלושת הצעדים האלטרנטיביים שאין פונקציית מידה, שכן היחסים ביניהם אינם טרנזיטיביים. לכן יהיה עלינו למצוא פונקציית מידה שתבטא את משקלם של כללי הקדימה (שנמצאים במישור התיאורטי), ורק לאחר מכן לחזור למישור המעשי ולהכריע את הקונפליקט.

שלושת האפשרויות המעשיות שעומדות בפנינו הן:

● אבידתו שלו: x.

● אבידת רבו: y.

● כבוד אביו: z.

זהו הווקטור $\vec{x}$ של הצעדים האפשריים.

[42] ראינו בפרק הראשון שהפתרון האינטואיטיבי לבעייה הזו הוא להעדיף את הכלכלה על הבריאות, אבל זה רק מחמת ההבדל הכמותי (מדובר על נזק מזערי לבריאות, ועל רווח כספי ניכר. אם מבחינה כמותית היה כאן איזון היה קשה מאד להכריע את הדילמה הזו. אמנם עמדנו שם על המידה המופשטת שהיא משותפת לכל שני ערכים.

התחלת הדרך היא פתרון הבעייה הלוגית, כלומר מציאת ההיבטים השונים שבבסיס צירי העדיפות השונים. אלו שלוש יחידות המדידה (האינקומנסורביליות) שעומדות בבסיס הבעייה. במקרה שתיארנו למעלה:

- אבידתו שלו קודמת לרבו – זה בציר האינטרס הכספי (שמירת הממון שלו).

- אבידת רבו קודמת לזו של אביו – מבחינת מעמדו של הגורם המצווה (עדיפות של מצוות הקב"ה על רצון האבא. ראה על כך בפרק השני).

- אביו קודם לו – מבחינת מצוות כיבוד הורים.

כעת נוכל להגדיר את שלושת הצירים הללו על ידי יחידות מידה שונות, ולקבוע פונקציית מידה שמוגדרת על הפעולות השונות:

- האינטרס הכספי יסומן ביחידות a.

- מעמדו של הגורם המצווה יסומן ביחידות b.

- מצוות כיבוד הורים תסומן ביחידות c.

עד כאן הגדרנו את הווקטור $\vec{a}$ של צירי המדידה (או כללי הקדימה) השונים. נחזור ונזכיר כאן שהנחתנו היא שיש לפחות מידה מופשטת משותפת בין שלושת אלו, שאם לא כן לא ניתן היה לייצג את שלושתן במונחים מספריים. כעת עלינו להגדיר את המטריצה $\underline{N}$, שהמספרים השלמים שבה מייצגים כמה יחידות תועלת (ערכית) מכל סוג יש בכל צעד.

כל ציר עדיפות מאופיין במספרים שלמים שמודדים את כמותו בכל אחד מהצעדים. הציר a מתואר על ידי הווקטור N_{i1}. הציר b מתואר על ידי הווקטור N_{i2} והציר c מתואר על ידי הווקטור N_{i3}.

הצעד הבא הוא לתאר את כללי העדיפות שלמעלה באופן הבא:

- אבידתו שלו היא בעלת ערך גבוה יותר של a מאשר אבידת רבו. נסמן את שני הערכים הללו כך: $N_{11}a$ – אבידתו, ו-$N_{21}a$ – אבידת רבו.

כאשר העדיפות שלו על רבו מבחינת האינטרס הכספי, באה לידי ביטוי ביחס בין המספרים השלמים: $N_{11} > N_{21}$.

- אבידת רבו היא בעלת ערך גבוה יותר של הגורם המצווה (כי הקב"ה ציווה עליה) מאשר טיפול באביו (שכאן לא קיים ציווי כשזה מתנגש במצווה). נסמן את שני הערכים הללו כך: $N_{32}b$ – טיפול באביו, ו- $N_{22}b$ – אבידת רבו. הקדימות של רבו לאביו באה לידי ביטוי ביחס בין השלמים: $N_{22} > N_{32}$.
- טיפול באביו הוא בעל ערך גבוה יותר של מצוות כיבוד הורים מאשר הצלת אבידתו שלו. נסמן את שני הערכים כך: $N_{13}c$ – הצלת אבידתו, ו-$N_{33}c$ – טיפול באביו. העדיפות של אביו עליו באה לידי ביטוי ביחס הבא בין השלמים: $N_{33} > N_{13}$.

הסימון הזה מקביל לגמרי למה שעשינו ביחס לרוב וקרוב. גם שם ראינו שיש בחינות שונות של קדימה: הגודל, המרחק והמצוי, ולקחנו את כולן בחשבון כדי למדוד את משקלה של כל עיר.

כעת נוכל לחזור מהמישור התיאורטי (בו קבענו את הצירים השונים שבבסיס כללי הקדימה) למישור הפרקטי שבו נוצר הקונפליקט, ולנתח את שלושת הצעדים האלטרנטיביים על מנת להשוות ביניהם. זוהי בעצם בניית פונקציית המידה, ואת זה אנחנו עושים על ידי הכפלת המטריצה שבנינו בווקטור היחידות. לשם כך עלינו למצוא קודם את ערכי המקדמים במטריצה. כאן השיקולים יהיו כמובן קשורים לתכנים של הבעייה:

- a הוא האינטרס הכספי. אבידתו שלו היא בעלת ערך גבוה יותר של a ואילו לאבידת רבו אין כלל ערך עבורו במונחי a (מבחינה כספית הוא לא מרוויח מאומה מהצלת אבידת רבו). לכן סביר לקבוע: $N_{11} = 1$, ו- $N_{21} = 0$.

- b הוא מעמדו של הגורם המצווה. כאן המצב הוא שונה מאשר בסעיף הקודם, מפני שיש ערכים חיוביים גם לאביו וגם לרבו, אלא שהערך של הציווי להשיב אבידה לרבו גבוה יותר כי זהו ציווי של הקב"ה. לעומת זאת, ערך הגורם המצווה לגבי כבוד אביו הוא נמוך (כי במקום מצווה אין ציווי של הקב"ה על כך אלא רק של אביו). לכן סביר כאן לקבוע: $N_{32} = 1$, ו- $N_{22} = 2$.
- c הוא מצוות כיבוד הורים. בהצלת אבדתו אין כלל ערך של כיבוד הורים, ולכן סביר לקבוע: $N_{13} = 0$, ו- $N_{33} = 1$.

כדי להשלים את התמונה עלינו להגדיר עוד שלושה מספרים במטריצה, שאותם טרם הגדרנו:

- המשקל של מעמד הגורם המצווה ביחס להצלת אבידתו שלו הוא כמובן: $N_{12}=0$ (כי זה אינטרס, שהוא אולי לגיטימי אך ודאי שאין עליו ציווי).
- המשקל של כיבוד הורים בהצלת אבידת רבו הוא כמובן: $N_{23} = 0$.
- והמשקל של האינטרס הכספי שלו בטיפול באביו הוא כמובן: $0 = N_{31}$.

המטריצה $\underline{\underline{N}}$ שקיבלנו היא הבאה:

$$\begin{pmatrix} 1 & 0 & 0 \\ 0 & 2 & 0 \\ 0 & 1 & 1 \end{pmatrix}$$

כעת נוכל לרשום את פונקציית המידה במונחי היחידות השונות, על ידי הכפלת המטריצה שלמעלה בווקטור היחידות:

- המידה של ערך הצלת אבידתו שלו היא: $f(x) = a$

- המידה של ערך הצלת אבידתו רבו היא: $f(y) = 2b$

- המידה של ערך כבוד אביו היא: $f(z) = b + c$

כדי להכריע איזה צעד עדיף, יש לקבוע היררכיה בין שלושת קני המידה הללו (a,b,c), בדיוק כמו שעשינו לגבי קביעת היחס בין הרוב לקרוב ולמצוי. ושוב, ההנחה שלנו היא שניתן לעשות זאת, כלומר שיש לכולם מידה משותפת והם כבר מתורגמים אליה.[43] ברור ששיקולים אלו קשורים גם הם לתכנים של הבעייה, ולא רק למבנה הלוגי שלה:

- ראשית, אנו נניח שהערך של האינטרס הכספי הוא הנמוך ביותר: $a=1$. הסיבה לכך היא שזהו אינטרס ולא ערך, ולכן סביר שהכי קל לוותר עליו (ברור שאם האדם מוותר על אבידתו זוהי זכותו, ואז אין כלל קונפליקט. נותר כבוד אביו מול אבידת רבו, וכאן ברור שרבו קודם).

- שנית, אנו נניח שציות לגורם המצווה הוא הערך השני במשקלו, שכן יש כאן קיום מצווה. לכן נקבע לצורך הדיון: $b=2$.

- ואילו מצוות כיבוד הורים היא הערך החשוב ביותר, שכן לא די שזוהי מצווה הלכתית מחייבת, אלא כפי שכבר הזכרנו בפרק השני היא שקולה כנגד כל התורה, ושקולה לכבודו של מקום. מסיבה זו היא תיקבע על הערך: $c=5$.

כעת נוכל לשוב ולקבוע סופית את ערכי המידה לכל אחד משלושת הצעדים הללו, על ידי הצבת הערכים שמצאנו כאן. התוצאות המתקבלות הן:

---

[43] כפי שהסברנו למעלה, הדבר ייתכן אם מדובר באינקומנסורוביליות חלשה, או שהערכים כבר תורגמו למידה ההומוגנית המופשטת. ההנחה שיש מידה כזו מתאששת לאור העובדה שיש כללי קדימה בין כל שני צעדים כאלה, וכן בגלל שהם מתנגשים בסיטואציה המשולשת שבפנינו.

- המידה של ערך הצלת אבידתו שלו היא: $f(x) = 1$
- המידה של ערך הצלת אבידתו רבו היא: $f(y) = 4$
- המידה של ערך כבוד אביו היא: $f(z) = 7$

המסקנה היא שיש לטפל קודם בכבוד אביו. לכאורה זה עומד בניגוד למסקנות התוס׳ בב״מ שלדעתם במצב כזה יש להציל את שלו. אמנם זה לא אמור להפתיע אותנו, שכן תוס׳ פתרו בעייה אחרת: הם הניחו הנחה ספציפית בגדרי כבוד אב ואם (שאדם לא צריך לאבד מממונו כדי לכבד אותם), ובכך הפכו את הבעייה ללא סימטרית. יתר על כן, לפי הנחתם הבעיה כלל אינה קיימת, שכן לגבי אבידה שלו הכלל שאביו קודם לו אינו נכון, ולכן אין בכלל קונפליקט. לעומת זאת, אנחנו מראש הגדרנו שאיננו מניחים משהו מיוחד על הבעייה, ומטפלים בה בצורה הסימטרית והכללית ביותר. כמובן שהערכים אותם מצאנו תלויים בנתוני הבעייה, אבל זה לא משנה את המבנה הלוגי היסודי שלה. לכן הדרך שלנו מציעה באופן עקרוני פתרון כללי לכל סוגי הבעיות מהטיפוס הזה.

הערה חשובה על הפתרון שמצאנו

חשוב להבין שהערכים אותם מצאנו מתוך השיקולים התוכניים אינם ברורים וחד משמעיים. לדוגמא, כיצד ניתן להעריך את מצוות כיבוד הורים כערך גבוה כאשר בסעיף הקודם הסתמכנו על ההנחה שבמקום בו יש מצווה אחרת (אבידת רבו) אין כל ציווי על כך?

אנחנו נדון בכך בהמשך, כשנדבר על ׳הותרה׳ ו׳דחויה׳. אבל כעת נציין כי זה לא ממש חשוב לענייננו, שכן נקטנו כאן רק בדרך לדוגמא כדי להבהיר את האלגוריתם שלנו. כאמור, גם אם יש מקום לערער על הקביעות הללו, מטרתנו היא לתת כלי לוגי טכני בידי הפוסק לקבל את החלטותיו. את ההחלטה כיצד להעריך ולמשקל כל אחד מהצירים, שתלויה כמובן בתכני הבעייה ובפרשנות של הפוסק, אמור לקבל הפוסק בעצמו. מה שאנחנו מראים כאן הוא שאין בעייה עקרונית בהגעה להכרעה בשאלות מהטיפוסים הללו,

ומצביעים על הדרך בו על הפוסק ללכת כדי לעשות זאת. ההכרעות הללו לא יכולות להיעשות בכלים לוגיים, שכן לא מדובר בהכרעות מבניות אלא תוכניות. מה שהלוגיקה עושה כאן הוא לסמן את הדרך בה על הפוסק ללכת כדי להכריע את הבעייה. זו כן תבנית פורמלית וכללית, ולכן עד כאן הלוגיקה יכולה להועיל.

כפי שנראה כעת, הפתרון אותו הצענו הוא בעייתי מצד עצמו ואינו מספק, ולכן עלינו להוסיף ולשכלל אותו. לכן ודאי אין טעם עדיין להיכנס לדיונים הלכתיים ממש באמצעותו.

ובכל זאת, בעיית הטרנזיטיביות חוזרת

לכאורה קיבלנו כאן היררכיה, כלומר פונקציית מידה, שמעצם הגדרתה (שהיא מצמידה מספרים לכל אפשרות) היא טרנזיטיבית לגמרי, ולכן ישנה הכרעה סופית של הקונפליקט המשולש. במקרה שלנו ההכרעה היא לטפל בכבוד אביו (לפי ההדגמה שהצענו כאן).

כפי שראינו, העובדה שמדובר במשקלים טרנזיטיביים, משמעותה היא שהפונקציה אותה הגדרנו היא מידה. זוהי הסיבה שניתן היה להכריע את הקונפליקט, שכן תרגמנו את הצעדים השונים למספרים, ותרגום מספרי הוא לעולם טרנזיטיבי, ולכן מהווה מידה. וכשיש תרגום לפונקציית מידה טרנזיטיבית מובטחת גם האפשרות להכריע את הקונפליקט.

אבל כעת נוכל לראות שבמקרה של השבת אבידה לא זהו המצב. הרי התחלנו משלושה כללי קדימה שנותנים הנחיות מעשיות לקונפליקטים בינאריים (התנגשות בין שתי אפשרויות: אביו ורבו, אביו והוא, הוא ורבו). ניקח את התוצאות שלנו מלמעלה, ונבדוק האם כללי הקדימה מתקיימים. כזכור, יצא לנו שהמידה שמתארת את מכלול המשקל הערכי של שמירת האינטרס הממוני שלו היא: $f(x) = 1$. המידה של ערך הצלת אבידת רבו היא: $f(y) = 4$. והמידה של ערך כבוד אביו היא: $f(z) = 7$. כעת נבדוק מה קורה בהתנגשות בין כבוד אביו לאינטרס שלו? מהתוצאות שקיבלנו יוצא שכבוד

אביו גובר, כי מידתו גבוהה יותר (7 מול 1). זה בהחלט עומד בהתאמה לכלל הקדימה הרלוונטי. לעומת זאת, אם נבדוק מה קורה בהתנגשות בין רבו לאבידתו שלו, נקבל שרבו גובר (4 מול 1), וזה כבר לא מתאים לכלל הקדימה הרלוונטי שממנו יצאנו. וכך גם בהתנגשות בין כבוד אביו לאבידת רבו, שם כבוד אביו גובר (7 מול 4), וגם זה נגד כלל הקדימה הרלוונטי.

חשוב להבין שהתוצאה הזו אינה מקרית. כפי שהוכחנו למעלה, זה חייב להיות המצב, שכן לא תיתכן מידה שתצמיד מספר לכל אחת משלוש האפשרויות, ובו בזמן תקיים את שלושת כללי הקדימה. הרי הכללים אינם טרנזיטיביים, ואילו היחס 'גדול מ_' בין מספרים הוא לעולם טרנזיטיבי. לכן ברור שהתרגום של עדיפות ערכית בין אפשרויות ליחס 'גדול מ_' בין מספרים שנותנת פונקציית המידה לכל אחת מהאפשרויות אינו יכול לעבוד במקרים אלו.

לעומת זאת, בדוגמא של הקונפליקט המשולש לגבי עגלה ערופה (רוב, מצוי וקרוב) הפתרון הזה כן עובד. ראינו שם שניתן לבנות פונקציית מידה כך שיוצמד מספר לכל עיר, והמספר הזה ישקלל את המשקלים של הרוב הקירבה והמצוי שרלוונטיים לאותה עיר, והיחסים יהיו טרנזיטיביים.

מדוע שם זה שונה מאשר בהשבת אבידה? הסיבה לכך היא פשוטה מאד. בקונפליקט של עגלה ערופה לא היו לנו כללי קדימה בינאריים שהם לא טרנזיטיביים ברמה המעשית. לא היה שם מצב שכהנחיות בפועל מתקיימים שלושת הכללים הבאים גם יחד: עיר א קודמת לעיר ב, עיר ב קודמת לג', ועיר ג קודמת לא'. מה שהיה שם הוא סט של עקרונות קדימה תיאורטיים: רוב, מצוי וקרוב. כל אחד משלושתם נותן עדיפות מהיבט מסויים לאחת הערים, אבל הסכום של שלושתם יכול להישאר טרנזיטיבי, ולכן יכול להגדיר פונקציית מידה.

אם נתבונן בטבלא למעלה שמתארת את הנתונים עבור הקונפליקט המשולש בעגלה ערופה, נראה מייד שאין פגיעה בטרנזיטיביות.

הטבלא היתה הבאה:

עיר	מצוי (נמדד ביחידות a)	קירבה (נמדד ביחידות b)	גודל (נמדד ביחידות c)
x	a	b	2c
y	a	2b	c
z	2a	b	c

מה תהיה התוצאה אם סביב החלל קיימות רק שתי ערים, לדוגמא עיר x לבין
y? לא ברור. זה תלוי בשאלה האם b חשוב יותר מ-c או לא. אבל מה שייצא
מתוך קביעת החשיבויות היחסיות הוא שלושה כללי קדימה להתנגשויות
בינאריות שישמרו על טרנזיטיביות. אין שום מקום קביעה שבהתנגשות
מסויימת עדיפה עיר פלונית. מה שיש כאן הוא שלושה עקרונות תיאורטיים
שקובעים היבטי עדיפות שיש לשקלל אותם (יש עדיפות מבחינת a, עדיפות
מבחינת b, או c). יחסי הקדימה הבינאריים ייגזרו משקלול של שלושת
ההיבטים הללו. בכך הדוגמא הזו שונה מהקונפליקט של השבת אבידה, ששם
לא יצאנו מטבלא שמתארת קדימויות תיאורטיות, אלא נקודת המוצא היתה
שלושה כללי קדימה של הנחיות מעשיות בדילמות בינאריות, שהיו מראש לא
טרנזיטיביים. בהשבת אבידה הניתוח התיאורטי הוא נגזרת של כללי
הקדימה, ולא להיפך (כמו שקורה בעגלה ערופה).

אם כן, בהשבת אבידה כללי הקדימה עסקו בהנחיות מעשיות שצריכות
להתקיים על ידי פונקציית המידה: אביו קודם לו, הוא קודם לרבו, ורבו
קודם לאביו. כללי הקדימה המעשית הללו כבר לוקחים בחשבון את כל
התרומות השונות למשקלים של כל צעד (האינטרס, כיבוד הורים, ומעמד
הגורם המצווה). זוהי כבר השורה התחתונה, ואם היא לא טרנזיטיבית אזי
הקונפליקט הוא ללא מוצא.

אם היינו יכולים לקבוע שיש היבט תיאורטי שמחמתו אביו קודם לו (כמו היבט הטעם בדוגמת השוקולד), והיבט תיאורטי אחר שמחמתו הוא קודם לרבו (כמו היבט הבריאות הדוגמת השוקולד), והיבט שלישי שמחמתו רבו לקודם לאביו (נאמר ההיבט הכלכלי), לא היתה כאן בעייה, שכן זה היה דומה לקונפליקט של עגלה ערופה. אלו שלוש הנחיות תיאורטיות שיש לשקלל אותן כדי לבנות מהן פונקציית מידה עקבית וטרנזיטיבית. בפועל תהיינה הנחיות מעשיות שייקחו בחשבון את כל ההיבטים וישקללו אותם, וההנחיות המעשיות הללו יכולות להיות טרנזיטיביות. לדוגמא, אם לאחר שקלול כל ההיבטים, היינו מגיעים מתוך פונקציית המידה למסקנה שכבוד אביו קודם לרבו (על אף שמבחינת הגורם המצווה רבו קודם, אבל יש אספקטים אחרים שמקזזים את זה) וכך לגבי הצלת אבידתו ואבידת רבו, היה מתקיים יחס טרנזיטיבי.

אבל בקונפליקט של השבת אבידה לא מדובר על קדימה תיאורטית אלא על הנחייה מעשית. ואם ההנחיות המעשיות אינן טרנזיטיביות אז בהכרח אין לבעייה הזו פונקציית מידה.

לכן במקרים כאלו חזרנו לנקודת המוצא. הקונפליקט המשולש לא ניתן להכרעה בדרך של בניית פונקציית מידה באופן כזה. הפתרון הזה קיים בקונפליקטים כמו הרוב המצוי הקרוב, שם מעורבים שלושה כללי קדימה שמתארים היבטי עדיפות תיאורטיים, אך הם שומרים על טרנזיטיביות במישור המעשי בכל דילמה בינארית.

אז מה עושים כדי לפתור קונפליקטים משולשים כמו זה של השבת אבידה, או כמו זה של הלכות ברכות, או הקרבנות (במקרה סימטרי, כלומר ללא התלות הספציפית של חטאת העוף בעולת הבהמה)? בהלכות ברכות המצב הוא כמו בהשבת אבידה ולא כמו בעגלה ערופה. גם שם יש שלוש הנחיות מעשיות בדילמות הבינאריות, שלא מקיימות את דרישת הטרנזיטיביות: זית קודם למעשה קדרה, מעשה קדרה קודם ליין, ויין קודם לזית. לא מדובר כאן על היבטים שונים של קדימה אלא על הנחיות שצריכות להתקיים בפועל. לכן גם במקרה זה ברור שלא ניתן למצוא פונקציית מידה, שהרי אם היתה

פונקציה כזו היא לא היתה יכולה להצמיד מספרים לכל אחת מהאפשרויות (הקדמת זית, מעשה קדרה, או יין). אם היינו מצמידים מספרים לכל אפשרות כזו, הכרח הוא שלפחות אחד משלושת כללי הקדימה הבינאריים לא היה מתקיים.

אם כן, מה עלינו לעשות כדי לפתור קונפליקטים לא טרנזיטיביים מהסוג של השבת אבידה וברכות, שבהם נקודת המוצא היא שלושה כללי קדימה (לגבי ההתנגשויות הבינאריות) שאינם טרנזיטיביים? בפרק הבא נדון בשלוש הצעות אפשריות כיצד לעשות זאת.

פרק חמישי
דרכי פתרון לקונפליקטים משולשים

מבוא

בפרק הקודם הצגנו ניתוח ראשוני של פתרון קונפליקטים ערכיים, בינאריים
ומשולשים. ראינו כמה דוגמאות לפתרונות מקומיים על ידי התלמוד
ומפרשיו, והגדרנו את הבעייה הכללית לה אנחנו מחפשים פתרון לוגי כללי.
הצענו סכימה ראשונית להכרעת קונפליקטים כאלה, שכמובן אינו מתעלם
מהתכנים, אבל נותן לפוסק כלי טכני לוגי פורמלי להגיע אל הפתרון באופן
שיטתי וקשיח. זהו דפוס שלתוכו יוצק הפוסק את תובנותיו ופרשנויותיו,
והוא מאפשר לו לתרגם אותן להכרעה מעשית.

העיקרון היסודי היה שאין להתייחס לקונפליקט במישור המעשי, שכן
במסגרת זו אי אפשר להכריע בו. כדי למצוא הכרעה באופן שיטתי עלינו
לעלות מהמישור המעשי למישור תיאורטי מופשט כלשהו, לנסות למשקל את
העקרונות התיאורטיים (כלומר לבנות סולם ערכים, או סולם של כללי
קדימה), ואז לבנות מתוך המשקלות הללו פונקציית מידה שתקבע היררכיה
בין ההוראות המעשיות, וכך תאפשר לנו להכריע את הקונפליקט.

ראינו שם שדרך הפתרון השיטתית אותה הצענו מתאימה רק למצבים
שביסודם הם טרנזיטיביים. היחסים הלא טרנזיטיביים ייצגו היבטים שונים,
ולכן הם לא באמת חורגים מדרישת הטרנזיטיביות. לעומת זאת,
בקונפליקטים כמו השבת אבידה או קדימה בברכות, נקודת המוצא היא
שלושה כללי קדימה לא טרנזיטיביים. הוכחנו שבמקרים כאלו האלגוריתם
אותו הצענו לא יכול לעבוד. הוא אינו יכול להצמיד מספרים לכל אחת
מהאפשרויות המעשיות, ובו בזמן לייצג נכונה את שלושת כללי הקדימה, שכן
מספרים הם לעולם טרנזיטיביים.

בפרק זה נציע שלוש הצעות לפתור את הבעייה: א. הצעה ספציפית, לחזור
ולבחון את הקונפליקטים בהם מדובר, ולראות האם באמת יש בהם שלושה

כללי קדימה לא טרנזיטיביים. ב. למשקל את כללי הקדימה ולא את האופציות המעשיות. ג. להתחשב גם בהפסדים הערכיים ולא רק בתועלת הערכית. נציין כי ההצעה השלישית תיקח אותנו ישירות לפרק הבא, שם נעסוק בקונפליקט מעט שונה ומיוחד (מצה מן החדש, בו עסקו כמה פוסקים ומפרשים), אך גם שם נשתמש בתובנות לגבי התחשבות הן בתועלת והן בהפסדים הערכיים, כדי לפתור אותו.

א. בדיקה מחודשת של קונפליקט השבת אבידה

הדרך הראשונה היא התבוננות מחודשת בקונפליקט, על מנת לבחון האם אכן כל הכללים שמהם יצאנו הם כללים מעשיים, או שמא בכל זאת לפחות אחד מהם אינו כזה. אם אחד הכללים הוא כלל תיאורטי ולא מעשי, ייתכן שניתן להציע עבורו את דרך הפתרון שתיארנו למעלה. גם אם נמצא אפשרות כזו, הדבר אינו פותר כמובן את הבעייה המהותית: כיצד להכריע בקונפליקטים שמבוססים על שלושה כללי קדימה מעשיים, כמו בהל׳ ברכות. לכך מיועדות שתי הדרכים הבאות שיידונו להלן.

הניסוח שמופיע בתוס׳ בב״מ לקונפליקט של השבת אבידה מציב את שלושת כללי הקדימה הבאים:

א. אבידתו קודמת לאבידת רבו.

ב. כבוד אביו קודם לאבידתו.

ג. אבידת רבו קודמת לכבוד אביו.

המשנה שם לג ע״א מביאה שלושה כללים לגבי השבת אבידה, ואלו הם ודאי כללים שנוהגים הלכה למעשה:

משנה. אבדתו ואבדת אביו - אבדתו קודמת, אבדתו ואבדת רבו -
שלו קודם. אבדת אביו ואבדת רבו - של רבו קודמת, שאביו הביאו
לעולם הזה ורבו שלמדו חכמה מביאו לחיי העולם הבא.

רואים כאן שלהלכה הוא קודם לרבו. אם כן, כלל א מלמעלה הוא ודאי כלל מעשי. מה עם שני הכללים האחרים שמעורבים בקונפליקט? הכללים האחרים במשנה עוסקים באבידת אביו ולא בכבוד אביו, ולכן הם אינם

רלוונטיים לדיון שלנו. אז מניין למד תוס׳ את שני הכללים האחרים בקונפליקט?

כלל ב, שקובע את הקדימה של כבוד אביו לאבידתו, הוא מסקנה משיטת ר׳ יהודה שסובר שיש חובה לכבד את אביו מהונו. כלומר הוא מבוסס על עיקרון תיאורטי, אבל בשום מקום לא מצאנו הוראה מעשית כזאת (הוראה שבאבידת עצמו ואביו יש להקדים את אביו). ייתכן שאמנם ישנה היררכיה כזאת באופן כללי, אבל למעשה אם יזדמנו לו אבידה שלו וכבוד אביו לא נחייב אותו לכבד את אביו קודם, אלא רק נאמר שיש היבט שמבחינתו כבוד אביו קודם. אבל כהוראה למעשה, לאחר שקלול כל ההיבטים, ייתכן שאבידתו תהיה קודמת כי היא בעלת מידה כוללת (שמשקללת עוד היבטים) גבוהה יותר.

הוא הדין לגבי כלל ג, שקובע שאבידת רבו קודמת לכבוד אביו. כלל זה מבוסס על העיקרון של ׳אני ה׳ ׳, כלומר מעמד הגורם המצווה (הקב״ה מול אביו). גם אותו ניתן להבין כעיקרון תיאורטי, ולמעשה לאחר שקלול כל ההיבטים במישור הפרקטי כבוד אביו יהיה קודם לאבידת רבו.

אך הצעות אלה אינן סבירות. בפועל נראה שגם הלכה למעשה תוס׳ סוברים שהכללים הללו יחייבו כשיש התנגשויות בינאריות. כלומר אבידת רבו אכן תקדם לכבוד אביו, וכבוד אביו יקדם לאבידתו שלו. הסיבה לכך היא שלא מדובר כאן בכללים תיאורטיים עקרוניים (כמו העדיפות של רוב על קרוב, שרק קובעת שיקולי עדיפות ומשקל של סיכויים במצב היפותטי של שוויון מבחינת המצוי), אלא בכללים מעשיים שקובעים את העדיפות היחסית של הצעדים עצמם: האחד מורה לנו שכבוד אביו גובר על איבוד ממון שלו, והשני מורה לנו שיש להשיב את אבידת רבו גם על חשבון כבוד אביו.

ומה לגבי הניסוח שמופיע בתוס׳ בזבחים ובקידושין? שם מדובר על אבידת חברו אבידתו וכבוד אביו, ושלושת כללי הקדימה הם הבאים:

א. אבידתו קודמת לאבידת חברו.

ב. כבוד אביו קודם לאבידתו.

ג. אבידת חברו קודמת לכבוד אביו.

כאן כלל א הוא כמעט מפורש במשנה ב״מ שם, שהרי אם אבידתו קודמת לאביו ולרבו, היא ודאי קודמת גם לאבידתו של כל אדם אחר. ומה לגבי כלל ג? נראה שבניסוח הזה גם כלל ג הוא מעשי, שכן הוא מפורש בברייתא ב״מ לב ע״א, שקובעת:

תנו רבנן: מנין שאם אמר לו אביו היטמא או שאמר לו אל תחזיר שלא ישמע לו - שנאמר +ויקרא י״ט+ איש אמו ואביו תיראו ואת שבתותי תשמרו אני ה׳ - כולכם חייבין בכבודי.

כלומר אם אביו אומר לו לא להשיב אבידה אסור לו לשמוע בקולו. אם כן, בניסוח הזה מדובר כאן בקונפליקט בין שלושה כללי קדימה לא טרנזיטיביים, והבעייתיות שבדרך הפתרון הקודמת בעינה עומדת.

כעת נציע פתרון לבעייה היפותטית, כדי לבחון את דרך הפתרון הזאת. נניח לצורך הדיון שאחד הכללים הוא באמת כלל תיאורטי. למשל, נניח שהקדימה של אביו לאבידתו אינה קיימת למעשה (כך אכן קובע תוס׳ בהכרעה שהוא מציע לקונפליקט הזה), והיא רק קובעת שיש קדימה תיאורטית לכבוד אביו, כלומר שיש היבט מסויים שמבחינתו התועלת הערכית של כבוד אביו גדולה מהתועלת של אבידתו שלו. אבל בפועל, לאחר שקלול כל ההיבטים, אבידתו תקדום לכבוד אביו.

במצב כזה המידה אותה מצאנו חייבת להתאים רק לשני הכללים שנוהגים למעשה. אם בפועל ישנה קדימה של רבו לאביו, זה חייב לבוא לידי ביטוי בפונקציית המידה. ואם בפועל ישנה גם קדימה שלו לרבו, גם זה חייב לבוא לידי ביטוי בפונקציה. אבל לגבי הכלל התיאורטי של קדימת כבוד אביו לאבידתו, שם הדבר אינו חייב לבוא ידי ביטוי בפונקציית המידה, שכן הוא מבטא רק היבט אחד (רק ציר או קנה מידה אחד שמבחינתו ישנה עדיפות, כמו הטעם או הבריאות בדוגמת השוקולד), ולא את הסיכום הכללי.

בנתונים הללו אין צורך כלל לעשות חשבון מפורט של פונקציית המידה, שכן ברור שפונקציית המידה בסופו של חשבון תציב את ההירכיה הבאה: הוא, רבו ואביו. אלא שהפונקציה הזו תיבנה משלושה קני מידה (a, b ו-c), שאחד מהם יבטא עדיפות של כבדו אביו על אבידתו.

אם כן, במצב בו אחד הכללים הוא תיאורטי ולא בהכרח כלל שנוהג למעשה בקונפליקט הבינארי הרלוונטי, יש לנו דרך לפתור את הקונפליקט המשולש, שכן הוא דומה למצב של הקונפליקט של עגלה ערופה. העיקרון הוא שאנחנו לא מתחשבים בו ככלל קדימה, והפתרון לוקח בחשבון רק את שני הכללים האחרים.

אך כאמור, זה לא מהווה פתרון לקונפליקט המשולש שמבוסס על שלושה כללי קדימה מעשיים לא טרנזיטיביים. כדי להגיע להכרעה בקונפליקט כזה נבחן כעת את שתי אפשרויות הפעולה הבאות.

ב. משקול כללי הקדימה

נשוב כעת לקונפליקטים שמבוססים על שלושה כללי קדימה בינאריים שאין ביניהם יחס טרנזיטיבי. כפי שראינו למעלה, הקונפליקט של השבת אבידה נראה כזה, הקונפליקט של הלכות ברכות הוא ודאי כזה (שם מדובר בשלושה כללי קדימה מעשיים), והקונפליקט הסימטרי של הלכות קרבנות (כלומר במצב בו אין צירוף מיוחד של שניים מהקרבנות ששובר את הסימטריה) גם הוא כזה.

ראינו שאם אכן זה אופיו של הקונפליקט – אזי האלגוריתם שהוצע למעלה לא יוכל להועיל, שכן לאחר מציאת פונקציית המידה היא אמורה לעשות שני דברים בלתי אפשריים: מחד, לייצר מידה מספרית שתייצג את שלושת אפשרויות הפעולה המעשיות, ובו בזמן שהמידה הזו תהיה טרנזיטיבית, כלומר תאפשר הכרעה גם בקונפליקט המשולש. כפי שראינו, זה כמובן בלתי אפשרי, כי אי אפשר לייצג באמצעות מספרים שלוש אפשרויות שבהתנגשויות בינאריות ביניהן ההנחיות אינן טרנזיטיביות.

מה שאנחנו יכולים לעשות הוא לעבור למישור של כללי ההכרעה, ולנסות למשקל אותם. אם בהצעה הקודמת ניסינו למצוא משקלים מספריים שייצגו את הערך של כל פעולה מעשית מתוך שלוש האלטרנטיבות האפשריות שעומדות בפנינו, כאן אנחנו מנסים למצוא משקל שיבטא את חשיבותם היחסית של כללי ההכרעה (ולא של האפשרויות המעשיות). נזכיר שבניתוח

סוגיית זבחים למעלה, הצענו בדיוק דרך כזאת כדי להסביר את הכרעת הסוגיא. הסברנו שאם נצליח למשקל את שלושת כללי הקדימה הבינאריים (זבח קודם לעוף, חטאת לעולה , ומקודש לפחות מקודש) נוכל להכריע את הקונפליקט. יתר על כן, ראינו שרש״י שם עושה בפירוש היררכיה בין שניים מהכללים הללו. בדברינו שם גם הצענו שהמחלוקת בין התפיסה הארץ ישראלית לתפיסה הבבלית נעוצה בשאלת המשקל היחסי של כללי הקדימה (אמנם מייד אחר כך הערנו שבהמשך הסוגיא שם מוכח שלא זו נקודת המחלוקת, אבל המתודה אותה נפרט כאן הוצגה כבר בקצרה בדברינו שם).

גם כאן כדאי לעשות זאת דרך ניתוח של דוגמא ספציפית, ולצורך זה ניטול שוב את הדוגמא של הלכות ברכות. הדילמה הזו מבוססת על שלושה דיני קדימה:

א. יין קודם לזית, כי ברכתו חשובה יותר (והחשיבות מתגברת אפילו על קדימה בפסוק).

ב. שעורים קודמים ליין כי הם גם קודמים בפסוק וגם ברכתם חשובה (אם כי פחות מיין).

ג. זית קודם לשעורים כי הוא קודם בפסוק, וקדימה בפסוק עדיפה על חשיבות הברכה של שעורים (שאינה כמו יין).

לפי ההצעה הקודמת, עלינו לנסות לבנות פונקציית מידה שתמדוד את שלושת הצעדים המעשיים (ברכה על יין, ברכה על זית, ברכה על מעשה קדרה) בצורה כלשהי. כאן נראה שישנם רק שני צירים רלוונטיים: החשיבות (שתימדד ביחידות של a) והקדימה בפסוק (שתימדד ביחידות של b).

- מבחינת החשיבות, הסדר הוא: יין – 3a, מעשה קדירה משעורה – 2a, וזית – a.
- מבחינת הקדימה בפסוק, הסדר הוא: זית (הראשון בחלק השני של הפסוק) – 3b, מעשה קדרה משעורה (השני בחלק הראשון של הפסוק) – 2b, ויין (השלישי בחלק הראשון של הפסוק) – b.

פונקציית המידה עבור כל אחת מהאפשרויות היא:

$$f(\text{ייין}) = 3a + b$$

$$f(\text{מעשה קדירה משעורה}) = 2a + 2b$$

$$f(\text{זית}) = a + 3b$$

ברור ששום צמד ערכים שנקבע ל-a ול-b לא יצליח לשמר את שלושת כללי הקדימה, שכן כל שלשת מספרים תיתן לנו היררכיית עדיפות טרנזיטיבית בין שלושת האפשרויות. לדוגמא, אם נקבע a=1, b=2 נקבל: יין – 5, מעשה קדרה משעורה – 6, וזית – 7. כלומר זית קודם לכולם, ולכן זה שובר את כלל הקדימה א, לפיו יין קודם לזית. ערכים אחרים לצירים היסודיים היו שוברים כלל קדימה אחר, אך לעולם לא היה מתקבל ייצוג מספרי שישמר את שלושת כללי הקדימה גם יחד. זוהי הבעיה בה נתקלנו במתודות הקודמות.

מה שאנחנו מציעים כעת הוא למשקל את כללי הקדימה ולא את האלטרנטיבות המעשיות. עלינו להחליט עד כמה חשוב לנו כלל הקדימה א, ועד כמה חשוב לנו שיישמרו כללי הקדימה ב וג׳. לצורך הדיון נקבע את החשיבויות השונות כך:

כלל קדימה א – חשיבותו היא a^+, והמחיר של מעבר עליו הוא a^-.

כלל קדימה ב – חשיבותו היא b^+, והמחיר של מעבר עליו הוא b^-.

כלל קדימה ג – חשיבותו היא c^+, והמחיר של מעבר עליו הוא c^-.

כעת נוכל לשקול כל אחד מסדרי הקדימה המעשיים (ולא כל חלופה בודדת, כמו בהצעה הקודמת). ישנם שישה סדרים שונים כאלה:

1. יין, זית ומעשה קדרה – שובר את כלל ב ומקיים את א וג׳.
2. יין, מעשה קדרה וזית – שובר את כלל ב וג׳ ומקיים את א.
3. זית, מעשה קדרה ויין – שובר את כלל א ומקיים את ב וג׳.
4. זית, יין ומעשה קדרה – שובר את כלל א וב׳ ומקיים את ג.
5. מעשה קדרה, יין וזית – שובר את כלל ג ומקיים את א וב׳.
6. מעשה קדרה, זית ויין – שובר את כלל א וג׳ ומקיים את ב.

המשקלים שמתקבלים הם :

$$f(1) = a^+ + c^+ + b^-$$

$$f(2) = a^+ + c^- + b^-$$

$$f(3) = a^- + b^+ + c^+$$

$$f(4) = a^- + b^- + c^+$$

$$f(5) = a^+ + b^+ + c^-$$

$$f(6) = a^- + b^+ + c^-$$

כעת עלינו להחליט על הערכים המספריים של כל אחד מששת הפרמטרים שלנו (החשיבות והמחיר של כל כלל קדימה). האילוץ היחיד שלנו הוא שהחשיבות של כל אחד מהכללים כמובן גדולה מהמחיר שאנחנו משלמים על מעבר עליו (אחרת לא היה כאן כלל קדימה). כלומר $a^+ > a^-$, וכך גם לגבי b ו-c. סביר גם לקבוע שכל המחירים הם מספרים שליליים, אבל זה לא הכרחי ולא חשוב לצרכינו.

רק לצורך הדוגמא נקבע שכלל הקדימה א הוא החשוב ביותר, ולכן קיומו שווה 5. קיומו של כלל ב הוא פחות חשוב ולכן קיומו שווה 4. וקיומו של כלל הקדימה ג שווה 1. מבחינת המעבר על הכללים, לכאורה היינו מצפים שהסדר יהיה הפוך : המעבר על הכלל החשוב ביותר יהיה החמור ביותר. אך ישנה גם סברא לומר שדווקא ההיפך הוא הנכון : הדרישה שנותנת את התועלת הגדולה ביותר, על אי קיומה יש את המחיר הנמוך ביותר (אנו נראה זאת ביתר פירוט בפרק הבא, כאשר נציג את דברי הרמב"ן בפירושו על שמירת השבת בפרשת יתרו, בדיונו על היחס בין מצוות עשה ולאוין).

כאן אנחנו עוסקים רק בדוגמא, ולכן נבחר בערכים כלשהם רק כדי לסיים את ניתוח הדוגמא והגעה להכרעה. נבחר כעת באופציה הראשונה :

$$a^+ = 5 \; ; a^- = -7$$

$$b^+ = 4 \; ; b^- = -4$$

$$c^+ = 1 \; ; c^- = -2$$

כעת נוכל לחשב את המידה הרלוונטית עבור כל אחת מהאפשרויות:

$$f(1) = a^+ + c^+ + b^- = -1$$

$$f(2) = a^+ + c^- + b^- = -1$$

$$f(3) = a^- + b^+ + c^+ = -2$$

$$f(4) = a^- + b^- + c^+ = -10$$

$$f(5) = a^+ + b^+ + c^- = 7$$

$$f(6) = a^- + b^+ + c^- = -5$$

אם כן, הסדר הכי נכון הוא 5: מעשה קדרה, יין וזית. זוהי כמובן דוגמא מקרית לגמרי, והמשקלים נבחרו ללא שיקול דעת שמתחשב בתוכן הבעייה. אבל הפוסק שיבחר משקלים בהתאם להבנתו את הסוגיא ואת הערכים המשחקים בה, יוכל לקבל בדרך זו הכרעה עקבית לבעייה.

יש לשים לב שכאן לא נוצרת הבעייה אותה פגשנו בדרך הקודמת, שכן בפורמליזם הזה כל קונפליקט בינארי מציב זה מול זה רק צמד של ערכים, ולכן תמיד מגיע להכרעה הנכונה. הקונפליקט המשולש נמדד במונחי פונקצייה שמשקללת את שלושת כללי הקדימה, ולכן ניתן להגיע להכרעה שלא תסתור את חוסר הטרנזיטיביות של כללי הקדימה עצמם.

ובכל זאת, הבעייה נותרת בעינה: שני קשיים

אולם משהו בכל זאת נראה כאן בעייתי. לא נתנו את דעתנו על השאלה כיצד בכלל ניתן להגיע להיררכיה בין כללי הקדימה? לכאורה שיקול כזה מבוסס על היחס לעקרונות שעומדים ביסוד כללי הקדימה (החשיבות והקדימה בפסוק). לדוגמא, כיצד נחליט האם כלל א חשוב יותר מכלל ג או פחות חשוב ממנו? כלל א מעדיף את החשיבות של יין על הקדימה בפסוק. כלל ב גם הוא לוקח בחשבון את החשיבות (המועטה יותר) של מעשה קדרה ואת הקדימה בפסוק. וכלל ג מתחשב רק בקדימה בפסוק.

אם כן, האם ייתכן לבנות היררכיה בין כללי הקדימה, בלי למדוד כל אחד מהם על סמך שני העקרונות היסודיים (חשיבות וקדימה בפסוק)? לכאורה

נראה שלא. אבל כבר הוכחנו למעלה שמדידה של כללי הקדימה לאור שני העקרונות הללו אינה יכולה להציע פתרון עקבי לבעייה (כלומר פתרון שלא רק יפתור את הקונפליקט המשולש אלא גם יציג את שלושת כללי הקדימה שאינם טרנזיטיביים).

משום מה, הפתרון אותו הצענו כאן מניח שניתן להצמיד מידה מסויימת כל אחד מכללי הקדימה בלי להתחשב בעקרונות שעומדים ביסודם. זה נראה מוזר מאד. בעצם זה מחזיר אתנו לקושי היסודי שממנו אנחנו לא מצליחים להימלט: כיצד ניתן להציג מידה עקבית לשלושה כללי קדימה שאינם טרנזיטיביים? איך ייתכן שתהיה כאן מידה שתצליח להכריע את הקונפליקט המשולש?

במילים אחרות, הדרך האחרונה אותה הצענו מעבירה את הבעייה לאחריותו של הפוסק, אך בלי לתת לו כלים להתמודד עמה. אנחנו אומרים שהפוסק מתוך עיונו בבעייה יוכל להעריך את משקלה של כל אפשרות, וכך לקבל הכרעה. אבל כעת ראינו שמתוך עיון פשוט בבעייה הוא לא באמת יוכל להגיע לשלושה מספרים כאלה. עדיין נותרה לנו המשימה להציע לו דרך לוגית שיטתית להגיע למידות הללו מתוך עיון בבעייה ובערכים המתנגשים בה. למעשה, עלינו לתרגם באופן כלשהו את ההיררכיה של כללי הקדמה להיררכיה כלשהי בין הצעדים האלטרנטיביים, די שנוכל לראות כיצד ניתן לגזור היררכיה בין כללי קדימה מתוך הבעייה שבפנינו. את זה בדיוק נעשה בסעיף הבא, שם נציג דרך שלישית להגיע להכרעה. למעשה, דרך זו מקפלת בתוכה פתרון לבעייתיות אותה פגשנו כעת בדרך השנייה, ובכך היא משלימה אותה.

בעייה נוספת שקיימת בדרך שהוצגה כאן היא שהדרך הזו רלוונטית לשאלות של קדימה, כמו בהלכות ברכות או קרבנות. בשני הקונפליקטים הללו אנחנו עוסקים בשאלות של סדר בין פעולות (סדר הברכות או סדר ההקרבה). לעומת זאת, בקונפליקט של השבת אבידה לא מדובר על שאלה של סדר אלא על השאלה איזה צעד חשוב יותר. לשם כך עלינו למשקל את הצעדים ולא את כללי הקדימה, שהרי אנחנו משווים בין שלוש אלטרנטיבות של פעולה אחת,

ולא בין שלושה סדרים שונים. לכן הדרך שהוצעה כאן, גם אם היא היתה ישימה, איננה מתאימה לשאלות של השוואת פעולות אלא להשוואת סדרים שונים. לכן עלינו לחזור ולשקול את הצעדים האלטרנטיביים ולא את כללי הקדימה. הדרך שתוצג בסעיף הבא תעשה זאת באופן של השוואה בין צעדים ולא בין כללי קדימה.

ג. התחשבות בהפסדים ערכיים ולא רק בתועלת

הבעייה היסודית עמה עלינו להתמודד היא שבדילמות הבינאריות יש לנו שלושה כללי קדימה לא טרנזיטיביים, ולכן אין לנו דרך להכריע את הקונפליקט המשולש. כדי לפתור את הבעייה, עלינו להכניס גורם נוסף שיצוץ רק בקונפליקטים המשולשים ולא בקונפליקטים הבינאריים. כדי להסביר זאת, נערוך כאן את הדיון בדוגמא של השבת אבידה שעניינה הוא השוואה בין אלטרנטיבות מעשיות ולא בין כללי קדימה. לאחר מכן נבדוק את הדרך הזו עבור הקונפליקט של הלכות ברכות וקרבנות שמנסים למצוא הכרעה בין סדרי פעולה שונים.

כזכור, בקונפליקט בין אלטרנטיבות ניסינו להצמיד מידה לכל אחת מהן, וזה מה שיצר את הקושי, שכן זה גרם לכך שלא יכולנו לתאר במודל שלנו את כללי הקדימה הבינאריים (שהיו לא טרנזיטיביים). כיצד אפשר לפתור את הבעייה הזו, ובכל זאת ליצור תמונה עם משקלים ומידות לכל אחד מהצעדים?

כאן נבחן את האפשרות להצמיד משקלים לקיומו של כל צעד ולביטולו של כל צעד. הסיבה להשערתנו שהבעייה אכן ניתנת לפתרון (או הכרעה) בדרך זו היא שבכל צעד בינארי אנחנו עושים שיקול שמתחשב רק בשני הצעדים שעל הפרק, אבל בקונפליקט המשולש עלינו להכניס את כל המשקלים. מבנה כזה יכול לתאר את שלושת כללי הקדימה על אף שהם לא טרנזיטיביים, ולאחר שתהיה לנו מידה שמתארת כל צעד, זה יאפשר לנו לקבל הכרעה בקונפליקט המשולש.

בקונפליקט של השבת אבידה (נעסוק כאן בניסוח של תוס' בקידושין וזבחים, שהוא כללי יותר), אנחנו יוצאים משלושה כללי קדימה לא טרנזיטיביים:

א. אבידתו קודמת לאבידת חברו (הוא קודם לכל אדם אחר).

ב. כבוד אביו קודם לאבידתו (לפי ההנחה שיש חובה לכבד את אביו על חשבון ממונו שלו).

ג. אבידת חברו קודמת לכבוד אביו (כי אין חובת כיבוד אב כשהוא מצוהו לא לקיים מצווה).

ישנו כאן קונפליקט בין שלושה צעדים אלטרנטיביים: להציל את אבידתו (a), להציל את אבידת חברו (b) ולכבד את אביו (c).

כעת עלינו להצמיד משקלים לכל אחד מהצעדים האלטרנטיביים, כך שיתקיימו יחסי הקדימה הבינאריים. כאמור, כבר בצעד זה אנחנו אמורים להיתקע, שכן מדובר במערכת לא טרנזיטיבית, ולכן לא אמורה להיות כאן פונקציית מידה. אך כעת אנחנו מצפים שהטכניקה החדשה של התחשבות גם בכך שלא עושים צעד כלשהו, תפתור את הבעייה.

נתחיל עם כלל הקדימה א. שם אנחנו מודדים את הצלת אבידתו (a) מול אבידת חברו (b). שתי האלטרנטיבות שעלינו להשוות ביניהן הן:

1. הצלת אבידתו. כאן 'נרוויח' את הערך של הצלת אבידתו (a^+), אבל 'נשלם' בכך שלא הצלנו את אבידת החבר (b^-). לכן המידה שמוצמדת להצלת אבידתו מורכבת משני אלו גם יחד: $f_1(a) = a^+ + b^-$.

2. המידה של הצלת אבידת חברו מורכבת בהתאם: $f_1(b) = a^- + b^+$

הכלל א קובע שמתקיים: $f_1(a) > f_1(b)$. יש לשים לב שהדבר אינו בהכרח אומר שקיים גם: $a^+ > b^+$, כפי שהנחנו במודלים הקודמים.

כעת ננתח באותה צורה את כלל הקדימה ב, שקובע עדיפות של כבוד אביו על הצלת אבידתו שלו. יש לשים לב שכאן אנחנו לא מודדים את אותם ערכים כמו קודם. כלומר כאן $f(a)$ יהיה שונה מ-$f_1(a)$ בניתוח של הכלל הקודם, שכן

המשקלים שעל הפרק הם אחרים (לדוגמא, כאן שהוא מציל את אבידתו הוא לא מפסיד את אבידת חברו אלא את כבוד אביו). לכן כאן נגדיר את פונקציית המידה אחרת:

$$f_2(a) = a^+ + c^- \; ; \; f_2(c) = a^- + c^+$$

הכלל ב קובע: $f_2(c) > f_2(a)$. ושוב, אין זה אומר שמתקיימת גם ההנחה האינטואיטיבית לכאורה: $c^+ > a^+$.

כלל ג מנותח באותה צורה, ואנחנו מקבלים עבורו:

$$f_3(b) = b^+ + c^- \; ; \; f_3(c) = c^+ + b^-$$

הכלל ג קובע: $f_3(b) > f_3(c)$.

לכאורה הבעייה נפתרה, ומה שנותר לנו כעת הוא רק להכריע בקונפליקט המשולש. במקרה בו עומדות בפנינו כל שלוש האפשרויות, a, b ו-c, בו-זמנית, עלינו להשוות את הערכים של שלושת האופציות במצב כזה. כאן כל צעד בו נבחר יעלה לנו במחיר של אי קיום שני צעדים אחרים, ולכן זה עשוי לשנות את סדר העדיפויות הבינארי:

$$f(a) = a^+ + b^- + c^-$$

$$f(b) = a^- + b^+ + c^-$$

$$f(c) = a^- + b^- + c^+$$

הערך הגבוה ביותר מבין השלושה הוא זה שעלינו לבצע בפועל.

ועדיין לא נפתרה הבעייה

כעת נוכל לשאול את עצמנו האם הצלחנו במשימה, כלומר האם ניתן למצוא סט של 6 ערכים מספריים שיקיימו את שלושת אי השוויונים הללו? אפריורי היינו חושבים שכן, שהרי יש לנו 6 משתנים, והם צריכים לקיים רק שלושה אי שוויונים. אך מתברר שהדבר אינו נכון.

שלושת אי השוויונים שנלמדים מהסיטואציות הבינאריות הם הבאים:

$$(1) \; f_1(a) > f_1(b) \; \Rightarrow \; a^+ + b^- > a^- + b^+$$

(2) $f_2(c) > f_2(a) \Rightarrow c^+ + a^- > c^- + a^+$

(3) $f_3(b) > f_3(c) \Rightarrow b^+ + c^- > b^- + c^+$

אם נסדר כעת את שלושתם באופן שונה, נקבל שוב יחס לא טרנזיטיבי:

(1) $a^+ - a^- > b^+ - b^-$

(2) $c^+ - c^- > a^+ - a^-$

(3) $b^+ - b^- > c^+ - c^-$

למרבה האכזבה אנחנו מקבלים יחס לא טרנזיטיבי בין שלושה גדלים אחרים, אבל גם הם גדלים מספריים, ולכן זה לא ייתכן. גם כאן המסקנה היא שאין מספרים שמקיימים את שלושת אי השוויונים הללו.

המשמעות היא שבעצם בנינו פונקציית מידה אחת (ולא שלוש שונות) שמצמידה לכל צעד את הערך של ההפרש בין קיומו לאי קיומו, לדוגמא: $f(a) = a^+ - a^-$. כעת שוב מדובר בשלושה ערכים מספריים שאינם טרנזיטיביים. לכן אי אפשר לייצג את המידות הללו על ידי מספרים, כלומר לבנות פונקציית מידה.

המסקנה היא שהדרך היחידה להכריע את הקונפליקט הזה היא לקבוע שערכו של צעד כלשהו תלוי בעצמו בצעד שעומד מולו. כלומר הערך שיש לכבוד אביו כאשר הוא בא על חשבון הצלת אבידתו שלו הוא שונה מאשר הערך שיש לכבוד אביו כאשר הוא עומד נגד אבידת חברו וכדו'. משמעות הדברים היא שלא ניתן לבנות את שלושת כללי הקדימה מתוך ערכים קבועים של ביצוע או אי ביצוע של שלושת הצעדים השונים. כללי הקדימה מגדירים ייחוד לכל אחת מהסיטואציות, וזה משנה את הערכים המעורבים בהן.

במודל הזה, שלושת אי השוויונים מלמעלה ייראו כך:

(1') $a_1^+ - a_1^- > b_1^+ - b_1^-$

(2') $c_2^+ - c_2^- > a_2^+ - a_2^-$

(3') $b_3^+ - b_3^- > c_3^+ - c_3^-$

כאן המספר ($a_1^+ - a_1^-$) מייצג את הערך של עשיית a (או ההפרש בין עשייתו
לאי עשייתו) במצב בו עומד מולו b. ואילו המספר ($a_2^+ - a_2^-$) מייצג את הערך
של עשיית a כאשר עומד מולו c.

אם נייצג את ההפרש הרלוונטי לכל צעד על ידי מספר בודד (לדוגמא, a_1 מייצג
את ההפרש: ($a_1^+ - a_1^-$), נקבל:

(1") $a_1 > b_1$

(2") $c_2 > a_2$

(3") $b_3 > c_3$

בתמונה כזו כמובן לא אמורה להיות כל בעייה למצוא ייצוג מספרי מתאים
שישמר את היחסים הלא טרנזיטיביים בין שלושת כללי הקדימה הבינאריים,
ובו בזמן יאפשר לנו למצוא הכרעה לקונפליקט המשולש.

מה עושים בתמונה זו בקונפליקט המשולש? גם כאן יש להצמיד ערכים
מספריים לכל אחד משלושת הצעדים, ולבצע את הגבוה מביניהם. אלא
שבתמונה זו ההכרעה בקונפליקט המשולש אינה יכולה להתקבל באופן פשוט
מן הפונקציות אותן הגדרנו כאן, שהרי הערכים של קיום או אי קיום שהגענו
אליהם בדילמות הבינאריות אינם בהכרח הערכים של קיום או אי קיום אותו
צעד עצמו בקונפליקט המשולש. הרי הערכים הללו תלויים בסיטואציה, וכאן
מדובר בסיטואציה שונה משלושת הסיטואציות הבינאריות.

הכיוון לפתרון

כדי לראות כיצד מתגברים על הבעייה הזו, עלינו להיכנס מעט יותר לעומק
לדוגמאות תלמודיות שבהן ניתן לראות צורת חשיבה כזו.

ראשית, נשאל את עצמנו מדוע באמת למספר a_1 יש ערך שונה מזה של
המספר a_2? מדוע הסיטואציה משנה את ערכי הקיום או אי הקיום של
הצעדים השונים? מסתבר שזה קשור ליחס בין כללי הקדימה בהם אנחנו
עוסקים. כלל קדימה א ששולט על הדילמה הבינארית הראשונה, משפיע על

ערכו של a_1 בסיטואציה הראשונה (התנגשות בין a ל-b). כלל קדימה ב משפיע על ערכו של a_2 בסיטואציה השנייה (התנגשות בין a ל-c). אם כן, השאלה המכריעה לגבי המידות (או הערכים והמחירים) בסיטואציות השונות היא עד כמה כלל הקדימה א חשוב לעומת כלל קדימה ב? אם כלל קדימה א הוא חשוב, פירוש הדבר שההפרש הרלוונטי בסיטואציה 1 גבוה יותר מההפרש הרלוונטי בסיטואציה 2, וכדו'.

כאן אנחנו חוזרים ורואים את הקשר בין הכרעת קונפליקטים כאלה לבין קביעת משקל יחסי לכללי הקדימה, כפי שהערנו בסוף הדיון בדרך ההכרעה השנייה. ראינו שם שקביעת היררכיה בין כללי הקדימה תלויה בקביעת הערכים בין הצעדים המעשיים השונים, והערנו שהדרך הזו, השלישית, תשלים את התמונה שהוצעה שם. עוד הערנו שם, שהשווא הבין כללי הקדימה עשויה לפתור בעיות של התנגשות בין כללי קדימה (כמו בהלכות ברכות וקרבנות) אבל לא בעיות של התנגשות בין אופציות מעשיות (כמו בהשבת אבידה). הדרך אליה הגענו כעת אמורה לתת מענה לשני סוגי הבעיות הללו.

כדי לראות כיצד הדבר נעשה, עלינו לבחון תחילה כמה דוגמאות תלמודיות והלכתיות לצורת חשיבה כזו, שבה רואים תלות של הערכים השונים בסיטואציה. מפאת הפירוט הרב שנדרש לנושא נקדיש לו פרק נפרד.

פרק שישי

משקלים תלויי סיטואציה

מבוא

בפרק זה נבחן כמה דוגמאות בהן מושגות הכרעות בקונפליקטים באופן שבו הערכים המתנגשים הם תלויי סיטואציה. דוגמא מובהקת לצורת חשיבה כזו היא ההבחנה ההלכתית בין 'הותרה' ל'דחויה'.

כאשר ישנם בהלכה מצבים בהם מתנגשים ערכים שונים וההלכה קובעת את ההכרעה ביניהם, מתעוררת השאלה האם ההכרעה הזו היא בגדר 'הותרה' או 'דחויה'. לדוגמא, הגמרא עצמה דנה בהתנגשות בין חובה להקריב קרבן לבין איסור להקריב אותו בטומאה. להלכה אנו פוסקים שאם מדובר בקרבן ציבור ורוב הציבור טמא מותר להקריב את הקרבן. בסוגיית פסחים עז-פ ובמקבילות הגמרא עצמה מעוררת את השאלה האם טומאה הותרה בציבור או שטומאה דחויה בציבור. כלומר האם הדחייה של איסור הקרבה בטומאה היא בגלל שהעיקרון של הקרבת קרבן ציבור גובר על האיסור להקריב קרבן בטומאה, או שמא במקום בו יש חובה להקריב קרבן ציבור אין בכלל איסור להקריב בטומאה.

אם התפיסה היא של 'דחויה', פירוש הדבר הוא שהאיסור להקריב בטומאה אינו תלוי בסיטואציה: מחיר המעבר עליו הוא קבוע, ונסמן אתו ב-X. בסיטואציה בה הוא עומד מול חובת ההקרבה של יחיד, התועלת מקיום חובת ההקרבה קטנה מהמחיר X, ולכן אין להקריב אותו. ואם הוא עומד מול חובת הקרבה של ציבור, שם התועלת מקיום חובת ההקרבה גדולה מ-X, ולכן שם יש להקריב אפיל בטומאה.

אך לפי התפיסה של 'הותרה', מחיר המעבר על איסור הקרבה בטומאה הוא תלוי סיטואציה. בסיטואציה שבה הוא עומד מול חובת ההקרבה של אדם יחיד – מחיר המעבר עליו הוא X, והוא גדול מהתועלת שבקיום חובת ההקרבה. לעומת זאת, בסיטואציה בה הוא עומד מול החובה להקריב קרבן

117

ציבור, שם מחיר המעבר עליו הוא 0. אין כלל מחיר למעבר כזה, ולכן שם יש להקריב את הקרבן.

הרי לנו דוגמא טיפוסית לערך שמחיר המעבר עליו הוא תלוי סיטואציה. בסיטואציה בה הוא מתנגש עם ערך א ערכו X ובסיטואציה בה הוא מתנגש עם ערך ב ערכו הוא Y (0, בדוגמא הקודמת).

בפרק זה נראה כמה דוגמאות נוספות לצורת 'תמחור' שהיא   תלויית סיטואציה, וניווכח שצורת תמחור כזו מאפשרת לנו להתיר קונפליקטים שלכאורה אינם טרנזיטיביים. לכן הדוגמאות הללו הן מימושים שונים של הטכניקה השלישית מהפרק הקודם.

תרי ותרי

תפקידן של ראיות הוא לסייע לנו להגיע להכרעה במצב מסופק. ראינו למעלה ראיות כמו רוב או קרוב, ויש כמובן בהלכה עוד ראיות רבות מגוונות (מיגו, עדים, חזקות שונות, רוב ועוד). מה קורה כאשר יש התנגשות בין ראיות לשני הכיוונים? עלינו לשקול את הראיות ולהחליט מי מהן גוברת (כמו שראינו בדוגמא של רוב וקרוב, שם ההכרעה היא שהרוב גובר על הקרוב). לכן לא ייפלא שבמצב בו יש שני עדים מול שני עדים (=תרי ותרי), אין הכרעה בדין, שכן המשקל הראייתי לשני הכיוונים הוא שקול.

אולם המקרה של תרי ותרי הוא חריג לעומת שאר מצבי ההתנגשות בין ראיות מנוגדות. בהלכה שני עדים הם הראיה החזקה ביותר שקיימת, ולכן גם אם יצטרפו לשני עדים כאלה עוד מאה עדים הדבר לא ישנה מאומה. מכאן נגזרת המסקנה שאם יש שתי כתות עדים שמעידות עדויות סותרות, באחת מהן יש שני עדים ובשנייה מאה, המצב עדיין נחשב כתיקו הלכתי. לעומת זאת, אם יש התנגשות בין מיגו למיגו נגדי, או בין שתי חזקות מנוגדות, ראיה כמו עדים יכולה להכריע לטובת אחד הצדדים.

המסקנה המתבקשת מכאן היא שכאשר יש התנגשות בין שתי כתות של עדים, המצב אינו ניתן להכרעה בשום צורה שהיא. שום תוספת ראייתית לאחד הצדדים לא תוכל להכריע את הכף.

אמנם אנחנו מוצאים מחלוקת אמוראים בשאלה כיצד עלינו להתייחס להתנגשות כזו:

> ***דאיתמר: ב' כתי עדים המכחישות זו את זו - אמר רב הונא: זו באה בפני עצמה ומעידה, וזו באה בפני עצמה ומעידה, ורב חסדא אמר: בהדי סהדי שקרי למה לי.***

ר"ה ור"ח נחלקים בשאלה האם עומדת לכל כת עדים כזו חזקת הכשרות שלה. לפי ר"ה כל כת כזאת יכולה להמשיך ולהעיד, זאת על אף שיש ספק האם הם שקרנים. והסיבה לכך היא שיש להם חזקת כשרות, ובמצבי ספק הולכים אחרי החזקה. ר"ח, לעומת זאת, טוען שאין חזקת כשרות במצב של תרי ותרי.

בסוגיית יבמות לא ע"א, המחלוקת הזו מובאת בצורה מעט שונה. שם המינוח הוא תרי ותרי ספיקא דאורייתא (כלומר לא מועילה חזקה והמצב נשאר מסופק כאילו אין חזקה), ותרי ותרי ספיקא דרבנן (כלומר חזקה מועילה גם בספק של תרי ותרי). לדוגמא, אם אדם זורק גט לאשתו, ויש שני עדים שמעידים שהגט נפל קרוב אליה ושני עדים אחרים מעידים שהגט נפל קרוב לבעל. זהו מבצ של תרי ותרי, אבל כאן השאלה אינה מה הסטטוס של שתי כתות העדים, אלא מה הסטטוס של האישה. לאישה יש חזקה שהיא היתה נשואה, ולכן לכאורה במצב של ספק היה עלינו להשאיר אותה על חזקתה, כלומר להכריע שהיא נשארת בחזקת נשואה. ואכן הדעה שתרי ותרי ספיקא דרבנן אומרת שחזקה מועילה והיא נותרת בחזקת אשת איש. מה סוברת הדעה השנייה (תרי ותרי ספיקא דאורייתא)? נראה שלפי דעה זו החזקה אינה יכולה להועיל במקום בו יש שתי כתות עדים שמתנגשות. כמו שתוספת של עוד 100 עדים לא יכולה להועיל לאחד הצדדים, בה במידה תוספת של חזקה לא יכולה לעשות את מה שאפילו 100 עדים לא מצליחים לעשות.

כעת עולה השאלה ההפוכה: כיצד הדעה שתרי ותרי ספיקא דרבנן סוברת שהחזקה כן מצליחה להכריע במצב שבו אפילו מאה עדים לא מועילים?

נראה שהתשובה לכך היא שהחזקה אינה פועלת באותה צורה כמו עדים. החזקה אינה ראיה אלא כלל הנהגה במצבי ספק. כאשר יש תרי ותרי זהו מצב של ספק, ולכן אנחנו נוהגים על פי כללי ההכרעה במצבי ספק. החזקה אינה מצטרפת לאחת מכתות העדים, אלא אומרת לנו (הדיינים ובעלי הדין) מה לעשות בהיעדר הכרעה. חזקה אינה ראיה אלא כלל הכרעה במצבי ספק.

אם לגבי חזקה זה נראה מובן, לגבי ראיות אחרות (כמו מיגו או רוב) זה נראה בלתי צפוי לגמרי. בתוד"ה יזוי, ב"ב לא ע"ב, הקשו הן על ר"ה והן על ר"ח:

> ***וזו באה בפני עצמה ומעידה - תימה בין לרב הונא בין לרב חסדא נהמנינהו לבתראי במיגו דאי בעי פסלינהו לקמאי בגזלנותא ומיהו במיגו דאי בעי הוי מזמי להו ליכא להמנינהו דיראים להזימן פן יוזמו גם הם.***

תוס' מקשה מדוע לא נאמין לכת השנייה מכוח מיגו, שכן הם יכלו לפסול את הכת הראשונה כגזלנים (במקום לטעון את טענתם)?

הנחת התוס' בקושייתו היא שמיגו יכול לעשות מה שעדים לא יכולים לעשות. על אף שעדים הם ראיה חזקה יותר ממיגו, הוספת מיגו לשני העדים השניים מצליחה לגרום לכך שהם יגברו על הראשונים, מה שתוספת של עוד מאה עדים לא היתה מצליחה לעשות.

תוס' עונה בשתי צורות:

> ***ונראה לי דמיגו במקום עדים לא אמרינן (ועוד) דמיגו לא יוכל לסייעם יותר משני עדים ואפי' היו עמהן ק' עדים אין נאמנין דתרי כמאה ועוד אומר ר"י דלא שייך מיגו דאין דעת שניהם שוה ומה שירצה זה לטעון לא יטעון זה.***

התירוץ הראשון של תוס' הוא שמיגו שעומד נגד עדים הוא בטל ומבוטל. התירוץ השני הוא שלא ייתכן שמיגו יעשה את מה שעדים לא יכולים לעשות, בניגוד להנחתו בקושיא. התירוץ השלישי הוא שבמצב כזה לא ייתכן שיש

מיגו, כי לא סביר ששני העדים יצליחו לתאם עדויות. בפועל אין להם אופציה טובה יותר לשקר.

התירוץ השלישי למעשה מקבל את הנחתו של התוס' בקושיא: אמנם בפועל אין כאן מיגו, אבל אם היה כאן מיגו הוא היה מכריע את הדילמה של תרי ותרי. הוא היה מצליח לעשות את מה שעדים לא היו מצליחים לעשות.

לפי התירוץ הראשון יוצא שאם יש שני עדים נגד המיגו הוא בטל בפניהם. ולכן אם יש עדים שמצטרפים אל המיגו, הם עדיין לא גוברים על העדים מהצד השני. לעומת זאת, לפי התירוץ השני המיגו נדחה בפני עדים אך לא מתבטל, ולכן כשמצטרפים אליו עוד שני עדים הוא מצליח בעזרתם להתגבר על העדים שמנגד. במילים אחרות, השאלה היא האם עדים דוחים מיגו (כמו 'דחויה') או מבטלים אותו (כמו 'הותרה').

אחד ההסברים שעולה באחרונים לדעה הראשונה, הסוברת שמיגו מסייע לכת אחת להתגבר על השנייה, הוא שמעבר לראיה שיש במיגו, יש בו גם מימד של כלל הכרעה (כמו חזקה). לכן כשיש שתי כתות עדים מתנגשות תוספת ראיה (ואפילו עדים) לא תשנה מאומה, אבל תוספת של מיגו כן יכולה להכריע, בדומה למה שראינו לגבי חזקה.[44] המיגו אומר שצד אחד הוא מוחזק, וכשיש ספק אנחנו משאירים את הממון בחזקתו.[45] נעיר כי דיון דומה לגבי רוב במצב של תרי ותרי, ניתן למצוא בשו"ת רעק"א סי' קלז **ואור שמח** הל' עדות פכ"ב ה"א ועוד.

עד כאן הבחנו בין שני סוגי כללי הכרעה למצבי ספק: ישנם כללים שמבוססים על ראיה שמכריעה כאחד הצדדים, וישנם כללי הנהגה שרק מורים לנו כיצד לנהוג במצב של ספק. בהמשך דברינו נראה השלכה של ההבחנות הללו לגבי קונפליקטים לא טרנזיטיביים.

---

[44] כעין סברא זו ניתן למצוא גם **בקו"ש** ח"ב סי' ג וד'.

[45] ראה בקונטרס **דין מיגו**, מיכאל אברהם, בני ברק 2005. שם הוא מסביר שקיומו של מיגו יוצר עבור אחד הצדדים סוג של מוחזקות.

דיונו של בעל ה'קובץ שיעורים' בדיני ראיות

למעלה כבר עסקנו בסוגיית רוב וקרוב. אלו הם שני סוגים של ראיות שמסייעות לנו להכריע במצבי ספק. לכאורה מדובר בכללים מכריעים ולא בכללי הנהגה, שהרי יש כאן היגיון הסתברותי. אולם כפי שנראה כעת, לפחות בתפיסה ההלכתית של שני העקרונות הללו המצב אינו כה פשוט.

ראינו כבר שלהלכה הרוב מתגבר על הקרוב. לדוגמא, לעניין הבאת עגלה ערופה, העיר הגדולה עדיפה על העיר הקרובה. כדי להבין את משמעותה ומקורה של העדיפות הזו, עורך בעל **הקובץ שיעורים** דיון בדיני ראיות בכלל, ובוחן לאור מה שראינו למעלה את טיבן של הראיות של רוב ושל קרוב. נביא כאן את הניתוח שלו בלשונו, מתוך ספרו **קו"ש** ב"ב סי' עח:

> ***יש להסתפק אי מהני קרוב במקום שתי כיתי עדים המכחישות זא"ז דלכאורה י"ל כמ"ש תוס' לענין מיגו דלא מהני במקום תו"ת דלא עדיפא מאילו היו עוד שני עדים דתרי כמאה וה"נ לענין קרוב אבל מצינו דחזקה מהניא גם במקום תו"ת והטעם דחזקה אינה מטעם בירור אלא דמספק אין מוציאין הדבר מחזקתו וזה שייך גם בספקא דתו"ת וא"כ יש להסתפק בקרוב אם הוא מטעם בירור או דגזה"כ הוא ואינו מברר כלל ואפשר דמהני גם בתו"ת כמו חזקה.***

עד כאן הוא מסביר את ההבדל בין מיגו (בתירוץ השני של תוס' ב"ב) לבין חזקה לעניין תרי ותרי. מטרתו להציב כאן את הרקע לדיון שלו ברוב ובקרוב. הוא מסביר שכללי הכרעה לא מועילים בתרי ותרי, אך כללי הנהגה כן. כעת הוא שואל מה טיבה של הקירבה? האם מדובר בהנהגה או הכרעה? אבן הבוחן לשאלה זו היא השאלה האם קרוב יכריע במצב של תרי ותרי.

כעת הוא עובר לדון בסוגיית חולין יא ע"א, שם מובא מקור לדין הליכה אחר הרוב:

> ***והנה בהא דפריך בפ"ק דחולין מנה"מ דאזלינן בתר רובא הקשו בתוס' כיון דילפינן מקרא דאזלינן בתר חזקה כ"ש רובא דעדיפא מחזקה.***

הגמרא שם מחפשת מקור לדין הליכה אחר הרוב. תוס׳ שם מקשה מדוע לא נלמד זאת בקל וחומר מחזקה. הרי רוב עדיף על חזקה, ואם חזקה היא ראיה מספיקה בהלכה אז רוב ודאי צריך להספיק. תוס׳ לא מבין מדוע הגמרא מחפשת מקור נוסף שילמד אותנו על דין רוב.

מייד אחר כך הוא מביא את תירוץ הרשב״א שם בסוגיא:

והרשב״א תירץ דהא דרובא עדיף מחזקה הוא לאחר דידעינן מקרא דאזלינן בתר רובא.

הרשב״א עונה את התשובה המתבקשת: רק לאחר שמצאנו בסוגיא כאן מקור לדין רוב, אז התחדש לנו שרוב גם עדיף על חזקה. לולא הפסוק שמובא כאן כמקור לדין רוב לא היינו יודעים על העדיפות הזאת.

כעת **הקו״ש** מקשה על דבריו:

וקשה דגם השתא דכתיב קרא מנ״ל דרובא עדיף מחזקה ע״כ מסברא אמרינן הכי וא״כ אכתי תיקשי נילף רובא בק״ו מחזקה מסברא?

גם אחרי שיש לנו פסוק שמורה לנו ללכת אחר הרוב, וזהו הפסוק ״אחרי רבים להטות״, שנאמר לגבי הליכה אחר רוב הדיינים בבי״ד, עדיין לא ברור כיצד ניתן ללמוד מכאן שרוב עדיף על חזקה? על כורחנו, אומר בעל **הקו״ש**, שהעדיפות של רוב על חזקה יוצאת מסברא. זה ברור לנו גם ללא הפסוק. אם כן, מתעוררת כעת שוב השאלה המקורית: אם אכן ישנה סברא שמכוחה אנחנו יודעים אפריורי שרוב עדיף על חזקה, שוב לא נדרש פסוק ללמד שיש ללכת אחר הרוב, שהרי ניתן ללמוד זאת בקו״ח מחזקה.

הקו״ש מסביר עכשיו את כוונת הרשב״א:

ואפשר לפרש בכוונת הרשב״א דכיון דחזקה אינה מבררת את הספק אלא מגזרת הכתוב דבספק אין מוציאין הדבר מחזקתו ובמקום רוב המברר את הספק אין מקום לחזקה כיון שעל ידי הרוב נסתלק הספק אבל אי לאו קרא דרובא לא הוה ידעינן דסומכין על הרוב לברר את הספק.

טענתו היא שרוב הוא ראיה מבררת, כלומר כלל שמכריע לגבי המציאות, ואילו חזקה, כפי שראינו כבר, היא כלל הנהגה (מה עלינו לעשות במצב של ספק). אם כן, כאשר ישנו לנו רוב, הפסוק מלמד אותנו שהספק נפשט. הרוב מכריע את הספק ופושט את המציאות. במצב כזה אין מקום לנהוג על פי כללי הנהגה בספיקות כמו חזקה, שהרי אנחנו כבר לא במצב של ספק. העדיפות של רוב על חזקה אינה עדיפות כמותית, שהרוב מהווה ראיה חזקה יותר, אלא עדיפות מהותית. רוב פושט את הספק וחזקה רק מורה לנו מה לעשות במצבי ספק. רוב עדיף על חזקה כי הוא מעביר אותנו למצב שבו החזקה הופכת להיות כלל לא רלוונטי. אבל כל זה התחדש לנו לאור הפסוק, ולולא הפסוק לא היינו יודעים שניתן לפשוט ספיקות על פי רוב. לכן מחד לא ניתן ללמוד את רוב בקו״ח מחזקה ללא הפסוק, שהרי רוב אינו כלל מאותו הסוג של כלל החזקה. מאידך, אחרי שהפסוק גילה לנו שרוב הוא כלל פושט, כעת ברור לנו שהוא עדיף על חזקה.

עד כאן **הקו״ש** הכין את הקרקע לדיון שיבוא כעת. ועכשיו הוא עובר לחלק העיקרי של המהלך שלו בסוגיא:

והנה כקושית תוס׳ מחזקה יש להקשות גם מקרוב דנילף רובא מקרוב בק״ו דהא רוב עדיף מקרוב ואי נימא דקרוב אינו בירור אלא גזה״כ כמו חזקה שייך לתרץ גם גבי קרוב כנ״ל גבי חזקה אבל אי נימא דקרוב מברר כמו רוב ומ״מ עדיף רוב מקרוב וע״כ דהוא מסברא תישאר הקושיא דנילף רוב מקרוב מק״ו.

הוא טוען שאת אותו מהלך עצמו ניתן לעשות ביחס בין רוב לקרוב. אם אכן אנחנו יודעים שקרוב הוא ראיה טובה, אזי רוב שהוא עדיף על קרוב (להלכה), יכול להילמד מקרוב בקו״ח. אם כן, חוזרת קושיית התוס׳ מדוע הגמרא בחולין נזקקת לפסוק שילמד אותנו את דין הליכה אחר הרוב? הפעם הקושיא מתבססת על דין קרוב ולא על דין חזקה, אבל זה אותו עיקרון.

הקו״ש מוכיח מכאן שעל כורחנו גם לגבי קרוב ההלכה תופסת אותו ככלל הנהגה ולא ככלל שהוא פושט ומכריע את הספק המציאותי. כעת ההסבר הוא בדיוק כמו הסבר הרשב״א למעלה, שהעדיפות של רוב על קרוב היא רק אחרי

הפסוק, שכן הפסוק מלמד אותנו שרוב פושט את הספק, וממילא הוא עדיף על קרוב שרק מורה לנו מה לעשות במצב של ספק.

אלא שהמסקנה שקרוב הוא כלל הנהגה ולא כלל מכריע אינה פשוטה. בהמשך דבריו הוא מביא מתוס׳ בב״ב שסוברים שקרוב הוא כלל מברר ולא כלל הנהגה, ומסביר שדברי תוס׳ נאמרו רק לשיטה שקרוב עדיף על רוב (שאנחנו לא פוסקים כמותה להלכה):

ואפשר לדחות דתוס׳ קאי התם למ״ד דקרוב עדיף מרוב ולהך מ״ד צ״ל דקרוב הוי בירור אבל לדידן דרוב עדיף אפשר דקרוב אינו בירור ומה״ט גופא ס״ל דרוב עדיף מקרוב כמו דעדיף מחזקה מה״ט ואפשר דלענין תו״ת לא יועיל קרוב להכריע אפילו נימא דקרוב אינו מברר ולא דמי לחזקה.

אם כן, לפי ההלכה שרוב עדיף על קרוב, המסקנה היר שקרוב הוא הנהגה ולא בירור. ובכל זאת הוא מעיר שבספק של תרי ותרי יש מקום לחלק בין קרוב לבין חזקה, על אף ששניהם כללי הנהגה. ייתכן שחזקה תהיה כלל רלוונטי בספק של תרי ותרי, וקרוב – לא.

מהו ההבדל ביניהם? ייתכן שההבדל הוא באופיו של כלל ההנהגה. חזקה רק מורה לנו מה לעשות במצב של ספק. היא אינה טוענת מאומה על המציאות. לעומת זאת, דין קרוב כן מבוסס על איזשהו היגיון עובדתי. יש היגיון בהנחה שהקרוב הוא מקום מוצאו של הרוצח בדילמה של עגלה ערופה. כנראה שההיגיון הזה אינו מכריע, ולכן אין ללכת אחריו במקרה רגיל. הוא לא מספיק כדי להכריע את הספק במציאות עצמה. לכן הוא מוגדר רק ככלל הנהגה. ההנהגה אומרת לנו שאם אין לנו בירור אחר אז יש ללכת אחרי בירור חלש כמו קרוב. לכן כאשר יש כלל אחר (כמו רוב) הוא גובר עליו. ממילא גם כשיש תרי ותרי, אין טעם להוסיף את כלל הקירבה שיסייע לאחד הצדדים, שכן הוא ראיה חלשה ולא כלל הנהגה סתם. וכפי שראינו ראיה אינה יכולה לשנות מאומה בספק של תרי ותרי.

אלא שאם זה כך, אז חוזרת למקומה הקושיא הראשונית של **הקו״ש**: אם רוב הוא ראיה חזקה וקרוב הוא ראיה חלשה, מדוע לא לומדים את רוב

מקרוב בקו"ח? מדוע הגמרא בחולין מחפשת פסוק? כנראה שהפסוק מלמד שרוב הוא ראיה שניתן לסמוך עליה, ובלי הפסוק לא היינו יודעים זאת. ואילו קרוב הוא ראיה שלא ניתן לסמוך עליה (אלא כשאין ברירה). והדברים עדיין צריכים עיון.

בחזרה לענייננו: ערכים תלויי סיטואציה

גם הדוגמא הזו נותנת לנו ערכים תלויי סיטואציה. קרוב מקבל ערך כלשהו רק במקום בו אין ראיה אחרת בסביבה. אבל כשהוא עומד מול הרוב הערך שלו נחלש (ואולי נעלם במישור הראייתי). כך הוא הדבר לגבי כל כלל הנהגה, כמו חזקה: יש לו ערך כלשהו רק כשאין ראיות, אבל כשיש ראיות הערך שלו נעלם. לכן הולכים אחרי חזקה כשאין ראיות, אבל כשיש ראיות אין כאן התנגשות בין הראיות לבין החזקה, אלא החזקה הופכת להיות לא רלוונטית לגבי ההכרעה במצבים כאלה.

במצבים כאלה ייתכנו קונפליקטים משולשים שבנויים על בסיס עקרונות קדימה בינאריים לא טרנזיטיביים, ובכל זאת ניתן היה להכריע ביניהם. לדוגמא, ישנם שלושה כללי קדימה בהם פגשנו כעת:

במצב של תרי ותרי חזקה מועילה (לפחות לדעה שתו"ת ספיקא דרבנן). רוב לא מועיל במצב כזה (לפחות לחלק מדעות האחרונים). אבל רוב גובר על חזקה.

אותו דבר ניתן לנסח על מיגו: במצב של תו"ת מיגו מועיל (לפי התירוץ השלישי בתוס' ב"ב הנ"ל). לעומת זאת, חזקה לא מועילה (למ"ד תו"ת ספיקא דאורייתא). ובמיגו נגד חזקה יש דעות שלא מועיל.

אלו שתי דוגמאות שהן לכאורה לא טרנזיטיביות. ניתן לסמן זאת כך:[46]

א. רוב > חזקה.

---

[46] אנחנו מתייחסים לתו"ת כאילו הוא היה כלל קדימה בפני עצמו. זהו כלל שקובע מה יש לעשות כשיש שתי כתות עדים מנוגדות (שכל עוד אין ראיה אחרת יש להיוותר בספק). ניתן היה לסמן כאן במקום תו"ת: ספק (שבדאורייתא מורה לנו ללכת לחומרא). גם זה כלל הנחייה.

ב. חזקה > תו״ת.

ג. תו״ת > רוב.

האם יש מידה שמצליחה לתאר את שלושת הכללים הללו באופן קוהרנטי? ראשית, עלינו להחליט האם אנחנו מודדים את כללי הקדימה או את הצעדים המעשיים. ביחס לכללים נראה לכאורה שיש כאן בעייה, שהרי מידה כזו תצמיד מספר לכל כלל (שמבטא את חשיבותו), ומספרים הם לעולם טרנזיטיביים. נראה שלא נוכל לייצג את חשיבותו של כל צעד כזה באמצעות מספרים.

אך כאן נכנסים השיקולים אותם הצגנו כעת. ראינו שהעדיפויות אינן בהכרח עדיפויות של עוצמה. ולשון אחר, הערכים הם תלויי סיטואציה. וכבר ראינו למעלה שאם הערכים הם תלויי סיטואציה ניתן למצוא פונקציית מידה. כיצד זה נעשה?

מכיון שבמקרה זה שינוי הערכים אינו סתמי אלא נובע ממנגנון של ׳הותרה׳ ו׳דחויה׳, כלומר שבסיטואציות מסויימות לאחד הכלים אין שום משקל (אין מחיר למעבר עליו), נראה שעדיף להשתמש בסימון של ערכים חיוביים ושליליים לקיום או מעבר על כל אחד משלושת הכללים (ראה על כך בפרק הקודם).

הליכה בהתאם לרוב נותנת לנו ערך r^+, והליכה נגדו נותנת ערך r^-. הליכה בהתאם לכלל שתו״ת הוא ספק נותנת לנו ערך t^+, והליכה נגד הכלל הזה נותנת לנו ערך t^-. הליכה בהתאם לחזקה נותנת לנו h^+, והליכה נגדה נותנת לנו h^-.

כעת עלינו לייצג את שלושת הכללים ולראות האם ניתן לעשות זאת. כלל א קובע שרוב עדיף על חזקה:

$$(1)\ r^+ + h^- > r^- + h^+$$

אך כפי שראינו, העדיפות של רוב על חזקה היא מפני שכשהולכים אחר הרוב אין שום מחיר למעבר על החזקה. היא לא מטה אותנו לכיוון השני שהרי אין

127

לה משקל ראייתי. היא רק כלל הנהגה שמורה לנו מה לעשות כשאנחנו במצב
של ספק, ולכן כשיש רוב ואנחנו לא במצב של ספק אין לה שום משקל. ניתן
לייצג זאת בשתי צורות: או שלהליכה אחר הרוב ונגד החזקה אין מחיר,
כלומר שבאי שוויון זה $h^- = 0$. ואולי ניתן גם לומר שאם נלך נגד הרוב ועם
החזקה אין לכך ערך חיובי, כלומר מתקיים גם: $h^+ = 0$.

אי השוויון שנותר לנו הוא:

$$(1')\ r^+ > r^-\ (+ h^+)$$

זה כמובן מתקיים באופן טריביאלי, מעצם ההגדרה (לקיים כלל תמיד עדיף
מאשר לעבור עליו).

נעבור כעת לניתוח דומה עבור כלל ב, שקובע שחזקה עדיפה על תו"ת:

$$(2)\ h^+ + t^- > h^- + t^+$$

במצב כזה אין למחוק שום ערך, שכן כשיש תו"ת באמת חשוב ללכת אחרי
החזקה.

כלל ג קובע עדיפות של תו"ת על רוב:

$$(3)\ t^+ + r^- > t^- + r^+$$

כאן תו"ת עדיף על רוב, כי רוב הוא ראיה, וראיות לא משחקות תפקיד
בהתנגשות של שתי כתות עדים (הרוב לא יכול להיות חזק יותר משני עדים
נוספים). משמעות הדבר היא שערכי t באי השוויון הזה הם ענקיים, ובעצם
אינסופיים (הישארות בספק היא בערך אינסופי והתנהגות לפי הכלל הראייתי
האחר היא במחיר שלילי אינסופי). לכן המשקלים של שני ערכי r אינם
משנים מאומה.

אם כן, כאן דווקא הערכים של הכלל החזק יותר משתנים, שכן כאשר הדיון
הוא ראייתי בלבד, הערכים של תו"ת הופכים להיות אינסופיים. לעומת זאת,
כאשר t מתנגש עם חזקה, המישור אינו ראייתי, ולכן החזקה גוברת. למעשה
אפשר היה לומר שערכי r מתאפסים כי אין להם משקל ראייתי במצב בו יש
תו"ת. לפי שתי האפשרויות מה שנותר כאן הוא אי השוויון הבא:

$(3)\ t^{+} > t^{-}$

גם אי השוויון הזה מתקיים באופן טריביאלי.

אם ננסח זאת במונחי ההפרשים, כפי שהצענו בפרק הקודם, כלומר נסמן: $h = h+ - h-$ (וכך גם לגבי r ו-t), נקבל את שלושת אי השוויונים הבאים:

$$h < r\ ;\ t < h\ ;\ r < t$$

שלושת אי השוויונים הללו כמובן לא יכולים להתקיים, השיקולים מלמעלה מורים לנו להציב באי השוויון הראשון $h=0$ (או לפחות h שהוא קטן יותר מ-h שנציב באי השוויון השני), ובשלישי להציב t גדול מאד (לעומת r).

גם אם נתעלם מהדרישה השנייה, די לנו בהבדל בין שני ערכי h בשני אי השוויונים הראשונים (ערכו של h הוא תלוי סיטואציה), כדי לראות שהטרנזיטיביות יכולה להישמר, כלומר ששלושת אי השוויונים יכולים להיות עקביים. במצב כזה מה שמתקבל הוא:

$$h_1 < r\ ;\ t < h_2\ ;\ r < t$$

(כאשר h_1 הוא 0, או לפחות קטן מ-h_2).

אם ניקח כדוגמא, $h_1=0$, ונבחר $r=1$, $t=2$, ו- $h_2=3$, מתקבלת מערכת עקבית לגמרי. הגענו לעקביות אפילו בלי להתחשב בכך שגם t הוא תלוי סיטואציה, כלומר שבעצם המערכת המלאה היא:[47]

$$h_1 < r\ ;\ t_2 < h_2\ ;\ r < t_3$$

במקרה כזה ודאי וודאי שאין כל חוסר עקביות במערכת.

נמצאנו למדים שהדרך היחידה למצוא מידה קוהרנטית לשלושה כללי קדימה לא טרנזיטיביים היא להצמיד להם ערכים שהם תלויי סיטואציה.

כעת נוכל לנסות וליישם את המודל הזה לגבי קונפליקט משולש. ברגע שיש לנו מידה קוהרנטית, ניתן ליישם זאת גם לגבי קונפליקט כזה. מה יכול להיות המצב שייצור קונפליקט כזה?

---

[47] הסימון 1,2,3 מציין את הסיטואציה. כלל א עוסק בסיטואציה 1, כלל ב בסיטואציה 2 וכלל ג בסיטואציה 3. ערכו של t בסיטואציה 3 הוא t_3.

נחשוב על מצב שבו יש תרי ותרי, שכשלעצמו אומר לנו להישאר בספק. אך ישנה כאן גם חזקה שמורה לנו לעשות משהו אחד, ורוב שמורה לנו לכיוון הנגדי. לדוגמא, אישה התגרשה על ידי זריקת גט, ויש כת עדים שאומרת הוא נפל קרוב אליה (ואז היא מגורשת) ויש כת עדים שאומרת שהוא נפל קרוב לבעל (ואז היא אינה מגורשת). מצב כזה כשלעצמו הוא מצב של ספק. כעת יש חזקה שהאישה היתה עד עתה אשת איש, ולכן אם תו״ת ספיקא דרבנן יש ללכת אחרי החזקה. אך יש רוב לטובת הצד שהיא כן מגורשת (לדוגמא, אנחנו סוקרים את המקומות שבהם יכול היה הגט ליפול, ורובם קרובים לאישה). זהו מצב של קונפליקט משולש ששלושת כללי הקדימה רלוונטיים לגביו, ולכן לכאורה אנחנו במצב ללא מוצא.

כיצד נכריע את הקונפליקט הזה לאור המתודה שפיתחנו כאן? ראשית, עצם העובדה שהראינו שאין כאן חוסר טרנזיטיביות בין שלושת הכללים הבינאריים, כבר אומרת שאין כאן קונפליקט משולש אמיתי. אך היישום של המתודה הזאת לגבי הקונפליקט המשולש עדיין אינו טריביאלי. הסיבה לכך היא שכעת לא ניתן לחלק את הדיון למישור ראייתי והנהגתי, כפי שעשינו בקונפליקטים הבינאריים. כאן מופיעים שני המישורים גם יחד. עלינו לעשות את החשבון הראייתי וההנהגתי גם יחד, ולקבל החלטה כיצד לשקלל אותם ולקבל הכרעה סופית לקונפליקט שלנו.

כדי לעשות זאת עלינו למדוד כל אחד משלושת הצעדים האפשריים:

- לפסוק שהיא נשואה בודאי: $f(N) = r^- + h^+ + t^-$
- לפסוק שהיא ספק נשואה ספק גרושה:[48] $f(S) = t^+ + r^- + h^-$
- לפסוק שהיא ודאי גרושה:[49] $f(G) = r^+ + h^- + t^-$

---

[48] כאן יש מקום להציב ערך שונה עבור h שכן להחליט שהיא ספק נשואה פירושו להחמיר עליה בדאורייתא, ובמובן הזה יש כאן ציות לחזקה. אמנם כשהחומרה תהיה להחליט שהיא גרושה (שזה אוסר אותה לכהן), כאן נפעל נגד החזקה.

[49] גם כאן הערך של t הוא נמוך יותר מהרגיל, שכן פסיקה שהיא גרושה מתאימה חלקית להכרעה של ספק (=תו״ת), שכן במקום שבו היה עלינו להחמיר עליה כגרושה בספק של תו״ת (לדוגמא כשנדון לאוסרה לכהן) ישנה התאמה.

כעת עלינו לבחון מי משלושת ההחלטות האפשריות היא בעלת הערך הגדול ביותר. ברור שמתקיים $f(N) > f(S)$, כי אחרי מחיקת r^- משניהם ההשוואה הנותרת היא בין חזקה לתו״ת, ויש ללכת אחרי החזקה. השוואה נוספת נותנת לנו: $f(S) > f(G)$, כי זוהי השוואה בין תו״ת לרוב, וכאן תו״ת גובר (כי ערכי t עולים לאינסוף, כפי שהסברנו קודם). ההשוואה האחרונה נותנת לנו: $f(G) > f(N)$. אנחנו כמובן תקועים וזה לא מפתיע.

אבל כעת עלינו להתחשב בשינוי הערכים לפי הסיטואציה. כדי להבין כיצד עושים זאת, עלינו לזכור שיש לנו שני מישורי דיון: הראיות וההנהגות. ראשית, נעשה את חשבון הראיות הכולל. כאן נקבל שיש לנו תו״ת ורוב (כי חזקה היא הנהגה ולא ראיה). לכן המסקנה היא שמבחינת מכלול הראיות אנחנו נותרים בתו״ת. אלא שבמצב ראייתי של תו״ת ראינו שמה שיקבע את ההכרעה הוא כלל ההנהגה.[50] כאמור, כלל הנהגה היחיד כאן הוא חזקה, והוא הרי ׳גובר׳ על תו״ת (כלומר שבמצב תו״ת הולכים אחרי חזקה). לכן ברור שבסופו של דבר יש ללכת אחרי החזקה. אם כן, ההכרעה היא שמבחינה ראייתית המצב שקול כמו תו״ת, ולכן יש ללכת אחרי חזקה, ולפסוק שהיא נשארת נשואה בודאי. מבחינת המודל שלנו, משמעות הדבר היא שבנוכחות המשתנים t המשתנים r הם זניחים ואפשר למחוק אותם.

דוגמאות נוספות בדיני ראיות[51]

קגן במאמרו מציג את הבעייה הבאה: ראשית, עדים לעולם עדיפים על מיגו (מיגו במקום עדים לא אמרינן. ראה ב״ב לא ע״א ומקבילות). כאשר מיגו מתנגש עם חזקה דמעיקרא מקובל להניח שהמיגו גובר (ראה קושיית הראשונים קידושין סד ע״א, ובספר **נחל יצחק** סי׳ פב). אם כן, בינתיים יש לנו את כללי העדיפות הבאים:

---

[50] אמנם ראינו למעלה בסוף דברי **הקו״ש** שישנם כללי הנהגה כמו קרוב שלא מכריעים מצב של תו״ת.

[51] את הבעיה הציג וניתח דוד קגן, במאמר **בהגיון** א, תשמט, עמ׳ 23. להלן: קגן.

עדים > מיגו (1)

מיגו > חזקה (2)

כעת הוא מביא מקור מתוד״ה ׳הבא׳, כתובות כב ע״ב, שבמקום שיש תרי ותרי הולכים אחרי חזקה, כלומר:

עדים + חזקה > עדים (3)

אם נציב את אי השוויונים הקודמים נקבל:

עדים + מיגו > עדים + חזקה > עדים (4)

מאי השוויון האחרון עולה שבמצב של תרי ותרי מיגו ודאי יוכל להכריע (וכך אכן משתמע מהריטב״א מכות ג ע״ב, כפי שראינו גם בתירוץ השני של תוס׳ הנ״ל בב״ב). אך הוא מביא מתוד״ה ׳אין לך׳, ב״ק עב ע״ב שכתבו שמיגו לא מועיל בגלל העיקרון שתרי כמאה (כפי שראינו למעלה בתירוץ השלישי של תוס׳ בב״ב).

אם כן, לשיטב שמיגו לא מועיל בתרי ותרי אין כאן טרנזיטיביות. רעק״א בתשובה קלו (שהוזכרה גם אצלנו למעלה) פותר את הבעייה בכך שמיגו הוא ראיה וחזקה היא הנהגה, בדומה למה שראינו למעלה. בעצם שוב יש כאן עדיפות משתי בחינות שונות, ולכן הקונפליקט הזה הוא פתיר, בדיוק כמו בקונפליקט שראינו למעלה (אלא שהרוב עמד שם במקום מיגו שכאן. כאמור, רעק״א שם עוסק גם בקונפליקט ההוא ופותר אותו באותה צורה).

בהמשך דבריו שם הוא מרחיב את החלוקה לשלוש קטגוריות: כללי בירור, כללי הנהגה, וכללים שההנהגה ההלכתית קובעת שהם מבררים (כעין מה שראינו למעלה בדברי **הקו״ש** לגבי דין קרוב). הוא מראה שם שגם כללי הכרעה מהסוג השלישי אינם משנים כאשר יש תרי ותרי, וזה בדיוק כמו שכתב **הקו״ש** הנ״ל.

בחזרה למישקול של כללי קדימה.

זהו המקום לחזור לרגע לפרק הקודם, שם ראינו דרך לפתרון קונפליקטים לא טרנזיטיביים באמצעות קביעת משקל (או מידה) לכללי הקדימה. בדרך ההיא נותרו שתי בעיות:

1. הראשונה היא כיצד לעשות זאת בפועל. לא היה ברור מהי הדרך להגיע למשקל יחסי של כללי קדימה, בפרט אם אין לנו דרך לעשות זאת על בסיס הצעדים המעשיים. בדוגמאות של דיני ראיות שנותחו כאן ראינו דרך אפשרית אחת לעשות זאת. אנחנו בחנו את הנימוקים לשלושת כללי הקדימה הבינאריים, וכך קבענו את ערכי המידות שלהם. הנימוקים הללו הראו לנו שמדובר בעדיפויות מבחינות שונות (אצלנו זה היה עדיפות ראייתית והנהגתית), ואז אנחנו פותרים את הבעייה בדיוק כמו שעשינו בפרק הרביעי, שם עסקנו בהכרעות על ידי איתור בחינות שונות של עדיפות.

2. הבעייה השנייה בדרך של משקול כללי הקדימה היתה שדרך זו מכריעה אך ורק קונפליקטים שמורכבים משלוש הוראות קדימה, או כללי עדיפות, לא טרנזיטיביים. אבל קונפליקטים כמו הלכות ברכות או קרבנות, שמורכבים משלוש הוראות מעשיות לא טרנזיטיביות, לכאורה לא ניתנות לפתרון בדרך זו. הבעייה שם היא שכל מידה שאליה נגיע תצטרך לתאר אל נכון את ההוראות המעשיות, וכן כבר אי אפשר להבחין בין בחינות שונות של עדיפות. כאן מדובר בהוראה מעשית, לעשות X או לעשות Y. עדיפות יכולה להיות מבחינה אחת ולא מבחינה אחרת. אבל הוראה מעשית היא עניין של כן או לא. זהו בדיוק ההבדל בין ערכים ורצונות לבין עובדות עליו עמדנו בפרקים הראשונים.

ואכן מה שראינו עד עתה הוא פתרון לקונפליקט בין כללי קדימה ולא קונפליקט בין הוראות מעשיות, ולכן הצלחנו להכריע אותם. זה מה שמאפיין קונפליקטים בדיני ראיות, והם הקלים יותר להכרעה.

כעת עלינו לראות האם ניתן לפתור בצורה דומה גם את הקונפליקטים בין הוראות מעשיות, כמו אלו שבהלכות ברכות וקרבנות ובהלכות השבת אבידה. נזכיר שגם אלו מהווים שני סוגים שונים, שכן בהלכות ברכות קורבנות השאלה היא באיזה סדר לפעול, ואילו בהלכות השבת אבידה השאלה היא מה לעשות ועל מה לוותר (ההנחה היא שכאן אפשר לעשות רק פעולה אחת מהשלוש).

טיפול בקונפליקטים של סדר: הלכות ברכות

כאמור, קונפליקט כזה נמצא בדוגמאות שהובאו למעלה מהלכות ברכות וקרבנות. שני הקונפליקטים הללו שקולים זה לזה, ולכן ניקח כאן כדוגמא את זה שבהלכות ברכות.[52]

ראשית, נזכיר שוב את שלושת הכללים הבסיסיים:

א. יין קודם לזית, כי ברכתו חשובה יותר (והחשיבות הזו מתגברת אפילו על קדימה בפסוק).

ב. שעורים קודמים ליין כי הם גם קודמים בפסוק וגם ברכתם חשובה (אם כי פחות מיין).

ג. זית קודם לשעורים כי הוא קודם בפסוק, וקדימה בפסוק עדיפה על חשיבות הברכה של שעורים (שאינה כמו יין).

כמובן ישנם על הפרק כאן שלושה צעדים מעשיים: ברכה על יין, על זית ועל מעשה קדרה משעורים. נזכיר שוב שהשאלה אינה את מי לבצע אלא באיזה סדר לעשות זאת.

לאור מה שראינו עד כה, עומדות בפנינו שתי טכניקות להכריע את הקונפליקט המשולש:

1. הצמדת ערך לברכה על כל מאכל (שנמדד לפי החשיבות ולפי הקדימה בפסוק). השוואה בין הערכים הללו תיתן לנו את ההכרעה בקונפליקט המשולש.

ראינו למעלה שדרך זו היא בעייתית, שכן אם אכן נמצא שלושה ערכים כאלה אזי מיניה וביה לא נוכל לתאר את שלושת כללי הקדימה הבינאריים, שהרי הם לא טרנזיטיביים.

---

[52] אנו בוחרים אותו, מפני ששם זהו קונפליקט מעשי (כלומר בין שלוש הוראות מעשיות, ולא כללי קדימה) טהור. הקונפליקט בהלכות קרבנות אינו באמת כזה, שהרי שם יש הצמדה בין חטאת העוף לעולת בהמה ששוברת את הסימטריה של המעגל הלוגי. כפי שהערנו למעלה, רק קונפליקט תיאורטי שמתעלם מההצמדה הזאת, שקול לזה שבהלכות ברכות.

אלא שכעת יש לנו פתרון לבעייה הזו. אם נקבע ערכים שהם תלויי סיטואציה, ניתן יהיה לייצג באמצעותם את התמונה כולה באופן קוהרנטי. גם את שלושת כללי הקדימה וגם להכריע בקונפליקט המשולש.

2. למשקל את שלושת כללי הקדימה, עד כמה חשוב כל אחד מהם. למעלה ניתחנו את הבעייה בדרך זו, ואף הגענו להצגה עקבית של הכללים הבינאריים ולהכרעה. לכן ברור שכאן אין בעייה מתמטית, אבל בהחלט קיימת בעייה הלכתית-פרשנית: כיצד נחליט על המשקלים השונים של כללי הקדימה?

נבצע כעת את שני הניתוחים הללו מחדש. אבל כעת נראה שהם בבחינת שני צדדים של אותה מטבע.

משקלים תלויי סיטואציה

נפתח בתיאור של שלוש הברכות מבחינת צירי ההיררכיה המהותיים של הבעייה:

- ברכה על יין יש לה ערך של חשיבות רבה (דרגה 3, מעל זית ומעשה קדרה משעורים), ומבחינת הקדימה בפסוק הוא חלש (שלישי מ'ארץ' הראשון).
- ברכה על זית יש לה ערך נמוך של חשיבות (דרגה 1), ומבחינת הקדימה בפסוק הוא גבוה (ראשון מ'ארץ' השני).
- ברכה על מעשה קדרה משעורים יש לה חשיבות בינונית (דרגה 2), ומבחינת הקדימה בפסוק הוא בינוני (שני מ'ארץ' הראשון).

נסכם את מעמדן של הברכות השונות בטבלא הבאה:

המאכל/ציר ההיררכיה	מעמד מבחינת החשיבות	מעמד מבחינת הקדימה
יין	3	1
מעשה קדירה משעורים	2	2
זית	1	3

שקלול פשוט מראה לנו את שורש הבעייה: אם מתחשבים רק במעמד היחסי ולא מוסיפים משקלות מיוחדים, כל המאכלים הם במעמד כולל (כלומר אם לוקחים בחשבון גם את החשיבות וגם את הקדימה בפסוק) שווה.

אם נרצה לתרגם את המעמד היחסי הגולמי לערכים מספריים (כמה שווה ברכה על היין מבחינת חשיבות או קדימה בפסוק), עלינו לקבוע אותם באופן שהוא תלוי בסיטואציה. לכן ברור שלא נוכל להציג כאן טבלא ובה ערכים מספריים בכל משבצת, שכן הערכים אינם חד ערכיים. אם היו ערכים חד ערכיים כאלה לכל הסיטואציות שוב היינו פוגשים את בעיית הטרנזיטיביות. פירוש הדבר הוא שיש טבלא כזו עם ערכים שונים לכל אחת משלוש הסיטואציות הבינאריות.

אז כיצד צריך הפוסק להחליט על המשקלים המשתנים הללו? הוא יכול לעשות זאת מתוך שיקול פרשני כלשהו. לדוגמא, פוסק יכול להחליט שהחשיבות של המאכל מקבלת ערך גבוה יותר כשהיא עומדת מול מאכל בעל חשיבות נמוכה, אבל מול מאכל שקודם בפסוק המשמעות של יתרון החשיבות נמוכה יותר. הסבר אפשרי לזה יכול להיות שהקדימה בפסוק מבטאת חשיבות רוחנית, ואילו החשיבות של המאכל תלויה בנהגים חברתיים של בני אדם. זוהי כמובן רק דוגמא, ואפשר היה לחשוב על סברא הפוכה: שהחשיבות משקפת הבדל אמיתי במאכלים עצמם, והפסוק הוא משהו טכני שנאמר בעיקר למקום בו אין לנו כלל אחר (כמו חשיבות) שמכריע את שאלת הקדימה.

כאן לא נצא מסברות, אלא ננתח את הבעייה מתוך עיון במה שעומד ביסוד כללי הקדימה הבינאריים עצמם (חשיבות וקדימה בפסוק):

- בכלל הראשון, יין קודם לזית. מהתבוננות בטבלא עולה שכאן ישנה התנגשות בין הפרש גדול של חשיבות (1 מול 3) לבין הפרש גדול בקדימה (1 מול 3). במקרה זה החשיבות גוברת.

- בכלל השני, מעשה קדירה משעורים קודם ליין. התבוננות בטבלא מראה שכאן ישנה התנגשות בין קדימה מעטה (2 מול 1) לבין הפרש קטן של חשיבות (2 מול 3). כאן הקדימה גוברת.

- בכלל השלישי, זית קודם למעשה קדירה משעורים. כאן הטבלא מראה שישנה התנגשות בין קדימה מעטה (3 מול 2) לבין חשיבות מעטה (1 מול 2). גם כאן הקדימה גוברת.

הכלל הראשון מלמד אותנו שההפרש בחשיבות גובר על הפרש דומה בקדימה. כלומר מעמדה של החשיבות גבוה יותר מזה של הקדימה, בהינתן ששאר הפרמטרים שקולים.

שני הכללים האחרונים לכאורה סותרים את המסקנה הזו. בשניהם יש התמודדות בין הפרש קטן של קדימה להפרש קטן של חשיבות, והתוצאות הן הפוכות, כלומר בשניהם הקדימה גוברת.

אמנם יש לשים לב שבכלל ב וג׳ ההפרשים בחשיבות ובקדימה הם בין ערכים שונים. זה אותו הפרש מספרי, אבל הערכים נמצאים במקום שונה על הציר. יתר על כן, יש עוד הבדל: בכללים ב וג׳ ההפרשים מבחינת חשיבות וקדימה בפסוק הם קטנים, ובכלל א ההפרשים גדולים יותר.

לכן נראה שיש כאן שתי אפשרויות להסביר את הכללים הללו:

א. כאשר יש הפרשים גדולים במעמד (הן מבחינת החשיבות והן מבחינת הקדימה בפסוק) – אז החשיבות היא הדומיננטית. אבל כשיש הפרשים קטנים במעמד – אז דווקא הקדימה היא הקובעת.

הסבר זה בעצם אומר שבאופן בסיסי הקדימה שוקלת יותר, אבל כאשר מותחים את ההפרש החשיבות מקבלת יתר משקל. יתרון של יחידה אחת בקדימה עדיף על יתרון של יחידה אחת בחשיבות. אבל יתרון של שתי יחידות בקדימה שוקל פחות מיתרון של שתי יחידות בחשיבות.

ב. כאשר יש הפרשים בין אותם ערכים (1 ו-3), כמו בכלל א, אז החשיבות היא הקובעת. ואילו כאשר יש הפרשים דומים, אבל הם

בין ערכים שונים ($2-1=1; 3-2=1$), כמו בכלל ב וג', אז הקדימה היא הקובעת.

האפשרות הראשונה נראית פשוטה וסבירה יותר, ולכן נמשיך איתה. אבל עקרונית יכול פוסק להחליט לטובת הפרשנות השנייה, ולחשב את ההמשך על פיה.

איך מתארים את פונקציית המידה הזו בצורה יותר מתמטית? נניח שיש לנו שני מאכלים, a ו-b. לברכה על מאכל a יש מעמד n_a מבחינת חשיבות, ו-m_a מבחינת קדימה בפסוק. כאן אנחנו מדברים על מעמד מספרי פשוט (כלומר המספרים שבטבלא למעלה). לברכה על מאכל b יש מעמדים n_b ו-m_b בהתאמה. נגדיר שתי פונקציות מידה עבור הבעייה הזו: $f_b(a)$ ו-$f_a(b)$. האינדכס b בפונקציית המשקל מסמן את העובדה ש-$f_b(a)$, כלומר משקלו של a, אינו מוחלט. הוא תלוי בשאלה מי עומד מולו (במקרה זה – b). וכך גם לגבי האינדכס a שמופיע במשקלו של b, כלומר $f_a(b)$. זהו כמובן ביטוי לכך שהמשקלים של כל אפשרות הם תלויי סיטואציה.

כעת נוכל לנסח את כלל הקדימה הבינארי להתנגשות בין a ל-b:

$$f_b(a) - f_a(b) = W_n(n_a,n_b,m_a,m_b)\times(n_a-n_b) + W_m(n_a,n_b,m_a,m_b)\times(m_a-m_b)$$

הקדימה נקבעת על פי ההפרש בין המשקלים הכוללים של a ו-b בסיטואציה הזו. ההפרש הזה מורכב משני גורמים שונים: הראשון הוא גורם החשיבות, שלוקח בחשבון את ההפרש מבחינת מעמד החשיבות, ומכפיל אותו בפקטור שמבטא האם ההפרש הזה גדול או קטן. השני הוא גורם הקדימה בפסוק. הוא לוקח בחשבון את ההפרש מבחינת המעמד של הקדימה בפסוק, ומכפיל אותו בפקטור שמבטא האם ההפרש הזה גדול או קטן. מדוע הגדרנו שני פקטורי W שונים? מפני שכפי שראינו ההפרש בקדימה או בחשיבות מקבל משקל שונה בהפרשים גדולים לעומת הפרשים קטנים.

איך מוגדרים המשקלים הללו? בצורה הכללית ביותר הם יכולים להיות תלויים בכל המספרים מהטבלא למעלה. במקרה שלנו הם יהיו תלויים בשתי

הפרשנויות השונות מלמעלה (א או ב). כאן אנחנו מחשבים בהנחת פרשנות א,
ולכן הפקטורים הללו מוגדרים כך:

$$W_n(n_a, n_b) = \begin{cases} 1 & n_a - n_b = 1 \; ; \; m_a - m_b = 1 \\ \\ 2 & n_a - n_b = 2 \; ; \; m_a - m_b = 2 \end{cases}$$

$$W_m(m_a, m_b) = \begin{cases} 2 & n_a - n_b = 1 \; ; \; m_a - m_b = 1 \\ \\ 1 & n_a - n_b = 2 \; ; \; m_a - m_b = 2 \end{cases}$$

אם נפריד כעת מתוך ההפרש שלמעלה את הפונקציות לברכות על מאכלים
בודדים בסיטואציה הזאת, נקבל ביטוי עבור כל אחת משתי הפונקציות:

$$f_b(a) = W_n(n_a, n_b, m_a, m_b) \times n_a + W_m(n_a, n_b, m_a, m_b) \times m_a$$

$$f_a(b) = W_n(n_a, n_b, m_a, m_b) \times n_b + W_m(n_a, n_b, m_a, m_b) \times m_b$$

באותה צורה אנחנו יכולים לקבל פונקציות מידה רלוונטיות לכל אחת
מהברכות על כל מאכל בכל מצב של דילמה בינארית. המשקלים של a ו-b
כמובן יהיו שונים בכל סיטואציה, וזהו בדיוק ביטוי להיותם של המשקלים
תלויי סיטואציה.

מההסבר שהצגנו למעלה עולה כי פונקציית המידה שמתקבלת בצורה כזו
אמורה לפתור את בעיית חוסר הטרנזיטיביות. היא אמורה לתאר באופן
קוהרנטי את שלושת כללי הקדימה, ולא ליפול לחוסר טרנזיטיביות. הסיבה

לכך היא שאנחנו לא מצמידים משקל קבוע לכל מאכל אלא משקלו תלוי בסיטואציה, כלומר מול מה הוא מתמודד.

כדי להראות כיצד הבעייה נפתרת, נתאר כעת את שלושת כללי הקדימה הבינאריים בתיאור המתמטי הזה, ונראה שבעיית הטרנזיטיביות אכן נפתרה.

<u>עבור כלל א</u>, a הוא יין ו-b הוא זית. הערכים הרלוונטיים הם:

$n_a=3$; $n_b=1$; $m_a=1$; $m_b=3$; $W_n(3,1,1,3)=2$; $W_m(3,1,1,3)=1$.

את ערכי n ו-m לקחנו מהטבלא למעלה. את ערכי W אנחנו לוקחים מהנוסחאות שלמעלה.

כעת נוכל לחשב מתוך הנוסחה שלמעלה את המשקל הכולל של ברכת היין (a), כשהיא עומדת מול זית (b):

$$f_b(a) = W_n(n_a,n_b,m_a,m_b)\times n_a + W_m(n_a,n_b,m_a,m_b)\times m_a = 2\times 3+1\times 1=7$$

המשקל הכולל של ברכת הזית כשהיא עומדת מול יין מחושב באותה צורה:

$$f_a(b) = W_n(n_a,n_b,m_a,m_b)\times n_b + W_m((n_a,n_b,m_a,m_b)\times m_b = 2\times 1+1\times 3=5$$

רואים מייד שברכת היין קודמת לברכת הזית, כי משקלה גדול יותר.

<u>עבור כלל ב</u>, a הוא יין ו-c הוא מעשה קדירה משעורים. הערכים הרלוונטיים הם:

$n_a=3$; $n_c=2$; $m_a=1$; $m_c=2$; $W_n(3,2,1,2)=1$; $W_m(3,2,1,2)=2$.

גם כאן את ערכי n ו-m לקחנו מהטבלא למעלה, ואת ערכי הפונקציות W מהנוסחאות למעלה.

נחשב כעת את שני המשקלים בסיטואציה הזו:

$$f_c(a) = W_n(n_a,n_c,m_a,m_c)\times n_a + W_m(n_a,n_c,m_a,m_c)\times m_a = 1\times 3+2\times 1=5$$

במקרה יוצא כאן שמשקלו של היין זהה למשקלו במקרה הקודם. זהו מקה בלבד, בגלל הערכים בהם בחרנו. עקרונית המשקל הוא תלוי סיטואציה.

ומשקלו של מעשה הקדירה משעורים בסיטואציה הזו הוא:

$$f_a(c) = W_n(n_a,n_c,m_a,m_c)\times n_c + W_m(n_a,n_c,m_a,m_c)\times m_c = 1\times 2+2\times 2=6$$

רואים מייד שברכה על מעשה קדירה משעורים קודמת לברכה על יין, כי משקלה גדול יותר.

<u>עבור כלל ג</u>, b הוא זית ו-c הוא מעשה קדירה משעורים. הערכים הרלוונטיים הם:

$W_m(1,2,3,2)=2$; $W_n(1,2,3,2)=1$; $m_b=3$; $m_c=2$; $n_b=1$; $n_c=2$.

נחשב כעת את משקלה של ברכה על זית כשהיא עומדת מול מעשה קדירה משעורים:

$$f_c(b) = W_n(n_b,n_c,m_b,m_c) \times n_b + W_m(n_b,n_c,m_b,m_c) \times m_b = 1 \times 1 + 2 \times 3 = 7$$

יש לשים לב שהתוצאה היא שונה מ-$f_a(b)$, שם קיבלנו 3. הרי לנו שמשקלה של ברכת הזית משתנה לפי הסיטואציה.

וכעת נחשב את משקלה של ברכה על מעשה קדירה כשהיא עומדת מול זית:

$$f_b(c) = W_n(n_b,n_c,m_b,m_c) \times n_c + W_m(n_b,n_c,m_b,m_c) \times m_c = 1 \times 2 + 2 \times 2 = 6$$

גם זה במקרה יוצא דומה למשקל שקיבלנו מול יין, $f_a(c)$.

מייד רואים שברכת הזית קודמת לברכת מעשה קדרה משעורים.

אם כן, התמונה אותה הצגנו מייצגת נאמנה את שלושת כללי הקדימה הבינאריים, שכן באמצעות התלות של המשקלים בסיטואציה נשמרת חוסר הטרנזיטיביות. חשוב לשים לב שהפתרון לבעייה נמצא ללא כניסה לתכנים הספציפיים שלה. רק מתוך עיון בנתוני הבעייה הצלחנו להגיע לפתרון.

אמנם המלאכה עוד לא הסתיימה, שכן עדיין נותר לנו לפתור את הקונפליקט המשולש, כלומר למצוא את סדר הברכות כשיש לפנינו את שלושת המאכלים הללו גם יחד. כדי לבצע את זה, עלינו לעבור לטכניקה השנייה של ההתייחסות למערכת של שלושה קונפליקטים בינאריים לא טרנזיטיביים, על ידי משקול של שלושת כללי הקדימה.

משקול של כללי הקדימה

כפי שראינו למעלה, משקול כללי הקדימה פותר את הבעייה. אלא שלא היתה לנו דרך שיטתית שנוכל להעמידה לרשות הפוסק, על מנת שיגיע למשקלים הרלוונטיים.

אך לאור הניתוח בטכניקה הקודמת, קל לראות שהתמונה הזו עצמה היא שעומדת גם ביסוד ההבדל בין משקלם של שלושת כללי הקדימה. היא מאפשרת לנו לקבוע את המשקל היחסי ביניהם.

כפי שחישבנו למעלה, בכלל קדימה א עמדו זה מול זה שני ערכים: 7 ו-5. בכלל קדימה ב עמדו זה מול זה: 5 ו-6. בכלל קדימה ג עמדו זה מול זה: 7 ו-6. אם כן, אנחנו מייד מקבלים שכלל א הוא החזק ביותר, והוא קודם לכולם. כלומר אין להפר את העיקרון שיין קודם לזית. כעת נותרה רק השאלה היכן למקם את מעשה הקדירה. זה ייקבע על ידי היחס בין שני הכללים האחרים. כאן הגענו לתיקו, אבל זוהי תוצאה מקרית של קביעת המשקלים שלנו. באופן עקרוני ניתן לראות שהטכניקה הקודמת פותרת גם את הבעייה של קביעת משקלם היחסי של כללי הקדימה.

אם כן, אותה תובנה עצמה ששימשה אותנו בטכניקה של קביעת משקל לצעדים השונים כדי לבטא את יחסי הקדימה הבינאריים, היא שעושה את העבודה בהכרעת הקונפליקט המשולש באמצעות הטכניקה של קביעת משקל לשלושת כללי הקדימה הבינאריים. הוא אשר אמרנו, מדובר בשני צדדים של אותו מטבע. הטכניקה הכוללת שאליה הגענו מצליחה לפתור גם את הבעיות של דיני ראיות, שיסודן בקונפליקט בין כללי קדימה, ובין הבעיות של הלכות ברכות וקרבנות, שיסודן בקונפליקט בין הוראות מעשיות.

סיכום ביניים

אנחנו רואים שהקונפליקט של הלכות ברכות, שהוא היחיד מבין כל אלו שהצגנו כאן שנותר בפוסקים ללא פתרון (ראה דברי **המג"א** שהובאו למעלה), מצא את פתרונו באמצעות המתודה שלנו. מה בעצם עשינו? המבנה המתמטי של המתודה שלנו הוא בדיוק זה שהוצג בפרקים הקודמים: יש ווקטור של צירי חשיבות, שכל אחד מהם מגדיר מידה. לכל פעולה יש משקל במונחי כל

אחד מהצירים הללו, ולכן יש לנו ווקטור פעולות שמתקבל על ידי מכפלה של מטריצת מקדמים (W במקרה שלנו, N במקרה הקודם) בווקטור המידות (n_a, m_a במקרה שלנו).

ההבדל היחיד שנוסף לנו כאן הוא שהמטריצה אינה אוניברסלית, כלומר שלכל פעולה יש כמה משקלים אפשריים, תלוי מה עומד מולה. לכן גם מטריצת המקדמים אינה יחידה. בכל סיטואציה יש מטריצת מקדמים שונה (ערך שונה של W). זה מה שהצליח בסופו של דבר לפתור את בעיית חוסר הטרנזיטיביות.

עד עתה הנחנו שהמקרה של הלכות ברכות שקול למקרה של הלכות קרבנות. שניהם עוסקים בשאלות של קדימה, לעומת הקונפליקט של השבת אבידה שעוסק בשאלה את מה לעשות ועל מה לוותר (ולא בשאלות של קדימה). אך לאור מה שעשינו כאן מתברר שגם הקונפליקט של קרבנות אינו זהה לגמרי לזה של ברכות. במקרה של הלכות ברכות בבסיס הקונפליקט עמדו שני צירי מדידה: חשיבות המאכל והקדימה בפסוק. הלולאה הלוגית נוצרה מתוך היחסים המורכבים בין שלושת הפעולות השונות (ברכה על יין, זית ומעשה קדירה) על פני שני הצירים הללו (ראה בטבלא למעלה). אבל בהלכות קרבנות ישנם שלושה צירי חשיבות ולא שניים. אך לאור הפתרון שהוצג כאן, נוכל לראות שאמנם זו בעייה מורכבת יותר, אבל לא שונה מהותית. לכן כעת נציג את הדרך הכללית ביותר לטפל בקונפליקטים כאלה, כאשר יש שלושה צירי חשיבות. השינוי הוא רק במטריצות W, וכמובן גם בפרשנות לכללי הקדימה (למעלה היה קל לנו להגיע לשתי דרכי פרשנות פשוטות שמיישבות את חוסר הטרנזיטיביות של כללי הקדימה. במקרה הכללי, כפי שנראה מייד, הדבר הוא קשה יותר).

טיפול במקרה המלא – הלכות קרבנות

הקונפליקט בהלכות קרבנות הוא בין שלושת כללי הקדימה הבאים:

א. מעשר קודם לחטאת העוף (כי הוא מין זבח).

ב. עולת בהמה קודמת למעשר (כי היא מקודשת יותר).

ג. חטאת העוף קודמת לעולת בהמה (מהכלל שחטאות קודמות לעולות).

היחס בין שלושתם אינו טרנזיטיבי, ולכן הבעייה חייבת להיזקק למשקלים תלויי סיטואציה. כאמור, כאן ישנם שלושה צירי קדימה: סוג בעל החיים (בהמה או עוף). סוג הקרבן (חטאת או עולה). רמת הקדושה (קדשי קדשים, קדשים קלים וכדו׳).

אם כן, בבעייה הזו עלינו להצמיד שלושה משקלים לכל אחד מהקרבנות, במונחי כל אחד משלושת הצירים. יתר על כן, כל מטריצת משקלים כזאת רלוונטית רק לסיטואציה בינארית אחת. משקלה של חטאת העוף מוגדר בהינתן הסיטואציה שהיא עומדת מול עולת בהמה, או מול מעשר. המשקלים שלה בשני המקרים הללו יכולים להיות שונים.

על כן עלינו להגדיר כאן מערכת של שש נוסחאות באותה צורה כמו למעלה, שכל נוסחא תגדיר משקל של אחד הקרבנות בנוכחות אחד משני האחרים. אם כן, לכל קרבן יש שני משקלים שונים, ובסה״כ שישה משקלים. כל אחד מהשישה הללו מורכב משלוש תרומות, של כל אחד משלושת צירי הקדימה.

נסמן כעת את שלושת הקרבנות: חטאת העוף, מעשר, עולת בהמה, באותיות: a, b ו-c, בהתאמה. לחטאת העוף (שמסומנת a) יש שלושה מעמדות במונחי שלושת הצירים: (l_a,m_a,n_a), וכך לגבי מעשר (b) ועולת בהמה (c).

כעת נצייר את טבלת המעמדות של הקרבנות על כל צירי המדידה:

הקרבן/ציר ההירכיה	סוג בעל החיים (n)	סוג הקרבן (m)	קדושה (l)

חטאת העוף (a)	1	3	1
מעשר (b)	3		1
עולת בהמה (c)	3	1	3

שתי הערות על הערכים בטבלא:

1. גם מבחינת סוג בעל החיים, מעשר ועולת בהמה שניהם מין זבח (ולא עוף), אבל אין לנו נתונים שיסבירו האם להצמיד לשניהם ערך של 2 או 3. זה לא באמת משנה, שכן הדבר יבוא לידי ביטוי בערכי המטריצה W, ולכן נניח כאן שהערכים הם 3 (כדי שהמעמדות בכל הצירים ינועו בין 1 ל-3).
2. אין לנו נתון לגבי מעמדו של מעשר על הציר של סוג הקרבן. יש לנו מקור שחטאת קודמת לעולה, אבל לא ברור מה מעמדו של מעשר ביחס לשני אלו. אמנם עקרונית גם כאן לא נראה שזה חשוב, שכן ניתן להצמיד לו ערך כלשהו, ולהכניס את המשמעות בערכי המטריצה הרלוונטיים. נתחיל את הדיון בהנחה שאין ערך רלוונטי בטבלא עבור מעשר. זה יאמר לנו שכשיש התמודדות מול מעשר ציר הקדימה הזה אינו רלוונטי.

כדי לבנות את המשקלים ולנתח את יחסי הקדימה הבינאריים, עלינו לחזור לשלושת כללי הקדימה, ולבחון כיצד ומדוע נפגעת הטרנזיטיביות. כמו במקרה של הלכות ברכות, זה ייתן לנו כיוונים אפשריים לקביעת ערכי המטריצות W:

א. מעשר קודם לחטאת העוף (כי הוא מין זבח). כאן גובר סוג בעל החיים, ואין משמעות לסוג הקרבן. לכן ברור שלהלכה מעשר קודם.

ב. עולת בהמה קודמת למעשר (כי היא מקודשת יותר). כאן גוברת הקדושה.

ג. חטאת העוף קודמת לעולת בהמה (מהכלל שחטאות קודמות לעולות). כאן מתמודדים סוג בעל החיים והקדושה, מול סוג הקרבן. להלכה, סוג הקרבן גובר. הסברנו שיש כאן דין 'הותרה', כלומר שיקולי הקדימה האחרים נעלמים במצב זה.

לכן ערכי W שמתקבלים כאן נקבעים באופן הבא: כל יתרון באחד הצירים קובע את הקדימה. כשיש התנגשות מול סוג בעל חיים הוא לעולם גובר על כל מה שנגדו. כלומר המשקל שלו הרבה יותר גבוה משני הצירים האחרים.

נרשום כעת את המבנה הכללי של פונקציות המשקל השונות.

<u>עבור הכלל הראשון</u> עלינו לרשום את משקלה של חטאת העוף כאשר נוכח מולה גם מעשר, ומשקל המעשר כשיש מולו חטאת העוף:

$$f_b(a) = W_l \times l_a + W_m \times m_a + W_n \times n_a$$

$$f_a(b) = W_l \times l_b + W_m \times m_b + W_n \times n_b$$

את ערכי l, m ו-n אנו לוקחים מהטבלא שלמעלה. כיצד נקבע את ערכי W? לפי השיקולים שתיארנו בכללי הקדימה. בסיטואציה של כלל א אין התייחסות לסוג הקרבן, שם אנחנו לא משווים את שני הקרבנות מבחינת סוג הקרבן. לכן ערכי W הם: $W_l=W_n=1$ ו-$W_m=0$.

הערכים המתקבלים הם:

$$f_b(a) = W_l \times l_a + W_m \times m_a + W_n \times n_a = 2$$

$$f_a(b) = W_l \times l_b + W_m \times m_b + W_n \times n_b = 4$$

לכן ברור שהמעשר קודם.

<u>עבור הכלל השני</u> עלינו לרשום את משקלה של עולת בהמה כאשר נוכח מולה גם מעשר, ומשקל המעשר כשיש מולו עולת בהמה:

$$f_b(c) = W_l \times l_c + W_m \times m_c + W_n \times n_c$$

$$f_c(b) = W_l \times l_b + W_m \times m_b + W_n \times n_b$$

את ערכי l, m ו-n אנו לוקחים מהטבלא שלמעלה. כיצד נקבע את ערכי W? גם כאן זוהי סיטואציה שבה אין התייחסות לסוג הקרבן, ולכן גם כאן אנחנו

לא משווים את שני הקרבנות מבחינת סוג הקרבן. לכן ערכי W הם כמו במקרה הקודם: $W_l=W_n=1$ ו-$W_m=0$.

הערכים המתקבלים הם:

$$f_b(c) = W_l \times l_c + W_m \times m_c + W_n \times n_c = 6$$

$$f_c(b) = W_l \times l_b + W_m \times m_b + W_n \times n_b = 4$$

לכן ברור שעולת בהמה קודמת.

<u>עבור הכלל השלישי</u> עלינו לרשום את משקלה של עולת בהמה כאשר נוכחת מולה גם חטאת העוף, ומשקל חטאת העוף כשיש מולה עולת בהמה:

$$f_a(c) = W_l \times l_c + W_m \times m_c + W_n \times n_c$$

$$f_c(a) = W_l \times l_a + W_m \times m_a + W_n \times n_a$$

את ערכי l, m ו-n אנו לוקחים מהטבלא שלמעלה. כיצד נקבע את ערכי W? כאן זוהי סיטואציה שבה יש התייחסות לסוג הקרבן, ולכן כאן אנחנו משווים את שני הקרבנות גם מבחינת סוג הקרבן. יתר על כן, ראינו למעלה שזה מכריע את כל השיקולים האחרים. אם נשמור את ערכי: $W_l=W_n=1$, כמו קודם, אזי עלינו לקבוע את ערכו של W_m כך שהוא יגבר על שני האחרים. נקבע אותו על 10.[53]

הערכים המתקבלים למקרה זה הם:

$$f_a(c) = W_l \times l_c + W_m \times m_c + W_n \times n_c = 16$$

$$f_c(a) = W_l \times l_a + W_m \times m_a + W_n \times n_a = 32$$

לכן ברור שחטאת העוף קודמת.

---

[53] משמעות הדבר היא שההתגברות של סוג הקרבן על צירי הקדימה האחרים היא בגדר 'דחויה'. אם זה היה 'הותרה', אז ערכי W עבור שני הצירים האחרים במצב הזה היו 0, וזה היה יכול להישאר 1. מדוע בחרנו באופציה של 'דחויה'? משתי סיבות: א. זה נוח יותר לשמור על ערכי W הקודמים. ב. אם אין לנו מקור ברור ההנחה הפשוטה היא שכשיש עדיפות כלשהי היא נשארת על כנה, אלא שהאחרת גוברת עליה. לטעון שהקדושה או סוג בעל החיים כלל לא חשובים במקרה זה, זה פחות סביר (לפחות כשאין מקור ברור לזה).

עוד הערה על הערך של W_m. נעיר כאן שכדי לוודא שאכן יתקיים כלל ג, הערך של W_m צריך להיות גדול מ-2. אנחנו קבענו אותו על 10 רק כדי שזה יהיה בטוח. השלכות יכולות להיות בקונפליקט המשולש, וראה על כך להלן.

אם כן, יש לנו תיאור מתמטי קוהרנטי של מערכת כללי הקדימה, והוא שומר על חוסר הטרנזיטיביות. בדיוק כמו במקרה הקודם, זה נעשה באמצעות התלות של ערכי W בסיטואציה.

הקונפליקט המשולש: דרך ראשונה

מה עושים בקונפליקט המשולש, כאשר יש לנו את שלושת סוגי הקרבנות הללו? כאן מופיעים שלושת צירי המדידה גם יחד, ולכן יהיה קשה לקבוע את ערכי W. אם נתחשב ב-W_m אזי לא ברור כיצד לחשב את המעשר (שאין לו מעמד רלוונטי בציר הזה).

על כן נראה סביר יותר לקבוע משקלים לכללי הקדימה, ולא לצעדים. ראינו שהגמרא בזבחים קובעת שהכלל שיוצא מפסוק הוא המכריע, ולכן כלל הקדימה ג הוא החשוב ביותר. זה אומר שהסדר בין חטאת העוף לעולת בהמה חייב להישמר. כעת נותרת השאלה היכן למקם את המעשר ביחס לשני אלו. ברור שלא באמצע, שכן זה שובר את שני כללי הקדימה האחרים. או אחרי עולת הבהמה, או לפני חטאת העוף. ראינו ששני כללי הקדימה האחרים הם באותו משקל (שניהם הוכרעו בהפרש 2), ולכן קשה להעדיף את האחד על השני.

עקרונית בדרך הזאת אין לנו מסלול שלוקח אותנו מהנתונים לגבי הדילמות הבינאריות, גם אחרי שתיארנו אותן במודל שלנו, אל ההכרעה בקונפליקט המשולש. כאן אנחנו נזקקים להפעלת ההיגיון שלנו על תכני הבעייה. יש להחליט מה משקלו של כל אחד מהכללים על פי שיקולים הגיוניים, וכך להכריע.

כפי שכבר הזכרנו למעלה, דרך זו היא בעייתית, שכן היא לא נותנת לפוסק דרך שיטתית להגיע להכרעה. לכן ננסה כאן להציע דרך שיוצאת מהנתונים ומגיעה להכרעה.

הקונפליקט המשולש: דרך שנייה

נתחיל בחישוב המשקלים של כל אחד מהקרבנות באמצעות הנוסחא שלנו.
סביר מאד להשאיר גם במקרה זה את שני הערכים $W_l=W_n=1$, שכן זהו ערך
שנכון בכל הסיטואציות. לגבי W_m יש מקום להתלבט. נרשום כעת את
הערכים המלאים של שלושת הצעדים:

$$f_{bc}(a) = W_l \times l_a + W_m \times m_a + W_n \times n_a = 2 + 3W_m$$

$$f_{ac}(b) = W_l \times l_b + W_m \times m_b + W_n \times n_b = 4 + XW_m$$

$$f_{ab}(c) = W_l \times l_c + W_m \times m_c + W_n \times n_c = 6 + W_m$$

שני דברים צריכים להתברר כאן: מהו ערכו של W_m ? מהו ערכו של X?
מכיון שבסיטואציה המשולשת יש להתחשב בסוג הקרבן (כי חטאת העוף
מתמודדת מול עולת בהמה), לא ברור איזה ערך עלינו לתת לזה עבור מעשר.
אנחנו רואים שמשני הכיוונים אנחנו פוגשים בעייה לא עבירה. שורש הבעייה
הוא שלא הגדרנו ערך של סוג קרבן עבור מעשר, ולכן אין לנו דרך להשוות
אותו מול שני הקרבנות האחרים. אבל אם יש פתרון לקונפליקט המשולש, אז
בהכרח יש דרך להשוות ביניהם.

לכן אין מנוס משינוי בדרך הפתרון. עלינו למלא את הטבלא, כלומר לרשום
שם ערך כלשהו, ולסדר את ההתאמה לכללי הקדימה על ידי ערכי W. מטעמי
סימטריה הגיוני לבחור את הערך 2. כעת הטבלא היא:

קדושה (l)	סוג הקרבן (m)	סוג בעל החיים (n)	הקרבן/ציר ההיררכיה
1	3	1	חטאת העוף (a)
1	2	3	מעשר (b)
3	1	3	עולת בהמה (c)

ננתח כעת את כללי הקדימה במונחי הטבלא החדשה:

א. מעשר קודם לחטאת העוף. כאן מתמודדים סוג בעל החיים (בהפרש גדול: 1-3=2) מול סוג הקרבן (בהפרש קטן: 2-3=1). להלכה במצב כזה סוג בעל החיים מכריע את סוג הקרבן.

ב. עולת בהמה קודמת למעשר. כאן מתמודדים קדושה (בהפרש גדול: 1-3=2) מול סוג הקרבן (בהפרש קטן: 1-2=1). להלכה במצב כזה הקדושה גוברת.

ג. חטאת העוף קודמת לעולת בהמה. כאן מתמודדים סוג בעל החיים והקדושה, מול סוג הקרבן (הכל בהפרש גדול: 1-3=2). להלכה, סוג הקרבן גובר על שני האחרים.

משני הכללים הראשונים עולה שההפרש הוא הקובע. כל הצירים הם שווי משקל (כולל סוג הקרבן – ראה כלל ב), ומי שיש בו הפרש של 2 יחידות גובר על הפרש של יחידה אחת. אבל הכלל השלישי הופך את הקערה על פיה, ועולה ממנו שסוג הקרבן גובר על כל שיקול אחר, ואפילו על צירוף של שני שיקולים אחרים.

לכאורה זוהי סתירה בין הכללים. בעצם זהו ביטוי לחוסר הטרנזיטיביות, אבל אם יש היגיון מאחורי הכללים אז ברור שיש הסבר הגיוני שעומד ביסוד חוסר הטרנזיטיביות.

נראה שגם כאן עלינו ללכת בדרך דומה למה שעשינו למעלה. כאשר יש הפרש גדול בסוג הקרבן – ערך המטריצה W_m גדל מאד, והוא גובר על שני האחרים. כשההפרש הוא קטן (כלומר שמעורב בסיטואציה גם מעשר) הערך הוא רגיל.

ערכי W שמתקבלים הם כדלהלן: כשיש מעשר בסיטואציה כל ערכי המטריצה הם 1. כשאין מעשר (כלומר הפרש סוג הקרבן הוא גדול), ערכי המטריצה נותרים 1, אבל הערך של W_m עולה משמעותית.

אם נחזור כעת על החשבון בשלושת הסיטואציות, ברור שהתיאור יהיה עקבי. כך בנינו אותו. השאלה האם כעת ניתן יהיה להכריע את הקונפליקט המשולש?

עבור כלל א נקבל:

$$f_b(a) = W_l \times l_a + W_m \times m_a + W_n \times n_a = 5$$

$$f_a(b) = W_l \times l_b + W_m \times m_b + W_n \times n_b = 6$$

מעשר קודם לחטאת העוף.

עבור כלל ב נקבל:

$$f_b(c) = W_l \times l_c + W_m \times m_c + W_n \times n_c = 7$$

$$f_c(b) = W_l \times l_b + W_m \times m_b + W_n \times n_b = 6$$

עולת בהמה קודמת למעשר.

עבור כלל ג נקבל:

$$f_a(c) = W_l \times l_c + W_m \times m_c + W_n \times n_c = 6 + W_m$$

$$f_c(a) = W_l \times l_a + W_m \times m_a + W_n \times n_a = 3 + 2W_m$$

אנחנו יודעים שחטאת העוף קודמת לעולת בהמה. לכן חייב להיות שהמשקל של W_m יהיה גדול מ-3. ניקח לצורך הדיון $W_m=4$.

כעת נחשב את הערכים הרלוונטיים עבור הקונפליקט המשולש:

$$f_{bc}(a) = W_l \times l_a + W_m \times m_a + W_n \times n_a = 2 + 3W_m$$

$$f_{ac}(b) = W_l \times l_b + W_m \times m_b + W_n \times n_b = 4 + 2W_m$$

$$f_{ab}(c) = W_l \times l_c + W_m \times m_c + W_n \times n_c = 6 + W_m$$

אנחנו יודעים שערכו של W_m הוא גדול מ-3 (למעלה, רק כדוגמא, לקחנו אותו להיות 4). אם נעשה את החישוב נראה שבכל ערך שבו הוא גדול מ-3, מתקבלת הכרעה ברורה. ברור ש-a יקדם ל-b שהרי ההפרש ביניהם הוא: W_m-2, וזה תמיד גדול מ-0. אנחנו גם מקבלים ש-b יקדם ל-c, שהרי ההפרש ביניהם גם הוא W_m-2, ולכן גם הוא גדול מ-0.

לכן הסדר המתקבל הוא: a>b>c. חטאת העוף קודמת, ואחריה מעשר ואחריה עולת בהמה.

השוואה בין שתי הדרכים ומשמעותן

כעת מתבקש להשוות זאת לדרך הקודמת של הכרעת הקונפליקט. לכאורה, הפתרון אליו הגענו כאשר מתבוננים עליו מבחינת חשבון של כללי קדימה הוא מאד מפתיע. הסדר הזה אמנם שומר על הכלל א, וזה צפוי גם לאור החשבון הראשון (ראה למעלה), אבל הוא שובר גם את כלל ב וגם את כלל ג. נכון שעקרונית יש מקום לומר שמשקלו של כלל א גובר על משקלם של האחרים, אבל זה לא מספיק. שהרי ניתן לשמור על כלל א, כלומר שחטאת העוף תהיה לפני עולת בהמה, ובכל זאת להזיז את המעשר לפני חטאת העוף או אחרי עולת בהמה. כך היינו יכולים 'להרוויח' עוד כלל אחד שיישמר, בלי לפגוע בכלל א. אם כן, נראה בעליל שהפתרון אותו קיבלנו בדרך השנייה אינו מתאים לדרך הראשונה (משקול כללי הקדימה), וגם לא להיגיון. לכאורה נראה שזוהי תוצאה מלאכותית של המודל ולא מה שעולה מתוך הנתונים. מהו בכל זאת ההיגיון בפתרון הזה? אם המודל שפותח הוא אכן הגיוני, כיצד ייתכן שהוא נותן תוצאה בעייתית?

אך במבט נוסף, ההסבר לכך הוא פשוט מאד, ויש בו היגיון רב. עלינו לזכור שלפי הנחתנו כאן, גם למעשר בהמה יש ערך של סוג קרבן (מה שלא בא לידי ביטוי בכללי הקדימה הבינאריים, שמתעלמים מזה). ההבדל במשמעות התוצאה בין שתי הדרכים נובע מן העובדה שהפתרון שלנו כאן מתחשב גם בערך הסמוי הזה.

יש לזכור שבנוכחות חטאת העוף ומעשר בהמה, הפקטור שכופל את ערכי הפרמטר של סוג הקרבן (W_m) הוא גדול יותר באופן משמעותי משאר הפקטורים (W_l, W_n), ולכן יש יתר חשיבות לשאלה מה משקלו של המעשר במונחים של סוג הקרבן (כי תרומתו למשקל הכולל מוכפלת בפקטור גדול). בהנחה זו, המיקום של מעשר בין חטאת העוף לבין עולת בהמה הוא אכן המיקום האופטימלי, והפתרון אליו הגענו הוא אכן הפתרון המתבקש.

התוצאה הזו מראה לנו עוד אספקט שמתחדד אם עוקבים אחרי דרך הפתרון שהצענו כאן. רואים שהסתכלות אינטואיטיבית (שמנסה למשקל רק את הכללים עצמם) עלולה להגיע לתוצאות לא נכונות.

מה שמונח ביסוד הפתרון אליו הגענו הוא שאלת האינקומנסורביליות. אם אכן מעשר לא היה נמדד כלל במונחי סוג הקרבן (זה היה לא רלוונטי לגביו), לא היתה דרך להשוות בינו לצבין שאר הקרבנות, ולכן אין דרך להכריע את הקונפליקט המשולש. ההנחה שיש הכרעה לקונפליקט, מורה לנו בהכרח שגם למעשר יש ערך כלשהו מבחינת סוג הקרבן. הוא נמדד באותו קנה מידה כמו שני הקרבנות האחרים. לאחר שהגענו לזה, הנחנו שהערך הזה הוא 2, שכן במקרה כזה ההפרש בינו לבין שני הקרבנות האחרים הוא קטן ולכן הוא לא משבש את שני כללי הקדימה האחרים (זו הסיבה שהוא נעלם מעינינו במבט על כלי הקדימה). ומכאן כבר נגזר באופן מתמטי לגמרי הפתרון שאליו הגענו. אם כן, התחשבות בבעיית האינקומנסורביליות שבה עסקנו בתחילת הספר, היא שחוזרת אלינו כאן ומאפשרת לנו להכריע את הקונפליקט. הדרך הראשונה מנסה למצוא היררכיה במצב אינקומנסורבילי, והדרך השנייה מכריעה בהנחה שהכל נמדד באותם קני מידה (כלומר שאין אינקומנסורביליות).

הקונפליקט של השבת אבידה

מה שנותר לנו לעשות הוא למצוא פתרון שיכריע את הקונפליקט של השבת אבידה. קונפליקט זה מבוסס גם הוא על שלוש הוראות מעשיות, אך הוא אינו חותר למצוא סדר קדימה אלא לקבוע מה עדיף לעשות ועל מה לוותר. בזה הוא שונה משני הקופליקטים שפתרנו למעלה (קרבנות וברכות), ששניהם עוסקים רק בשאלה של סדרי קדימה.

הקונפליקט הזה נוצר ממצב בו יש שלושה צעדים מעשיים לביצוע: הצלת אבידתו שלו (a), כבוד אביו (b), הצלת אבידת חברו (c). במצבים הבינאריים חלים שלושת הכללים הבאים:

א. אבידתו קודמת לאבידת חברו.

ב. כבוד אביו קודם לאבידתו.

ג. אבידת חברו קודמת לכבוד אביו.

כאן נכנס ההבדל החשוב ביותר בין הדוגמא הזו לדוגמאות הקודמות. בגלל שכאן מדובר בשאלה של הכרעה (איזה צעד לעשות) ולא בשאלה של סדרי קדימה (מה להקדים ומה לאחר), איננו יכולים לדבר רק על הערך שיש בכל צעד אלא יש להתחשב גם במחיר של העובדה שבעשותנו צעד אחד אנחנו לא עושים את הצעדים האחרים. כאן המחיר אינו רק הפגיעה בכללי הקדימה ובסדר, אלא גם באי הביצוע של הפעולות האחרות. לכן המתודה אמורה להיות שונה. לדוגמא, הדרך של משקול כללי הקדימה בודאי לא תספיק כאן, שהרי היא אינה מתחשבת במלוא האספקטים של הבעייה. היא יכולה לתת לנו את סדר הפעולות בסיטואציה, אבל לא את ההכרעה לשאלת הצעד הבודד. יתר על כן, גם לשלושת הכללים עצמם יש משמעות שונה בקונפליקט הזה. בשתי הדוגמאות הקודמות הכללים הבינאריים תיארו סדרי קדימה (איזו פעולה מה לעשות קודם), אבל כאן הכללים הללו מתארים איזו פעולה חשובה יותר מהשנייה.

באופן עקרוני, שיקולי קדימה שונים משיקולי חשיבות, גם אם לפעמים יש חפיפה ביניהם. לדוגמא, אפשר לחשוב שאם יהיו בפני מישהו כבוד אביו והצלת אבידת חברו, אין להלכה שום אמירה בשאלה מה עליו לעשות קודם. מה שחשוב הוא ששניהם ייעשו. לפי זה, מבחינת כללי קדימה שני הצעדים שקולים. אבל אם הוא צריך להחליט איזו פעולה לעשות ועל איזו לוותר, כאן נכנסים כללי החשיבות (ולא כללי קדימה). זוהי קדימה בחשיבות ולא קדימה בסדר הפעולות. נכון שלפעמים החשיבות גם קובעת את סדר הפעולות, אבל זה לא הכרחי ובודאי לא תמיד.

אם כן, המתודה כאן צריכה להיות התחשבות בתועלות ובמחירים של כל צעד, כלומר לחזור לשימוש בהפרשים, אותם תיארנו למעלה. שם כבר קיבלנו עבור הדילמות הבינאריות את שלושת אי השוויונים הבאים:

$$(1)\quad a^+ - a^- < b^+ - b^- \Rightarrow f(a) < f(b)$$

$$(2)\quad c^+ - c^- < a^+ - a^- \Rightarrow f(c) < f(a)$$

$$(3)\quad b^+ - b^- < c^+ - c^- \Rightarrow f(b) < f(c)$$

כבר ראינו שכדי שנוכל לתאר את הקונפליקט בצורה קוהרנטית עלינו לבחור מחירים שהם תלויי סיטואציה. לכן עלינו לסמן זאת אחרת:

$$(1)\ \ a_b^+ - a_b^- < b_a^+ - b_a^- \Rightarrow f_b(a) < f_a(b)$$

$$(2)\ \ c_a^+ - c_a^- < a_c^+ - a_c^- \Rightarrow f_a(c) < f_c(a)$$

$$(3)\ \ b_c^+ - b_c^- < c_b^+ - c_b^- \Rightarrow f_c(b) < f_b(c)$$

האינדקסים התחתונים מתארים את הפעולה שנוכחת מול הפעולה שאותה אנחנו מעריכים.

כאן נכנס ההבדל השני עליו עמדנו למעלה. התיאור תלוי הסיטואציה נראה בעייתי לבעייה הזו. למעלה הכללים הבינאריים עסקו בקדימה ולא בחשיבות, ולכן היה מקום לומר שיש סדרי קדימה שונים שיהיו תלויי סיטואציה. אבל כאן מדובר בסדרי חשיבות, כלומר במדידה של חשיבותו של כל צעד, ופחות סביר שחשיבות כזאת תהיה תלויית סיטואציה. מה שיכול להיות תלוי סיטואציה הוא המחיר של אי הביצוע. כמו שראינו בדוגמאות שלמעלה, ישנם מחירים שהם 'הותרה' ויש מהם שהם 'דחויה'. מחירי 'הותרה' מתאפסים בסיטואציות מסויימות. אם לא עסקתי בהשבת אבידת חברי בגלל עיסוק באבידה שלי, יש לכך מחיר מסויים. אבל אם לא עסקתי בזה בגלל כבוד אבי יש לכך מחיר אחר (ואולי הוא אפילו מתאפס). בסימון שלנו, המשמעות של ההבדל הזה היא שהפונקציה f משתנה לפי האינדקס התחתון שלה.

ברגע שסימנו את הערכים של כל צעד באופן שהוא תלוי סיטואציה (על ידי האינדכס התחתון), פתרנו בעצם את בעיית הייצוג המתמטי של שלושת כללי הקדימה הלא טרנזיטיביים. אם אנחנו קובעים את שני הערכים של אחד הצעדים, לדוגמא: $f_b(c)$ ו-$f_a(c)$, כשונים זה מזה (כלומר ערכו של c שונה אם הוא עומד מול a או מול b), לא תיווצר בעיית הטרנזיטיביות.

אך הייצוג הזה אינו מועיל לנו בשום צורה להכרעת הקונפליקט המשולש. אם נרצה להשתמש בו, יהיה עלינו להעריך משיקולים של סברא ופרשנות (שתלויות כמובן בתכנים המעורבים בבעייה) מהם ששת הערכים השונים שמופיעים באי השוויונים למעלה. וגם אז לא ברור כיצד הם מתייחסים למצב

155

של הקונפליקט המשולש. זה בעצם שקול לדרך הראשונה שהצענו למעלה
לגבי הקרבנות, שם שקלנו את כללי הקדימה משיקולים של סברא ופרשנות
כדי לקבל הכרעה. אבל כפי שראינו שם בדרך זו לא ניתן להגיע באופן שיטתי
מהנתונים (לגבי הדילמות הבינאריות) להכרעה בקונפליקט המשולש.

לכאורה, כדי שנוכל להתקדם באופן שיטתי לפתרון הקונפליקט המשולש,
עלינו לבטא את המשקל באמצעות הצירים התיאורטיים השונים שעומדים
ביסוד כללי החשיבות הללו. כלומר עלינו לייצג את הפקטורים שמתרגמים
את המעמד היחסי של הצעדים השונים לחשיבות שקובעת את כללי הדחייה.

לאחר מכן נתקדם לפתרון הקונפליקט המשולש כמו שעשינו למעלה.

אלא שכאן נוצרת בעייה. כפי שראינו למעלה, יש להתחיל את המהלך מניתוח
של שלושת כללי הקדימה. לאחר שנבין אותם נוכל לנסות ליישם את
המסקנות לגבי המצב המשולש. עוד ראינו שהמשקלים צריכים להיות תלויי
סיטואציה. לדוגמא, בסיטואציה של הכלל א, שאבידתו קודמת לאבידת
חברו, בעצם נאמר שמצוות השבת אבדה כלפי החבר כלל לא חלה כשהוא
צריך לעסוק באינטרס שלו עצמו. לחילופין, המחיר של אי הצלת אבידתו שלו
הוא מאד גבוה, ולכן הוא אינו חייב לשלם אותו כדי להציל את אבידת חברו.

אבל במצב המשולש השיקולים הללו לא יאמרו לנו מאומה. אמנם במצב
המשולש יש על הפרק עיסוק באבידתו שלו, ולכאורה זה מאפס את החובה
להציל את אבידת חברו. אבל זה לא נכון, שהרי אם נחליט שלא לבצע את
הצלת אבידתו, המחיר של אבידת חברו יחזור ויהיה רגיל. לשון אחר : כאן
המחיר תלוי בהחלטה ולא ההחלטה במחיר. הסיבה לכך היא שכאן לא
מדובר על סדר קדימה אלא על החלטה איזה צעד לבצע. בקונפליקטים
שעוסקים בסדר קדימה, שלושת הצעדים מתבצעים בפועל בכל מקרה, ולכן
אם החשיבות של a מתאפסת בנוכחות b זה יהיה נכון גם במצב המשולש,
שכן גם במצב המשולש אחד הצעדים הוא b. אבל בקונפליקטים של בחירה
בצעד מסויים, לא כל הצעדים יתבצעו בפועל, ולכן לא ניתן ללמוד מאומה

מניתוח המחירים בסיטואציות הבינאריות על המחירים בסיטואציה המשולשת.

האפשרות להחליט בקונפליקט המשולש דורשת מחירים שלא יהיו תלויי סיטואציה (ואז ניתן להשתמש בהם גם במצב המשולש). אבל כבר ראינו שאם אכן המחירים לא תלויים בסיטואציה אז לא ניתן לתאר באופן קוהרנטי את הכללים הבינאריים. כלומר בקונפליקטים של החלטה (להבדיל מסדרי קדימה) לא ניתן גם לבטא את הכללים הבינאריים באופן קוהרנטי ובו זמנית גם להכריע בקונפליקט המשולש. כדי להכריע בקונפליקט כזה ניתן לנקוט באחת משתי דרכים:

א. או למשקל את כללי הקדימה (כמו שראינו למעלה), אלא שאת זה לא ניתן לעשות מתוך הנתונים וצריך לערב כאן את סברתו של הפרשן.

ב. למצוא עיקרון מקומי, כמו שעשו התוס'. הם קבעו שאדם לא חייב לאבד חפץ שלו כדי לכבד את אביו. אם מאמצים את הקביעה הזאת, כלל הקדימה ב (שכבוד אביו קודם לאבדתו) בטל, ואז כלל לא מדובר כאן בקונפליקט שכן הכללים שנותרו הם טרנזיטיביים.

סיכום

בפרק זה ראינו שבמצבים לא טרנזיטיביים הדרך היחידה לפתור את הקונפליקט היא לקבוע ערכים שהם תלויי סיטואציה, שכן עבור ערכים קבועים הקונפליקט אינו פתיר. מתוך כך ראינו גם כמה סוגי קונפליקטים משולשים, ובעצם עמדנו בעיקר על שלושה:

א. דיני ראיות: רק כללי קדימה, בלי הוראות מעשיות. בקונפליקט כזה אנחנו מחפשים הכרעה עובדתית אחת שמתחשבת בשלושת סוגי הראיות. לכן ברור שהתוצאה המשפטית צריכה לשקלל את כולם. זהו הסוג הקל ביותר, שכן עלינו לקבוע משקל של כל סוג ראיה, ולסכם את המשקלים כדי להגיע להכרעה. חוסר הטרנזיטיביות

הוסבר במונחים של סוגים שונים של ראיות (כללים מבררים וכללי הנהגה).

ב. קרבנות וברכות: שלושה כללי קדימה עם הוראות מעשיות. בקונפליקטים הללו מחפשים סדר קדימה אופטימלי. ברקע יש משחק בין כמה צירי חשיבות (בברכות – 2, בקרבנות – 3). ראינו שכאן צריכים להיזקק למשקלים תלויי סיטואציה. אנו מוצאים אותם על ידי מציאת ייצוג קוהרנטי לשלושת כללי הקדימה. לאחר מכן, ניתן גם להכריע את הקונפליקט המשולש מתוך הנתונים הבינאריים.

ג. השבת אבידה: שלושה כללי קדימה עם הוראות מעשיות. כאן אנחנו מחפשים איזה צעד אחד לבצע (ולא סדרי קדימה). מסיבה זו ראינו שלא ניתן גם לייצג באופן קוהרנטי את שלושת כללי הקדימה הבינאריים וגם להכריע את הקונפליקט המשולש מתוכם. ניתן להכריע אותו על ידי שיקולים מקומיים שנוגעים לתכני הבעייה (או משקול של שלושת כללי הקדימה, כלומר קביעת המשקלים למצב המשולש. או מציאת פתרון שינטרל את חוסר הטרנזיטיביות של הסיטואציה, כפי שעשו התוס').

ניתן גם לחשוב כאן מה קורה כשיש שותפויות במינונים שונים בין אביו לבינו או לרבו, או שיש לו/רבו/אביו מספרים שונים של אבדות. זה מסבך את הקונפליקט אבל לא משנה אותו ברמה המהותית. עדיי יש למשקל את הצעדים השונים, כאשר כעת עלינו להתחשב גם בהבדלי המינונים וכדו'.

בכל מקרה, מסקנתנו היא שלא ניתן ללמוד מקונפליקט אחד לאחרים. העובדה שבסוגיית זבחים נמצא פתרון לקונפליקט היא תוצאה של התכנים הספציפיים המעורבים שם, ולא נכון להסיק מזה מסקנות לגבי קונפליקטים אחרים (אפילו לא ברכות, שזה הכי דומה). אבל יותר מכך, גם אם נצליח להכריע את הקונפליקט המשולש הסימטרי, כלומר בלי התוכן הספציפי ששימש את הגמרא, וכך עשינו כאן למעלה, זה לא קשור לשאלת ההכרעה של

קונפליקטים מסוג ג (השבת אבידה). שם המצב שונה בתכלית, ואין בידינו דרך לוגית כללי לעשות זאת.

בפרק הבא נבחן ביתר פירוט קונפליקט ידוע שכבר עסקו בו כמה מחברים. שם מדובר בקונפליקט מהסוג של השבת אבידה, כלומר שלושה כללים לא טרנזיטיביים שמטרתנו לחלץ מתוכם צעד אחד לביצוע (ולא סדר קדימה). במהלך הדברים נראה כיצד המתודות שהוצגו עד כאן מסייעות לנו לפתור גם את הבעייה ההיא.

פרק שביעי

עשה דוחה לא-תעשה: קונפליקט המצה מן החדש

מבוא

בפרק זה נציג קונפליקט שעסקו בו כמה מהאחרונים (לדוגמא, **רביד הזהב**, לפרשת ויצא, בראשית כח, כב; **קובץ הערות** ליבמות סי' יד אות ה ועוד). נתאר אותו כבר כאן בקצרה.

במהלך דברינו נדון בפירוט מה בכלל עשה דוחה לא-תעשה (=עדל"ת), גם מפני שהוא עומד ביסוד הפרדוכס, וגם מפני שדרכו נוכל להפיק עוד כמה תובנות ביחס להכרעת קונפליקטים בכלל.

נעיר עוד שמתברר כי במקרה הזה, על אף שמדובר בקונפליקט שדומה להשבת אבידה (שכן מדובר בבחירת צעד אחד משלושה לא טרנזיטיביים), יש לנו דרך להגיע להכרעה מתוך תכני הבעיה (הם מכתיבים לנו את הערכים תלויי הסיטואציה של הצעדים השונים).

לכאורה זה סותר את המסקנה של הפרק הקודם, שכן בקונפליקט מסוג כזה אין לנו דרך להכריע אותו מתוך נתוני הבעיה. אמנם ראינו שם שייתכן פתרון לסוג כזה של קונפליקט, אלא שלא ניתן להגיע אליו באופן לוגי פורמלי מתוך ניתוח כללי הדחייה הבינאריים. דווקא בגלל זה הדוגמא הזו חשובה כדי להדגים שאין פירוש הדבר שלבעייה מסוג כזה אין פתרון.

מצה מן החדש: תיאור הפרדוכס

הבסיס לפרדוכס הזה הוא שלושה עקרונות הלכתיים: 1. עדל"ת. 2. אין חובה להוציא על קיום מצוות עשה יותר מחמישית מממונו. 3. כדי לא לעבור על לאו יש להוציא אפילו את כל ממונו.

כעת נחשוב על הסיטואציה הבאה: אנו נמצאים בערב פסח. ישנה מצוות עשה לאכול מצה בליל החג הראשון של פסח. בנוסף, יש איסור לאו לאכול מן

התבואה החדשה עד יום הנפת העומר (שזהו היום שאחרי החג הראשון של פסח). עד אותו יום יש לאכול מתבואת השנה שעברה. המצב בשוק הוא שמחיר התבואה הישנה הוא יקר מאד (מעל חמישית מממוני), ומחיר תבואה מן החדש הוא זול (פחות מחמישית).

נראה כעת שלכאורה זהו מצב ללא מוצא. אם נבחר לאפות מצה מן החדש עברנו על איסור לאו, וראינו שכדי להימנע מאיסור יש להוציא את כל ממונו (כאן הוא יכול לעשות זאת על ידי קניית קמח ישן). אם כן, לכאורה יש לקנות קמח ישן ולאפות ממנו את המצה. אבל גם אם נחליט לקנות את הקמח הישן, שהוא יקר מאד, הוצאנו ממון רב על קיום מצוות עשה (של אכילת מצה), והרי אין חובה לעשות זאת. לכן יש מוצא עדיף – לא לאכול מצה כלל (שהרי קיום המצווה דורש מאיתנו הוצאת ממון רב, ואיננו חייבים לעשותז זאת). אבל אם לא אוכל מצה כלל, עדיף לאכול מן החדש, שהרי האיסור שיש בזה נדחה בפני מצוות העשה של אכילת מצוה, והכלל הוא שעשה דוחה לא-תעשה. אבל כאן יש לאו שניתן להיחלץ ממנו על ידי קניית קמח ישן, וחוזר חלילה.

כאמור, זוהי בעייה מקבילה לקונפליקט של השבת אבידה, ולכן לא פלא שהאחרונים התחבטו בה ולא הגיעו למסקנה ברורה. בפרק זה ניווכח שבניתוח מתמטי ניתן להגיע להכרעה כזו. אם כן, אמנם לא מדובר בהכרעה באמצעות שיטה לוגית כללית, אבל בכל זאת ייצוג וניתוח מתמטי יסייעו לנו להגיע לפתרון.

עשה דוחה לא-תעשה: עיון ראשוני במקור הכלל

כלל הקדימה הבינארי היסודי בו אנו עוסקים כאן נוגע למצב בו ניצבים עשה מול לא-תעשה. במצב כזה הגמרא קובעת את הכלל שהעשה גובר (ראה יבמות ג סוע״ב ומקבילות).

ניתן לשאול כיצד התקבלה ההכרעה הזו, כלומר איזה סוג של כלל דחייה יש כאן (ראה למעלה בפרק הראשון, שם סקרנו כמה סוגים של כללי ומתודות

דחייה). הסוגיא ביבמות מביאה מקורות שונים לכך, ובעיקר את דין כלאיים בציצית. הגמרא שם ג ע״ב – ד ע״א כותבת:

ותו, לא תעשה גרידא מנלן דדחי? דכתיב: +דברים כ״ב+ לא תלבש שעטנז, גדילים תעשה לך.

ומסביר רש״י שם:

לא תלבש שעטנז - וסמיך ליה גדילים תעשה לך ודרשינן סמוכין ושרינן כלאים בציצית אלמא אתי עשה ודחי לא תעשה.

מתוך הסמיכות של דין כלאיים למצוות ציצית אנחנו לומדים שאיסור כלאיים נדחה בפני מצוות ציצית, וזהו מקרה פרטי של עיקרון כללי יותר: עשה דוחה לא-תעשה.

לכאורה מדובר כאן בכלל שנלמד מפסוק. אולם ברור שזה כשלעצמו לא מספיק, שכן ניתן היה להבין שדין כלאיים בציצית הוא חריג, וללמוד מכאן דווקא את ההיפך: שבדרך כלל עשה אינו דוחה לא-תעשה, ודווקא כאן התורה הקישה אותם כדי לחדש שזהו מקרה חריג.

מדוע חז״ל בוחרים דווקא את האפשרות ההפוכה? מדוע הם רואים בציצית בניין אב לכל התורה, ולומדים מכאן עיקרון כללי של עדל״ת? זהו מקרה פרטי של שאלה מקיפה יותר: מתי חז״ל בוחרים לראות בפסוק מקור לכלל גורף שנלמד בבניין אב, ומתי הם רואים במקור דווקא חריגה שמעידה על כך שהכלל הגורף הוא הפוך?

מסתבר שהתשובה תלויה בהיגיון של הכלל המדובר. אם מדובר בכלל הגיוני, אזי המקור מהווה עוגן שמאפשר לנו ליישם אותו בכל התורה. אבל אם מדובר בכלל לא הגיוני, אזי סביר יותר לראות בו חריג, ולומר שאין לך בו אלא חידושו.

אם כן, העובדה שיש מקור מציצית שמלמד אותנו את הכלל עדל״ת, אינה פוטרת אותנו מלחפש סברא. ללא סברא לא ניתן היה ללמוד את העיקרון הזה מההיקש בפסוקים. מהי, אם כן, הסברא שמאחורי הכלל הזה?

עיון ראשוני מעלה שהסברא האינטואיטיבית היא הפוכה. בדרך כלל אנחנו רגילים לחשוב שלאו חמור ממצוות עשה, שהרי על לאו יש להוציא את כל

ממוננו ועל עשה רק חומש. על עבירת לאו יש עונש ועל ביטול עשה לא. לאו אינו נדחה בפני כבוד הבריות ועשה כן,[54] וכדו׳.

אם כן, הכלל עדל״ת דורש עיון וביאור. לא ברור מהי הסברא שעומדת ביסודו. כיצד הקל (=העשה) דוחה את החמור (=הלאו)? כאן נציע כמה קווי חשיבה יסודיים, שישמשו אותנו בהמשך.

הגישות היסודיות לכלל עדל״ת

ישנן ארבע גישות עיקריות ביחס לכלל עדל״ת:

<u>ר׳ ניסים גאון: העשה כתנאי ללאו</u>. ר׳ ניסים גאון בשבת קלג ע״א, מקשה את הקושיא הזו, וכותב:

> ***...שבעת שאירע חיוב מצות עשה נדחה האזהרה שהוא לא תעשה ונקיים הציווי שהוא עשה, ותבוא מצות עשה ותדחה לא תעשה כי האזהרה של לאו על זה התנאי נאמרה.***

הוא ממשיך אחר כך לבאר שבמקום בו יש התנגשות בין לאו לעשה – הלאו כלל אינו קיים. התחולה של כל לאו מסוייגת רק למקומות שבהם אין חובת עשה שסותרת אותו.

ברור מדבריו שהנחתו היא שבאופן עקרוני הלאו אכן יותר חמור מעשה, ואם הוא היה קיים הוא לא היה נדחה מפני העשה. אולם התורה קבעה שבמקום בו יש קונפליקט הלאו כלל אינו חל, וממילא יש לקיים את העשה. הוא לא דוחה את הלאו שכן הלאו כלל אינו קיים. זהו כעין מכניזם ׳טריטוריאלי׳, והכלל העולה ממנו הוא בגדר ׳הותרה׳.

אמנם גישה זו טעונה הסבר: מדוע באמת כשיש עשה הלאו כלל לא קיים? מדוע שלא נאמר ההיפך (שכשיש לאו העשה לא קיים)? די ברור שזה נגזר מהבנת מהותם של לאו ועשה. בתמצית נאמר שייתכן שרנ״ג מבין שמצוות עשה ערכן הוא בקיומן, בלי קשר לשאלה מדוע מקיימים אותן. לכן אם אדם

---

[54] בעניין זה דנו האחרונים, האם כלל זה מצביע על עדיפות של הלאו, או שאנחנו מכריעים כאן תמיד שוא״ת עדיף. ראה **קונטרס דברי סופרים** לראי״ו, סי׳ ג סקכ״ח-לא, ו**בקה״י** ברכות סי׳ י. ראה על כך גם במאמרם של מיכאל אברהם וגבריאל חזות) לשורש השישי, **מידה טובה** תשסח (הספר שמאגד את המאמרים טרם יצא לאור), ובספר השלישי בסדרה שלנו.

לא מקיים את העשה בגלל שיש נגדו לאו, עדיין יש כאן בעייה של ביטול עשה, שכן סוף סוף בפועל העשה לא קויים.[55]

לעומת זאת, הלאו הוא בעייתי רק אם הוא נעשה בכוונה למרוד (כעין דין מצוות צריכות כוונה בהקשר של לאוין). לכן לאו שנעשה מתוך רצון לקיים מצוות עשה ולעשות את רצון ה' אינו פוגם, ולא יוצר מצב שלילי, ולכן גם אין כאן עבירת לאו (כאמור, אולי גם זה קשור להבנה שפעולה באונס כאילו לא נעשתה). יש להאריך ביסודה של התפיסה הזו לגבי לאוין ובהשלכותיה,[56] ואכ"מ.

שפתי חכמים: *יש לאו שמצטרף לכל עשה.* בשמות כג, יג, אנו מוצאים את הפסוק: "ובכל אשר אמרתי אליכם תישמרו". רש"י שם מסביר:

> ***ובכל אשר אמרתי אליכם תשמרו - לעשות כל מצות עשה באזהרה, שכל שמירה שבתורה אזהרה היא במקום לאו:***

רש"י כותב שזהו לאו ("תישמרו" היא לשון לאו) שמצטרף לכל עשה.

וב**שפ"ח** שם מסיק מדבריו את העיקרון שעדל"ת:

> ***לכך אמרינן בכל מקום דעשה דוחה ל"ת, לפי שכל עשה יש בו גם כן לא תעשה, ואם כן הוי ליה תרתי עשה ולא תעשה. משום הכי דוחה את לא תעשה גרידא.***

הוא מסביר שמכאן צומח הכלל עדל"ת, שכן לכל עשה יש גם לאו בצידו, וביחד הם דוחים את הלאו שמולם.

שיטה זו כמובן מניחה, כמו שיטת רנ"ג, שעשה כשלעצמו אינו דוחה לאו, והדחייה היא רק מכוח הצירוף של עוד לאו לעשה. ברור שהתוצאה של הבנה זו היא שהכלל עדל"ת הוא בבחינת 'דחויה', וכאן זה כבר לא כהבנת רנ"ג.

---

[55] יש מקום לראות זאת בהקשר של מצבי אונס. כאשר אדם עובר עבירה באונס זה לא נחשב לו כעבירה. אולם אם הוא לא קיים מצווה באונס, עדיין המצווה לא קויימה. בלשון חכמים: "אונסא לאו כמאן דעבד" (=האנוס אינו נחשב כמי שעשה).

[56] לדוגמא, לגבי לאוין תוצאתיים, שהתוצאה היא הבעייתית ולא הפעולה או הכוונה שמתלווה אליה. במצב כזה כנראה תיווצר סיטואציה שתיכנס תחת ההגדרה 'מצווה הבאה בעבירה', ואכ"מ.

יש לציין שהדברים הללו תלויים במחלוקת הרמב״ם והרמב״ן סביב שורש ד, ואכ״מ.[57]

<u>בעל **התניא**: העשה יותר חמור</u>. בעל **התניא**, בפ״א מ׳איגרת התשובה׳ שלו כותב:

תניא בסוף יומא שלשה חלוקי כפרה הם ותשובה עם כל אחד. עבר על מ״ע ושב אינו זז משם עד שמוחלין לו עבר על מל״ת ושב תשובה תולה ויוה״כ מכפר. (פי׳ דאע״ג דלענין קיום מ״ע גדולה שדוחה את ל״ת. היינו משום שע״י קיום מ״ע ממשיך אור ושפע בעולמות עליונים מהארת אור א״ס ב״ה (כמ״ש בזהר דרמ״ח פקודין אינון רמ״ח אברין דמלכא) וגם על נפשו האלקית כמ״ש אשר קדשנו במצותיו. אבל לענין תשובה אף שמוחלין לו העונש על שמרד במלכותו ית׳ ולא עשה מאמר המלך. מ״מ האור נעדר וכו׳ וכמארז״ל ע״פ מעוות לא יוכל לתקן זה שביטל ק״ש של ערבית או וכו׳. דאף שנזהר מעתה לקרות ק״ש של ערבית ושחרית לעולם אין תשובתו מועלת לתקן מה שביטל פ״א. והעובר על מל״ת ע״י שנדבק הרע בנפשו עושה פגם למעלה בשרשה ומקור חוצבה (בלבושי׳ די״ס דעשי׳ כמ״ש בת״ז לבושין תקינת לון דמנייהו פרחין נשמתין לב״נ וכו׳) לכך אין כפרה לנפשו ולא למעלה עד יוה״כ כמ״ש וכפר על הקדש מטומאות בנ״י ומפשעיהם וכו׳ לפני ה׳ תטהרו לפני ה׳ דייקא ולכן אין ללמוד מכאן שום קולא ח״ו במ״ע ובפרט בת״ת. ואדרבה ארז״ל ויתר הקב״ה על ע״ז וכו׳ אף שהן כריתות ומיתות ב״ד ולא ויתר על ביטול ת״ת). עבר על כריתות ומיתות ב״ד תשובה ויוה״כ תולין ויסורין ממרקין (פי׳ גומרין הכפרה והוא מלשון

---

[57] קושי אחד הוא מדוע הלאו הזה אינו מצטרף גם ללאוין? ועוד קושי, מדוע לא נתחשב גם בעשין כלליים, כמו ״קדושים תהיו״ ועוד, שמצווים על כל הלאוין (ראה רמב״ם בשורש ד)? ראה על כך במאמרם של גבריאל חזות ומיכאל אברהם, **מידה טובה**, תשסח, לשורש הרביעי.

מריקה ושטיפה לצחצח הנפש. כי כפרה היא לשון קינוח שמקנח לכלוך החטא) שנאמר ופקדתי בשבט פשעם ובנגעים עונם.

הוא ודאי אינו הולך בכיוון של רנ״ג, שכן הוא רואה את המצב כקונפליקט, כלומר שהעשה והלאו שניהם קיימים. החידוש שלו הוא שהעשה גובר כי הוא חמור יותר. אמנם למעלה ראינו שמקובל לחשוב שלאו חמור יותר, ועל כן הוא מוסיף להסביר שאין ללמוד מהיעדר העונש על עשה שום קולא של העשה, שכן היעדר העונש אינו נובע מקולא אלא דווקא מחומרא (העונש לא מועיל מפני שאונסא לאו כמאן דעבד, כלומר העונש לא ישנה את המצב שהעשה לא קויים. יש כאן המשך להבנה שהצגנו למעלה בדיון על שיטת רנ״ג).

לפי הבנה זו יש כאן קונפליקט בין שני ערכים, והערך החמור/חזק יותר, כלומר העשה, הוא זה שגובר. גם כאן זהו מכניזם של 'דחויה', ולכאורה זהו כלל ההכרעה הפשוט ביותר: הערך החזק יותר הוא שגובר. אך כפי שנראה כעת הצגה כזו של הקונפליקט היא פשטנית מאד.

<u>הרמב״ן: שיקול מורכב</u>. הרמב״ן בפי׳ יתרו (שמות כ, ח), כותב:

ואמת הוא ג״כ כי מדת זכור רמזו במצות עשה, והוא היוצא ממדת האהבה והוא למדת הרחמים, כי העושה מצות אדוניו אהוב לו ואדוניו מרחם עליו, ומדת שמור במצות לא תעשה, והוא למדת הדין ויוצא ממדת היראה, כי הנשמר מעשות דבר הרע בעיני אדוניו ירא אותו, ולכן מצות עשה גדולה ממצות לא תעשה, כמו שהאהבה גדולה מהיראה, כי המקיים ועושה בגופו ובממונו רצון אדוניו הוא גדול מהנשמר מעשות הרע בעיניו, ולכך אמרו דאתי עשה ודחי לא תעשה, ומפני זה יהיה העונש במצות לא תעשה גדול ועושין בו דין כגון מלקות ומיתה, ואין עושין בו דין במצות עשה כלל אלא במורדין, כמו לולב וציצית איני עושה, סוכה איני עושה, שסנהדרין היו מכין אותו עד שיקבל עליו לעשות או עד שתצא נפשו:

גם הרמב״ן יוצא מהקושי היסודי, כיצד עשה הקל דוחה את הלאו החמור. הרבה אחרונים הבינו את תירוצו כאילו הוא סובר שעשה הוא חמור יותר (כדעת **התניא** הנ״ל), ולכן הוא דוחה את הלאו. אך נראה שלא זו כוונתו, שהרי הוא מדבר על שני צדדים שיש בעשה ובלאו, שמבחינת פן אחד העשה חמור יותר ומבחינת פן אחר הלאו הוא החמור יותר.

בעל **שדי חמד** במערכת הע״ן סי׳ מא (עמ׳ 231) מסביר את דברי הרמב״ן הללו. הוא טוען שיש להבחין בין צד הקיום של שתי המצוות לבין צד הביטול (העבירה) שבהן: בצד הקיום של שתי המצוות – העשה הוא חמור (או גבוה ומעולה) יותר, שכן קיומו מבטא אהבת ה׳. אבל בצד הביטול של שתי המצוות – הלאו הוא החמור יותר, שכן עבירה עליו היא חוסר ביראת ה׳. הוא ממשיך ואומר שאין כל סתירה בין שתי הקביעות הללו, שכן ככל שהמצווה היא גבוהה ומעולה יותר, התביעה על מי שלא מקיים אותה היא פחותה יותר (לכל היותר הוא לא צדיק גדול, אבל אין לבוא אליו בטענות. דווקא על עבירה על החיובים הבסיסיים יותר התורה מענישה בחומרה רבה יותר).

תמונה זו מסתברת מאד, והיא גם מסבירה היטב את ההבדלים בין לאו לעשה. על עשה נותנים שכר ועל הימנעות מלאו לא. על עבירת לאו מענישים בב״ד של מטה ועל ביטול עשה לא. על לאו מוציאים את כל ממונו ועל עשה רק חומש (כי זו רק השתדלות להיות צדיק, שאינה דרישה אלמנטרית).[58]

---

[58] על אף שההיגיון הזה נראה מובן מאליו, נציין כי הרמב״ם **בפיהמ״ש** לאבות פ״ב מ״א, כותב בפירוש נגד תפיסת הרמב״ן כאן:

> ***אחר כן אמר: ואף על פי שלא התבאר שיעור חיבוב מצוה על מצוה - יש שם דרך הקשה, וזה, שכל מצות עשה שתמצא שחייב בעבירה עליה חיוב גדול - תדע שבקיומה גם כן שכר גדול. משל זה, שהמילה וקרבן פסח ושביתה בשביעי ועשיית מעקה, כל אלו מצוות עשה, אבל חייב אשר יעשה מלאכה בשבת סקילה, ואשר יבטל המילה או הקרבן במועדו כרת, ואשר ישים דמים בביתו לאו, והוא אומרו: +דברים כב ח+ ״לא תשים דמים״. ומזה תדע ששכר שביתה בשבת גדול מאד, יותר משכר המילה, וששכר המילה גדול אצל ה׳ משכר עשיית מעקה. וזה הוא ענין אומרו הוי מחשב הפסד מצוה כנגד שכרה.***
>
> ***ואמר עוד, שתוכל ללמוד על שכר עבירה כאשר לא תעשה, הואיל וזה גם כן לא התבאר, ותוכל ללמוד מעונשה, כי החטא אשר עונש מי שיעשהו חמור - יהיה שכר הנחתו לפי אותו היחס מן החומר, כמו שהתבאר בקידושין באומרם: ״כל היושב ולא עבר עבירה נותנין לו שכר כעושה מצוה״. וכבר בארנוהו שם.***

רואים שלשיטתו מעונש העובר על מצווה נדע שכר המקיימה, כלומר יש יחס ישר בין חשיבות הקיום לבין חומרת הביטול, הן בעבירות והן במצוות.

167

הדבר היחיד שנותר לא ברור כאן הוא כיצד הרמב"ן מסביר מכאן את הכלל
עדל"ת? זה אמור להיות מוסבר באמצעות העדיפות של העשה, כדברי בעל
ה**תניא**, אך כפי שראינו הרמב"ן מציג תמונה מורכבת יותר. בקונפליקט בין
עשה ללאו יש צדדי קיום וביטול גם יחד : אם הוא מקיים את המצווה יש לו
תועלת של מצווה ונזק (פגימה) של לאו, ואם הוא אינו מקיים את המצווה אז
יש ביטול עשה, שהוא עבירה קלה, אבל יש גם הימנעות מלאו שהיא מצווה
קלה יותר. בעצם יש כאן קיזוז, ולכאורה הוא מוליך אותנו שוב לתמונה
סימטרית. לא ברור, אם כן, מהו ההסבר אותו מציע הרמב"ן לכלל עדל"ת.
ניתן היה להסביר זאת בהבדל בערכים בין התועלת שבעשה לבין הפגימה
שבלאו, או בכך שאהבת ה' גדולה מאי יראתו, ולכן בסה"כ קיום העשה הוא
בעל ערך גבוה יותר. אבל הרמב"ן כלל לא נכנס בדבריו לדירוג הזה, ולכן
נראה שההסבר שהוא מציע אינו תלוי בעיקרון הזה. נראה מדבריו שדי במה
שהוא אמר ביחס להבחנה בין אהבה ליראה כדי להסביר מדוע עשה דוחה
לאו. אך כפי שראינו כאן, עצם ההבחנה הדו-צדדית בין אהבה ויראה אינה
מספיקה כדי לגזור ממנה את הכלל הזה, ולכן דבריו טעונים ביאור.
עוד לפני שנסביר את הכלל עדל"ת, חשוב להבין שהרמב"ן בעצם מלמד אותנו
כאן דבר חשוב מאד. כאשר יש לנו קונפליקט בין שני ערכים, לא די בקביעה
שערך א חמור מב' כדי להכריע את הקונפליקט, שכן בכל קונפליקט כזה
מעורבים צדדי קיום וביטול גם יחד, והם יכולים לקזז אחד את השני. ובפרט
שראינו שהחשיבות ביחס לקיום המצווה בדרך כלל עומדת ביחס הפוך
לחשיבות ביחס לביטולה, ולכן התוצאה אינה חד משמעית.
כדי להגיע להכרעה עלינו לקחת את שני ההיבטים (הקיום והביטול) בחשבון,
ולשקלל אותם בצורה כלשהי. הדבר דומה למה שראינו בפרק הקודם לגבי
קביעת המידה של כל צעד בקונפליקט, שם עלינו להתחשב במחיר של אי
עשיית הצעד בנוסף לתועלת שבעשייתו.
בעל ה**תניא** היה כנראה מודע לנקודה הזו, ובדיוק מסיבה זו הוא טרח לבאר
שהעשה חמור מהלאו הן בצד הקיום שלו (שהוא גבוה יותר) והן בצד הביטול
שלו (שמגיע עליו עונש אלא שזה לא יועיל). אך הרמב"ן כנראה סובר אחרת,

ולדעתו העשה חמור יותר רק בצד הקיום, אבל בצד הביטול הלאו חמור יותר, ולכן לשיטתו עדיין הכלל עדל״ת טעון הסבר.

כימות ראשוני

ההסבר הפשוט לכלל הזה לפי הרמב״ן ניתן להצגה מתמטית, בהנחה (אותה ראינו למעלה) שכל הכרעה בין שני ערכים מניחה איזו מידה (measure=) משותפת שמודדת את העוצמה של שניהם, כך שניתן לדרג אותם זה ביחס לזה. כעת בבואנו להכריע בקונפליקט בין לאו לעשה עלינו להגדיר מידה כלשהי f, שמצמידה ערך f(a) לקיום מצוות עשה a, וערך f(l) לעבירת לאו l. כעת נוכל להציג את הקונפליקט של עדל״ת בצורה אלגברית כך: עשיית העשה מביאה לנו ערך של קיום עשה ועבירת לאו: f(a) + f(l). לעומת זאת, אי קיום העשה ערכו הוא ביטול עשה והימנעות מכישלון בלאו: f(-a) + f(-l). הבעייתיות של הכלל עדל״ת נובעת מן העובדה שיש קיזוז בכל אחד משני צידי המשוואה הזו, שכן לקיום עשה יש ערך גבוה (פעולת אהבה) אבל מתלווה אליו ערך שלילי מאד של עבירת לאו (היעדר יראה, שהוא חמור מהיעדר אהבה). ובצד השני, יש ביטול עשה הוא עבירה קלה (היעדר המדרגה הגבוהה של אהבה) והימנעות מלאו שהוא מצווה קלה (יראה, שהיא כידוע 'מילתא זוטרתא').

הרמב״ן מלמד אותנו שכדי להכריע קונפליקט כזה לא די לנו בהשוואה בין f(a) לבין f(l), שכן שתי האלטרנטיבות שלנו הן: קיום העשה ומעבר על הלאו, מול ביטול העשה והימנעות מעבירת לאו. לכן, טוען הרמב״ן, כדי להכריע עלינו להשוות בין: f(a) + f(l), לבין: f(-a) + f(-l).

אלא שכעת ההשוואה אינה מניבה תוצאה חד משמעית, שהרי f(a) ו-f(l) הם ערכים גבוהים (הראשון חיובי והשני שלילי), ואילו הערכים f(-a) ו-f(-l) הם קטנים (ושוב הראשון חיובי והשני שלילי). לכן הסכום משני הצדדים יכול

להיות שווה, או נוטה לכל אחד משני הצדדים. אין די בכך שההשוואה צריכה להיות מורכבת יותר כדי להגיע להכרעה.

נראה שטענת הרמב״ן מבוססת על התפיסה שהימנעות מלאו אינה בעלת ערך כלל (ולא שיש לה ערך חיובי קטן), שהרי אין כאן קיום מצווה קלה אלא זהו מצב נייטרלי שערכו הוא 0. כלומר: $f(-l) = 0$. כעת נראה שהצד של עשיית המצווה גובר כי שם יש קיזוז, והצד השני הוא בעל ערך שלילי (אמנם קטן).

אם כן, ההצרנה של הכלל עדל״ת היא הבאה:

$$f(a) + f(l) > f(-a) + f(-l) \qquad (1)$$

כאשר אנחנו מניחים כעת: $f(-l)=0$.

לצורך ההמחשה, הנחתו של הרמב״ן היא שיש קיזוז בין המצווה לעבירה בצד שמאל, ולכן הערך הכולל של עשיית מצווה במקרה זה הוא 0. לעומת זאת, בצד ימין יש רק עבירת ביטול עשה שהיא בעלת ערך שלילי קטן, ואין ערך חיובי שמקזז אותה. כך מתקבלת ההכרעה שעדל״ת.

חשוב להבין שכל הפרשנים מחוייבים להצגה זו של הרמב״ן, שכן כעת ברור שלא די לנו בהנחה שערך א חזק מערך ב כדי להכריע קונפליקט ערכי. יש לקחת בחשבון את ההיבטים של הקיום והביטול גם יחד. כיצד, אם כן, השיטות האחרות מסבירות את עקרון הדחייה?

לפי רנ״ג הדחייה מבוססת על עיקרון אחר. הוא סובר שהערך $f(l)$ (שהוא שלילי ביסודו) מתאפס כשיש עשה בצידו (כי במצב כזה אין לאו), ולכן הצד השמאלי גובר. לשיטתו התוצאה אינה תלויה בשאלה האם יש ערך להימנעות מלאו או לא.

לפי **השפ״ח** לצד הימני של אי השוויון נוסף ערך שלילי של עוד עבירת לאו (הלאו הכללי שנוסף לכל עשה), וכך מוכרעת הכף. כנראה שהוא אינו מוכן לראות קיזוז מדויק בצד שמאל, או שהוא רואה ערך חיובי בהימנעות מלאו, ולכן עליו להוסיף עוד גורם כדי להכריע את הכף.

לפי בעל **התניא** אי השוויון מתקיים מפני שערכה השלילי של עבירת עשה גדול גם הוא מערכה של עבירת לאו. כלומר לשיטתו מתקיים גם: $f(a) > f(-l)$ וגם:

$f(l) > f(-a)$. כעת אי השוויון (1) מתקבל באופן טריביאלי: שלילי < חיובי. די ברור שאצלו גם $f(-l)$ אינו 0, אלא הוא חיובי קטן.

ברור שההצגה הזו היא חלקית וסכמטית מאד, אבל היא מבטאת בצורה נכונה ופשוטה (אמנם מעט פשטנית) את כוונתו של הרמב״ן ביחס להסבר הכלל עדל״ת, ואת ההבדל בינו לבין שאר הראשונים. להלן נראה את השלכותיו של הכימות הזה.

האם עשה קיומי דוחה לאו

ישנם בהלכה עשין קיומיים, כלומר מצוות עשה שמוגדר עבורן קיום אך לא ביטול. במצוות עשה רגילה, מי שמקיים אותה יש לזכותו קיום עשה ומי שמבטל אותה יש לחובתו ביטול עשה. לעומת זאת, במצוות עשה קיומית מי שמקיים אותה יש לזכותו קיום עשה, אך מי שמבטל אותה אין לחובתו ביטול עשה.

אין כמעט דוגמא לעשה שהוא כולו קיומי. הדוגמא היחידה המוכרת לנו היא מצוות יישוב ארץ ישראל לפי שיטת ר׳ משה פיינשטיין.[59] אמנם חלקו עליו בנקודה זו גופא פוסקים רבים, ולדעתם אין מצווה שבמהותה היא קיומית (ראה בספר השלישי בסדרה שלנו). המצוות הקיומיות המוסכמות הן בדרך כלל קיומים של רף גבוה יותר מהמינימום למצוות שונות. לדוגמא, נתינת צדקה בשיעור של יותר משליש השקל בשנה (שזה הרף המחוייב), או לימוד תורה מעבר לפרק בבוקר ובערב (ראה רא״ש ור״ן נדרים ח ע״א).

האם מצוות עשה קיומית דוחה לאו? הראשונים חלוקים בעניין זה (ראה, לדוגמא, ראב״ד בפירושו לתחילת פרשתא ב ב**תו״כ**, לגבי נשים סומכות רשות ועוד). לפי ההסבר שהצענו ברמב״ן נראה שעשה קיומי לא ידחה לאו, שכן במקרה כזה האלטרנטיבות בשני צידי השוויון הן שקולות. מחד, יש אפשרות לקיים עשה ולעבור על לאו. מאידך יש אפשרות לבטל עשה (ובעשה קיומי זה חסר משמעות) ולהישמר מהלאו (שגם זה חסר משמעות). כאן הקיזוז הוא

[59] ראה **אג״מ**, אבהע״ז ח״א, סי׳ קב, וכן **בציץ אליעזר** חי״ד סי׳ עב סקי״ז.

מלא בשני צידי אי השוויון (כלומר 0 בשני הצדדים), שהרי כאן גם באפשרות של אי העשייה יוצא מצב שקול, בניגוד לעשה רגיל. מה עושים כששני הצדדים שקולים? נראה שהכלל כאן הוא שוא״ת עדיף, כלומר אין לקיים את העשה במחיר הלאו.

לעומת זאת, לפי מה שהסברנו בדעת הרנ״ג, נראה שגם עשה קיומי ידחה לאו, שכן גם כאן הוא עובר על הלאו רק בגלל שהוא רוצה לקיים את העשה, אז גם אם הוא אינו חייב בכך ברור שאין כאן עבריינות בכוונת מרי, ולכן אין מחיר שלילי (פגימה) ללאו. אמנם לא ברור האם דבריו שהלאו הותר כשהוא עומד נגד עשה, לא נאמרו רק ביחס לעשה חיובי. גם לפי בעל ה**תניא** וה**שפ״ח** המצב אינו חד משמעי, ואכ״מ.

הערה על עשה מול לאו הבא מכלל עשה (איסור עשה)

מהו ׳לאו הבא מכלל עשה׳? זוהי סוגיא סבוכה, וכנראה יש כמה סוגים של לאוין כאלה.[60] באופן כללי נאמר שמדובר בציווי שמופיע בתורה בצורה של מצוות עשה, אבל חז״ל מפרשים אותו כאיסור (בדומה ללאו). דוגמא (לא מוסכמת על כל הראשונים) ללאו הבא מכלל עשה היא הדרשה (ע״ז סב ע״א): ״ ׳והיתה לכם שבת הארץ לאכלה׳ – ולא לסחורה״. התורה כביכול מצווה אותנו בעשה, לאכול את הפירות הקדושים בקדושת שביעית, אבל בפועל להלכה אין מצווה לאכול אותם. מה שלומדים מהפסוק הוא רק איסור לעשות בהם דברים אחרים (כגון סחורה, או השחתה וכדו׳).

בכמה מקומות בגמרא נחלקו חכמים האם לאו הבא מכלל עשה הוא לאו או עשה, ולהלכה לאו הבא מכלל עשה הוא עשה (ראה זבחים לד ע״א ומקבילות). מה טיבו של עשה זה? אם נתבונן בדוגמא של פירות שביעית, נראה שמדובר כאן בעשה שאם עוברים עליו זהו ביטול עשה, אבל אם מקיימים אותו אין כאן קיום. על עשה כזה ניתן רק לעבור (לבטל אותו), אך לא לקיים. זהו בדיוק המצב ההפוך מעשה קיומי (שניתן לקיום אך לא לביטול).

---

[60] ראה על כך במאמרם של מיכאל אברהם וגבריאל חזות, **מידה טובה** על השורש התשיעי, ובספר השלישי בסדרה שלנו.

לסיכום, ראינו למעלה שני סוגי עשין: 1. עשה חיובי – שיש לו קיום ויש לו ביטול. 2. עשה קיומי – שיש לו קיום ואין לו ביטול. לאו הבא מכלל עשה הוא עשה מסוג שלישי: 3. איסור עשה – שיש לו ביטול ואין לו קיום.

מהו הדין במצב בו איסור עשה עומד מול עשה? לכאורה גם כאן הדין הוא שוא"ת עדיף, כי סוף סוף זהו עשה מול עשה. אך מתברר שיש מן המפרשים שמסתפקים לגבי הכרעה זו. יסוד הדברים הוא בדברי הרמב"ם בפ"ו מהל' ייבום ה"י, שם הוא כותב את הדברים הבאים:

היתה היבמה אסורה על יבמה איסור לאו או איסור עשה או שהיתה שנייה הרי זו חולצת ולא מתיבמת, ומפני מה צריכה חליצה מפני שיש בה לקוחין הואיל וקידושין תופסין בהן הרי הן זקוקות ליבם. ומן הדין היה שיתיבמו שהיבום מצות עשה וכל מקום שאתה מוצא עשה ולא תעשה יבוא עשה וידחה את לא תעשה אבל חכמים גזרו שלא יתיבמו חייבי לאוין ולא שניות גזירה שמא יבוא עליה ביאה שנייה והרי ביאתה אסורה ואין שם מצוה שאין מצות עשה אלא ביאה ראשונה בלבד. לפיכך אם עבר ובעל יבמתו האסורה לו משום לאו או משום עשה ואין צריך לומר שנייה הרי זה קנה קנין גמור ומוציאה בגט והיא וכל צרותיה מותרות לזר שהרי נפטרו.

מדברי הרמב"ם משתמע שכאשר יש יבמה שאסורה על היבם בעשה, הרי עשה דייבום היה דוחה את איסור העשה. לכאורה זה בניגוד לכלל שעשה אינו דוחה עשה.

ובאמת יש ממפרשי הרמב"ם שטענו כי איסור עשה, או לאו הבא מכלל עשה, שונים ממצוות עשה רגילה בעניין זה. לטענתם, אם עשה דוחה לאו מלא, אזי לאו הבא מכלל עשה, שהוא איסור קל יותר מלאו רגיל, ודאי נדחה בפני עשה (ראה, לדוגמא, שו"ת **כתב סופר**, או"ח סי' קיד, ד"ה 'ונ"ל מי' והלאה, וכן **שאגת אריה** סי' לג, וכן ב**שטמ"ק** לכתובות מ ע"א שהביא מהרשב"א שם ועוד כמה ראשונים שכתבו זאת לגבי מצרי ואדומי, וב**פנ"י** שם, ו**מל"מ** הל' נערה בתולה פ"א ה"ה, ד"ה 'עוד ראיתי לרב הנזכר', ועוד).

אמנם יש מפרשים אחרים שמסבירים את דברי הרמב״ם אחרת, וחולקים על המסקנה העקרונית הזו. לדעתם גם הרמב״ם מסכים שעשה אינו דוחה לאו הבא מכלל עשה. לדוגמא, ה**נוב״י** (במהדו״ק אחרי חלק חו״מ, במסגרת מו״מ עם חתנו) כותב שאין כוונת הרמב״ם לומר שאיסור העשה נדחה בפני מצוות ייבום, אלא רק שהייבום תופס מבחינה הלכתית אם עבר ועשה אותו.[61] נציין כי ה**כתב סופר** עצמו מביא מהריטב״א בב״מ שהשווה לאו הבא מכלל עשה לעשה רגיל, ולכן מסקנתו היא לא כזו.[62]

כפי שראינו, לאו הבא מכלל עשה הוא עשה שיש לו ביטול ואין לו קיום. כדי להכריע בדילמה בין לאו הבא מכלל עשה (b) לבין עשה רגיל (a), עלינו להשוות בין הערכים של שתי האפשרויות הביצועיות (לקיים את העשה הרגיל ולבטל את הלאו הבא מכלל עשה, או להיפך), נקבל:

קיום העשה: $f(a) + f(-b)$

ביטול העשה (קיום הלאו הבא מכלל עשה): $f(-a) + f(b)$

אבל בלאו הבא מכלל עשה אין קיום, ולכן: $f(b) = 0$. כעת נשווה את שני הצדדים, ונראה שהסכימה היא בדיוק כמו במקרה של עדל״ת, אלא שבמקום עבירת הלאו $f(l)$ נכנס ביטול עשה $f(-b)$. אבל בלאו הבא מכלל עשה העבירה היא ביטול עשה, ולכן היא בעלת ערך שלילי נמוך ביחס לעבירת לאו רגילה. לעומת זאת, הערך של קיומה הוא כמו של לאו רגיל (0, כי אין לה קיום. וגם בלאו זה 0 כי אין ערך לקיום לאו).

---

[61] אם נעיין בלשון הרמב״ם נראה שניתן לדייק כ**נוב״י**. הוא פותח בשלושה סוגי איסור: לאו, איסור עשה, ושניות (דרבנן). אבל בהמשך דבריו הוא מתקשה לאור הכלל עדל״ת, ומדבר רק על לאוין. ובהמשך הלאה הוא מזכיר שבלאו ובאיסור דרבנן גזרו חכמים שיחלוץ ולא ייבם, ולא מזכיר איסור עשה. לכאורה משמע שבאיסור עשה הוא לא מייבם מדין תורה ולא מגזירת חכמים. כאן לא חל הכלל עדל״ת, כי זה עשה מול עשה. אמנם בתחילת לשון הרמב״ם משמע שמן הדין היה צריך לייבם גם באיסור עשה (שהרי יש בה ליקוחין), אבל כאן נכנסים דברי ה**נוב״י**, שכוונת הרמב״ם היתה לומר שהייבום היה חל (כי עשה מול עשה ההוראה היא שוא״ת עדיף, כלומר הוא לא חייב לעשות, אבל אם עשה זו לא ממש עבירה. הרי גם העשה המנוגד אינו בהכרח עדיף). אבל הוא לא מתכוין שגם באיסור עשה היה חיוב לייבם.

[62] ראה על כך עוד באריכות ב**שדי חמד**, כרך ה, מערכת ע״ין, ס׳ עב, ושם בכלל צא סקי״ת. וכן ב**ספר המפתח** במהדורת פרנקל על הרמב״ם שם, וב**שאגת אריה** ס׳ לג (ובהערות במהדורת מכון ירושלים שם), וב**ים של שלמה** יבמות פ״ב ס׳ ג וב**נוב״י** ו**כת״ס** הנ״ל ועוד.

התבוננות על שתי המידות שהוצגו למעלה מעלה שאם עשה דוחה לאו רגיל (כי האגף של ביצוע העשה הוא גדול יותר מהאגף שמבטא את הערך של ביטול העשה), אז הוא בודאי דוחה לאו הבא מכלל עשה (כי כאן יש מספר גדול יותר באגף של קיום העשה, שכן באיסור עשה נחסר ממנו מספר שלילי קטן יותר). בעצם יש כאן קיזוז של ביטול עשה משני צידי אי השוויון, ונותר הערך של קיום העשה במלואו. זוהי שיטת סיעת המפרשים הראשונה, ועל פניה לאור המודל שלנו היא נראית הכרחית.

מה הצד לומר **כנוב"י** וסיעתו, שלאו הבא מכלל עשה לא יידחה בפני עשה? ייתכן שדעה זו סוברת כרנ"ג, אלא שבמקרה הזה לא מתבטלת העבירה גם אם קיימת מולה מצוות עשה. אם העבירה הזו אינה מתבטלת, אזי הערך הכולל של קיום העשה שיש בצדו איסור עשה הוא נמוך יותר מאשר הערך של קיום עשה שיש לצידו לאו, שאז ערכו 0 לפי רנ"ג. הסבר אפשרי לכך מתבסס על מה שראינו בספר השלישי בסדרה: מצוות עשה עניינה הוא לשאוף למצב חיובי, ולאו עניינו מניעת הידרדרות למצב שלילי. לאור ההבחנה הזו נוכל לומר שלאו הבא מכלל עשה שואף למצב החיובי (שיאכלו את פירות השביעית), אלא שהוא בוחר להגדיר את המצב ההפוך (של הסחורה או ההשחתה של הפירות) כשלילי. כעת נבין שמדובר בעבירה שהיא אמנם עבירה קלה (ברמה של ביטול עשה), אבל באופייה היא עבירה תוצאתית, ולכן היא אינה נדחית בפני העשה המנוגד.

אם כן, נראה שגם שאלת לאו הבא מכלל עשה מול עשה רגיל יכולה להיות תלויה במחלוקת הרמב"ן ורנ"ג.

ניסוח אחר: איזה צד בעשה דוחה את הלאו?

האחרונים (ראה רעק"א על **שו"ע** או"ח סי' יא, **וקוה"ע** סי' יד, **וברכת אברהם** יבמות ג ע"ב וכתובות מ ע"א) דנו בשאלה האם במקרה הרגיל של עשה מול לאו, מה שדוחה את הלאו הוא האפשרות שיהיה כאן ביטול עשה או החשיבות של קיום העשה? **בקוה"ע** מסביר שהנפקא מינא (=ההשלכה) היא במצב בו העשה לא מתקיים ולא מתבטל. הוא תולה בזה מחלוקת ראשונים,

בין הרמב"ן לר"ן בב"מ ל ע"א, שם הם חולקים לגבי מצב בו כהן רואה אבידה בבית הקברות, ועדיין לא חלה עליו החובה להשיב (שהרי זה חל רק לאחר שנוטלים את האבידה). האם יש צד לומר שעשה של השבת אבידה ידחה לאו של טומאת כהן? הרמב"ן סובר שלולא הפסוק שמובא שם העשה היה דוחה את הלאו, על אף שאין כאן כלל ביטול עשה (שהרי הוא עוד לא התחייב). אמנם הר"ן ועוד ראשונים חולקים. במצב כזה אין ביטול עשה, שהרי הוא עדיין לא התחייב בעשה, אבל בשורה התחתונה התועלת מקיום העשה לא תושג. אם הרמב"ן סובר שגם במצב כזה עשה דוחה לאו, ברור שמה שדוחה את הלאו אינו החשש מפני ביטול העשה אלא חשיבות קיומו של העשה.

גם המחלוקת אותה ראינו למעלה, בשאלה האם עשה קיומי דוחה לאו או לא, מתפרשת באותה צורה: אם הדחייה היא מכוח אי הקיום של העשה אזי גם עשה קיומי דוחה לאו. אבל אם הדחייה היא מחמת ביטול העשה, אזי עשה קיומי שאין בו ביטול עשה, ודאי אינו דוחה לאו.

השוואה לניסוח שלנו בדעת הרמב"ן

אך יש לשים לב שניסוח זה שונה מהותית מהניסוח שהצענו למעלה בדעת הרמב"ן. האחרונים הללו מבינים שהמחלוקת היא האם הדחייה היא מחמת החשש מביטול עשה או מחמת הרצון שהוא יתקיים. אבל כפי שראינו בדברי הרמב"ן כל צורת ההצגה הזו אינה שלימה. כשדנים בקונפליקט ערכי, עלינו לקחת בחשבון את שני הצדדים גם יחד, גם הביטול וגם הקיום, גם של העשה וגם של הלאו, ולראות איזה צד באי השוויון הכולל את כולם גובר על חברו. לכן הרמב"ן מסביר שהדחייה היא מחמת ההפרש בערכים בין הביטול לקיום. כלומר לשיטתו הלאו לא נדחה רק מכוח ערכו של קיום העשה, וגם לא רק מחמת ערכו של אי ביטול העשה, אלא מחמת שניהם גם יחד.

אם נתבונן שוב באי השוויון (1) שמבטא את הכלל עדל״ת, נראה שהדחייה היא תוצאה של השפעה של שני הגורמים גם יחד: ביטול העשה – f(-a), ואי קיומו - f(a)-.

כפי שראינו, גם רנ״ג ושאר השיטות אינן חולקות על כך. הויכוח הוא רק אילו ערכים באי השוויון אינם מתאפסים. אבל ברור לכולם שיש לקחת בחשבון את כל הערכים (של הקיום ושל הביטול), וזה לא כאחרונים הללו שמציגים את ההכרעה הזו בצורה פשטנית של איזה ערך גובר (הקיום או הביטול), בלי להתייחס להצגה המורכבת יותר של הקונפליקט.

ומה בדבר עשה קיומי? לאור מה שראינו, גם המחלוקת האם עשה קיומי דוחה לאו או לא, אינה מוסברת בצורה הפשטנית, אלא שני הצדדים במחלוקת הזו מתחשבים בהצגה המורכבת. לשיטות שעשה קיומי דוחה גם הוא לאו, זה לא בגלל שלא מתחשבים בערך של הביטול, אלא בגלל שזה כשיטת רנ״ג שהלאו אינו נחשב כשהוא בא במקביל לעשה. ולרמב״ן שעשה כזה לא דוחה לאו, זה לא מפני שמה שקובע הוא הביטול אלא מפני שמה שקובע הוא שני הערכים גם יחד.

בניסוח אחר נאמר שהתמונה הפשטנית של הקונפליקט רואה כאן התנגשות בין ערכים, ומשווה את המידה של כל אחד מהם, והערך החזק הוא שגובר. התמונה המורכבת יותר, כפי שמציג הרמב״ן (וכנראה גם כל שאר המפרשים לא חולקים עליו בזה), היא שיש להשוות בין אופציות ביצועיות ולא בין ערכים. אנחנו לא משווים בין הערך של עשה לבין הערך של לאו, אלא בין הערכים שמוצמדים לכל אופציה ביצועית: ביצוע העשה מקבל ערך + f(a) f(l), ואי ביצועו מקבל את הערך f(-a) + f(-l). כעת עלינו להשוות בין אופציות ביצועיות ולא בין מידות של הערכים עצמם (כפי שלמדנו מהרמב״ן השוואה כזו כלל אינה מוגדרת, שכן יש צדדים שונים).

לולאות: כמה צריך להוציא על הימלטות ממצב של עדל״ת?

כפי שהזכרנו, האחרונים (**רביד הזהב** פ׳ ויצא, בראשית כח, כב, **קוה״ע** בחלקו השני של סי׳ יד בשם חמיו הרב מאיר אטלס ועוד) דנים האם אדם חייב להוציא את כל ממונו כדי לא לקיים עשה במחיר של לאו. הסיטואציה בה הם דנים היא זו שתוארה למעלה: אדם חייב באכילת מצה בליל טו. בתאריך זה (לפני יום הינף, שיחול למחרת) עדיין אסור לאכול מן התבואה החדשה, אלא רק מן הישן. כעת האמירו המחירים בשוק, והתבואה הישנה היא יקרה מאד. קניית קמח למצות תעלה לו בכל ממונו. לעומת זאת, תבואה מן החדש היא זולה.

כפי שראינו, אי אפשר להכריע את הקונפליקט המשולש הזה, שהרי אם נאמר לו לאכול מצה מן החדש (שהרי עשה של אכילת מצה דוחה לא-תעשה דחדש), יבוא העיקרון שכדי לא לעבור על לאו עליו להוציא את כל ממונו, ולכן הוא חייב לקנות תבואה ישנה בכל ממונו כדי לא לעבור על איסור חדש. מאידך, הרי כל האכילה היא רק כדי לקיים מצוות עשה של אכילת מצה, ואדם לא חייב להוציא את כל ממונו כדי לקיים מצוות עשה (אלא רק עד חומש). אם כן, עדיף שלא יאכל כלל. אבל אם הוא לא אוכל כלל, הרי הוא ביטל עשה, ועשה דוחה לא-תעשה, אז שיאכל מן החדש. וחוזר חלילה.

יש כאן השוואה בין שלושה ערכים: מצוות עשה של אכילת מצה, לאו של חדש, ושמירת הממון. לכאורה אין כל דרך להכריע את הקונפליקט המשולש הזה, מפני שהיחס בין הערכים אינו טרנזיטיבי. גם כאן עלינו לבצע את אותה המרה של התמונה שעשינו ביחס לעדל״ת. יש להתייחס להשוואה בין האופציות הביצועיות ולא בין הערכים כשלעצמם.

כיצד זה נעשה כאן? ישנן שלוש אופציות כאלה: 1. לאכול מן החדש. 2. לאכול מן הישן. 3. לא לאכול כלל. כעת נוכל להצמיד לכל אחת מהן ערך לפי המידה f כפי שהוגדרה לעיל, ולראות איזה ערך מבין השלושה הוא הגבוה ביותר, וזה מה שיקבע כיצד עלינו לנהוג. הערכים המתקבלים הם:

1. אכילת ישן: $f(a) + f(-l) - X$

2. אכילת חדש: $f(a) + f(l)$
3. אי אכילה: $f(-a) + f(-l)$

כאשר a היא מצוות אכילת מצה, l הוא הלאו של חדש, ו-X הוא השווי של כל ממוני. כיצד ניתן להשוות בין הערכים של כל אלו? כדי לעשות זאת, יש למצוא מידה משותפת לכולם. האם ניתן להמיר את השווי של המצוות ולהשוות אותו לשווי הממוני, או להיפך?

התחשבות באי השוויון (1) תיתן לנו חלק מהתמונה, אבל השווי הממוני X יפריע לנו להסיק מסקנה כלשהי, שכן אין לנו דרך להשוות אותו למידתן של המצוות והעבירות המעורבות כאן. אם כן, הכלל עדל״ת כשלעצמו אינו מספיק כדי להכריע בקונפליקט הזה. כיצד בכל זאת ניתן לעשות זאת?

כימות מלא של הקונפליקט המשולש

עד כאן הגדרנו מידות לשני סוגי עבירות ולשני סוגי קיום. ראינו שאין די בכך כדי להכריע את הקונפליקטים המורכבים יותר (כמו הקונפליקט המשולש שהוצג כאן). כדי לעשות זאת עלינו לחפש מידה משותפת לכל הערכים המעורבים כאן. הדרך הפשוטה ביותר לעשות זאת היא להתחשב בעוד שני כללים הלכתיים שמעורבים בתמונה: החובה להוציא עד חומש מממוני על קיום עשה, והחובה להוציא את כל ממוני על הימנעות מעבירת לאו.

אנחנו זוכרים שלא נכון לעשות זאת בצורה השטחית, כלומר לקבוע שערכו של קיום מצוות עשה הוא חומש (X/5), שכן מעורב כאן גם ביטול של העשה. כדי לעשות זאת בצורה מדוייקת יותר, עלינו להתחשב בכל התמונה, ובעצם לרשום משוואה שמשווה את האופציות המעשיות, ולא את הערכים. אנחנו לא משווים ערך של קיום עשה לערך השלילי של ביטול עשה, או הוצאת ממון, אלא ההשוואה נעשית בין שתי האופציות המעשיות: לקיים את העשה ולהוציא את הכסף, מול אי קיום של העשה. הוא הדין לגבי הוצאת הממון על הימנעות מלאו.

כאמור, על קיום עשה יש להוציא חומש מממונו. שתי האלטרנטיבות כאן הן: 1. קיום עשה והוצאת חומש מממוני. 2. ביטול העשה ללא הוצאות. שתי האופציות הללו הן שוות, ולכן מתקבלת המשוואה:

$$f(a) - X/5 = f(-a) \qquad (2)$$

משוואה זו נגזרת מן העובדה שכל סכום שקטן מ-X/5 יש להוציא על קיום העשה, ואילו סכום שגבוה מכך אין חובה להוציא. אם כן, ברור שבסכום X/5 עצמו נוצר שוויון מדויק של הערכים משני צידי המשוואה הזו.

לעומת זאת, ראינו שעל הימנעות מלאו יש להוציא את כל ממונו. שתי האלטרנטיבות המעשיות כאן הן: 1. הימנעות מלאו, והוצאת כל ממוני. 2. עבירת לאו (שערכה הוא שלילי), ללא הוצאת ממון. לכאורה גם כאן מתקבל שוויון, אך חשוב להיזהר. כאן מדובר באי שוויון, שהרי החובה להוציא את כל ממוני אינה אומרת שהערך של עבירה הוא מלוא ממוני אלא שהוא גדול מסך כל ממוני. גם אם הערך הוא פי 2 מכל ממוני, אי אפשר להטיל עליי חובה כזו. לכן כל ממוני הוא רק חסם תחתון על הערך של עבירה. אי השוויון שמתקבל הוא:

$$f(l) < f(-l) - X \qquad (3)$$

f(l) הוא כמובן מספר שלילי, כי ערך העבירה הוא שלילי. לעומת זאת, בפשטות f(-l) הוא 0, כי להימנעות מלאו אין ערך. כדי לשמור על הכלליות, כאן לא נניח זאת, ונשאיר אותו באי השוויון כפי שהוא.

שתי המשוואות הללו הן תרגומים של ערכי המצוות לערכים ממוניים. אין פירוש הדבר בהכרח שמדובר בתרגום מלא של ערך קיום וביטול מצוות לסך כספי כלשהו, אלא זהו תרגום לצורך הכרעה בקונפליקטים, בדיוק כמו שראינו בקונפליקט של פיקו״נ ושבת, שם תורגם הערך של חיי אדם למונחים של שמירות שבת. גם שם ראינו שזה אינו בהכרח תרגום אמיתי, אלא סוג של תרגיל שמטרתו להצליח להכריע את הקונפליקט הערכי. כך בדיוק יש להתייחס גם לתרגומים שהוצגו בסעיף הזה. הממון הוא המידה המשותפת של כל הערכים המעורבים, וזו תאפשר לנו (כפי המקווה) להגיע להכרעה

בקונפליקטים הללו. כאמור, הכרעה בקונפליקט ערכי דורשת קנה מידה משותף, וכאן הערך הממוני הוא שמסייע לנו להגדיר קנה מידה כזה.

הצגה מתמטית של הבעייתיות בכלל עדל״ת

נעבור כעת לנתח את המצב הרגיל של עדל״ת. כאמור אנחנו משווים כאן בין שתי אופציות מעשיות. האלטרנטיבה הראשונה היא לעבור על לאו ולקיים עשה, שערכה הוא:

$$f(a) + f(l) \qquad (4)$$

האלטרנטיבה השנייה היא לא לעבור על הלאו ולבטל את העשה. ערכה הוא:

$$f(-a) + f(-l) \qquad (5)$$

ראינו שהכלל עשה דוחה לא-תעשה קובע את אי השוויון הבא:

$$f(a) + f(l) > f(-a) + f(-l) \qquad (1)$$

למעלה ראינו כיצד מתקבלת ההכרעה לפי כל אחת משיטות המפרשים. הרמב״ן מוחק את f(-l). **השפ״ח** מוסיף עוד f(-l) (שהוא שלילי) לצד הימני של המשוואה. הרנ״ג מוחק את f(l). ובעל **התניא** מתייחס לאי השוויון המלא כמוכרע מתוכו.

אך בסעיף הקודם הצענו תרגום של ערכי המצוות במונחים ממוניים. לאור התרגום שהצענו, נוכל כעת לראות שהכלל עדל״ת אינו עקבי (קונסיסטנטי) עם התרגומים המוצגים בשתי המשוואות 2-3. אם נציב את המשוואה (2) בתוך (1), נקבל:

$$f(l) - f(-l) > -X/5 \qquad (6)$$

אבל מאי השוויון (3) אנחנו מקבלים:

$$f(l) - f(-l) < -X \qquad (7)$$

מכיוון ש-X בהגדרתו הוא חיובי, משוואות (6) ו-(7) סותרות זו את זו. אם כן, המערכת אינה עקבית.

חוסר העקביות הזה אינו אלא הצגה מתמטית של הבעייתיות היסודית שעמה מתמודדים כל המפרשים שהובאו למעלה. מחד, לאו הוא חמור הרבה יותר מעשה (מה שבא לידי ביטוי בסכום הכספי אותו עלינו להוציא כדי לא לעבור על כל אחד משניהם), וכנגד זה עומד הכלל עדל"ת. ברור ששתי הקביעות הללו אינן מתיישבות, ומה שעשינו כאן היה רק לכמת את חומרת הלאו לעומת העשה בדרך ממונית, ולהראות את הבעייה באופן מתמטי.

המשמעות המתמטית של התוצאה הזו היא שהפונקציה f אינה יכולה לשמש מידה, בגלל שאין אוסף מספרים שיוכל לתאר באופן קוהרנטי את המידות לכל המקרים ולשמור על כל כללי הקדימה.

נעיר כי לפי רנ"ג הבעייה אינה קיימת, שכן הוא מוחק ממשוואה (1) את f(1), ואז לא נוצרת בעייה. הבעייה קיימת רק לפי הרמב"ן. הפתרון שמתעלם מהערך של f(-l) סייע לנו להבין את הכלל עדל"ת כשלעצמו, אבל אם אנחנו מוסיפים את הערכים הממוניים ממשוואות 2-3, שיטת הרמב"ן יוצרת פרדוכס.

הבעייתיות בקונפליקט המשולש

נעבור כעת לנתח את המצב המורכב, כלומר את מקרה הלולאה (מצה מן החדש). ראינו שכאן עלינו להשוות בין שלוש אפשרויות ביצועיות:

1. אכילת ישן: $f(a) + f(-l) - X$
2. אכילת חדש: $f(a) + f(l)$
3. אי אכילה: $f(-a) + f(-l)$

האם לאור קנה המידה הממוני שמצאנו נוכל להכריע את הקונפליקט הזה? בהשוואה בין שתי האפשרויות הראשונות אנחנו מצמצמים את f(a), וזה מחזיר אותנו להשוואה בין עבירת לאו לבין הימנעות והוצאת כל הממון. זהו קונפליקט רגיל בין עבירת לאו להוצאת כל הממון, וממשוואה (3) יוצא שהתוצאה היא הוצאת הממון, כלומר אפשרות 1 היא שגוברת. השוואה בין 2 ל-3 אינה חשובה, שהרי בין כה וכה הערך של 1 גבוה מזה של 2. עלינו להשוות

את 1 ו-3, ולראות האם אפשרות 1 גוברת גם על 3 ואז יש לנו פתרון עקבי לקונפליקט.

אלא שכאן אנחנו נתקלים בבעייה. השוואה בין שני הערכים הללו מאפשרת לצמצם את f(-1), ואנחנו נותרים עם קונפליקט בין עשה להוצאת כל הממון. ממשוואה (2) עולה שאפשרות 3 גוברת (כי לא חייבים להוציא את כל הממון על קיום עשה). אם כן, ברור שהיא גוברת גם על 2, שהרי 1 גובר גם הוא על 2. אבל השוואה ישירה בין 3 ל-2 מוליכה אותנו לתוצאה ש-2 גובר, שהרי זו אינה אלא קונפליקט של עדל"ת, ולכן מאי שוויון (1) יוצא ש-2 עדיפה.

איך ייתכן שיש שלושה ערכים מספריים שהיחס ביניהם אינו טרנזיטיבי? ברור שמשהו בהנחות אינו עקבי, ואכן זה בדיוק מה שראינו בפרקים הקודמים. חוסר העקביות של התרגום לערכים ממוניים בא לידי ביטוי גם בקונפליקט המשולש. כפי שהערנו למעלה, היעדר טרנזיטיביות משמעותו שהפונקציה f אינה יכולה לשמש מידה לעבירות ומצוות, שכן מידה נדרשת להיות טרנזיטיבית. התרגום של הערכים למספרים אינו יכול להיחשב תרגום אמין, אם המספרים לא מקיימים את תכונת הטרנזיטיביות.

מאידך, ברגע שנפתור את חוסר העקביות ביחס לכלל עדל"ת, ברור שגם ללולאה המשולשת יכול להיות פתרון, שהרי במצב כזה התרגום הוא מידה, ולכן העברנו את הבעייה מערכים מופשטים לייצוג מספרי שלהם. כעת מדובר בשלושה ערכים מספריים, ולכן ברור שאחד יהיה הגדול ביותר (או שיהיו שניים שווים ואז יש כללי הכרעה טכניים כמו שוא"ת עדיף וכדו'), וניתן להגדיר מידה על הבעייה שלנו באופן עקבי, ובכך להכריע כל קונפליקט.

נעיר כי לפי רנ"ג ישנה עקביות בסעיף הקודם, ולכן ברור שגם כאן תהיה תוצאה חד ערכית, והטרנזיטיביות תישמר. ובאמת לשיטתו יש למחוק את f(1) באפשרות 2, ולכן היא גוברת בקלות על שתי האחרות. התוצאה של

הקונפליקט המשולש היא שיש לאכול מן החדש (שהרי אין כלל לאו במצב כזה).[63]

לסיכום, הבעייה של חוסר העקביות בתרגום הממוני נוצרת רק לשיטת הרמב״ן, שרואה את הלאו כקיים בכל מקרה (גם כשהוא מלווה בעשה). בדיוק בגלל הבעייתיות הזו טען רנ״ג שהלאו הוא מותר במקום שיש עשה (ולא רק דחוי, כהבנת הרמב״ן). ממילא יש לו פתרון עקבי גם לקונפליקט הכפול (עדל״ת) וגם לזה המשולש.

מבט נוסף על התרגום למידה מספרית: האם מוציאים כסף על עשה קיומי?

כדי להבין את שיטת הרמב״ן עלינו לשוב למערכת של הקונפליקט הכפול, כלומר להבין כיצד פועל הכלל עדל״ת יחד עם משוואות 2-3 שנותנות את הערכים הממוניים של לאו ועשה. נזכיר כי ה**שפ״ח** מציע פתרון של הוספת ערך אחר, שמנטרל באופן פשוט את הבעייה. לדעתו יש לשנות את משוואה (1), ולהוסיף לה עוד איבר. לדעת בעל ה**תניא** המשוואות 2-3 אינן מתורגמות נכון, ולכן אין להשתמש בהן. לגבי רנ״ג, ראינו קודם שלשיטתו אין כלל בעייה, לא בסיטואציה הכפולה ולא בזו המשולשת. כפי שראינו, חוסר העקביות הזה הוא הוא קושיית הרנ״ג. הפתרון שהוא מציע הוא מחיקת האיבר $f(l)$ ממשוואה (1), וכפי שראינו זה פותר את כל הבעיות.

מה שנותר לנו הוא רק לחפש פתרון בשיטת הרמב״ן. כדי להבין את שורש הבעייה נתבונן במשוואה (2). ננסה ליישם אותה על עשה קיומי, כלומר עשה שיש ערך בקיומו אך אין בעייה בביטולו. מה קורה במצב כזה? $f(-a)=0$.

---

[63] יש לשים לב שבקבלת ההכרעה לפי רנ״ג בין אפשרות 1 ל-2, הקיזוז בין שני הערכים $V(a)$ צריך להיעשות רק אחרי שמוחקים את הלאו. אם היינו מקזזים אותם מראש, עדיין היתה נותרת השוואה בין ערך הלאו $V(l)$ לבין $-X$. כדי לשמור על עקביות ברור ששיטת רנ״ג יסודה הוא בסדר הקיזוז. הוא טוען שיש למחוק את הלאו ואח״כ לקזז את העשין (שהרי הם באמת קיימים, אלא שערכיהם מתקזזים).
לאור מה שראינו למעלה, ההיגיון של שיטת רנ״ג הוא פשוט. כל אימת שאנחנו עוברים על לאו מחמת סיבה טובה (כדי לקיים עשה) אין ללאו ערך שלילי. הוא לא רואה את הלאו בפעולה מזיקה אלא כפעולה שהכוונות המלוות אותה הן המזיקות. וממילא גם כאן כשעושים זאת לצורך המצווה אין כאן לאו, ולכן יש למחוק אותו לפני הקיזוז של העשין.

הערך של ביטול העשה הזה אינו קיים. מאידך, f(a) ככל הנראה דומה לערך של קיום עשה רגיל (כי ההבדל בין עשה חיובי וקיומי הוא רק לגבי הביטול). כעת נשאל: כמה כסף עלינו להוציא כדי לקיים עשה קיומי? התשובה המובנת מאליה היא: 0. מכיון שאין כל חובה לקיים את העשה הזה גם אם הוא אינו עולה לנו מאומה, ודאי שאין חובה להוציא כסף בכדי לקיים אותו.

המסקנה היא שהחובה להוציא כסף על מצוות עשה רגילה היא כדי למנוע את ביטול העשה ולא כדי לקיים אותה. הראיה היא שכאשר אין ערך לביטול העשה לא צריך להוציא מאומה על כך. לכן במשוואה (2) עלינו להשמיט את f(a), שכן הוא לא נוטל חלק במשקל שעומד נגד הוצאת הכסף. עיקרון זה מקביל למה שראינו למעלה בדברי **הקוה"ע**, שדן בשאלה האם מה שדוחה את הלאו הוא אי ביטול העשה או קיומו. ההשלכה שהוא הביא היתה לגבי מחלוקת הראשונים האם עשה קיומי דוחה לאו. למעלה הערנו שלאור דברי הרמב"ן נראה שלא נכון להציג כך את הדילמה, שכן כל כלל הכרעה חייב להתחשב בשני הצדדים: באספקט הביטול ובאספקט הקיום, הן של העשה והן של הלאו.

כעת אנו נוכחים לראות שהדברים אמנם נכונים לגבי הכלל עדל"ת, אך גם הרמב"ן ייאלץ להודות שבשני הכללים האחרים (הוצאת ממון על עשה או על לאו) אכן יש להתחשב רק בצד אחד של המטבע: הוצאת ממון על עשה מיועדת למנוע את ביטולו (ולא לוודא את קיומו). והוצאת ממון על לאו מיועדת למנוע מעבר עליו (ולא לגרום להימנעות ממנו).

במילים אחרות ניתן לומר זאת כך: משוואה (2) אינה נכונה, שכן במקרה של עשה קיומי יוצא ממנה שערכו של קיום עשה הוא X/5, כלומר שיש להוציא ממון על עשה קיומי. זה כמובן לא נכון, כפי שראינו למעלה. על כן יש לתקן את המשוואה, ולרשום במקומה:

$$f(-a) = -X/5 \qquad (2')$$

זה עבור מצווה חיובית. במצווה קיומית ערך הביטול לא קיים, וערך הקיום לא נכנס לשיקול, ולכן ברור שסך הכסף אותו יש להוציא כדי לקיים מצווה כזאת הוא 0.

העקביות של עדל״ת בשיטת הרמב״ן

מה לגבי משוואה (3)? היא נותרת על כנה, אלא שכעת עוד יותר ברור שהערך של הימנעות מעבירת לאו הוא 0, כלומר אין להתחשב בו בחישוב החיוב שלנו להוציא ממון. החובה להוציא ממון היא רק מחמת הערך השלילי של ביצוע העבירה, כלומר כדי למנוע מצב של עבירה, ולא כדי להימצא במצב של הימנעות מלאו. לכן אי השוויון המתקבל הוא:

$$f(l) < -X \qquad (3')$$

כעת נוכל לראות כיצד התרגום לערכים מספריים נותן לנו מידה עקבית, ולכן מאפשר הכרעה של הקונפליקט. הכלל עדל״ת נותר עקבי גם לפי הרמב״ן. כדי להסביר זאת, עלינו לשים לב לנקודה חשובה נוספת: המשוואה (1) כן נותרת בתוקף, גם במקרה זה. כאן נכנסים לחשבון גם ערכי הקיום וגם ערכי הביטול של העשה. בתרגום של הכלל עדל״ת לערכים כמותיים אסור להזניח אף אחד מהאיברים. הסיבה לכך היא שכאן לא מדובר בחובה להוציא כסף, אלא בהחלטה מה עדיף לעשות. החלטה כזו ודאי צריכה לקחת בחשבון את מכלול הערכים המעורבים, החיוביים והשליליים, ולהשוות ביניהם, ומתוך כך לראות מהי התוצאה המועדפת.

מה שמתקבל הוא:

$$f(a) + f(l) > f(-a) \qquad (1')$$

אלא שכעת אי השוויון ('1) נותר עקבי עם שתי המשוואות המתוקנות ('2) ו-('3). יתר על כן, מתוך העקביות הזו נוכל אפילו לחלץ מכאן את הערך הממוני של קיום העשה. ראינו למעלה שהוא לא ניתן לתרגום מיידי מתוך החובה להוציא חומש מממוני, שכן הוא כלל לא נכנס לחשבון הזה. אבל בהתנגשות

בין ערכים הוא כן נלקח בחשבון, ולכן ניתן להציב במשוואה ('1) את המשוואות ('2) ו-('3), ואז נקבל:

$$f(a) > -X/5 - f(l) > 4/5X \quad (6')$$

חשוב לזכור שהחסם הזה מלווה בקשר לחסם על f(l). אי שוויון ('1) מורה לנו שסכום הערכים של עבירה ומצווה הוא תמיד גדול מ-(-X/5). כלומר מה שקיבלנו הוא שערכו החיובי של קיום עשה תמיד קטן בערכו המוחלט מערכה (השלילי) של עבירת לאו.

בכל אופן, כעת כמובן מתקיים הכלל עדל״ת ואין שום סתירה בין התרגומים הממוניים של הערכים. משמעות הדבר היא שההסבר לכלל עדל״ת הוא בדיוק כפי שהצענו למעלה (לפני הכימות) בדעת הרמב״ן. העשה גובר על הלאו מפני שיש קיזוז בין הערכים של קיום עשה לבין עבירת לאו, ומהצד השני יש ערך שלילי קטן של ביטול עשה.

הפתרון ללולאה לפי הרמב״ן

כפי שהערנו, אם אכן שלושת התרגומים היסודיים הם עקביים, אזי חייבת להישמר הטרנזיטיביות של הערכים בסיטואציה של הקונפליקט המשולש, ולכן בהכרח חייב גם להימצא פתרון עקבי גם לקונפליקט המשולש.

נבחן כעת את הקונפליקט המשולש לאור ההנחות החדשות, כאשר נלקחת בחשבון גם ההנחה: f(-l) = 0:

1. אכילת ישן: f(a) –X
2. אכילת חדש: f(a) + f(l)
1. אי אכילה: f(-a)

מתוך אי שוויון ('3) עולה שאפשרות 1 עדיפה על 2. מתוך ('6) יוצא שאפשרות 1 (שערכה גדול מ-(-X/5) עדיפה גם על 3 (שערכה הוא בדיוק (-X/5). ההשוואה בין 2 ל-3 נותנת עדיפות ל-2, שהרי זהו מקרה רגיל של עדל״ת, אך לענייננו זה

לא משנה שכן 1 עדיפה על שתיהן. התמונה כעת היא טרנזיטיבית לגמרי: אפשרות 1 > אפשרות 2 > אפשרות 3.

התוצאה ההלכתית היא שלפי הרמב״ן בסיטואציה המשולשת יש לאכול מצה מן הישן. נזכיר כי לפי רנ״ג קיבלנו שבסיטואציה כזו יש לאכול מצה מן החדש, ולכן התוצאה של הקונפליקט המשולש שנויה במחלוקת הרנ״ג והרמב״ן.

משמעות הדברים היא שהפונקציה f יכולה להיות מוגדרת כמידה על הבעייה של ביטול וקיום מצוות ועבירות, ובכך לאפשר לנו להכריע בקונפליקטים ולבנות סולמות ערכים בתחום הזה (כפי שראינו למעלה, קיומה של מידה הוא שמאפשר לקבוע דירוג כזה). ברגע שהצלחנו להגדיר מידה באופן עקבי עבור שלושת הכללים, ממילא נפתר גם הפרדוכס המעשי הספציפי לגבי מצה מן החדש, שכן הוא רק משקף חוסר עקביות בכללים ההלכתיים שמחוללים אותו.

הקשר למתודות של הפרק הקודם

הפתרון אותו הצענו כאן דומה בלוגיקה שלו לפתרונות אותם הצגנו בפרק הקודם. שם ראינו שפתרון לקונפליקט בין שלושה כללי קדימה לא טרנזיטיביים יכול להתקבל אך ורק אם ניתן לכל צעד משקל שהוא תלוי סיטואציה. הדוגמא המובהקת לזה היא התייחסות של 'הותרה', שבעצם אומרת שמחיר מסויים שמוגדר בסיטואציה אחת מתאפס בסיטואציה אחרת.

זה בדיוק מה שקרה כאן, שכן הפתרון התבסס על העובדה שהחובה להוציא ממון כדי להימנע מלאו היא רק מחמת הערך השלילי של ביצוע העבירה, כלומר כדי למנוע מצב של עבירה, ולא כדי להימצא במצב של הימנעות מלאו. המשקל של עבירה (שנמדד במונחים כספיים) מתאפס בסיטואציה של התנגשות בין לאו לעשה.

ברור שגם גישת רנ״ג שמציעה פתרון אחר מבוססת על הלוגיקה הזו, שיש מחיר שמתאפס בסיטואציה מסויימת (הלאו אינו שוקל מאומה כשהוא עומד כנגד עשה).

מדוע כאן הצלחנו למצוא פתרון לקונפליקט, ואילו בהשבת אבידה לא הצלחנו למצוא הכרעה? יש לשים לב שגם הפתרון כאן נבע מהיזקקות לתכני הבעייה (השוואה לעשה קיומי). כלומר מהנתונים בדבר שלושת כללי הקדימה בלבד לא ניתן להגיע לפתרון. גם בקונפליקט של השבת אבידה פתרנו את בעיית הטרנזיטיביות, אלא ששם לא מצאנו דרך קונקרטית להגיע למשקלים תלויי הסיטואציה של כל צעד. זה נתון לכל פוסק ולפרשנותו לסוגיא, ואינו חלק מהלוגיקה. כאן רק הדגמנו כיצד ניתן למצוא פתרון כזה בקונפליקט משולש שהוא מהסוג של השבת אבידה.

סיכום

ראינו כאן מחלוקת לגבי הכלל עדל״ת, ששורשה בבעייתיות שמלווה אותו. מחד, ל״ת חמור מעשה (כפי שרואים בכמות הממון שיש להוציא עליהם, בעונש שניתן עליהם וכדו׳), ומאידך הוא נדחה בפני לאו. הסתירה הזו באה לידי ביטוי בחוסר עקביות מתמטית שמלווה את התרגום של הערכים הללו למידה של ערכים ממוניים. ראינו פתרונות שונים שהציעו הראשונים והאחרונים לסתירה הזו, שבאו לידי ביטוי במסקנות שונות ביחס לקונפליקט משולש. הגענו לתרגום כספי של עבירות ומצוות, לפחות בשיטת הרמב״ן, וקיבלנו שערכה הממוני השלילי של ביטול מצווה הוא חומש מממונו של האדם. ערכה הממוני של קיום מצווה הוא לפחות ארבעה חומשים כאלה, ערכה של המוחלט של עבירה הוא גדול מסך כל ממונו של האדם, וערכה של הימנעות מעבירת לאו הוא 0. זוהי תמונה עקבית, שמצביעה על כך שהתרגום הממוני עומד במבחן ההלכתי. כפי שציינו, אין זה אומר שניתן לתרגם באמת את ערכן של מצוות ועבירות לערכים ממוניים, אבל זוהי מידה שמאפשרת לנו לדרג אותם ולקבל החלטות במצבי קונפליקט שונים, בדיוק כמו שראינו ביחס לפיקו״נ ושבת.

פרק שמיני
לולאות הלכתיות

מבוא

בפרקים הקודמים פגשנו שני סוגי קונפליקטים: דילמה בינארית ומשולשת. הדילמה הבינארית היתה קשה (או בלתי אפשרית) להכרעה בגלל היעדר מידה משותפת. אולם גם אם מתייחסים לאינקומנסורביליות כמחסום בלתי עביר, עדיין ברור שזו אינה בעייתיות של לולאה לוגית. זהו סוג אחר של קושי, שאינו מכיל בתוכו סתירה לוגית, אלא רק חוסר יכולת להכריע. גם בקונפליקטים המשולשים פגשנו בעיות שהן לכאורה לא כריעות מהותית. זה היה מבנה של שלוש טענות לא טרנזיטיביות שמונעות לכאורה הכרעה בקונפליקטים מעשיים. כדי להכריע אותן הצענו דרך של מישקול, או הצמדת מידה תלויית סיטואציה לכל אחד מכללי הקדימה או לכל אחת מהאופציות המעשיות.

הבעיה בקונפליקטים שפגשנו עד עתה היתה התנגשות בין ערכים שמובילים למסקנות מעשיות מנוגדות, והשאלה היתה מי מהם גובר על האחרים. בפרק זה נעסוק בסוג אחר של קונפליקטים, לולאות. לולאה הלכתיות היא לולאה שהבעייה היסודית בה היא לוגית: לא ניתן להגדיר הכרעה לבעייה כי כל הכרעה מובילה לשלילתה. יש לולאות שמבוססות על שתי טענות ויש שעל יותר. כפי שנראה יש לולאות שנוצרות מטענה אחת בלבד (כמו במקרה של פרדוכס השקרן).

אם מה שראינו עד עתה היה בעיות הלכתיות שלא ניתנות להכרעה, בפרק זה נעסוק בפרדוכסים הלכתיים בעלי מבנה לוגי דומה לזה של פרדוכס השקרן. בפרק השלישי עמדנו על ההבדלים בין קונפליקט לפרדוכס. ראינו שם שבקונפליקט לא מדובר בסתירה לוגית אלא בבעיית הכרעה מעשית. מתוך כך גזרנו את דרך ההכרעה בקונפליקט, באמצעות יציאה למישור תיאורטי שבו

ניתוק למשקל את הכללים התיאורטיים זה מול זה, ולאחר מכן חזרה למישור הפרקטי. ראינו בפרקים הקודמים כמה דוגמאות למכניזם הזה. לעומת זאת, בפרדוכסים לא מדובר בשני מישורי התייחסות. מדובר בלולאה שזנבה בתוך פיה, ולא ניתן למשקל את הצדדים השונים ולקבוע מי דוחה את מי. כאן הפתרון אמור להתקבל בתוך המערכת ולא מחוצה לה.

אנו נראה שבהקשר ההלכתי והמשפטי ניתן להכריע בפרדוכסים לולאתיים כאלה (לעצור את הלולאה) באמצעות עיקרון לוגי-הלכתי מיוחד אותו מציע ר׳ שמעון שקאפ (=רש״ש). העיקרון הזה קשור לתפיסתו של הרש״ש את מנגנון התנאי כפי שתוארה בספר הרביעי בסדרה שלנו, וליתר הרחבה באספקטים של תפיסת הזמן ניתן לעיין שם (בעיקר בפרק השלושה-עשר). כאן נעסוק בזה מן הצד של לוגיקה של לולאות הלכתיות, לאו דווקא בהקשר של תנאים.

לאחר מכן נחזור לדון בשאלה מהו היחס בין הלולאות הללו לבין פרדוכסים בהקשר הלוגי (כמו פרדוכס השקרן). הדיון הזה נערך בקצרה בפרק השלישי, וכאן נפרט אותו לאור העיקרון הנ״ל של הרש״ש (כלומר נבחן מדוע בקונפליקטים היה עלינו לצאת למישור התיאורטי, ולא ניתן לפתור אותם תוך שימוש בעיקרון של רש״ש).

כדי להדגים את הנושא ולהקיף את התופעה, נעסוק בכמה וכמה דוגמאות מהקשרים שונים, וננתח אותן אחת לאחת. אנו נראה שעל אף הדמיון, לא כולן נפתרות באותה צורה.[64]

---

[64] כמה מהדוגמאות לקוחות ממאמרו של הרב מאיר בראלי, ׳עוד על פרודכסים בהלכה׳, **המעין** נא, ב. המאמר נכתב כתגובה למאמרו של מיכאל אברהם בו הוצג הרעיון של פרדוכס ואנטי פרדוכס, שהוסבר למעלה.
מקור נוסף הוא שרשור בפורום האינטרנטי, ׳עצור כאן חושבים׳. ראה:
http://www.bhol.co.il/forums/topic.asp?cat_id=24&topic_id=2890361&forum_id=1364

191

פרדוכס השקרן

בפרק השלישי למעלה כבר פגשנו את הדוגמא היסודית לסוג זה של לולאות: פרדוכס השקרן. נחזור עליו כאן בקצרה כדי שנוכל להמשיך ממנו הלאה. נתבונן בטענה הבאה:

(א) משפט א הוא שקרי.

ברור שלא נוכל להצמיד לטענה זו שום ערך אמת. אם היא אמיתית, אז תוכנה הולם את מצב העניינים, ולכן היא שקרית. ואולם אם היא שקרית, אז תוכנה אינו הולם את מצב העניינים, ולכן היא אמיתית. נמצאנו למדים שאי אפשר להצמיד למשפט הזה שום ערך אמת. זוהי לולאה שזנבה בתוך פיה: אם אמיתי אז שקרי, ואם שקרי אז אמיתי.

עד כאן פגשנו לולאה בת חוליה אחת שזנבה בתוך פיה. אולם בפרק זה נעסוק בעיקר בלולאות בינאריות. כפי שראינו בפרק השלישי, ניסוח שונה מעט של הפרדוכס, שמתאים יותר לפרדוכסים ההלכתיים שנבחן להלן, הוא צמד המשפטים הבאים:

(א) משפט ב הוא אמיתי.

(ב) משפט א הוא שקרי.

גם כאן נוצרת לולאה שזנבה בתוך פיה, אלא שכאן היא מורכבת משתי חוליות ולכן קל יותר לנתח אותה ולהשוות אותה לדילמות הבינאריות שנציג להלן.

תנאי שמוליך ללולאה לוגית: עקרון העקביות של רש״ש[65]

כרקע לדברים, נזכיר כי תנאי 'על מנת' הוא תנאי שהחלות בה הוא עוסק מוחלת רטרואקטיבית אם התנאי מתקיים. אם אדם נותן גט לאישה בשנת 1980 בתנאי ״על מנת שלא תשתי יין עשר שנים״, אזי אם היא לא שותה יין לאורך כעשר השנים (עד 1990), הגט חל למפרע מרגע נתינתו (בשנת 1980). בשאלות אלו עסקנו בהרחבה בספר הרביעי.

---

[65] ראה על כך בפרק שלושה-עשר של הספר הרביעי בסדרה שלנו.

והנה, בסוגיית גיטין פג ע״א הגמרא דנה במי שנתן גט לאשתו בתנאי ׳על מנת שלא תינשאי לפלוני׳, וכותבת כך:

נענה ר״ע ואמר: הרי שהלכה זו ונשאת לאחד מן השוק והיו לה בנים, ונתארמלה או נתגרשה, ועמדה ונישאת לזה שנאסרה עליו, לא נמצא גט בטל ובניה ממזרים?

אותה אישה שקיבלה את הגט בתנאי ״על מנת שלא תינשאי לפלוני״, נישאה לאדם אחר (שזה מותר), ולאחר שהוא נפטר או גירש אותה, הלכה ונישאה לאותו פלוני שהתנאי התייחס אליו. ההנחה של ר״ע היא שאם היא נישאת לאותו פלוני התנאי עוקר את הגט למפרע. ממילא בניה שכבר נולדו מהשני קודם לכן הופכים למפרע להיות ממזרים.

ועל כך מעירים בתוד״ה ׳ועמדה ונישאת׳, שם:

ועמדה ונישאת לזה שנאסרה עליו לא נמצא גט בטל - וא״ת והלא אין נישואין חלין שהרי אסורה עליו משום איסור אשת איש ומאי שנא מדתניא בתוספתא על מנת שלא תינשאי לאבא ולאביך ה״ז גט על מנת שלא תבעלי לאבא ולאביך אינו גט חוששין שמא תבעל להם משמע דבע״מ שלא תנשא להם אפילו נישאת ה״ז גט והכא אמאי הגט בטל?

תוס׳ מקשים מדוע ר״ע מניח שאם היא נישאה לו הגט בטל? הרי אם הגט בטל – אז נישואיה לפלוני בטלים גם הם. ואם היא לא נישאה לפלוני אז היא לא עברה על תנאי הגירושין, ולכן הגירושין בתוקף. תוס׳ שם עונים שמדובר שנישאה אחרי מיתת המגרש, אבל זה לא חשוב לענייננו כאן. סברתם היא שבמקרה שהיא נישאת לאותו שנאסרה עליו (ולא אחרי מות המגרש) הגירושין תקפים, זאת בניגוד למה שעולה מפשט הסוגיא.

הנחתו של תוס׳ היא שבמצב שהיא הולכת ונישאת לאותו פלוני – הנישואין לפלוני בטלים, ולכן הגט קיים.[66] הרש״ש ב**שערי ישר**[67] מתייחס לדברי התוס׳

---

[66] הדברים חוזרים גם בתוד״ה ׳הכא׳, גיטין פד ע״א, והשווה לדברי הרשב״א שם. וראה גם **במ״מ** ובגר״ח על הרמב״ם הל׳ גירושין פ״ח הי״ג.

[67] ש״ז פט״ז, עמ׳ רנח.

הללו. במובלע הוא כנראה מתקשה מדוע התוס' עוצרים את הלולאה בשלב
הזה? הרי ניתן להמשיך אותה ולומר שאם אכן הגט לא התבטל אזי הנישואין
שלה לשני תקפים, ושוב היא עברה על התנאי והגירושין בטלים, וחוזר
חלילה. מדוע תוס' בוחר לעצור את הלולאה הזו במצב שהגט קיים?
הוא מסביר שם את דברי תוס' כך:

משום דנשואים אלו אי אפשר שיחולו, שאם יחולו יתבטלו למפרע
מחמת התנאי. וכן דבר שאין מציאות לחלות אינו חל כלל ומשם הכי
הגט קיים והנשואים בטלים.

טענתו היא שיש עיקרון מטא-הלכתי כללי שקובע שכל חלות שמתקיים לגביה
שאם היא תחול זה יעקור אותה עצמה מעיקרה, אז כבר כעת היא לא חלה.
בז'רגון הישיבתי נוהגים לנסח זאת כך: "כל חלות שאם היא חלה אז היא לא
חלה – לא חלה". הוא מאריך ומפרט שם בהסבר היסוד הזה גם בהקשרים
נוספים.

כיצד עלינו להבין את העיקרון הזה? הוא טוען שאם יש נישואין שתחולתם
תעקור אותם עצמם מעיקרם, הם לא יכולים לחול. לכן תוס' עוצר את
הלולאה בכך שהנישואין לשני לא חלו, ולכן הגט תקף. אולם יש מקום לדון
מדוע לא לומר את אותו דבר לגבי הגירושין? אם הגירושין הללו יחולו הם
ייעקרו למפרע, ולכן לכאורה גם הם לא חלים.

מדוע תוס' בוחרים לומר זאת על הנישואין לפלוני ולא על הגירושין
מהראשון? לכאורה אין כאן הסבר לשבירת הסימטריה של הלולאה. דומה כי
התשובה לכך היא שחלות הגירושין מצד עצמה אינה עוקרת את עצמה. רק
בגלל שאחר כך היא הלכה ונישאה לשני נעקרים הגירושין. לולא זה, הגירושין
הללו מעצם טיבם אינם עוקרים את עצמם. לעומת זאת, הנישואין לפלוני,
מעצם הגדרתם עוקרים את עצמם, ללא צורך בתוספת כלשהי. הנישואין
לפלוני מתרחשים אחרי שהיא כבר התגרשה בתנאי (בלי הגירושין הללו היא
כלל לא יכלה להינשא לו), ולכן שם זה נחשב אקט שכבר מעיקרו עוקר את
הענף שעליו הוא עצמו מנסה להתיישב. הלכתית, אקט כזה לא יכול לחול. זהו

עקרון העקביות של רש״ש: כל מעשה המחיל חלות תוצאותיו חייבות להיות עקביות. אם הן אינן כאלה – המעשה כלל לא יחיל את החלות.

שתי הנחות שונות בבסיס המתודה של עקרון העקביות

כדי להבין זאת, עלינו לחזור ולברר מה היה קורה לולא העיקרון הזה. לולא עקרו והעקביות היינו אומרים שכשנישאה לפלוני הנישואין תופסים, ורק לאחר מכן התחולה שלהם עוקרת את הגירושין, וכעת היא הופכת להיות אשתו של הראשון (ואולי זה חוזר ועוקר את הנישואין לשני, ואז השרשרת ממשיכה). היתה כאן לולאה שזנבה בתוך פיה, ממש כמו פרדוכס השקרן.

מה השתנה בתמונה הזאת, לאחר חידושו של רש״ש (ותוס׳)? עקרון העקביות לא מספיק כדי לפתור את הבעייה, שכן כפי שראינו ניתן היה ליישם אותו גם על הגירושין הראשונים וגם על הנישואין לפלוני. היכולת שלנו ליישם אותו דווקא על הנישואין לפלוני ולא על הגירושין, נובעת מן העובדה שתוס׳ ורש״ש מחדשים כאן במובלע חידוש נוסף (ובו עסקנו בהרחבה בספר הרביעי): שאוסף האירועים הללו של העקירות והעקירות החוזרות, שלכאורה מתרחשות באותו רגע ממש (רגע קידושיה לפלוני), אנחנו מסתכלים עליהם כשרשרת של אירועים עוקבים, כאילו ציר הזמן מתקדם ביניהם.

אמנם העקיבה ביניהם אינה על ציר הזמן ממש, אלא על ציר הגרימה הסיבתית (בספר הרביעי הגדרנו ציר זמן מופשט τ שמסמן את הסדר הסיבתי. זהו בעצם ציר הגרימה). גם אם האירועים כולם מתרחשים באותו רגע עצמו, עדיין אנחנו רואים אותם כאילו היו אירועים שמופיעים בזה אחר זה (על ציר τ), וכל אחד מהם תלוי בקודמיו.

רק בגלל העובדה שאנחנו מתייחסים לאירועים הללו כאירועים עוקבים שמופיעים בזה אחר זה ולא בבת אחת, אנחנו יכולים להשתמש בעיקרון של רש״ש, ולומר שכל שלב בשרשרת נבחן לחוד לגופו, ושהבחינה הזאת נתרחשת בעת שהוא מנסה לפעול. רק אם השלב הנדון עובר את מבחן העקביות הוא מצליח להחיל את החלות הרלוונטית, ואז אנחנו מתקדמים לשלב הסיבתי הבא. נתאר זאת כעת ביתר פירוט.

בשלב הראשון על ציר הגרימה ניתן הגט. כשבוחנים את המעשה הזה אין איתו שום בעייה (כי הוא לא בהכרח עוקר את עצמו, כל עוד היא לא נישאת לפלוני), ולכן הגט חל. לאחר מכן היא הולכת ונישאת לשני (שמותר לה), וגם זה חל כי אין שום בעייה. לאחר מכן השני מת, והיא כאלמנה הולכת ונישאת לפלוני (שאסורה עליו מכוח תנאו של הראשון). כאן הבחינה כבר מעלה שישנה בעייה, כי אם הקידושין הללו יחולו הם יעקרו את עצמם מיניה וביה. לכן כבר כאן אנחנו עוצרים את הלולאה, ומכריזים שהקידושין לפלוני לא חלים כבר מעתה (לא שהם חלים ומתבטלים, כפי שעולה מפשט הגמרא). ממילא הלולאה נעצרת, ואין סיבה כעת לחזור ולדון בגירושין, שכן התנאי של הגירושין לא בוטל (כי היא לא נשואה לפלוני). זוהי הסיבה לכך שרש״ש מניח שלמסקנה הגירושין מהראשון נותרים בתוקף.

אם כן, מסקנתו של רש״ש היא כדעת התוס׳, שהגירושין תקפים והנישואין לשני לא, וזאת בגלל העיקרון המיוחד שהוא ניסח – שכל חלות שעוקרת את עצמה – אינה חלה כבר מהרגע הראשון.

על הלכה ולוגיקה: האם ניתן לפתור את פרדוכס השקרן?

כיצד הצלחנו לפתור בעייה שלכאורה שקולה לפרדוכס השקרן? האם ניתן בצורה דומה לפתור פרדוכסים לוגיים? מסתבר שלא. ישנם שני הבדלים עיקריים בין הפרדוכס של הגט, שהוא הלכתי, לבין הפרדוכסים הלוגיים המקבילים:

א. בפרדוכס הספר אין לנו אפשרות לקבוע שאחת הטענות היא שקרית, שהרי אנחנו מניחים שכולן מתארות עובדות. זאת, להבדיל מפרדוכס הגט, ששם מדובר בקביעות משפטיות (של חלות גירושין או קידושין). לגבי קביעות כאלה, תמיד פתוחה בפנינו האפשרות לקבוע שהמעשה המשפטי לא יצר תוצאה שחלה (במינוח משפטי: הוא לא השתכלל), כלומר שהאישה אינה מגורשת או לא מקודשת (נכון שלא נוכל לקבוע שלא ניתן גט, או שלא הותנה תנאי, כי אלו עובדות פיסיקליות).

אך ההבדל הזה לא נכון לגבי פרדוכס השקרן, שכן שם כן קיימת האפשרות להכריז על כל אחת מהטענות שהיא שקרית. אין שם הנחות עובדתיות, אלא שיפוט (אמנם לוגי, לא משפטי), ואנחנו אלו שאמורים לקבוע מהם ערכי האמת של הטענות השונות.

לכן ברור שישנו הבדל אחר שמבחין בין הלולאה המשפטית של הגט המותנה לבין פרדוכסים לוגיים:

ב. הלוגיקה מעצם טיבה היא א-זמנית. לכן גם פרדוכס לוגי מעצם הגדרתו הוא א-זמני. בפרדוכס השקרן ישנם שני משפטים שאחד מתייחס לשני. המספור א וב׳ אותו קבענו הוא מקרי, והוא גם היה יכול להיות הפוך. ברמה הלוגית יש להתייחס אליהם כבו-זמניים, או כא-זמניים. לכן כאן לא ניתן לעשות ניתוח דומה לזה של הרש״ש (שהרי כפי שראינו הניתוח של רש״ש מבוסס על ראיה כאילו מדובר באירועים עוקבים שהאחד גורם את השני).

המושג ׳גרימה׳ בו השתמשנו, יכול להופיע רק בהקשרים שנוגעים ליחסים בין אירועים במציאות העובדתית, תהא זו פיסית או משפטית. היכולת של התנאי לפעול קדימה ואחורה בזמן היא שיוצרת את הפרדוכס, אבל גם את האפשרות לפתור אותו. לעומת זאת, יחסים לוגיים הם א-זמניים, כפי שהראינו בהרחבה בחלקו הראשון של הספר הרביעי. לכן אין יחס סיבתי בין טענות שקשורות זו לזו במובן הלוגי, ומסיבה זו הניתוח של רש״ש אינו תקף לגביהן. שקריות של משפט אינה ׳גורמת׳ לכך שערך האמת שלו הוא שקר. אין כאן גרימה אלא תיאור של אותו דבר במילים אחרות. זוהי תלות לוגית, ולא יחס סיבתי של גרימה.

לגבי פרדוכס השקרן זה מובן מאליו. ברור שהיחס בין שתי הטענות שמרכיבות אותו הוא לוגי (האחת אמיתית *אם* השנייה שקרית, ולא *בגלל* שהשנייה שקרית), ואין יחס של גרימה ביניהן.[68] ומה לגבי פרדוכס הספר שמספר את כל האנשים שלא מספרים את עצמם? כאן לכאורה מדובר על

---

[68] גם קשר של ׳אם׳ יכול להיות מוצג ככיווני. אלא שכאן אנחנו עוסקים בקשר ׳אם ורק אם׳, או בקשר ׳אם׳ ללא כיוון. והא ראיה, גם הטענה השנייה קשורה באותו אופן לראשונה. אין ביניהן יחס של קדימה בשום מובן שהוא.

עובדות מציאותיות ולא על לוגיקה מופשטת (כמו אמיתיות ושקריות של טענות). אבל זה לא נכון, שכן הקשר בין שתי החוליות שיוצרות את הפרדוכס אינו קשר של גרימה אלא קשר לוגי. כדי לראות זאת, נציג את הפרדוכס הזה במבנה דו-חולייתי:

(א) X מספר כל Y שלא מספר את עצמו.

(ב) Y מספר את עצמו.

(ג) X מספר את Y.[69]

קל לראות שהקשר בין הטענות כאן אינו קשר של גרימה, זאת בניגוד לקשר בין הגירושין בתנאי לבין קיום/ביטול התנאי. זהו קשר לוגי בין טעננות ולא קשר של גרימה בין עובדות. ברגע שאין קשרי גרימה לא ניתן לראות את האירועים כחוליות עוקבות על ציר כלשהו (τ). ממילא עקרון העקביות של רש״ש אינו ישים לבעיות אלו. בגלל הסימטריה ביחסים בין הטענות הוא לא יוכל לקבוע מי שתיהן בטלה ומי נותרת תקפה.

כמובן ניתן היה להגדיר גם בפרדוכסים הלוגיים ציר כזה באופן מלאכותי, ולהחליט שרירותית שיש יחס עקיבה כלשהו בין הטענות, ואז ליישם את העקרון העקביות של רש״ש. אבל זה לא היה נותן פתרון ממשי לפרדוכס, אלא לכל היותר מציע ניסוח שבו הפרדוכס לא יכול להתעורר (כלומר שלא ניתן להציג אותו).[70]

מקרים נוספים של לולאות: הקדמה

לולאות כאלה מופיעות גם בהקשרים אחרים, מהם כאלה שעוסקים בתנאים, ומהם בהקשרים שאינם קשורים לתנאים. כעת נביא כמה וכמה דוגמאות כאלה, ונראה בכל אחת מהן כיצד היא ניתנת להכרעה על פי המתודה של

---

[69] כמובן אפשר היה להחליף בטענה (ב) ו/או (ג) את המילה ׳מספר׳ בצירוף ׳לא מספר׳.

[70] מיכאל אברהם, בספרו **שתי עגלות וכדור פורח**, עומד על כך שפתרונות אנליטיים לפרדוכסים הם בדרך כלל במישור הלוגי, ולא במישור המהותי. כלומר הניתוח האנליטי מציע שפה שאוסרת להציג את הפרדוכס, אך בהחלט לא פותר אותו. ראה שם בשער השביעי, בעיקר בפרק א.

רש"ש, תוך שימוש בשתי הנחותיה: 1. ראיית האירועים כאילו היו מסודרים על פני ציר גרימה (או זמן). 2. הפעלת עקרון העקביות.

חלק מהדוגמאות ידרשו שימוש בשני העקרונות גם יחד (השני בלי הראשון אינו אפשרי, כפי שהסברנו), אבל יהיה גם מקרה שבו לא ניזקק כלל לעקרון העקביות, ודי יהיה לנו בהצגת סדר עקיבה על ציר הגרימה.

גירושין על תנאי: דוגמא של לולאה משולשת

הרב יואב רוזנטל, בקובץ **בית אהרן וישראל** (גליון קמא, שבט תשסט, עמ׳ קנ) מעלה את הספק הבא. ראובן שגירש את אשתו על מנת שתינשא לשמעון, והלכה האשה ונישאת ללוי, ואח"כ עזבה את לוי בלא גט ונישאה לשמעון. מה הדין במקרה כזה? על ידי שהיא נישאה בסוף לשמעון התקיים התנאי של הגירושין הראשונים, ולכן היא מגורשת למפרע מראובן. אם כן, קידושי לוי תופסים בה, שהרי היא פנויה. אבל אם כך, הרי מלוי היא יצאה בלי גט, ולכן היא עדייחן אשת איש. ואז ממילא מתבטלים נישואיה לשמעון (שהרי לא נתגרשה מלוי). ואם כך, אז התנאי של הגירושין לא התקיים, ולא תופסים קידושי לוי, ולכן כן תופסים קידושי שמעון, וחוזר חלילה.

זהו בעצם מקרה של לולאה משולשת, שדומה לקונפליקט הלולאתי הבינארי בו עסקנו כאן. על פניו נראה שהטכניקות אותן הצגנו בפרקים הקודמים לפתרון קונפליקט משולש לא יפעלו כאן, משתי סיבות: 1. נראה שקשה למצוא משקל שונה לכל העקרונות עליהם מדובר כאן. 2. גם אם יכולנו למצוא משקלים כאלה לא היה בכך פתרון לבעייה. בהתנגשות בין עקרונות (=קונפליקט) אנחנו פותרים אותה על ידי קביעת מידה ומשקל לכל אחד מהם, וזה קובע מי מהם גובר על חבריו. אבל כאן מדובר בלולאה ולא בקונפליקט של התנגשות, ולכן במקרה כזה לא נראה שיש טעם למשקל את העקרונות. כאן השאלה היא כיצד לעצור את הלולאה ולא מי גובר על מי.

אמנם הלולאה הזאת אינה במישור הלוגי גרידא, אלא במישור הנורמטיבי-הלכתי-משפטי, ולכן נראה שניתן להכריע אותה על פי עקרון העקביות של רש"ש, בדומה למה שעשינו בלולאה הבינארית. כפי שראינו במקרה הבינארי,

כדי ליישם את עקרון העקביות, עלינו לעקוב אחרי השרשרת הסיבתית של האירועים, ונדגים זאת כעת על הדוגמא הזו.

האירוע הראשון הוא הגירושין מראובן. כאן אין בעייה אינהרנטית, שכן אין מניעה שהיא תינשא לשמעון והגירושין יהיו תקפים. לכן הגירושין הללו חלו. כעת היא מתקדשת ללוי. הקידושין הללו תופסים, שכן אין סיבה להניח שהגירושין הקודמים יתבטלו. היא יכולה להינשא לשמעון אחרי שהיא יוצאת מלוי ולקיים בכך את התנאי של הגירושין הראשונים.

לאחר מכן היא יוצאת בלי גט מלוי, ומתקדשת לשמעון. ברגע זה היא עדיין נשואה ללוי כפי שראינו קודם, ולכן היא אינה יכולה להתקדש לשמעון. לכן לכאורה כאן הלולאה נעצרת, והיא נותרת אשתו של לוי. אבל אם זה כך, אז הגירושין הראשונים מתבטלים וממילא כך גם קידושיה ללוי. כעת ישנה אפשרות לומר שהיא יכולה להינשא לשמעון ולקומם מחדש את הגירושין מראובן, אבל זה עצמו יביא לכך שהיא נשואה ללוי ולכן לא יכולה להינשא לשמעון. אם כן, קידושיה לשמעון לא יכולים לחול, כי החלתם תעקור אותם עצמם, בניגוד לעקרון העקביות.

המסקנה היא שבמצב כזה היא נותרת נשואה לראובן. אבל יש לשים לב שהמצב אינו שגירושיה מראובן כלל לא חלו, שהרי ברגע הראשון הם כן חלו. אלא שלאחר מכן הם נעקרו בגלל שהיא לא נישאה לשמעון. התוצאה הזו אינה נגזרת של עקרון העקביות, שכן עיקרון זה גורם לכך שהחלות כלל לא תחול מלכתחילה. עקרון העקביות מבטל את נישואיה לשמעון (בלולאה השנייה. ראה בתיאור למעלה), אבל גירושיה מראובן מתבטלים גם ללא עקרון העקביות, שכן הם חלו והתבטלו.

תנאי בגירושין והפרת נדרים

הלולאה הזו מבוססת על גירושין בתנאי כפי שראינו למעלה. בנוסף יש לדעת שלפי ההלכה אדם שנדר נדר לא לאכול משהו יש לו איסור לאכול אותו. בנוסף, עלינו לדעת שבעל יכול להפר את נדרי אשתו (ביום שמעו), אבל זה רק אם הוא באמת בעלה.

לאור ההנחות הללו מעלה ר' חיים ברלין, בקובץ **יגדיל תורה** (הובא בשו"ת **מנחם משיב** סי' א) את השאלה הבאה:[71]

במגרש אשתו על תנאי מעכשיו ולאחר ל' יום, שבמשך ל' יום הללו אם תיזהר מלאכול דבר איסור יהא גט, ואם תטעם שום דבר איסור לא יהא גט. ובתוך ל' יום נדרה על ככר בקונם, והפר לה בעלה, ואכלה הככר על פי הפרתו, אם מגורשת או לא. אי נימא דמגורשת למפרע, ממילא לא הוי הפרתו הפרה ושוב אכלה דבר איסור ואינה מגורשת, ואי נימא דאינה מגורשת שוב הפרתו הוי הפרה, וממילא אכלה דבר היתר, ושוב ממילא מגורשת.

אדם מגרש את אשתו בתנאי שלא תאכל דבר שאסור לאכלו על פי ההלכה במהלך החודש שאחרי הגירושין. לאחר עשרה ימים האישה נודרת שלא לאכול כיכר לחם כלשהי, וכך הכיכר הזאת הופכת להיות דבר איסור עבורה. אלא שכעת באותו יום בא הבעל הקודם ומיפר את הנדר שלה. כעת היא אוכלת את הכיכר, שכן היא כבר לא אסורה עליה שהרי בעלה היפר לה. מה הדין במקרה כזה? אם אכילת הכיכר אכן היתה מותרת, אז היא מגורשת מרגע מתן הגט, אבל במקרה כזה הבעל כבר אינו בעלה והוא לא יכול להפר לה נדרים. אבל אם הנדר אינו מופר, אז היא אכלה דבר איסור, וזה מבטל את הגירושין למפרע, ולכן הוא כן בעלה והוא יכול להפר לה.

בשורה התחתונה הלולאה הזאת אינה משולשת אלא כפולה. לאחר כל ההשתלשלות, יש כאן לולאה של שתי חוליות בלבד: אם הדבר אסור היא אשתו ולכן הוא מפר לה ואז היא אינה אשתו ואז הדבר מותר, ואז היא לא אשתו וחוזר חלילה.

אבל כפי שכבר ראינו, כאן לא מדובר בקונפליקט אלא בלולאה, ובלולאה לא ממש חשוב מכמה חוליות היא מורכבת. מה שעלינו לעשות הוא להתקדם לפי סדר הגרימה, ולהפעיל בכל שלב את עקרון העקביות של רש"ש. ננסה, אם כן, לעקוב אחרי ההשתלשלות במשקפיים של עקרון העקביות.

---

[71] ראה שם שהביא עוד פרדוכסים דומים.

בשלב ראשון היא מתגרשת, ואין כל מניעה לכך, שהרי יש אפשרות שהיא לא תאכל כל איסור. לכן מעשה זה עובר את עקרון העקביות. בשלב הבא היא נודרת נדר, וכמובן שגם זה חל, שהרי זכותה לנדור. בשלב הבא הבעל מיפר לה, וכאן מתחיל הדיון. האם הפרה כזאת אינה חלה? עקרונית כעת הוא לא בעלה שהרי הגירושין חלו, ולכן אין להפרה כל משמעות. כעת היא אוכלת את הכיכר ובשלב זה הכיכר הזו היא דבר איסור. אם כן, כעת הגירושין פוקעים למפרע (ושוב, הם חלים ופוקעים, ולכן לא מדובר כאן בתוצאה של עקרון העקביות). כעת אנחנו חוזרים לבחון את הפרת הבעל, והפעם יוצא שהפרתו תקפה שהרי הוא בעלה (הגירושין פקעו). כעת היא אוכלת את הכיכר, וזה דבר היתר, ולכן הגירושין אמורים לחזור ולהתכונן. אבל זה השלב שבו הלולאה נעצרת, שכן הגירושין כבר פקעו. כעת הם כבר לא יכולים לחזור ולהתכונן. כדי שזה יקרה על הבעל לתת לה גט נוסף מחדש. אם כן, למסקנה נראה שבמקרה כזה היא נותרת אשתו של הבעל הראשון.

יש לשים לב שכאן השתמשנו אך ורק בעיקרון המובלע בדברי רש״ש, שיש להתייחס לשרשרת אירועים כזאת כאילו הם עוקבים זה אחר זה בציר הגרימה הסיבתית (כאילו היה כאן ציר זמן). לעומת זאת, כלל לא היינו זקוקים כאן לעקרון העקביות. ההכרעה התקבלה רק מכוח העיקרון הראשון. כל צעד משפטי שנעשה כאן היה יכול להישאר תקף (בתלות במה שהיא מחליטה לעשות: לאכול או לא), ולכן אי אפשר היה לבטל שום צעד בגלל עקרון העקביות כשלעצמו. הסיבה לכך היא שכאן הכל תלוי במעשה פיסי (אכילה) ולא בחלות משפטית (קידושין או נדר) כזו או אחרת. כשהדבר תלוי בחלות, אנחנו בוחנים את תקפותה של החלות הזאת לאור עקרון העקביות. אבל אכילת כיכר היא אכילה פיסית, ואין כל מקום לומר שהיא ׳לא חלה׳ בגלל עקרון העקביות. רק לגבי חלויות ומצבים משפטיים ניתן ליישם את העיקרון הזה. זוהי דוגמא יפה ללולאה שיכולה להיפתר בלי עקרון העקביות של רש״ש, אלא רק מתוך ההנחה בדבר תפיסה כאילו ׳זמנית׳ של סדר האירועים.

עד כאן עסקנו בדוגמאות מהלכות תנאים. אך ישנן דוגמאות נוספות ללולאות
הלכתיות שאינן קשורות לתנאים. דרך ההכרעה במקרים אלו תהיה דומה
מאד. בשלב ראשון נישאר עדיין בתחום הגיטין.

כשרות גט שנכתב בשבת

הלולאה כאן מבוססת על ההנחות הבאות: ההלכה אוסרת לכתוב בשבת.
אולם אם מישהו כותב על גבי כתב שכבר קיים זה אינו כתב, אלא אם הכתב
העליון מתקן משהו שלא היה בכתב התחתון. בנוסף, כתיבת גט צריכה
להיעשות על ידי אדם כשר. מי שכותב דבר כלשהו בשבת הוא מומר, ולכן
אינו אדם כשר. בנוסף, כתיבת הגט צריכה להיעשות 'לשמה' (לשם האישה
המתגרשת). אם גט נכתב שלא 'לשמה' ניתן לתקן זאת על ידי העברת קולמוס
על אותה מילה תוך כוונת 'לשמה'.

לאור כל ההנחות הללו, מעלה בעל **מנחת חינוך**, מצווה לב ('מוסך השבת',
אות לד), את השאלה הבאה:

גט שהיה נכתב שלא לשמה, ובשבת העביר עליו קולמוס לשמה
במזיד, היאך הדין? והנה בכתב גט במזיד בשבת הוי מומר ואינו גט,
אך כאן אם נאמר דאינו גט דהוא מומר, באמת אם אינו גט לא חילל
שבת כלל דכתב על כתב שרי בשבת, רק מחמת מתקן, ואם אינו גט
לא הוי מתקן, א"כ לא הוי מומר והגט כשר. אך אם הגט כשר שוב
הוי ליה מומר ופסול, וזה תלוי בזה. והיאך לידייני להאי דינא? אם
הגט כשר פסול משום מומר, ואם נאמר דפסול מחמת מומר אם כן
לא הוי מומר, דלא חילל שבת. וצ"ע.

אדם כתב גט שלא לשמה לאשתו. הגט אינו כשר, ולכן הוא רוצה לתקן את
הגט, ומעביר עליו קולמוס 'לשמה' כדי להכשיר אותו. אלא שהוא עושה זאת
בשבת. אם אכן הכתיבה השנייה מצליחה להכשיר את הגט, אזי היא נחשבת
ככתיבה אסורה בשבת, שכן היא תיקנה משהו שלא היה בסדר בכתב
התחתון. אך אם באמת זו כתיבה אסורה בשבת, אזי הכותב נחשב כמומר, כי
הוא כתב בשבת, ולכן הוא פסול לכתוב גט. ממילא הכתיבה העליונה לא

הוסיפה מאומה, ושוב זה לא נחשב ככתב אסור, ואז הוא לא מומר, והגט
כשר. אבל אם הוא כשר אז הכתיבה היא אסורה והוא מומר, וחוזר חלילה.
גם כאן מדובר בלולאה לוגית ולא בקונפליקט, ולכן עלינו לפעול על פי הדרך
של רש"ש: להניח סדר אירועים כאילו זמני (לפי סדר הגרימה הסיבתית),
ולהפעיל בכל שלב את עקרון העקביות. נתחיל כעת לעקוב אחר התהליך הזה.
בתחילה הוא כותב גט שלא לשמה. הגט פסול. כעת הוא עובר עליו בשבת עוד
פעם. האם הגט נעשה כשר? התשובה היא שלא, שכן אם הוא יהיה כשר אז
הכותב הופך להיות מומר, ואז הגט חוזר לא להיות כשר. כלומר יש כאן חלות
שעוקרת את הענף שעליו היא מנסה להתיישב, ולפי עקרון העקביות כבר כעת
היא לא חלה.

אם כן, למסקנה הגט הזה נשאר פסול, שכן חלות הכשרות על הגט לא
מצליחה לחול. לכן ברור שהאדם גם לא נעשה מומר. חשוב להבין שהפסול של
הגט אינו נובע מכך שאת הכתב העליון כתב מומר, שהרי בשורה התחתונה
קבענו שהוא לא מומר. הפסול הוא בגלל עקרון העקביות שלא מאפשר לחלות
שעוקרת בעצמה את הענף עליו היא יושבת לחול.

אם כן, בלולאה הזו היינו צריכים את שני המרכיבים של המתודה של רש"ש:
גם סידור הדברים על פני ציר גרימה, וגם עקרון העקביות. פסלות וכשרות של
גט הם חלויות ולא עובדות פיסיקליות פשוטות, ולכן לגביהן ניתן וצריך
להפעיל את עקרון העקביות.

אם כבר עברנו להלכות שבת, נמשיך בדוגמא נוספת שקשורה להלכות אלו.

הטפת דם ברית במילה

ישנה לולאה נוספת מוצגת על ידי בעל **מנחת חינוך**, והיא דומה מאד לזו
הקודמת. מילת תינוקות יכולה להיעשות בשבת אך ורק אם היא נעשית
בזמנה (ביום השמיני). מילה לאחר הזמן אינה יכולה להיעשות בשבת. בנוסף,
המילה חייבת להיעשות על ידי אדם כשר (ובפרט לא על ידי מומר לחלל
שבת), ואם מל אדם לא כשר זו אינה מילה.

לאור ההנחות הללו, מעלה בעל **מנחת חינוך** מצוה ב או טז, את השאלה הבאה:

אם עבר במזיד ומל שלא בזמנו בשבת, לדעת הרמב"ם בשוחט בשבת במזיד דהוי מומר, א"כ הכא נמי נעשה מומר, ומומר שמל מבואר בשו"ע דהוי כגוי וצריך להטיף דם ברית. אך אם נימא כיון דצריך להטיף דם ברית לא הוי מתקן, א"כ לא הוי מומר, דלא חילל שבת כלל. א"כ צ"ע הדין כאן, אם נאמר דצריך להטיף דם ברית א"כ לא הוי מומר כלל ומילתו כשרה ואין צריך להטיף, ואם נאמר דמילתו כשרה ואין צריך להטיף דם ברית, הדר הוי ליה מומר וצריך להטיף, ובאמת כיון דצריך להטיף א"כ מילתו כשרה, ותלוי זה בזה ותרתי דסתרי אהדדי, וצ"ע.

מהלך האירועים כאן דומה למה שראינו קודם. אדם שמל בשבת נעשה מומר, אבל מומר אינו כשר למול. ואם המילה לא חלה הוא אינו מומר כי המילה לא תיקנה מאומה (זה מקלקל, שפטור בשבת). נעקוב שוב אחרי האירועים על פי סדר הגרימה, לפי המתודה של רש"ש:

האדם מל במזיד מילה שלא בזמנה בשבת. הוא פושע שכן הדבר אסור. האם המילה כשרה? עלינו לבדוק אותה לפי עקרון העקביות. אם נכשיר את המילה המוהל יהפוך למומר, וזה יפסול את המילה שלו. מכאן מוכח שלהלכה המילה אינה כשרה. הלולאה נעצרת מייד בהתחלה. שוב, הסיבה שיכולנו להפעיל את עקרון העקביות היא מפני שלא מדובר כאן בפעולה פיסית גרידא, אלא בפעולה הלכתית, שיכולה להיות כשרה או פסולה. אם החלת כשרות על המילה תפסול אותה, היא מלכתחילה אינה כשרה.

יוצא מכאן חידוש: מילה שנעשית במזיד בשבת, לא רק שנעשתה כאן עבירה של המוהל, אלא המילה עצמה אינה כשרה, ונדרשת הטפת דם ברית נוספת. ושוב, פסלות המילה אינה בגלל שנעשתה שלא בזמנה בשבת, כלומר מחמת העבירה שבה. הפסלות היא בגלל עקרון העקביות.

הערה על שני המקרים האחרונים

יש מקום להציע זווית נוספת לגבי שני המקרים האחרונים. לכאורה אדם שמל או כותב בשבת הופך למומר רק אחרי המעשה שלו. אם כן, ייתכן שבעת עשיית המעשה הוא עדיין כשר, ואינו פוסל את המעשה. המומרות אינה פוסלת אותו למפרע. הדבר תלוי בשאלה האם מומר נפסל מעת שהיתה לו מחשבת רשע, או שיש כאן אקט פורמלי של פסלות שנוצר רק אחרי ביצוע מעשה העבירה.

כעין זה אנחנו מוצאים בסוגיית ביצה לו ע״ב. המשנה שם קובעת שאסור לדון בשבת. והרי״ף על אתר מביא מהירושלמי (כ ע״ב בדפיו):

> ***ירושלמי וכולן שעשו בין אנוסין בין שוגגין בין מזידין בין מוטעין מה שעשו עשוי בשבת ואצ״ל ביום טוב ושמע מינה דמאן דעבר ואקני בשבת מקרקעי או מטלטלי הקנאתו הקנאה:***

כלומר שאם בי״ד עברו ודנו, אפילו במזיד, דינם דין. הפסק תקף בדיעבד.

והנה, רעק״א ב**דרוש וחדוש** שם על המשנה מקשה:

> ***קשה לי דמ״מ בהאי דאין דנין אמאי במזיד מה שעשה עשוי הא כיון דעברו על איסור דרבנן לדון בשבת נעשו פסולים בדרבנן ואין דיניהם דין. ואף אם נימא כמו דפסולי עדות דרבנן צריך הכרזה ה״נ לענין פסול דיינים, מ״מ בדבר שנפסל א״צ הכרזה כמ״ש בנ״י (הביאו הסמ״ע סימן לד) וצלע״ג***

קושייתו היא מדוע הדין בדיעבד כשר, הרי הדיינים שדנו בשבת חיללו את השבת ועברו איסור דרבנן ונפסלו לדון מדרבנן. אם כן, יש כאן בי״ד עם דיינים פסולים, ודינם לא דין. הוא גם שולל את האפשרות לתרץ שפסולי דרבנן אינם נפסלים עד שיכריזו עליהם, וזה קורה רק לאחר מעשה. הוא טוען שלגבי המעשה עצמו הם ודאי פסולים.

ולפי דרכנו היה מקום ליישב שאמנם הם חיללו שבת, אבל פסלותם מתחילה רק ברגע שאחרי המעשה. אמנם בהלכות פסולי דין ההלכה קובעת שהפסול חל על המעשה הזה עצמו, אבל זה דין מיומד לגבי פסולי עדות ודין. לגבי

מומרים וכדו׳, בהחלט יש מקום לומר שדין מומר מתחיל אצלם רק אחרי עשיית המעשה, ולא בעת המעשה עצמו.

אמנם גם אם נצא מהנחה הפוכה, שהפסול מתחיל מייד, ההכרעה מתקבלת בדרך של רש״ש, כפי שראינו למעלה.

כשרות עדים לעדות החודש

הלולאה הבאה שנבחן מבוססת על ההנחות הבאות: כדי לקדש את החודש (לקבוע את ראש חודש) צריכים להגיע שני עדים כשרים שראו את מולד הלבנה. עוד יש לדעת, שעל פי ההלכה עדים שאינם בגירים (כלומר לא הגיעו לגיל שלוש עשרה שנה) הם עדים פסולים. נתון אחרון שיש לקחת בחשבון הוא דין הזמה: אם העידו שני עדים, ואחריהם הגיעו שני עדים אחרים ואמרו שהעדים הראשונים לא יכלו לראות את תוכן העדות שלהם, הכת השנייה היא שנאמנת, והראשונה נפסלת ונענשת כשקרנית. דרך נוספת יש לכת השנייה לפסול כת קודמת, על ידי עדות על הראשונים שהם עבריינים (שכן עבריינים פסולים לעדות).

לאור שתי ההנחות הללו, מעלה בעל **מנחת חינוך**, במצווה ד אות טו, את השאלה הבאה:

> ***אם ביום שלושים של אדר באו עדים כשרים שראו את החודש כדי לקדשו היום, ובאו עדים שנולדו י״ג שנה קודם, בר״ח ניסן, ועתה בר״ח ניסן נעשו גדולים, ומזימין את העדים הכשרים, או שפוסלין אותם באיזה עבירה שראו היום שעשו העדים הכשרים, האיך לדון בדין זה? אם לא יקבלו בית דין את העדים הכשרים מטעם זה כיון דאיכא עדים שפוסלין אותם, הא אם לא יקדשו א״כ היום עוד אדר ולא ניסן, ולא נעשו הפוסלין גדולים, וקטנים אינם יכולים לפסול עדים, ואם כן עוברים על המצוה שיש כאן עתה עדים כשרים ואין מקבלין אותם. ואם יקבלו בי״ד העדים ויקדשו החודש, א״כ המזימין והפוסלין נעשו גדולים למפרע ואיפסלו להו הכשרים וקידשו על פי עדים פסולים, והיאך יקבלו אותם בית דין שיודעים***

דשלא כדין יקדשו, דהם עדים פסולים, נהי דבדיעבד מקודש, מ"מ היאך יעשו לכתחילה לקדש ע"י פסולים. ואם באמת לא יקדשו, דהעדים פסולים, הלא כיון שלא יקדשו אינם פסולים, והמזימין קטנים, והמעידים כשרים לכל עדות שבתורה. והיאך לדיינוה דייני להאי דינא?

מהלך הדברים הוא הבא. באים עדים כשרים ומעידים שראו את מולד הלבנה לגבי ר"ח ניסן. בתאריך א' ניסן באים שני עדים שנולדו בא' ניסן לפני 13 שנה, ומזימים אותם (או פוסלים אותם כעבריינים). אם נקבל את עדות השניים, אזי הראשונים פסולים ור"ח ניסן טרם הגיע. התאריך הוא ל אדר. אלא שאם זהו התאריך אזי שני העדים המזימים הם עדיין קטנים (הם נעשים גדולים בתאריך א ניסן). קטנים אינם כשרים לעדות, ולכן ההזמה בטלה. כעת עדות הראשונים כשרה, ובי"ד צריכים לקבוע את התאריך על א ניסן. אלא שבמקרה כזה המזימים הם כבר גדולים וכשרים להעיד, ולכן הזמתם תקפה והכת הראשונה נפסלת. וחוזר חלילה.

שוב עלינו לבחון את הלולאה הזו באמצעות עקרון העקביות. בתחילה מגיעים שני עדים כשרים. את עדותם אנחנו כמובן מקבלים, כי היא לא עוקרת את עצמה. לאחר מכן באה הכת השנייה ומזימה אותם. האם מקבלים את העדות המזימה? אם נקבל אותה ייצא שהתאריך הוא ל אדר והעדות בטלה. כלומר יש כאן עדות שאם נקבל אותה היא עצמה תפסול את עצמה. לכן לפי עקרון העקביות עדות ההזמה לא מתקבלת. להלכה העדות הראשונה קבילה והתאריך הוא א ניסן. עדות השניים אינם קבילה, ונראה שבי"ד כלל לא ישמע אותם.

"אותו את בנו"[72]

כאן מדובר בסוגיא סבוכה, ודברי הראשונים בה תלויים בכמה וכמה הנחות שונות. אנו ננסה כאן להציג את עיקר הדברים שנוגעים לסוגייתנו.

---

[72] אנו מודים לאברהם סתיו על הפנייתו לסוגיא זו.

בסוגיית חולין פ ע״ב אנו מוצאים מחלוקת תנאים, ולפי ר״ש ״שחיטה שאינה ראויה לאו שמה שחיטה״. כעת הגמרא דנה בבהמת קדשים ששחטו את אמה היום. כהקדמה יש לדעת שיש איסור הלכתי לשחוט הורה ובן/בת באותו יום, אך לגבי קדשים לא ברור האם יש איסור. כאן הסוגיא מניחה שקיים איסור גם בקדשים.

כעת יש לדון לפי הנחה זו, מה קורה במקרה ששחט אם ואחר כך את בנה באותו יום. הבהמה השנייה היא מחוסרת זמן (כי היא לא יכולה להישחט עד מחר), ולכן שחיטתה אינה ראויה. אבל לפי ר״ש אם היא אינה ראויה אז היא אינה נחשבת כשחיטה, ואין כאן שחיטה כפולה שאסורה. אבל אם מותר לעשות זאת, אז שוב היא לא מחוסרת זמן, ולכן אסור לעשות זאת, וחוזר חלילה.

מדברי רש״י ותוד״ה ׳שחיטה שאינה ראויה׳ שם נראה שאין בשחיטה כזו שום איסור. אך הרמב״ן שם כותב שיש בזה איסור:

> ***שאני אומר ממה נפשך נוהג, שאם תאמר שאין שמה שחיטה הרי הכשרת וחזר איסור אותו ואת בנו עליו.***

גם כאן ניתן להפעיל את אותה טכניקה, ולומר כך. בהתחלה שוחטים את האם ואין בזה בעייה. כעת באים לשחוט את הבן, ויש בזה איסור (לפי ההנחה שיש איסור אותו ואת בנו בקדשים). לפי ר״ש אם יש איסור בשחיטה זו אינה שחיטה. אבל אם זו לא שחיטה אז אין כאן איסור, ושוב זו כן שחיטה, ואז יש כאן איסור, וחוזר חלילה.

אם נחיישם את עקרון העקביות, השחיטה הראשונה אינה בעייתית בכל מקרה. כאשר אנחנו מגיעים לשחיטה השנייה, נראה שלא יחול עליה איסור, שכן אם הוא יחול אז הוא לא יחול. לכן מעקרון העקביות נראה כדברי רש״י ותוס׳ שאין בזה איסור.

ומה סובר הרמב״ן? ייתכן שהרמב״ן חולק על ההנחה שעבירה היא חלות. לדעתו זהו מעשה בעלמא, ולכן אין להחיל עליו את עקרון העקביות של רש״ש.

לגבי רמב"ן אני חושב שאפשר להסביר שלדעתו איסור אינו חלות אלא מעשה בעלמא, ולכן אין להחיל לגביו את העיקרון של רש"ש. נסביר זאת על פי המחלוקת בתחילת פ"ב דקידושין, לגבי שליחות לדבר עבירה. שמאי הזקן אומר שם משום חגי הנביא שיש שליח לדבר עבירה, ולכן לדעתו יש איסור לשלוח שליח לרצוח (הוא לומד זאת מהפסוק: "ואותו הרגתב חרב בני עמון". המשלח הוא שהרג בחרב).

הבעיה היא ששליחות מוגדרת אך ורק על מעשים שיש להם משמעות משפטית. כגון מכירה, מתנה, הקנאה, קידושין, גירושין הפרשת תרומה וכדו'. אך רציחה לכאורה היא 'מעשה קוף' בעלמא (כלומר מעשה בעלמא, ולא החלת חלות משפטית). על מעשה כזה לכאורה אין בכלל חידוש של התורה שניתן לשלוח שליח. האחרונים לומדים זאת מ"כן תרימו גם אתם" – לרבות שלוחכם. את שליחות לומדים מהפרשת תרומה, ולכן רק משהו כמו תרומה (שמחיל חלות הלכתית) שייך בשליחות.

אם כן, איך שמאי הזקן טוען שיש שליחות לרצוח? גם אם נניח כשיטתו שיש שליח לדבר עבירה, עדיין זה רק במצב שתוכן המעשה מאפשר שליחות. אבל כאן מדובר במעשה קוף, ולא שייכת כלל שליחות לגביו.

על כורחנו, שמאי הזקן סובר שהמעשה הזה נחשב החלת חלות כי הוא מהווה איסור. עצם העובדה שהתורה הטילה עליו איסור הופכת את המעשה הזה לבר שליחות.

אם כן, לפי החולקים על שמאי הזקן, הסוברים שאין שליחות לרציחה, וכך גם נפסקת ההלכה, נראה שאפשר להסביר את שיטתם בשתי צורות: א. בגלל שלדעתם אין שליח לדבר עבירה. ב. בגלל שלדעתם אין בדבר כזה שליחות כי זה מעשה קוף. הם לא מקבלים את ההנחה של שמאי הזקן שעצם העובדה שהתורה מטילה איסור על המעשה הופכת אותו למעשה משפטי.

יש מקום להסביר שזוהי גופא מחלוקת רמב"ן ותוס' בחולין, האם מעשה איסור הוא מעשה שיש לו משמעות משפטית או לא. כמובן שבהקשר ההוא הדיון אינו לגבי שליחות אלא לגבי יישום עקרון העקביות, אך הרעיון דומה למדיי.

דין פלגינן דיבורא

בסוגיית סנהדרין ט ע״ב אנו מוצאים מחלוקת אמוראים:

> ***ואמר רב יוסף: פלוני רבעו לאונסו - הוא ואחר מצטרפין להרגו. לרצונו - רשע הוא, והתורה אמרה אל תשת רשע עד. רבא אמר: אדם קרוב אצל עצמו, ואין אדם משים עצמו רשע.***

ראובן בא מעיד ששמעון רבע אותו לרצונו (כלומר בשיתוף פעולה מצדו). במצב כזה הוא מעיד על עצמו וגם על שמעון ששניהם רשעים. ר׳ יוסף טוען שמכיון שהוא מפליל את עצמו, התורה פוסלת עדות של אדם על עצמו, ולכן אנחנו לא מקבלים את עדותו גם על שמעון. רבא חולק עליו, וטוען שפולגים את דיבורו, ומקבלים רק את החלק שמדבר על שמעון ולא את החלק שמדבר עליו עצמו. נתמקד כאן בדעת ר׳ יוסף (אף שאין הלכה כמותו).

לכאורה דעת ר׳ יוסף תמוהה, שהרי אם לא מקבלים את עדותו אז הוא לא נרבע, ולכן הוא כשר לעדות, ואז כן צריך לקבל את עדותו. שוב יש כאן לולאה הלכתית. מדוע ר׳ יוסף עוצר את הלולאה דווקא בפסילת עדותו של ראובן, ולא ממשיך הלאה?

אם מיישמים גם כאן את עקרון העקביות, דעת ר׳ וסף מובנת מאליה. עדות שכורתת את הענף שעליו היא עצמה יושבת, אינה מתקבלת. לכן כבר בשלב של העדות שלו אנחנו לא מוכנים לקבל אותה.

גם רבא שחולק על ר׳ יוסף, זה רק מכוח העובדה שלדעתו ניתן לחלוק את הדיבור של העד, ולקבל רק את החלק שמדבר על שמעון. לולא זה גם הוא היה מסכים שהדין היה לדחות את העדות. אם כן, עקרון העקביות כנראה מוסכם על שניהם, ולכן אין זה חשוב שאנחנו לא פוסקים כאן הלכה כרבא. לעניין עקרון העקביות שניהם מסכימים.

אמנם בהמשך הסוגיא שם מופיע עוד מקרה:

> ***אמר רבא: פלוני בא על אשתי - הוא ואחר מצטרפין להורגו, אבל לא להורגה. - מאי קא משמע לן - דמפלגינן בדיבורא, היינו הך! - מהו***

דתימא: אדם קרוב אצל עצמו - אמרינן, אצל אשתו - לא אמרינן, קא משמע לן.

גם כאן עולה הדיון לגבי חלוקת הדיבור. היתה הו״א שלא נאמר שאדם קרוב אצל אשתו ולא נעשה כאן דין פלגינן, והחידוש הוא שגם כאן עושים זאת. מה היה הדין לולא היינו עושים פלגינן? לכאורה הינו אמורים לפסול את כל העדות. והנה, רש״י על אתר כותב את ההיפך:

אצל אשתו לא אמרינן - אדם קרוב לענין פלגינן דיבורא, והואיל ומהימן אההוא דיבורא למיקטליה לחבריה, ליקטלוה נמי לדידה - קא משמע לן.

רש״י כותב כאן שלולא דין פלגינן היינו מכשירים את כל העדות, ולא פוסלים אותה. לכאורה זה עומד בסתירה למקרה הקודם, שהרי שם ר׳ יוסף שחולק על דין פלגינן פוסל את כל העדות. כפי שדייקנו משם, גם רבא היה מסכים שזהו הדין לולא הוא היה סובר את דין פלגינן.

כך אכן מקשה הרא״ש במכות סי׳ יג, ולומד אחרת מרש״י (אלא כראב״ד שמובא שם):

ומוכח כדבריו בפ״ק דסנהדרין (דף י א) דאמר פלוני בא על אשתי הוא ואחר מצטרפין להורגו אבל לא להורגה פשיטא סד״א אדם קרוב אצל עצמו אמרינן אצל אשתו לא אמרינן קמ״ל. פי׳ ס״ד אין אדם קרוב כל כך אצל אשתו שלא תהא עדותו שהוא מעיד עליה עדות פסולה ולבטל כל העדות מפני שבטלה מקצתה בטלה כולה קמ״ל דאשתו כגופו ואין זה עדות כלל הלכך פלגינן דבורא כדפלגינן בגופו.

רואים שלדעתו אם לא עושים פלגינן כל העדות נפסלת. אותה מחלוקת חוזרת גם לגבי המקרה הבא בסוגיא, ״פלוני רבע שורי״, ראה ברש״י והרא״ש הנ״ל. הרא״ש בעצם מביא ראיה נגד רש״י מהמקרה של פלוני רבעני, ששם רואים שלולא פלגינן העדות כולה היתה נפסלת.

נראה שלפי רש״י יש חילוק בין שני המקרים. במקרה של פלוני רבעני לרצוני, העדות היא עליו עצמו. לעומת זאת, במקרה של פלוני בא על אשתו העדות

שלו היא על אשתו. מדוע זה חשוב? מפני שגם אם נקבל את עדותו על אשתו, עדיין זה כשלעצמו לא יפסול את העדות שלו על מי שבא עליה (הוא קרוב של אשתו ולא של הבועל). אין כאן סתירה פנימית בעדות. לעומת זאת, במקרה של פלוני רבעני, אם נקבל את עדותו שהוא נרבע לרצונו, זה הופך אותו לרשע וזה פוסל גם את שאר העדות (על הרובע). בעדות כזאת יש סתירה פנימית. לכן אומר רש״י שבמקרה של ״פלוני בא על אשתי״, לולא דין פלגינן היינו אומרים שכל העדות כשרה. ובמקרה של ״פלוני רבעני לרצוני״ לולא דין פלגינן הדין הוא שכל העדות פסולה. אם כן, נסתלקה ראיית הרא״ש נגד רש״י מהמקרה הראשון.[73]

ולענייננו, במקרה בו אדם מעיד על עצמו ועל אחר, לולא דין פלגינן התוצאה ההלכתית היתה שכל העדות נפסלת. וההסבר לכך מבוסס על עקרון העקביות של רש״ש, שמכיון שזוהי עדות שכורתת את הענף עליו היא עצמה יושבת – היא לא מתקבלת.

פרדוכס הדיין הגר

מדובר בגויה שהתגיירה, ולאחר מכן ילדה ילד. הילד גדל, למד, והוסמך לדיין. כעת, כדיין הוא פוסל את כל הגיורים שעשה הרב שגייר את אימו. אם כל הגיורים הללו פסולים, אזי גם אמו היא גויה, ולכן גם הוא גוי שפסול לדון. ואם הוא פסול לדון אז גם הפסק הזה שלו בטל, וחוזר חלילה.[74]

גם כאן ניתן לעצור את הלולאה באמצעות עקרון העקביות. הגיור של האם כמובן כשר. כעת הדיין מוציא פסק שפוסל את הגיורים של ביה״ד ההוא, אבל הפסק הזה בטל כי הוא כורת את הענף שעליו הוא עצמו יושב.

---

[73] נציין כי זהו עיקרון דומה למה שמכונה באחרונים ״לדבריך רשע אתה״ (ראה **קה״י** סנהדרין סי׳ ז ועוד). אמנם העיקרון ההוא מיושם על מקרים שבהם כן חולקים את הדיבור, אבל אצלנו זהו יישום בדעת ר׳ יוסף (כלומר בלי דין פלגינן).

[74] אמנם היה מקום לשאול שהרי גר פסול לדון, ולכן אפילו אם הגיור כשר הוא דיין פסול. על כך יש לענות בתרתי: 1. גר כשר לדון את אחיו הגרים (ראה יבמות קב ע״א. אמנם יש לתהות האם פסילת דיין גיור היא דין על גרים. ואולי ניתן להעמיד שהדיין ההוא היה גם הוא גר שאמו או אביו מישראל). 2. אפשר להניח לצורך הדיון שאביו מישראל, ושבמצב כזה הוא דיין כשר (ראה **כס״מ** הל׳ מלכים פ״א ה״ד).

וכעין זה אנחנו מוצאים ביבמות מז ע"א:

מעשה באחד שבא לפני רבי יהודה, ואמר לו נתגיירתי ביני לבין עצמי. א"ל רבי יהודה, יש לך עדים? אמר ליה לאו .יש לך בנים? א"ל הן. א"ל נאמן אתה לפסול את עצמך, ואי אתה נאמן לפסול את בניך. ומי א"ר יהודה אבנים לא מהימן? והתניא יכיר יכירנו לאחרים, מכאן א"ר יהודה נאמן אדם לומר זה בני בכור וכשם שנאמן לומר זה בני בכור כך נאמן לומר בני זה בן גרושה הוא או בן חלוצה הוא, וחכ"א אינו נאמן. א"ר נחמן בר יצחק ה"ק ליה לדבריך גוי אתה ואין עדות לגוי.

אדם שמוחזק כיהודי בא ומעיד על עצמו שהוא גוי (כי גיור בינו לבין עצמו, בלי בי"ד, אינו גיור). אלא שאם הוא גוי הוא אינו נאמן בעדותו, ולכן הוא שוב נותר יהודי. רנב"י אומר שם שלא מקבלים את עדותו, שהרי לדבריו גוי הוא. משמעות דבריו היא יישום של עקרון העקביות, שאין לקבל את העדות הזאת מפני שהיא כורתת את הענף שעליו היא עצמה יושבת.

יש לשים לב שכאן מדובר בלולאה של טענה אחת, ממש כמו בפרדוקס השקרן, מה שמחדד עוד יותר את ההבדל בין לולאות לוגיות ללולאות הלכתיות.

לולאה של תנאי במכר: מחלוקת ראשונים

בעל ה**מל"מ** כותב:[75]

כל הנותן מתנה על תנאי כו' אם נתקיים התנאי נתקיימה המתנה. מתוך תשובת הרא"ש שהביא הטור סי' רמ"א מוכח דבמתנה ע"מ שלא תמכרנו לפלוני כל שעבר ומכר לאותו פלוני נתבטלה המתנה או המקח כיון שעבר על תנאו. ואע"ג דאי אמרינן שנתבטל המקח נמצא שמה שמכר לאותו פלוני לא עשה ולא כלום דאין מוכר דבר שאינו שלו ונמצא דאין כאן מקח מ"מ כיון שנתנו בדרך מכר נתבטל המקח

---

[75] פ"ג מהל' זכיה ומתנה ה"ו.

מעיקרו וכ"כ ה"ה בפ"ח מהל' גירושין בע"מ שלא תנשאי לפלוני
יע"ש. אך ראיתי להתוס' בפ' המגרש (דף צ"ג) ד"ה ועמדה דס"ל
דהמתנה ע"מ שלא תנשאי אין הכוונה דרך נשואין אלא נשואין
ממש ולא אשכחן ביטול הגט אלא לאחר מיתת המגרש. וכבר הביאו
סברת התוספות הרשב"א והר"ן ז"ל בחידושיהם.

הניתוח של מקרים אלו דומה מאד למה שעשינו כאן למעלה. **המל"מ** פותח
בקביעה שהמתנה או המכר שנעשים נגד התנאי הם אלו שבטלים. זה בניגוד
לדברי תוס' ורש"ש שהבאנו כאן. אמנם הוא עצמו מעיר על דברי תוס' הללו,
ולדעתו ה**טור** והרא"ש חולקים עליהם.

נציין שסביר בעינינו שאין כאן מחלוקת לגבי עקרון העקביות של רש"ש. אז
במה נעוצה נקודת המחלוקת בין הראשונים כאן? בספר הרביעי הסברנו
שהיא נוגעת להבנת המכניזם של תנאי. לצורך הדיון כאן, הצגנו את התנאי
באופן פשוט אחד מתוך כמה אפשרויות, אך ה**טור** והרא"ש כנראה הבינו
אותו אחרת. קורא המעוניין בהרחבה ופירוט נוספים, מופנה בזאת לפרק
שלושה-עשר בספר הרביעי.

לולאות לוגיות בהלכה

עד עתה עסקנו בלולאות הלכתיות שניתן לפתור אותן באמצעות שתי ההנחות
של עקרון העקביות. הסברנו שהאפשרות לפתור אותן על אף הדמיון למבנה
הלוגי של פרדוכס השקרן נובעת מהעובדה שמדובר בפרדוכס הלכתי ולא לוגי.
כאן נראה שתי דוגמאות ללולאות הלכתיות שכנראה לא ניתן לפתור אותן
בדרך זו.

1. פרה אדומה. כידוע, פרה אדומה נפסלת אם עולה עליה עול. והנה,
בסוגיית ב"מ ל ע"א אנו מוצאים:

דתנן: שכן עליה עוף - כשירה, עלה עליה זכר - פסולה. מאי טעמא
- כדרב פפא. דאמר רב פפא: אי כתיב עובד וקרינן עובד - הוה
אמינא, אפילו ממילא. ואי כתיב עבד וקרינן עבד - הוה אמינא עד

דעבד בה איהו. השתא דכתיב עבד וקרינן עובד - בעינן עובד דומיא דעבד, מה עבד - דניחא ליה, אף עובד - דניחא ליה.

רואים כאן שפרה אדומה נפסלת רק אם העול עלה עליה לרצונו של הבעלים (שהיה ניחא לו בזה).

ובתוד"ה 'אף עובד', שם, הקשו:

וא"ת ועלה עליה זכר אמאי פסולה הא ודאי לא ניחא ליה להפסיל פרה שדמיה יקרים בשביל דבר מועט וי"ל דאם היתה כשירה הוה ניחא ליה ולכך אין להכשיר.

תוס' מקשה שלעולם לבעלים לא יהיה נוח שיעלה על פרתו עול, שהרי פסולה של הפרה יעלה לו בממון רב (פרה אדומה שווה המון כסף). אם כן, הדרישה שזה יהיה לרצון הבעלים הופכת את פסול הפרה לתיאורטי בלבד.

תוס' עונה שהדרישה שיהיה לרצון הבעלים משמעותה שהוא יתרצה לעליית העול מצד עצמה, לו לא היה נגזר מכאן פסול של הפרה. כלומר דנים בהתרצות היפותטית בלבד.

אך הר"ן שהובא ב**שטמ"ק** שם, עונה אחרת:

וזה לשון הר"ן: יש לומר דכיון דהמעשה מצד עצמו ניחא ליה אין לנו להכשירה מצד פסולה שאם כן יהא פסולה סבת הכשרה ואי אפשר. ועוד שאם תכשירה ודאי ניחא ליה. עד כאן:

הוא מסביר שכאשר המעשה מצד עצמו נוח לבעלים (כמו שכתבו תוס'), אזי זה פוסל את הבהמה. מפני שאם היינו מכשירים את הבהמה כי לבעלים לא נוח שתיפסל, אז שוב היה נוח לבעלים בעליית העול, ושוב הבהמה נפסלת. כלומר הוא מסביר שיש כאן לולאה, ולכן ברור שאם עלה עליה עול הפרה פסולה.

נראה מלשונו שהוא מתכוין להסביר את דברי תוס' (שהרי הוא מביא את הקריטריון שלהם). כלומר לדעתו גם תוס' הבינו שיש כאן לולאה, אבל הם בכל זאת עצרו בשלב הראשון, וההסבר הוא מה שכתב הר"ן. אבל לא ברור מדוע באמת הר"ן בוחר לעצור את הלולאה בשלב הזה? מהו ההסבר שלו לדברי התוס'?

עקרון העקביות לא נראה ישים כאן, שכן לא מדובר בעקרונות שמסודרים על ציר של גרימה. האדם נוח לו בעליית העול כשלעצמה, אף שלא נוח לו בהשלכה שהפרה נפסלת. השאלה היא האם זו נחשבת ניחותא ולא מה דינה של הפרה. זוהי שאלה על מצבו הנפשי של האדם, והלולאה מתרחשת שם, ולא במישור ההלכתי. המישור ההלכתי הוא תוצאה של המצב הנפשי (קיום או אי קיום של ניחותא).

ואולי כוונת הר״ן היא בכל זאת ליישום של עקרון העקביות, שבגללו אנחנו עוצרים את הלולאה בשלב הראשון. אך הניסוח הזה בעייתי, שכן לפי עקרון העקביות היינו מצפים שהפרה לא תיפסל, שהרי פסולה כורת את הענף שעליו הוא עצמו יושב (כי הפסול שלה משנה את דעת הבעלים שאינו מתרצה לעליית העול).

לכן נראה שטענתו היא אחרת. הוא טוען שהשאלה האם הפרה נפסלת או לא, היא תוצאה של הניתוח הנפשי של הבעלים. לכן יש לסיים את הניתוח הנפשי, ורק אחר כך לקבוע את דין הפרה. ממילא דין הפרה אינו חוזר ומשנה את המצב הנפשי. הניתוח הוא הבא: בשלב הראשון לאדם נוח בעליית העול (לולא שהפרה נפסלת. כאמור, את ההתחשבות האם הפרה נפסלת או לא יש להשאיר לשלב שבו כבר החלטנו שזה אכן מה שקורה, כי זה תלוי בתוצאת הלולאה). לכן כעת הפרה נפסלת ומחירה יורד. כעת מתעוררת הבעייה שאם מחירה יורד הוא בעצם לא מתרצה לעליית העול, כי לא נוח לו בהפסד הכספי. אבל אנחנו לא חוזרים למצב הנפשי אחרי שקבענו את התוצאה ההלכתית לגבי הפרה, שהרי התוצאה הזו היא נגזרת של המצב הנפשי.

בלשון אחרת נאמר זאת כך. מעגל כזה לא משנה את יחסו הנפשי של האדם למצב. הלולאה כאן רלוונטית למצבים נפשיים, ולא לסטטוס ההלכתי. אבל במצבים נפשיים אין את עקרון העקביות (כי מצב נפשי אינו חלות. אי אפשר לומר שבגלל שמצב נפשי מסויים עוקר את הענף הנפשי שעליו הו איושב אז לא ׳יחל׳. מצב נפסי הוא עובדה ולא חלות).

2. פסיק רישא דלא ניחא ליה. אם אדם עושה עבירה הלכתית בלא כוונה (אלא לשם מטרה אחרת), נחלקים התנאים האם הוא חייב (ר׳ יהודה) או

פטור (ר' שמעון). לדוגמא, אדם גורר ספסל בשדה כלשהו, מעשה שהוא מותר מצד עצמו, אבל תוך כדי הגרירה נוצר חריץ בקרקע, וזו מלאכת חורש שאסורה בשבת. להלכה אנחנו פוסקים כר״ש שהוא פטור, כי הוא התכוין לגרירת הספסל ולא ליצירת החריץ בקרקע.

אך אם העבירה היא נגזרת הכרחית מהמעשה שלו, זה מה שנקרא בז'רגון ההלכתי 'פסיק רישא', אז גם ר״ש מסכים שהוא חייב. לדוגמא, בשדה שבו יש אדמה רכה, וברור מראש שמי שגורר שם ספסל ייצור בהכרח חריץ, שם גם ר״ש מסכים שהוא חייב. אין את הפטור של 'אינו מתכוין'.

והנה, בעל **הערוך** מחדש שאם לא ניחא לו בתוצאה הזו (בחריץ שנוצר), אזי מצב של פסיק רישא לא יחייב אותו, וזה יישאר מצב רגיל של חוסר כוונה, שבו לפי ר״ש הוא פטור. נציין שכך נוקטים רוב הפוסקים גם להלכה.

כעת מקשים על דברי **הערוך** קושיא דומה לזו שפגשנו בדברי תוס' ב״מ הנ״ל: כיצד ייתכן שהאדם יהיה נוח לו בחריץ שנוצר, הרי אם נוח לו הוא מתחייב סקילה (על עשיית מלאכה בשבת). לכן ברור שלא ניחא לו בזה, והוא צריך להיות פטור בכל מצב של 'פסיק רישא'. סברת **הערוך** בעצם מרוקנת את החיוב של פסיק רישא מתוכן, שכן לעולם לא יהיה נוח לאדם בכך ולכן לעולם הוא יהיה פטור.

גם כאן יש מקום להעלות את סברת הר״ן, שבעצם ניתן להמשיך את הלולאה הלאה ולומר שאם באמת הוא פטור גם בפסי״ר, אזי שוב ניחא לו בתוצאה הזו (החריץ) ולכן הוא חייב, וחוזר חלילה.

הערוך עוצר את הלולאה בשלב הראשון, כלומר לדעתו אם נוח לו בתוצאה בלי קשר לכך שזה יוצר עליו חיוב סקילה – אז הוא באמת חייב. שוב מדובר בסברת התרצות היפותטית, ובהסבר דומה לזה של הר״ן בב״מ.

גם כאן עקרון העקביות אינו ישים, שכן הלולאה מדברת על מצבים נפשיים, וההשלכה ההלכתית היא רק תוצאה שלהם. לכן אנחנו דנים במצבים הנפשיים בלי קשר לתוצאה ההלכתית שנגזרת מהם, ולאחר שהגענו למסקנה הנפשית אנחנו קובעים בהתאם את התוצאה ההלכתית.

הפנייה לגישה אחרת

נסיים בהפנייה למאמרו של קופל רבינוביץ, ״פרדוכסים ופשרם בהגיונה של הלכה״ (**בד״ד** 11, עמ׳ 77), שם הוא מציע גישה אחרת להתרת הפרדוכסים (הוא לא עוסק בקונפליקטים, ובודאי לא בקונפליקטים משולשים). גישתו מבוססת על חלוקות למדניות קלסיות באופן שהן מוצגות בספריו של הרב משה אביגדור עמיאל, בין פעולה שגורמת אקטיבית לתוצאה לבין תוצאה שמתחוללת מחמת היעדר הגורם למצב ההפוך. לדוגמא, ישנה שאלה האם קיום התנאי גורם לתוצאה המשפטית או שאי קיום התנאי מבטל אותה (ראה על כך בהרחבה בספר הרביעי בסדרה, בעיקר בחלק השני והחמישי, שם עמדנו על החלוקה המשפטית בין תנאי עוקר לתנאי מקיים, בהלכה ובמשפט הכללי).

סיכום

בפרק זה עסקנו בלולאות ולא בקונפליקטים. קונפליקט עוסק בהתנגשות בין ערכים או כללים. הבינארי הוא קשה או בלתי אפשרי להכרעה, והמשולש מוגד רעל ידי חוסר טרנזיטיביות של שלושת כללי הקדימה. לעומת זאת, לולאות אינן קונפליקטים. כאן אין התנגשות בין עקרונות שעלינו הלחליט מי מהם נכון, או מי שוקל יותר, אלא מבנה אחד שמסובך בתוך עצמו, וזנבו בתוך פיו, וכך הוא מונע מאיתנו לקבוע דין במצב כלשהו.

עקרון העקביות אותו למד רש״ש מדברי תוס׳ בגיטין, שימש אותנו כדי להכריע בלולאות השונות, בינאריות או משולשות. ראינו שהמתודה של רש״ש עושה שימוש בשני עקרונות, ולא רק באחד: 1. ראיית האירועים הסימולטניים כאילו הם מתרחשים בזה אחר זה, על ציר הגרימה הסיבתית. 2. עקרון העקביות. ישנן לולאות שדרשו שימוש בשני העקרונות גם יחד, וזאת כאשר היה מדובר בחלויות הלכתיות-משפטיות. כאשר מדובר על מעשים גרידא, לפעמים די לנו בעיקרון 1 כדי לעצור את הלולאה ולמצוא הכרעה לבעייה.

בסוף הפרק עמדנו של שני מקרים של לולאות שבהם עקרון העקביות לא מיושם. הסברנו זאת בכך שמדובר במצבים נפשיים ולא בחלויות הלכתיות. עקרון העקביות הוא כלל שחל לגבי החלת חלויות הלכתיות: כל חלות שקומה עוקר אותה אינה יכולה לחול. אבל עיקרון זה ודאי לא ישים לגבי עובדות (שהרי הן קיימות בלי תלות בהחלטה ההלכתית). בשני המקרים הללו, החלויות ההלכתיות הן רק נגזרות של המצב הנפשי, ולכן דנים במצב הנפשי ומכריעים לגביו, ורק לאחר מכן קובעים את ההשלכה ההלכתית.

פרק תשיעי

דחייה וקדימה בין מצוות

מבוא

בפרק זה נעסוק בהרחבה בסוגיית הבבלי במגילה דף ג שדנה בהתנגשויות בין מצוות שונות, ובשאלות שמסתעפות ממנה. אנו נראה כאן כמה היבטים שבהם עסקנו בפרקים הקודמים, וביניהם בעיות של אינקומנסורביליות ובעיות של טרנזיטיביות.

דחייה בין מצוות

הבבלי מגילה ג ע"ב, קובע היררכיה בין כמה זוגות שונים של מצוות:

1. ***אמר רבא: פשיטא לי: עבודה ומקרא מגילה - מקרא מגילה עדיף, מדרבי יוסי בר חנינא*** [הכוונה היא לדרשה מהפסוק במגילה "משפחה ומשפחה", שמובאת שם בע"א: לפיה הפסוק הזה מלמד שמשפחות כהונה מבטלות את עבודתן ובאות לשמוע מגילה].
2. ***תלמוד תורה ומקרא מגילה - מקרא מגילה עדיף, מדסמכו של בית רבי*** [בע"א שם הם למדו זאת כך: עבודה חמורה מתלמוד תורה, ובכל זאת מבטלים אותה. קו"ח שמבטלים גם את תלמוד תורה הקל יותר בפני מקרא מגילה].
3. ***תלמוד תורה ומת מצוה - מת מצוה עדיף, מדתניא: מבטלין תלמוד תורה להוצאת מת ולהכנסת כלה.***
4. ***עבודה ומת מצוה - מת מצוה עדיף, +במדבר ו'+ מולאחתו דתניא: ולאחותו מה תלמוד לומר? הרי שהיה הולך לשחוט את פסחו ולמול את בנו, ושמע שמת לו מת, יכול יטמא - אמרת: לא יטמא. יכול כשם שאינו מיטמא לאחותו כך אינו מיטמא למת מצוה - תלמוד לומר ולאחתו: לאחותו הוא דאינו מיטמא, אבל מיטמא למת מצוה.***

המהלך מסתיים בספק שמעלה רבא בדבר יחס הקדימה בין מת מצווה ומקרא מגילה:

5. בעי רבא: מקרא מגילה ומת מצוה הי מינייהו עדיף? מקרא מגילה עדיף משום פרסומי ניסא, או דלמא מת מצוה עדיף - משום כבוד הבריות? בתר דבעיא הדר פשטה: מת מצוה עדיף. דאמר מר: גדול כבוד הבריות שדוחה את לא תעשה שבתורה .

יש לנו כאן סדרה של כללים. האם הם טרנזיטיביים? שני הכללים הראשונים יוצרים היררכיה מאד ברורה (זאת בהתחשב בנימוק לכלל 2): מגילה > עבודה > תלמוד תורה.

הכלל השלישי קובע: מת מצווה (=מ״מ) > תלמוד תורה (=ת״ת). ועדיין לא ברור היכן בשרשרת ממוקם מ״מ, כלומר מה יחסו למגילה ועבודה.

הכלל הרביעי קובע שמ״מ הוא מעל עבודה. ועדיין לא ברור מה יחסו למגילה. זהו גופא הספק של רבא, האם מ״מ ממוקם ראשון או שני בשרשרת. למסקנה הוא קובע שמ״מ הוא בראש השרשרת, כלומר השרשרת הנכונה היא:

מ״מ (=כבוד הבריות) > מגילה (=פרסומי ניסא) > עבודה > ת״ת

יש להוסיף עוד היבט שעולה בחלק קודם של הסוגיא. שם דנים ביחס בין עבודה לת״ת:

ועבודה חמורה מתלמוד תורה? - והכתיב +יהושע ה׳+ ויהי בהיות יהושע ביריחו וישא עיניו וירא והנה איש עמד לנגדו [וגו׳] וישתחו (לאפיו)... אמר לו: אמש בטלתם תמיד של בין הערבים, ועכשיו בטלתם תלמוד תורה! - אמר לו: על איזה מהן באת? - אמר לו: עתה באתי מיד +יהושע ח׳+ וילן יהושע בלילה ההוא בתוך העמק. אמר רבי יוחנן: מלמד שלן בעומקה של הלכה.

ואמר רב שמואל בר אוניא: גדול תלמוד תורה יותר מהקרבת תמידין. שנאמר עתה באתי!

אם כן, מוכח מכאן שת״ת חמור מעבודה. אלא שכעת הנימוק לכלל ב נופל, ולכן הגמרא מתרצת:

- לא קשיא: הא - דרבים, והא - דיחיד.

אם כן, הת״ת שעליו מדובר אצלנו שעבודה חמור ממנו הוא ת״ת דיחיד. אבל ת״ת דרבים חמור מעבודה. לא ברור מה יחסו למ״מ ומגילה. אם כן, השרשרת הנכונה היא:

מ״מ > מגילה > עבודה > ת״ת דיחיד

ות״ת דרבים ממוקם במקום כלשהו לפני עבודה. נציין כי הר״ן על הרי״ף כאן (ב ע״ב בדפי הרי״ף) כותב שת״ת דרבים הכוונה לת״ת של כל ישראל (שכן בית רבי ביטלו ת״ת לשמוע מגילה, ונראה שזה גם בת״ת שהשתתפו בו כמה אנשים).

עד כאן כל הכללים היו טרנזיטיביים, ולא נראה שמתעוררת כאן בעייה כלשהי. כעת נראה כמה בעיות כאלה שעולות סביב הסוגיא ומפרשיה.

היחס בין ת״ת למצוות

הרמב״ם בהל׳ מגילה פ״א ה״א מביא את מסקנות הגמרא כאן, וקובע:

> ***קריאת המגילה בזמנה מצות עשה מדברי סופרים, והדברים ידועים שהיא תקנת נביאים, והכל חייבים בקריאתה אנשים ונשים וגרים ועבדים משוחררים, ומחנכין את הקטנים לקרותה, ואפילו כהנים בעבודתן מבטלין עבודתן ובאין לשמוע מקרא מגילה. וכן מבטלים תלמוד תורה לשמוע מקרא מגילה.***

בחלקה השני של ההלכה הזו הרמב״ם מביא הלכה נוספת שלא מופיעה בסוגיא:

> ***קל וחומר לשאר מצות של תורה שכולן נדחין מפני מקרא מגילה, ואין לך דבר שנדחה מקרא מגילה מפניו חוץ ממת מצוה שאין לו קוברין שהפוגע בו קוברו תחלה ואחר כך קורא.***

הוא כותב שכל שאר המצוות (למעט מ״מ) נדחות גם הן בפני מקרא מגילה. הוא לומד זאת בקו״ח מת״ת, שהרי ת״ת הוא המצווה החשובה ביותר (שכן היא שקולה כנגד כולן. ראה משנה פאה פ״א מ״א), ואם ת״ת נדחה בפני קריאת מגילה, אז קו״ח ששאר המצוות נדחות מפניה.

על כך הקשה בעל **אבן האזל** על אתר:

קשה דהא ת״ת נדחה מפני מצוה ועי׳ תוס׳ מו״ק דף ט׳ ע״ב?

הוא מקשה שלהלכה ת״ת נדחה בפני כל מצווה עוברת (ראה בבלי מו״ק ט ע״ב). אם כן, כיצד הרמב״ם כאן עושה קו״ח מת״ת לשאר מצוות שקלות ממנו?

על כך הוא מתרץ שם:

וצ״ל דהרמב״ם סובר דמקרא מגילה דאיכא פרסומא ניסא הוי ג״כ מצוה ואינו כמו ת״ת דאמר בירושלמי שהביאו שם בתוס׳ זה שינון וזה שינון. ולענין חשיבות פשוט להרמב״ם דת״ת גדול משאר מצות.

הרמב״ם סובר שמקרא מגילה גם הוא מצווה ולא לימוד גרידא, שכן יש בו פרסומי ניסא. בנוסף, הרמב״ם סובר שלענין חשיבות ת״ת גדול מכל המצוות, ומה שמבטלים ת״ת לכל מצוה עוברת הוא רק מתוך סברא טכנית: אם לא נפסיק את הלימוד כדי לקיים מצוות, נישאר בלימוד כל הזמן, ואז הלימוד לא יהיה לשם קיום. מכמה מקורות ניתן ללמוד שהלימוד חייב להיעשות לשם קיום הדברים למעשה (אבות פ״ד מ״ה, קידושין מ ע״ב, סוטה כא ע״א ועוד).

אם כן, על אף שלפי הרמב״ם ת״ת גדול מקיום מצוות, בכל זאת כשיש התנגשות בין ת״ת לבין קיום מצווה עוברת שלא יכולה להיעשות על ידי אחר, יש להפסיק את הלימוד ולקיים את המצווה.

אלא שכעת הוא מקשה על היחס בין שאר המצוות לבין מקרא מגילה:

אלא דלפי״ז קשה יותר דא״כ אין ראיה דמקרא מגילה עדיף מת״ת דהא ע״כ דוחה ת״ת משום דהוי כמו קיום מצוה, והלמד ע״מ לעשות כמו שהקשה הירושלמי שהביאו התוס׳ הנ״ל.

הדחייה של ת״ת כדי לקרוא מגילה אינה נובעת מכך שהמגילה חשובה יותר, אלא מכך שהיא מצווה, ומצווה דוחה את הלימוד אף שאינה חשובה כמוהו. אם כן, לגבי שאר המצוות לא ניתן להסיק שמגילה דוחה אותן בקו״ח מת״ת, שהרי לגבי זה מה שקובע הוא שאלת החשיבות.

לכן ברור שהרמב״ם תולה הכל בשאלת החשיבות, ומה שמקרא מגילה דוחה ת״ת הוא מפני שהוא חשוב יותר. ולכן יש קו״ח שהוא ודאי דוחה גם את שאר המצוות שחשובות פחות מת״ת.

ועדיין קושיותיו של **אבהא״ז** עומדות בעינן. הרי להלכה ת״ת נדחה בפני כל מצווה, אמנם זה לא מפאת החשיבות אלא מהסברא שהבאנו למעלה. אם כן, מה שמקרא מגילה דוחה ת״ת הוא כנראה מפני החשיבות ולא מפני שהוא מצווה (שהרי גם מקרא מגילה הוא ת״ת). אבל לפי זה לא ברור הקו״ח לגבי שאר המצוות, שכן הן ודאי דוחות את המגילה כמו כל מצווה שדוחה לימוד.

על כורחנו צריך לומר שיש בקריאת מגילה שני היבטים: 1. המצווה של פרסומי ניסא. 2. לימוד שנכלל במצוות ת״ת. כאשר קריאת מגילה מתנגשת עם ת״ת רגיל, אזי שניהם יש בהם ת״ת, ולכן מה שגובר הוא המצווה שיש בקראית המגילה (פרסומי ניסא). ומה לגבי התנגשות בין מגילה לבין שאר המצוות? לכאורה היא אמורה להידחות מפניהן כמוכל ת״ת, מכוח הסברא שהבאנו למעלה. אבל כאן נכנס לפעולה הדין השני, שבמגילה יש גם קיום מצווה, והמצווה הזו חשובה יותר ממצווה רגילה (כי יש בה פרסומי ניסא), שהרי היא חשובה יותר מת״ת, ולכן קו״ח שהיא דוחה מצווה רגילה. וזהו הקו״ח שהביא הרמב״ם מת״ת לשאר המצוות. להלן נציע הסבר אחר לקושיות ה**אבהא״ז**.

עד כאן פגשנו מצבים שבהם משחקים כמה צירי חשיבות בעלי כיוונים מנוגדים. ראינו שישנה דחייה מכוח חשיבות ויש גם דחייה מכוח סברות טכניות (כמו סברות ׳הותרה׳ שפגשנו בפרקים הקודמים). זוהי בעצם בבואה של בעיית האינקומנסורביליות אותה תיארנו בפרקים הראשונים, שכן גם שם מדובר בכמה צירי חשיבות שונים שיכולים ליצור היררכיות שונות. כעת נראה דוגמא נוספת לתופעה כזו שעולה במפרשי הסוגיא.

מחלוקת הראשונים לגבי היחס בין קדימה לבין חשיבות

הר״ן במגילה על אתר (ב ע״ב, ד״ה ״ישראלי) כותב:

ישראל במעמדן. עומדין היו על קרבנות צבור בשעת הקרבתן כדאיתא במסכת תענית שמבטלין מעבודתן ובאין לשמוע מקרא מגילה אף על פי שיש שהות ביום לעבוד עבודה ואח״כ לקרות אפ״ה מבטלין מעבודתו כדי לשמוע מגילה בצבור ומיהו דוקא בשיכולים אח״כ להשלים העבודה הא לאו הכי ודאי אין מבטלין העבודה דאורייתא משום מגילה דרבנן:

כלומר שיטתו היא שהדחייה היא רק בדיני קדימה. אבל אם יש דילמה שבה אי אפשר יהיה לעבוד כלל אחרי קריאת מגילה – שם עבודה קודמת שכן קריאת מגילה היא רק מדרבנן.

כלומר לשיטתו יש כאן סולם כפול: לגבי קונפליקט את מי לקיים ומי לא – שם דאורייתא גובר על דרבנן. לגבי שאלה של קדימה, שם פרסומי ניסא קודם לעבודה.

ו**בב״י** סי׳ תרפז הביא את דברי הר״ן, ומצא לו כמה חברים בפוסקים:

וכן הוא דעת התוספות (ג. ד״ה מבטלין) שכתבו מבטלין כהנים מעבודתן לשמוע מקרא מגילה וקשה אמאי מבטלין והלא אחר הקריאה יש הרבה שהות לעבודה ויש לומר דכיון דמשהאיר היום הוי זמן עבודה והן מניחין אותה בשביל הקריאה משום הכי קרי ליה ביטול ואם תאמר ויעשו עבודתן מיד ואחר כך יקראו המגילה לבדם ויש לומר דטוב לקרות עם הצבור משום דהוי טפי פרסומי ניסא:

יש (ראה הפניות ב**ספר המפתח** על הרמב״ם במהדורת פרנקל) שדייקו עיקרון דומה גם מדברי הרמב״ם בהל׳ מגילה פ״א ה״א שהובאו למעלה:

ואין לך דבר שנדחה מקרא מגילה מפניו חוץ ממת מצוה שאין לו קוברין שהפוגע בו קוברו תחלה ואחר כך קורא.

מדוע הרמב״ם מוסיף ״ואחר כך קורא״? משמע שאם הוא לא יכול אחר כך לקרוא, אין להקדים מ״מ אלא לקרוא מגילה. אם כן, הרמב״ם מאמץ את העיקרון של הר״ן לגבי הכלל שמ״מ קודם למגילה. הוא קובע שהכלל הזה הוא כלל קדימה אבל לא היררכיה של חשיבות. אמנם כאן הציר הוא הפוך

לזה של הר״ן, שכן כאן הוא מעדיף פירסומי ניסא דרבנן על מצווה דאורייתא (של מת מצווה).

ועל אף זאת, ה**ב**״י שם מביא את הרא״ם שמדייק את זה בדברי הרמב״ם, ומתוך כך הוא מסיק שהרמב״ם גם הוא סובר כר״ן:

> ***וכך פירוש דבריו כיון שהרמב״ם סבור שמה שאמרו דמת מצוה ומקרא מגילה מת מצוה עדיף הוא לענין קדימה אבל לא שתתבטל מקרא מגילה מפני מת מצוה, אם כן הוא הדין דכשאמרו מבטלין מעבודתן בשביל מקרא מגילה לא ביטול ממש קאמר אלא קדימה.***

נראה שטענת ה**ב**״י והרא״ם היא שיש לפרש את כל הכללים בגמרא באותו אופן, ואם את הכלל 5 שמ״מ קודם למגילה הרמב״ם מפרש כך, אז גם הכלל 4 לגבי קדימת מ״מ לעבודה צריך להתפרש באותה צורה. מסתבר שאם הוא משווה בין שני אלו כך הוא לומד את כל הכללים שמופיעים בגמרא.

קשיים בדעת ה'ב״י' והרא״ם

הדברים הללו תמוהים מאד, לפחות משתי בחינות:

1. סתירה תוכנית בין הר״ן לרמב״ם. הרי הר״ן קובע שלעניין חשיבות דאורייתא גובר על דרבנן, והרמב״ם קובע שזה דווקא לגבי קדימה ולא לגבי חשיבות. בכל אופן, הרא״ם כנראה מבין כך את כל כללי הקדימה שבגמרא. כולם עוסקים בקדימה ולא בחשיבות.[76]

2. קושי כללי על אופן ההיסק של הרא״ם וה**ב**״י. לא ברור מדוע עלינו לפרש את כל הכללים של הגמרא באותה צורה? מדוע בכל הכללים צריך להיות חילוק מהופך בין סדר הקדימה לבין סדר החשיבות? הרי לפי הרמב״ם הגמרא עוסקת אך ורק בסדרי הקדימה. אין לה מה לומר על סדר החשיבות (שהרי אין שום הכרח שהוא יהיה תמיד הפוך לסדר הקדימה). וכי לא ייתכן שהעדיפות של מגילה על פני עבודה היא גם לעניין החשיבות וגם לעניין הקדימה?

---

[76] נראה שלזה התכוין השואל בשו״ת **חוות יאיר**, בסוף סי׳ ח, שהקשה זאת על דברי **השו״ע**.

לכאורה היה מקום ליישב את קושי 2 ולומר שאין כוונת הרא"ם וה**ב**"י לדבר על עיקרון כללי. כוונתו רק לומר שאם הגמרא מדברת רק על סדר הקדימה, אזי היחס לסדר החשיבות נותר פתוח, ולכן יש מקום לומר שגם הרמב"ם סובר כר"ן. זה לא אומר שבכל הכללים הוא יאמר שסדר החשיבות הוא הפוך. אלא שעל זה יהיה מאד קשה הקושי 1, שהרי דווקא לגבי שני הכללים הספציפיים הללו קשה יותר לדמות אותם זה לזה, שהרי יש סתירה תוכנית ביניהם. לכן נראה שהרא"ם וה**ב**"י כנראה רואים סיבה לוגית כללית להיפוך בין קדימה לחשיבות.

שיקולי טרנזיטיביות

כעת אנחנו מגיעים סוף סוף לשיקולי טרנזיטיביות. על אף הקשיים שהבאנו למעלה, חשוב להבין שלפי ה**ב**"י אנחנו חייבים לתלות את משמעות הכללים הללו זה בזה, בגלל שיקולי טרנזיטיביות. אולי זה מה שגרם ל**ב**"י וסיעתו להגיע למסקנותיהם, על אף הקשיים.

נבחן תחילה את מה שיוצא מדברי הר"ן. אם נהפוך את הכלל א, כמו שסובר הר"ן, ונעמיד אותו רק לגבי קדימה ולא לגבי דחייה, ייצא לנו שכלל 1 הוא הפוך: עבודה דוחה מגילה. אם נתחשב כעת בשאר הכללים כפי שהם בגמרא ונישם אותם גם לגבי דחייה, נקבל לגבי יחסי הדחייה את התוצאות הבאות:

א. עבודה > מגילה (מהיפוך כלל 1 לפי הר"ן)

ב. מגילה > ת"ת (מכלל 2)

ג. ת"ת > עבודה (מהנימוק לכלל 2)[77]

---

[77] שני היחסים האחרונים נכונים עוד יותר, אם נקבל את ההנחה של ה**ט"ז** שתובא להלן, שת"ת הוא לעולם דחייה ולא קדימה, שכן מה שלא לומדים כעת לא ניתן להשלמה. אם לומדים אחר כך, זהו כבר לימוד אחר. אם כן, היחסים שקובעת הגמרא ביחס לת"ת הם לעולם יחסי דחייה ולא רק יחסי קדימה.

לכאורה החידוש הוא כפול, שכן מדובר בקדימה של ערך אחד מול דחייה של האחר. הרי בהתנגשות בין ת"ת למגילה ביטול התי"ת הוא לעולם ביטול, ואילו לגבי המגילה יש אפשרות לקרוא אותה מאורחת יותר. אבל זה לא נכון, שכן בזמן המאוחר יותר שנקרא מגילה לא נלמד תורה. לכן על כורחנו מדובר כאן בשאלת קדימה בלבד (כי ביטול ת"ת יהיה בכל מקרה אם נקרא מגילה). כך גם לגבי ת"ת מול מ"מ.

קיבלנו שלגבי יחסי הדחייה יש שלשת כללים לא טרנזיטיבית. אמנם לגבי הקדימה זה טרנזיטיבי, כפי שהראינו למעלה, אבל דוקא בגלל זה היפוך של חלק בלבד לגבי דחייה עלול להוליך לבעייה של טרנזיטיביות בכללי הדחייה.

אמנם לפי הרמב״ם, אם לוקחים אותו לבדו, יוצאת תוצאה קוהרנטית. אם היחס בין עבודה למגילה מתהפך לגבי דחייה, ושאר הכללים בעינם עומדים גם בהקשר של דחייה, אנחנו מקבלים את התוצאות הבאות עבור כללי הדחייה:

א. מגילה > עבודה (מכלל 1)

ב. מגילה > ת״ת (מכלל 2)

ג. ת״ת > עבודה (מהנימוק לכלל 2)

ד. מ״מ > ת״ת (מכלל 3)

ה. מ״מ > עבודה (מכלל 4)

ו. מגילה > מ״מ (מכלל 5 הפוך לפי הרמב״ם)

אם כן, כאן הסדר הכללי יוצא טרנזיטיבי לגמרי:

מגילה > מ״מ > ת״ת > עבודה

מה קורה את אנחנו מצרפים את שתי שיטות יחד, כפי שמציעים ה**ב״י** וסיעתו? זה כמובן לא משנה את המצב שמתואר בשיטת הר״ן, שכן השינוי לא נעשה בכללים הרלוונטיים שם, ולכן זה נותר לא טרנזיטיבי. אמנם אם

אבל השיקול הזה מנטרל את כל הטענה של ה**ט״ז**, שהרי לפי זה יוצא שאין כלל דילמה, גם לא דילמה של קדימה. הרי אם באמת ביטול של ת״ת יהיה תמיד כשנקרא מגילה, ולכן הוא טוען שכל השאלה היא מה לעשות קודם, אזי לא ברור מה מול מה מושווה כאן? אם נאמר שמגילה קודמת, זה אולי ברור. אבל אם נאמר שת״ת קודם, אז מתי נקרא מגילה? הרי כל אימת שנרצה לקרוא מגילה יש אפשרות ללמוד תורה, וזה יהיה קודם.
אבל כעת נבין שגם כשאנחנו אומרים שמגילה קודמת זה לא ברור, שהרי קודמת למה? לת״ת שיהיה אחר כך או לת״ת שכבר בוטל. אין כאן שאלה של קדימה אלא של ביטול.
על כרחנו, הכלל שמגילה דוחה ת״ת מתפרש אך ורק באופן אחד: מותר ואף חובה לקרוא מגילה (שהרי לעולם זה בא על חשבון ת״ת). וראה ב**חוו״י** שם סי׳ ח-ט שדחו את דברי הט״ז והראו שיש ציור של קדימה שאינה ביטול גם בת״ת.

הופכים את הכל, כפי שטוען ה**ב**״י שיש לעשות, מקבלים סדר טרנזיטיבי עבור כללי הדחייה.[78]

לכאורה, כדי להפוך את שיטת הר״ן לקוהרנטית, היה די לנו להפוך את כלל 2 (ולקבוע: ת״ת > מגילה). אבל זה לא נכון, שכן היפוך כזה ייצור בעיות של טרנזיטיביות מול שאר הכללים.

בכל מקרה, דברי ה**ב**״י שכופה את הרמב״ם להיות גם כר״ן אינם יכולים להתבסס על שיקולי טרנזיטיביות, שהרי שיטת הרמב״ם היא עקבית גם בלי ההיפוך של הר״ן. ולהיפך, עם ההיפוך של הר״ן היא אינה עקבית, אלא אם הופכים את כל הכללים. יתר על כן, הר״ן עצמו אינו טרנזיטיבי, ולא יועיל לו ההיפוך של הרמב״ם (אלא רק היפוך כולל).

אמנם נכון שנראה כי ה**ב**״י אכן מציע להפוך את כל הכללים. זה יוצא לו מקריאת הגמרא (אף שלא ברור מדוע, ראה הערותינו למעלה), וכפי שראינו זה עקבי מבחינת הטרנזיטיביות גם אם לא הכרחי כדי להשיג אותה.

משמעותה של ההבחנה בין קדימה לחשיבות

בלי קשר לבירור הכללי של השיטות שעשינו לעיל, עצם ההבחנה בין קדימה לחשיבות היא מעניינת וחשובה, שכן היא מקרינה על כמה וכמה ניתוחים שעשינו כאן למעלה. עד עכשיו הנחנו שהקדימה נקבעת על פי החשיבות. כעת עולה אפשרות שהחשיבות קובעת היררכיה אחת, אבל זה רק לגבי ההחלטה את מי לקיים ואת מי לא. אבל לגבי שאלת הקדימה מה שקובע הוא ציר אחר לגמרי.

---

[78] נציין כי הדבר נכון בלי תלות בתקפות של הנימוק לכלל 2. בין אם הופכים אותו ובין אם לא, הסדר יוצא טרנזיטיבי: ת״ת > עבודה > מגילה > מ״מ. אם הופכים את הנימוק לכלל 2 מה שקורה הוא היפוך הסדר בין ת״ת לעבודה ותו לא.
אמנם כבר העירו בשו״ת חוו״י סי׳ ח-ט שלא סביר אפריורי שמ״מ לא יהיה עדיף על הכל, שכן אי אפשר להשאיר אותו טרף לעוף השמים ולחיית השדה. לכן כל הכללים לגבי מ״מ חייבים להיוותר על כנם. אמנם לפי ה**ב**״י זה ודאי לא נכון, שהרי הרמב״ם הופך גם את היחס בין מ״מ למגילה, ובדחייה המגילה עדיפה על מ״מ. ראה שם ב**חוו״י** את ההסבר האפשרי לכך.

כיצד ניתן להבין את הכפילות הזאת? ברור שברקע הדברים יש שני צירי היררכיה שונים, בדומה לדוגמת השוקולד שליוותה אותנו בפרקים הראשונים (אני רוצה לאכול אותו כי הוא טעים ולא רוצה כי הוא מזיק לבריאות). הציר האחד שולט על סדר הקדימה והציר השני על סדר החשיבות. מעמדו של כל מרכיב על פני הציר האחד הפוך ממעמדו על פני הציר השני. לדוגמא, לפי הר״ן הציר של המעמד ההלכתי (דאורייתא-דרבנן) הוא השולט על החשיבות. ואילו הציר של התוכן המהותי של המצווה (פרסומי ניסא או מצווה רגילה) שולט על סדר הקדימה. ולפי הרמב״ם, ציר המעמד ההלכתי שולט על הקדימה, ואילו הציר התוכני (כבוד הבריות או מצווה רגילה) שולט על החשיבות.

אפשרות פשוטה לוהסביר את החילוק הזה היא לאור החילוק בין שני אספקטים של כל מצווה: הציות לציווי והתועלת (הרוחנית) שנובעת מהמעשה. לדוגמא, מצוות כיבוד הורים יש לה שני אספקטים כאלה. כשאנחנו מכבדים הורים אנחנו גם גורמים טוב להורינו ומכירים להם תודה, וגם מקיימים את הציווי ההלכתי-אלוקי. ההיענות לציווי היא בעלת אותה משמעות בכל המצוות. אין זה משנה אם מדובר במצווה חשובה או קלה, סוף סוף בעשייתה אנחנו מקיימים את הציווי ההלכתי. ההירככיה בין המצוות תלויה רק בתוכן שלהן, וכאן יש מקום להבדלים בין מצוות שונות, חשובות יותר או פחות.

לאור החילוק הזה, יש מקום לומר שסדר הקדימה נקבע על פי התוכן של המצווה. לדוגמא, פרסומי ניסא קודם למצווה רגילה, וכדו׳. לעומת זאת, סדר החשיבות נקבע על פי הציווי, שכן לא ייתכן שיהיה ציווי שאותו לא נקיים. על מצווה דרבנן אין ציווי בתורה, ולכן מעמדה מבחינת החשיבות הוא נמוך יותר מזה של מצווה דאורייתא. זאת, על אף שתוכנה יכול להיות חשוב יותר. האפשרות שהיא כלל לא תקויים אינה באה בחשבון. אבל אם מקיימים את שתי המצוות, הסדר ביניהן אינו מושפע ממעמדן ההלכתי.

הערה על שיטת הרמב״ם

למעלה הבאנו את קושיית בעל **אבהא״ז**, כיצד הרמב״ם לומד בקו״ח מת״ת לשאר מצוות שנדחות בפני מקרא מגילה. הרי ת״ת הוא חשוב מהן. הצענו שם הסבר, שהתבסס על ההנחה שיש כאן רק ציר חשיבות אחד. אך לאור דברינו כאן, שראינו שמדובר בשני צירים שונים ובשתי בעיות שונות, נראה שיש ליישב את הדברים באופן נוסף.

לפי הרמב״ם כל הסוגיא שלנו עוסקת רק בדיני קדימה ולא בהכרעת החשיבות. לכן גם הקו״ח שעושה הרמב״ם מת״ת לשאר המצוות אינו נוגע לסוגיית מו״ק ט. הרי שם אנו מוצאים שת״ת חשוב יותר משאר המצוות, אבל זה נאמר לעניין השאלה האם לא לקיים את ת״ת כדי לקיים מצווה עוברת. לעניין זה, ת״ת הוא חשוב יותר, וכדי להבין מדוע בכל זאת מבטלים אותו כדי לקיים מצווה אנו נזקקים לטעם המקומי (החשיבות באמת היתה מכתיבה סדר שונה). אבל בסוגייתנו מדובר על קדימה, ולא על הכרעה מה לקיים.

שיטת בעל ׳טורי זהב׳

ה**ט״ז** בסי׳ תרפז סק״ב חולק על הר״ן ועל כל הכיוון שהבאנו עד כאן, וגם טוען שהדיוק ברמב״ם ובתוס׳ אינו נכון. לטענתו אין לחלק בין קדימה להכרעה.

בתחילת דבריו הוא מעיר על הדיוק בלשון והרמב״ם:

> ***וק״ל דהא פשטי׳ בגמ׳ דמת מצוה עדיף ממגילה דאמר מר גדול כבוד הבריות שדוחה את ל״ת שבתור׳ והדחיי׳ היא שהלא תעשה נדחה לגמרי דהיינו כדפרש״י דכתיב לא תוכל להתעלם וכתיב והתעלמת פעמים שאתה מתעלם כגון זקן ואינו לפי כבודו א״כ בקריאת מגילה נמי ידחה גדול כבוד הבריות את המגיל׳ לגמרי וק״ו הוא דהא המגיל׳ אינה אלא מדברי סופרים.***

הוא כותב שהדחיה של מ״מ בפני מגילה אינה רק של קדימה, שהרי רש״י מסביר שזוהי דחייה גמורה גם כשאי אפשר לקיים את מקרא המגילה (הוא

מניח שזהו פירוש הכרחי בגמרא, אבל על זה גופא חולקים ה**ב״י** והרא״ם. לדעתם הרמב״ם חולק על רש״י. בכל אופן, רש״י ודאי לא למד כדבריהם). לאחר מכן הוא מסביר את דיוק הלשון של הרמב״ם אחרת.

לאחר מכן הוא מביא את דברי הר״ן הנ״ל, ומקשה גם עליו:

וק״ל על זה דהא אמרי׳ מגילה עדיף מתלמוד תורה והתם בת״ת נדחית לגמרי מפניה דהיינו הלימוד שיש עכשיו עליו חיוב בשעה זו א״א בתשלומין שמה שילמוד אח״כ היא מצוה בפני עצמה ואפ״ה נדחה מפני המגיל׳. ה״ה נמי לענין עבוד׳ וק״ו הוא דהא אמרי׳ בגמ׳ דת״ת עדיף מעבודה.

טענתו היא שת״ת הוא לעולם מצב שבו לא ניתן להשלים את הלימוד אחר כך, שכן מה שהוא לומד אחר כך זהו לימוד שונה. את הלימוד הנוכחי שהוא ביטל כדי לקרוא מגילה הוא הפסיד ללא אפשרות השלמה.[79] אם כן, בהתנגשות בין ת״ת למגילה ברור שלא ניתן לומר כדברי הר״ן שת״ת נדחה רק בדיני קדימה אבל מהותית הוא עדיף, שהרי דיני קדימה והכרעה הם אותו דבר ביחס לת״ת. בהקשר זה אין מצב שהוא רק קדימה ולא הכרעה. הוא מסיים שכמו שעושים בגמרא קו״מ מעבודה לת״ת, הולך על אותו בסיס: בשניהם מדובר על הכרעה ואל על קדימה. מכאן עוד הוכחה שגם בנדון של הרמב״ם (של עבודה נגד מגילה) מדובר בהכרעה ולא רק בקדימה. אם היה מדובר בקדימה לא ניתן היה ללמוד את ת״ת מעבודה.

בסוף דבריו שם ה**ט״ז** דוחה גם את הוכחת ה**ב״י** מתוס׳ במגילה, ע״ש בדבריו. אם כן, ה**ט״ז** עצמו, ולשיטתו גם רוב הראשונים, חולקים על דברי הר״ן הרא״ם וה**ב״י**, ולא מוכנים לקבל חילוק בין קדימה להכרעה.

---

[79] וראה בשו״ת **חוות יאיר** סי׳ ח, ד״ה ׳וראיתי בס׳ מגיני ארץ׳, שם השואל מיישב את הקושיא הזו, ומסביר כיצד ייתכן מצב שבת״ת תהיה רק בעיית קדימה ולא הכרעה. גם בעל **חוו״י** עצמו בסי׳ ט מסכים לדבריו בנקודה זו.

לולאות: שיטת ה'ב"י' הר"ן

כפי שהראינו למעלה, לפחות לפי חלק מהשיטות השונות נוצרות כאן גם לולאות. לדוגמא, לפי הר"ן יוצא שיש כאן שלשת כללים לא טרנזיטיבית. המתדיינים בסוגיא מניחים שזה בלתי אפשרי, ולכן מציעים כל מיני הסברים (ראה בשו"ת **חוו"י** סי' ח-יא). לדוגמא, יש מציעים שגם כלל 4, שמ"מ דוחה עבודה, מדבר רק על קדימה ולא על דחייה (ודלא כרש"י בסוגיא). אך האם באמת מצב כזה הוא בלתי נסבל כפי שמניחים כל המתדיינים?

אם אנחנו מוכנים לקבל את קיומה של לולאה כזאת, אזי דברי הר"ן מתיישבים אל נכון. יתר על כן, נראה שגם דברי ה**ב"י** מתיישבים טוב יותר, שכן הוא לא בהכרח מדבר על היפוך של כל הכללים בסוגיא, אלא רק על השניים של הר"ן והרמב"ם. אם לולאה כזו אינה אפשרית, אז לשיטתו יש הכרח להפוך את כל הכללים בסוגיא ולא רק את הכלל של הרמב"ם (כלל 5), כדי לקבל טרנזיטיביות. ועל כך כבר הערנו למעלה שיש כמה קשיים לא פשוטים.

אמנם נכון שגם אם נקבל את האפשרות העקרונית של מערכת כללים לא טרנזיטיבית, שהרי מדובר בעדיפויות מבחינת צירי עדיפות שונים, עדיין עלינו לבדוק מה לעשות כאשר נוצרת סיטואציה משולשת שאינה כריעה במסגרת הכללים הבינאריים. לדוגמא, לפי הר"ן לא ברור מה עלינו לעשות בסיטואציה שבה מונחות לפתחנו: עבודה, מגילה ות"ת.

לפני שניכנס לזה, נעיר כי המפרשים כלל לא מוטרדים מהשאלה הזאת. מבחינתם היעדר הטרנזיטיביות כשלעצמו אינו אפשרי, ולכן הם מחפשים פתרונות. אך לפי התמונה אותה תיארנו בספר זה, היעדר טרנזיטיביות כשלעצמו אינו יוצר בעייה עקרונית. יש רק שאלה פרקטית מה לעשות בסיטואציה של קונפליקט משולש.

פתרון הקונפליקט המשולש: משקלים תלויי סיטואציה

נזכיר שכללי הדחייה שמתקבלים לפי הר"ן הם הבאים:

א. עבודה > מגילה (מהיפוך כלל 1 לפי הר"ן)

ב. מגילה > ת״ת (מכלל 2)

ג. ת״ת > עבודה (מהנימוק לכלל 2)[80]

הסיטואציה הזו דומה מאד לקונפליקט של השבת אבידה, ולא לאלו של ברכות או קרבנות, שהרי לפי הר״ן מדובר בקונפליקט של דחייה ולא של קדימה. זוהי בדיוק משמעותו של החילוק שעושה הר״ן ושאר הראשונים בין דחייה לקדימה לענייננו. ההשלכה היא כיצד להתייחס להכרעת הקונפליקט המשולש, שהרי ראינו ששני הסוגים הללו דורשים מתודות שונות.

בחלקו הראשון של הפרק השישי ראינו שהכרעה בקונפליקט של קדימה יכולה להיעשות מתוך ניתוח של הכללים הבינאריים (כמו בקרבנות וברכות). אמנם במקרה של קדימה בין מצוות לא מצאנו שיטה שמוליכה לקונפליקט לא טרנזיטיבי, ולכן כאן לא מתעוררת הבעייה. ראינו שהבעייה קיימת רק לפי הר״ן בקונפליקט של דחייה. אולם בסוף הפרק השישי נוכחנו לדעת שניתוח של קונפליקטים של דחייה, או הכרעה, דורש משקלים תלויי סיטואציה, ובסיטואציה המשולשת המשקל של כל אחד מהערכים הוא שונה מזה שיש להם בסיטואציות הבינאריות. לכן קשה לגזור אותו ממשקלו בשלושת הסיטואציות הללו.

---

[80] שני היחסים האחרונים נכונים עוד יותר, אם נקבל את ההנחה של **הט״ז** שתובא להלן, שת״ת הוא לעולם דחייה ולא קדימה, שכן מה שלא לומדים כעת לא ניתן להשלמה. אם לומדים אחר כך, זהו כבר לימוד אחר. אם כן, היחסים שקובעת הגמרא ביחס לת״ת הם לעולם יחסי דחייה ולא רק יחסי קדימה.

לכאורה החידוש הוא כפול, שכן מדובר בקדימה של ערך אחד מול דחייה של האחר. הרי בהתנגשות בין ת״ת למגילה ביטול הת״ת הוא לעולם ביטול, ואילו לגבי המגילה יש אפשרות לקרוא אותה מאורח יותר. אבל זה לא נכון, שכן בזמן המאוחר יותר שנקרא מגילה לא נלמד תורה. לכן על כורחנו מדובר כאן בשאלת קדימה בלבד (כי ביטול ת״ת יהיה בכל מקרה אם נקרא מגילה). כך גם לגבי ת״ת מול מ״מ.

אבל השיקול הזה מנטרל את כל הטענה של **הט״ז**, שהרי לפי זה יוצא שאין כלל דילמה, גם לא דילמה של קדימה. הרי אם באמת ביטול של ת״ת יהיה תמיד כשנקרא מגילה, ולכן הוא טוען שכל השאלה היא מה לעשות קודם, אזי לא ברור מה מול מה מושווה כאן? אם נאמר שמגילה קודמת, זה אולי ברור. אבל אם נאמר שת״ת קודם, אז מתי נקרא מגילה? הרי כל אימת שנרצה לקרוא מגילה יש אפשרות ללמוד תורה, וזה יהיה קודם.

אבל כעת נבין שגם כשאנחנו אומרים שמגילה קודמת זה לא ברור, שהרי קודמת למה? לת״ת שיהיה אחר כך או לת״ת שכבר בוטל. אין כאן שאלה של קדימה אלא של ביטול.

על כרחנו, הכלל שמגילה דוחה ת״ת מתפרש אך ורק באופן אחד: מותר ואף חובה לקרוא מגילה (שהרי לעולם זה בא על חשבון ת״ת). וראה **בחוו״י** שם סי׳ ח-ט שדחו את דברי הט״ז והראו שיש ציור של קדימה שאינה ביטול גם בת״ת.

מסקנתנו שם היתה שקונפליקט כזה פותרים מתוך עיון בתכני הבעייה, והניתוח הפורמלי-לוגי בדרך כלל לא מסייע לנו בכך. האם במקרה שלנו ניתן להגיע להכרעה בקונפליקט הדחייה לפי הר״ן? דומה שהתשובה לכך היא חיובית, כפי שנראה כעת.

כדי לקבל הכרעה בסיטואציה כזו, עלינו לבחון את השיקולים שמונחים בבסיס הכללים הללו:

א. עבודה > מגילה. לגבי הכלל הזה הר״ן מסביר בפירוש את שיקוליו: העדיפות של עבודה נגזרת מן העובדה שעבודה היא מצווה מדאורייתא ומגילה היא רק מדרבנן.

ב. מגילה > ת״ת. כאן אין הנמקה בסוגיא, וניתן להעלות כמה הסברים אפשריים:

1. אולי זוהי תקנה מיוחדת של חכמים, שהחמירו בפרסומי ניסא (או שזו תכונה כללית של מצוות שיש בהן פירסומי נסים).

2. יש מקום לומר שמגילה היא מצווה, וכפי שראינו כבר מדינא דגמרא כל מצווה עוברת שאינה יכולה להיעשות על ידי אחרים דוחה ת״ת.

הסברנו שהדחייה אינה בגלל שהיא חשובה יותר, אלא להיפך, על אף שהיא פחות חשובה. הדחייה מבוססת על כך שאם לא היינו מאפשרים לעשות מצוות הלימוד היה יוצא פגום, כי הוא נעשה שלא על מנת לקיים.

3. ייתכן שהטיעון הוא אפילו חזק יותר: אם היינו מעדיפים ת״ת על כל מצווה, לא היתה אפשרות לקיים שום מצווה. הרי ת״ת הוא החשוב ביותר, ותמיד אם יש לנו זמן היה עלינו לשבת ללמוד, ולא לקיים את המצווה. לכן, אם רצון התורה הוא שנקיים את המצוות אין מנוס מהעדפתן על ת״ת.

4. בניסוח אחר לאותו רעיון, ניתן לומר שהחשיבות של ת״ת היא חשיבות כללית, כלומר יש חשיבות שאדם באופן כללי יעסוק בתורה. אין זה אומר שבכל רגע נתון העיסוק בתורה חשוב יותר מקיום מצווה באותו רגע.
הוא יכול לקיים את המצווה ולעסוק בתורה לאחר מכן, וזה עדיין נחשב לו עיסוק בתורה לעניין החשיבות הכללית של ת״ת.

ג. ת״ת > עבודה. למעלה דנו בשאלה האם העדיפפות כאן היא מחמת הבדל בחשיבות, או שיש כאן שיקול של לימוד על מנת לקיים, כפי שראינו אותו בסעיף הקודם על שלל הסבריו.

אם כן, יש לנו שלושה ערכים: ת״ת, עבודה ומקרא מגילה. היחסיחם הבינאריים שלהם מוצגים ומוסברים כאן למעלה. כפי שראינו למעלה, אין שום אפשרות להכריע את הקונפליקט ללא שימוש במשקלים תלויי סיטואציה. כלומר שהמשקל של כל אחד משלושת הערכים הללו משתנה בכל אחת משלוש הסיטואציות הבינאריות. מה עושים לגבי הסיטואציה המשולשת?

למעשה כאן הפתרון עולה מאליו, מתוך ניתוח של בעיית הטרנזיטיביות בין הכללים הבינאריים. ראינו שהשלב הראשון בפתרון כזה הוא מציאת המשקלים תלויי הסיטואציה למקרים הבינאריים, כדי לפתור את בעיית הטרנזיטיביות של שלושת הכללים הבינאריים. מתוך כך אולי נוכל להסיק משהו על הקונפליקט המשולש.

והנה, הר״ן כותב שעבודה דוחה מקרא מגילה מפני שהיא מדאורייתא ומגילה מדרבנן. אם כן, קשה מאד לשיטתו מדוע מגילה דוחה ת״ת, שהרי גם ת״ת הוא מה״ת? על כורחנו המשקל של מגילה משתנה כשהיא עומדת מול עבודה ומול ת״ת. מול עבודה משקלה קטן, שכן היא דרבנן ועבודה מה״ת. אך מול ת״ת משקלה גדול, שכן כפי שראינו חובת ת״ת היא תמידית (ולכן אין שם שאלת קדימה אלא רק שאלת דחייה), ובעצם אם לא נוותר עליה מול מצוות שונות היא מונעת את עשייתה של כל מצווה אחרת (ראה כל ההסברים בסעיף

ב למעלה). לכן בהכרח לימוד תורה נדחה בפני כל המצוות, כולל מגילה, זאת על אף משקלו הרב. בדיוק כמו שראינו למעלה.

אם כן, בהתמודדות מול ת״ת מה שקובע אינו המשקל או המעמד ההלכתי, וכל מצווה עוברת שלא יכולה להיעשות על ידי אחר, גם אם היא פחות חשובה מת״ת, גוברת על ת״ת. העיקרון שת״ת נדחה בפני כל מצווה, הוא גופו הביטוי בהקשר שלנו לעיקרון של משקלים תלויי סיטואציה.

אלא שכעת מתעוררת הבעייה, מדוע ת״ת דוחה עבודה? הרי גם כאן יש מצווה מול לימוד, ולכן גם כאן היינו מצפים שהלימוד יידחה בפני מצוות העבודה. מסתבר שהעבודה אינה נתפסת בהלכה עוד מצווה, אלא זהו סוג יסודי של עבודת ה׳. לכן היא דומה לת״ת שגם הוא לא בעל ערך נקודתי אלא ערך כולל (שנעסוק בזה בחיינו, ולאו דווקא בכל רגע נתון על חשבון מצוות). אם כן, ת״ת וקרבנות שניהם סוגי עבודת ה׳ שערכיהם כלליים ולא נקודתיים. במישור של סוגי העבודות, הקב״ה מעדיף את העבודה ע״י ת״ת על פני עבודה דרך קרבנות (בבחינת ״ולוואי אותי עזבו ותורתי שמרו״).[81]

ובכל זאת, כשהעבודה עומדת מול מגילה, הכלל הוא שעבודה עדיפה. מדוע? כנראה מפני שבמקרה זה מה שיש להשוות הוא החשיבויות. בת״ת מול מגילה, על אף שת״ת חשוב יותר מגילה גוברת עליו, בגלל השיקול שנוהל אחר יבטל את כל קיום המצוות. אבל בדילמה של עבודה דרך קרבנות נגד מגילה אין את הסברא הזו. הרי גם אם נעדיף את העבודה אין מניעה עקרונית לקרוא מגילה (כי עבודה אינה מצווה תמידית). לכן בדילמה בין עבודה למגילה מה שקובע הוא החשיבות, ועבודה חשובה יותר.

עד כאן הסברנו את חוסר הטרנזיטיביות בין הכללים הבינאריים (בעצם הצגנו את המשקלים תלויי הסיטואציה, בלי להציג אותם באופן פורמלי. הערנו שהפורמליזם אינו עוזר במקרים אלו). כעת אנחנו מגיעים לשאלת

[81] ניתן להעלות כאן את הטענה שמשמעות ההצעה הזו היא שאין אפשרות לעשות עבודה, שהרי תמיד אם אנחנו יכולים עלינו ללמוד תורה. לכן די ברור שלא מדובר כאן על דחייה לגמרי, אלא על מצב שבו האדם כבר ישב ללמוד. אבל אלו ניואנסים שלא ניכנס אליהם כאן. מטרתנו היא להדגים את אופן פתרון הקונפליקט, ולא לפסוק הלכה במקרה הקונקרטי הזה.

ההכרעה בסיטואציה המשולשת, כשיש ת"ת מגילה ועבודה ביחד. נראה שכאן ההכרעה מתבססת על אחת משלושת השיקולים הבאים:

1. מדוע כל מצווה (כמו מגילה) דוחה ת"ת, על אף שהיא פחות חשובה ממנו? מפני שאם לא ניתן למצוות להתקיים במקום ת"ת הן לא תתקיימנה לעולם. אבל במצב המשולש השיקול הזה לא קיים, כי כאן לא ת"ת הוא שדוחה את מקרא מגילה. עבודה היא שדוחה את מקרא מגילה, וכעת בא ת"ת ודוחה אותה.

2. אמנם כעת ניתן לשאול מדוע שלא תבוא עכשיו המגילה ותדחה שוב את ת"ת? אך זוהי טעות, שכן גם במקרה כזה המגילה לא תתקיים בין כה וכה, שהרי עבודה תדחה אותה. זה כעין עקרון העקביות של רש"ש שפגשנו בו בפרק הקודם.

3. יתר על כן, במקרה המשולש לא נכון לומר שאם ניתן לת"ת לגבור על מגילה אז לעולם לא נקיים מצוות. הרי בכל סיטואציה בינארית כבר קבענו שכל מצווה דוחה את ת"ת. רק במקרה המשולש, שהוא מצב ייחודי, אנחנו חוזרים לדון בחשיבויות, ומבחינת החשיבויות ת"ת גובר על מגילה. הכרעה כזו לא תבטל את האפשרות לקיים מצוות, שכן זוהי ההכרעה רק למצבים משולשים, שהם נדירים.

אם כן, המסקנה היא שבמקרה המשולש יש לקיים את ת"ת, שכן מה שקובע הוא שיקולי החשיבות בלבד. ראינו שהסברות של ביטול האפשרות לקיים מצוות, או חשיבויות גלובליות וכדו', אינן משחקות כאן תפקיד. ובמישור של החשיבות, הרי הסקנו כבר שת"ת הוא חשוב יותר גם ממגילה וגם מעבודה.
אם כן, שוב קיבלנו הכרעה בקונפליקט משולש דרך הסבר של צירי ההיררכיה שעומדים בבסיס כללי הדחייה הבינאריים. גם כאן ההכרעה היא באמצעות מציאת משקלים תלויי סיטואציה דרך ניתוח הכללים הבינאריים.

הנחות הטרנזיטיביות המקדמיות של בעל 'חוות יאיר'

כבר הזכרנו שבשו"ת **חוו"י** סי' ח מוצגות אוסף שאלות של החכם השואל, שמתואר על ידי ר' יאיר בכרך במילים הבאות: "שאלה ממרחק באה אלי מלמדן מופלג חריף ובקי מילידי ק"ק ורנקפורט". ואכן, שאלותיו של החכם פרנקפורט הן חריפות ומורכבות מאד, ועיקרן נוגע ליחסי הקדימה שבסוגיית מגילה, וליחסי הטרנזיטיביות שביניהן.

בסי' ט שם עונה ר' יאיר בכרך לחכם השואל, ובין היתר בפתיחת דבריו הוא נוגע גם בשיקולים הרלוונטיים לשאלת הטרנזיטיביות והקונפליקטים. הוא פותח בדברים נמרצים שעוסקים ישירות בשיקולים הלוגיים:

> ***ונבא אל המבוקש, ותחילה נציע כללות הדינים ודחיות הללו אשר לכאורה נראים נגד השכל ומשפט ההיקש הידוע לבעלי הגיון, לא לבד זר רק נמנע (ומ"מ אם תבקשנה ככסף וגו' אז תבין דעת קדושים כי לא נפלאת היא ולא רחוקה ואם רחוקה היא ממך).***

הוא פותח בכך שדיני הקדימה הללו לכאורה נראים נגד הלוגיקה, ומדגיש שזה לא רק זר (=מוזר ותמוה) אלא ממש נמנע (=בלתי אפשרי, פרדוכסלי). הוא גם ממשיך וטוען שלא ייתכן שהראשונים יאמרו דברים שהם נגד הלוגיקה, ולכן ברור שאי ההבנות תלויות בנו.

כעת הוא מקדים את הדברים הבאים, שפונים לחכם השואל. הוא נוזף בו על טעות בהפעלת אופרטור השלילה לגבי היקשים לוגיים, ואחר כך הוא מפרט:

> ***אף כי לא עמד מעלת כבוד תורתו על אופן ההיקש הראוי למשפט המופת בשלילה וחיוב, והוא זה: שאם בדחייה והיא בשא"א לקיים שניהם שמגילה דוחה למת מצוה ומ"מ דוחה לעבודה. התולדה מוכרחת שמגילה דוחה לעבודה.***

פתיחת דבריו היא לגבי דיני הדחייה (לאחר מכן הוא יעסוק בדיני הקדימה). הוא מקדים ואומר שחייבת להתקיים טרנזיטיביות, ולכן אם מגילה דוחה את מ"מ (כפי שכתב הרמב"ם, וה**ב"י** זיהה זאת עם שיטת הר"ן), ומ"מ דוחה עבודה (ההנחה היא כרש"י שמ"מ דוחה עבודה ולא רק קודם לו. ראינו למעלה שלא בטוח שזה מוסכם), בהכרח חייב להתקיים שמגילה דוחה עבודה. אבל המסקנה הזו לא נכונה לפי הר"ן וה**ב"י** וסיעתם:

והלא לא ק"ל הכי לדעת הפוסקים התוס' והר"ן.

כפי שראינו למעלה, להלכה הראשונים הללו (ר"ן וב"י ועוד) פוסקים שמגילה לא דוחה עבודה.

כבר כאן נעיר שבניגוד לקביעתו הנחרצת, הנחת הטרנזיטיביות אינה הכרחית מבחינה לוגית, מפני שייתכנו כמה צירי היררכיה שונים, כפי שגם הדגמנו למעלה.

עד כאן הוא עסק בקושי בדיני הדחיה (שעלו רק בראשונים). כעת הוא עובר לדון בדיני הקדימה (שנדונים בסוגיית הגמרא עצמה):

ולענין קדימה נאמר: אם מגילה קודמת לכל המצות ולא למ"מ ש"מ שמ"מ חמורה מכל המצות ולענין דחיה קלה רק שאין מופת זה חותך כמו הראשון למבין. ופשר דבר הוא לקיים דברי התוספות הר"ן והרא"ם...

כאן הוא מוסיף שממהלך הגמרא עולה לגבי קדימה עולה שמגילה קודמת לכל המצוות, ואילו מ"מ קודם למגילה. מכאן עולה שמ"מ קודם לכל המצוות כולן, ולכן חשוב מהן. ואילו בדיני דחייה ראינו שמ"מ הוא הקל ביותר, וזה בניגוד למסקנה מדיני הקדימה. כלומר הוא קושר את ההיררכיה בדיני הדחיה להיררכיה שבדיני הקדימה.

מדוע, כפי שהוא עצמו מעיר, השיקול הזה פחות חותך מן הקודם? מסתבר שגם הוא מבין שהקדימה יכולה להישלט על ידי ציר היררכיה שונה מאשר הדחייה, וייתכן שהסידור על פניו הוא הפוך לסידור של דיני הקדימה. כך גם ראינו למעלה. אמנם הטיעון שלו מכוח דיני הדחייה נראה לו מופת לוגי חותך, שכן הוא כנראה מניח שלא ייתכנו כמה צירי היררכיה בסוגיית הדחייה עצמה. דחייה של מצוות בפני מצוות אחרות צריכה להישלט על ידי אותו ציר היררכי. למעלה הערנו שהדבר כלל אינו הכרחי, וכבר ראינו דוגמאות רבות לכך בפרקים הקודמים של הספר.

במהלך שאר התשובה הוא מחלק בין מ"מ למת רגיל, ובין קריאת מגילה בציבור לבין קריאת מגילה ביחיד, וכך מיישב את כל הסתירות. לענייננו אין חשיבות לדבריו הבאים, שכן מה שמעניין הוא רק הנחותיו שבהן הוא נשאר

עד הסוף, ומכוחן הוא מגיע לחילוקים שלו (שבחלקם דחוקים למדיי). מה שראינו עד כה הוא שהחוו״י מניח שיכולה להיות הבחנה בין היררכיה בקדימה ובדחייה, אבל לא ייתכנו כמה צירי היררכיה בדיני הדחייה (או הקדימה) עצמם.

השוואת הקדימה לדחייה

לאחר שהוא מסיים את מהלך הפתיחה של דבריו, ומיישב את כל הקשיים בסוגיא, הוא מסכם:

ומעתה כל דיני קדימות ודחיות האמורים בענין נכונים וישרים למוצאי דעת בשינוי קדימות ובדחיות בטוב טעם ודעת.

מסקנתו היא שייתכנו הבדלים בין היררכיות בקדימה ובדחייה, ועל כך הוא מבסס את פירושו לסוגיא. הוא מביא כמה ראיות לחלוקה כזו:

ובכה״ג כתבו התוס׳ פרק ב״מ דף כ״ג ריש ע״ב גבי הפטרות לחלק בין קדימה /לדחיה/. וקרוב לזה בתוס׳ דיומא ל״ג סע״א למעיין.

אבל הנחתו העקרונית בדבר המקבילות בין שיקולי דחייה וקדימה עדיין נותרת על כנה, כפי שמוכח מסוגיית מגילה. רק כאשר יש סברא מחלקת יש מקום להבחין בין דחייה לקדימה:

משא״כ בשאין סברא מחלקת העדיף לדחות עדיף ג״כ להקדים כדמוכח בשמעתין דמגילה דשניהם בשם עדיף יכונה.

וכעת הוא מביא לכך עוד ראיות:

וראי׳ עוד מגמ׳ פרק ב״מ שאמר אבעי׳ לי׳ נר חנוכה וקידוש היום הי מינייהו עדיף והוא לדחות זה את זה ואמר קידוש היום עדיף משום דתדיר או נר חנוכה וכו׳ והלא מהיכן פשיטא לי׳ דתדיר קדים אם לא ממשנה דכל התדיר מחבירו קודם לחבירו במס׳ מנחות ושם מיירי בקדימה ש״מ שאין חילוק.

ומההיא דפשיט בש״ס דנר שבת עדיף בעי הר״ן למימר דה״ה יקדים נר שבת כמ״ש הר״ן רק דנדחה מטעמים ונמוקים ולא משום חילוק בין דחיה לקדימה דאין חילוק בלי סברא מחלקת.

אמנם הבחנה בין כמה צירי היררכיה באותו נושא נראית לו בלתי אפשרית ברמה הלוגית. לגבי זה הוא לא מעלה את האפשרות שבהינתן סברא מחלקת גם מצב כזה ייתכן. רואים שהוא רואה את זה כעיקרון מוחלט.

שתי הערות לסיום

לסיום, נוסיף שתי נקודות:

1. מכל הראיות שנדונו בפרקים הקודמים עולה שהנחתו הראשונה של בעל **חוו"י**, לפיה לא ייתכנו כמה צירי היררכיה שונים באותו נושא, אינה הכרחית כלל ועיקר.
   אמנם נכון שכאשר היחס בין הכללים אינו טרנזיטיבי, עולה שאלה לא פשוטה מה לעשות בקונפליקט משולש. בשאלה זו עסקנו בחלק הקודם של הפרק, וראינו שיש דרך שיטתית להכריע בה.
2. יש להזכיר את מה שראינו בפרקים הקודמים, שקונפליקטים משולשים בדיני דחייה ובדיני קדימה אמורים להיפתר במתודות שונות. גם זה מעיד כמובן על הבדל בין שני ההקשרים הללו.

פרק עשירי
חוסר טרנזיטיביות בכללי פסיקת הלכה

מבוא

בפרק זה נעסוק במשמעותם של כללי הפסיקה. באופן כללי ניתן לומר
שהתלמוד אינו נוטה לשיטתיות, והוא בעל אופי קזואיסטי מאד, ויש שיאמרו
אף אנרכיסטי משהו. ובכל זאת אנו מוצאים מדי פעם כללים הלכתיים, כמו
(עירובין כז ומקבילות):

*כל מצות עשה שהזמן גרמא אנשים חייבין ונשים פטורות, ושלא
הזמן גרמא – אחד נשים ואחד אנשים חייבין.*

ישנם בהלכה גם כללי פסיקה, כמו ללכת אחרי הרוב וכדו'. בפרק זה נעסוק
בעיקר בכללים שמנחים אותנו כיצד להכריע במחלוקות בין חכמים, כלומר
בכללים אישיים. לפני שנגדיר אותם בצורה יותר מדויקת, נקדים הקדמה
חשובה לגבי היחס התלמודי לכללים בכלל.

היחס העקרוני לכללים

כפי שהזכרנו, בתלמוד יש ממד אנרכיסטי. אחד הביטויים הבוטים ביותר לכך
מצוי בסוגיית הבבלי עירובין כו-כז (שהמשכה נדון בספרנו השני). המשנה שם
כו ע"ב קובעת:

*משנה. בכל מערבין ומשתתפין – חוץ מן המים ומן המלח. והכל
ניקח בכסף מעשר – חוץ מן המים ומן המלח.*

כלומר מותר לערב או לקנות בכספי מעשר שני כל מאכל פרט למים ומלח.
לכאורה זהו ניסוח דווקני מאד, ולא היינו מצפים שיהיו עוד מאכלים אותם
לא ניתן לקנות בכספי המעשר.
והנה שם בגמרא מובאת מייד המימרא הבאה:

גמרא. אמר רבי יוחנן: אין למידין מן הכללות ואפילו במקום שנאמר בו חוץ.

הגמרא מביאה כלל (!?) אנרכיסטי שקובע שאין ללמוד מאומה מכללים, ואפילו אם הניסוח שלהם הוא דווקני, כלומר גם כאשר הוא טורח ומונה את רשימת יוצאי הדופן. לכאורה בניסוח דווקני כזה היינו מצפים שהכלל יהיה גורף ומחייב, ויוצאי הדופן היחידים הם אותם מקרים שהובאו בניסוח של הכלל עצמו. אך גם זה לא נכון. אפילו כשהתלמוד משתמש בניסוח דווקני כמו זה, עדיין עלינו לצפות שיהיו עוד יוצאי דופן. ואכן בהמשך הסוגיא שם מובאים עוד מאכלים שאותם לא ניתן לקנות בכספי מעשר.

לאחר מכן מוסיפה הגמרא כללים נוספים כדי להדגים את הכלל האנרכיסטי הזה:

מדקאמר אפילו במקום שנאמר בו חוץ מכלל דלאו הכא קאי, היכא קאי? - התם קאי: כל מצות עשה שהזמן גרמא אנשים חייבין ונשים פטורות, ושלא הזמן גרמא - אחד נשים ואחד אנשים חייבין. וכללא הוא דכל מצות עשה שהזמן גרמא נשים פטורות? הרי מצה שמחה והקהל, דמצות עשה שהזמן גרמא הוא - ונשים חייבות. וכל מצות עשה שלא הזמן גרמא נשים חייבות? הרי תלמוד תורה, פריה ורביה, ופדיון הבן, דמצות עשה שלא הזמן גרמא - ונשים פטורות! אלא אמר רבי יוחנן: אין למידין מן הכללות, ואפילו במקום שנאמר בו חוץ.

הפטור של נשים ממצוות שהזמן גרמן גם הוא כלל שיש לנהוג בו זהירות, ולא לקחת אותו מדי ברצינות. בסוף הסוגיא מובא עוד כלל הלכתי שאינו מחייב:

אמר אביי, ואיתימא רבי ירמיה: אף אנן נמי תנינא: עוד כלל אחר אמרו: כל שנישא על גבי הזב - טמא, וכל שהזב נישא עליו - טהור, חוץ מן הראוי למשכב ומושב והאדם. ותו ליכא? והא איכא מרכב! - האי מרכב היכי דמי? אי דיתיב עליה - היינו מושב! - אנן הכי קאמרינן: הא איכא גבא דאוכפא, דתניא: האוכף טמא מושב,

והתפוס טמא מרכב. אלא שמע מינה: אין למידין מן הכללות, ואפילו במקום שנאמר בו חוץ.

בסוף הסוגיא חוזרים לנקודת המוצא שבמשנה:

אמר רבינא ואיתימא רב נחמן: אף אנן נמי תנינא: בכל מערבין ומשתתפין, חוץ מן המים והמלח. ותו ליכא? והא איכא כמיהין ופטריות! אלא שמע מינה: אין למידין מן הכללות, ואפילו במקום שנאמר בו חוץ.

כאן מובאים עוד מאכלים שאין לקנות בכספי מעשר, אף שהניסוח במשנה היה לכאורה דווקני (כלומר פירט את יוצאי הדופן).

למעלה הערנו שהמבנה התלמודי הוא קזואיסטי ביסודו. התלמוד כמעט אינו קובע כללים, וכפי שאנחנו רואים כאן גם כשהוא קובע כאלה הוא מתייחס לכללים הללו בערבון מוגבל מאד.

ייתכן שהסיבה לניסוח הכללים ההלכתיים היתה הצורך לשמר את המידע שעבר בעל-פה. ישנו איסור לכתוב את התורה שבעל-פה (ראה בבלי גיטין ס ע"א), וגם הוא כנראה מבטא את הרצון לשמר אותה כמקור חופשי לפרשנות ויישום. בשלבים שונים בהיסטוריה חכמים קיבלו החלטה לסטות מהאיסור הזה (ראה גיטין ס) ולכתוב בכל זאת את המידע כדי שלא יישכח. לכן עניינם של כללים כאלה הוא יותר סיוע לשימור המידע מאשר הכוונה מעשית של הפוסק במלאכתו. אולי זוהי הסיבה ליחס המזלזל כל כך כלפיהם.

כללי פסיקת הלכה בש"ס ובכלל

כבר מתקופת התלמוד ישנם כמה וכמה כללי פסיקה שמסייעים לנו להכריע במחלוקות בין חכמים. כאמור, כאן נעסוק בעיקר בכללים אישיים, כלומר בכללים שהתלמוד קבע לגבי הכרעות הלכה בין חכמים מסויימים. הסוגיא העיקרית שעוסקת בכללים אלו מצויה בעירובין מו, ופירוט של הכללים מצוי **באנציקלופדיה התלמודית** כרך ט, ע' 'הלכה' (בעיקר מאות יג והלאה).

חלק מהכללים הללו הם גורפים, אבל רובם כללים חלקיים. לדוגמא, הלכה כרבא נגד אביי, פרט לששה מקרים (שמסומנים בקיצור יע"ל קג"ם. ראה

סנהדרין כז ע״א ומקבילות). זהו כלל אישי, שכן הוא אינו נוגע להתנהלות ההלכה בכלל, אלא בהתייחסות למחלוקות בין שני חכמים מסויימים. לפעמים התלמוד קובע שהלכה כפלוני בקטגוריה הלכתית מסויימת, כמו איסורים או ממונות. לדוגמא, התלמוד קובע שהלכה כרב באיסורי וכשמואל בדיני, כלומר בממונות (ראה בכורות מט ע״ב ומקבילות).

כללים אחרים קובעים שבכל מחלוקת יש ללכת אחרי רוב החכמים. זה כמובן כלל שאינו אישי, אבל יש לו השלכות על כללים אישיים. לדוגמא, כלל תלמודי אחר קובע שהלכה כר״ע מחברו אבל לא מחבריו (ראה כתובות פד ע״ב, ושם דיון האם הלכה כמותו גם נגד רבו). זוהי השלכה של הכלל שהולכים אחר הרוב. גם כשרוצים לקבוע הלכה כר״ע, זה לא חל כאשר החולקים עליו הם רבים.

אך בעירובין מו אנו מוצאים את הכלל ״הלכה כרבי עקיבא מחבירו, וכרבי יוסי מחבריו, וכרבי מחבירו״. כלומר במחלוקת שבה מעורב ר׳ יוסי, הלכה כמותו גם אם החולקים עליו הם רבים. זוהי בעצם חריגה מהכלל שלעולם הלכה כרבים.

הבנת כללי הפסיקה: אפריורי או אפוסטריורי

ניתן להבין כל כלל כזה בשתי צורות עקרוניות: אפריורי ואפוסטריורי. כלל אפוסטריורי הוא כלל שמסכם את ההכרעות ההלכתיות שהתקבלו בבית המדרש, לאחר שהן כבר הוכרעו. לדוגמא, אחרי שדנו בכל מחלוקת של אביי ורבא, הגיעו להכרעה לפי ההיגיון, ראיות, או כללי פסיקה כלשהם. כעת אנחנו סורקים את כל הסוגיות בהן נחלקו אביי ורבא, ואנחנו מגלים שבד״כ ההלכה נפסקה כרבא, למעט ששה מקרים. על כן אנו מתארים את הממצאים שלנו בכלל שהלכה כרבא פרט ליע״ל קג״ם. זהו כלל אפוסטריורי, שכן הוא נקבע אחרי ההכרעות ולא לפניהן. הוא לא הנחה את המכריעים אלא להיפך: הוא מסכם את ההכרעות שכבר התקבלו.

הבנה זו אכן סבירה לגבי כללי הכרעה, כמו הכלל שראינו לגבי מחלוקות אביי ורבא. ומה לגבי כללים אחרים? לדוגמא, כאשר אנחנו פוסקים שהלכה

כשמואל בדיני ממונות, זה נראה כלל גורף. מדוע באמת פוסקים כך? וכי תמיד יצא ששמואל צדק יותר מרב? לא סביר שמדובר כאן בכלל אפוסטריורי, כלומר שההכרעות התקבלו באופן בלתי תלוי, ובמקרה יצא שלעולם הלכה כשמואל. במקרה זה נראה סביר יותר שהכלל הזה נקבע אפריורי, כלומר מכיון שהגענו למסקנה ששמואל הוא חכם גדול בדיני ממונות, אנחנו קובעים עיקרון כללי שלעולם בממונות נפסקת הלכה כמותו.

כמובן שיש מחירים לכלל הזה, שהרי על אף חכמתו של שמואל, אין מניעה לכך שבמחלוקת זו אחרת דווקא רב הוא הצודק. אבל הכללים הללו נקבעים כנראה אפריורי לשם אחידות ההלכה וגיבוש יכולת הכרעה. כדי לוודא שלא ניוותר ללא אפשרות הכרעה.[82]

דיוקו של בעל 'קובץ שיעורים'

ב**קו"ש** ב"ב סי' רעב, מביא מתשובת ר' יוסף בנו של הרא"ש. ר' יוסף דן בבעייה שהתעוררה אחרי מות אביו הרא"ש, שהיה מגדולי חכמי ספרד בזמנו, ולאחר מותו התעוררה שאלה כיצד להכריע בהלכה. קהילת טוליטולא (=טולדו) החליטה לקבל את פסקי הרמב"ם, אלא במקום שהרא"ש חולק עליו:

> ***בשו"ת הר"י בן הרא"ש ס"נ"ר במעשה שבעיר טוליטולא הסכימו לפסוק כהרמב"ם זולת במה שהרא"ש חולק עליו.***

ר"י דן שם בשאלה האם בכלל יכולים בני מקום כלשהו לקבל על עצמם את מרותו של פוסק מסויים בלי להתייחס לפוסקים אחרים. הבעייתיות כאן היא שבמקרה של מחלוקת בדרך כלל יש ללכת אחרי הרוב, ואם הולכים תמיד אחרי פוסק מסויים, זה עלול לצאת נגד דעת הרוב:

---

[82] ראה למעלה בפרק השלישי בדיון על פרדוכס ואנטי-פרדוכס בהכרעת הלכה. ראינו שם שבמחלוקת ב"ש וב"ה לא היתה אפשרות להכרעה. הסיבה לכך היתה שלב"ש היה יתרון במונחי חריפות, ולב"ה היה יתרון במונחי מספר האנשים. הויכוח היה איזה רוב הוא המכריע לעניין הליכה אחר הרוב, רוב חכמה או רוב מספרי? לכן לא ניתן היה להכריע את המחלוקת, שכן המחלוקת נסובה סביב כללי ההכרעה עצמם.
לכן הם נזקקו שם לבת קול מן השמים. לפי הצעתנו כאן, כללי ההלכה נועדו בדיוק כדי למנוע את המצב הזה.

וכתב הר"י שההסכמה הזאת היא נגד דברי הרא"ש הנ"ל דהיכא
שאין הדיין יכול להכריע במחלוקת אסור לו לומר אעשה כדברי
פלוני ואם עשה כן ה"ז דין שקר וכי תאמרו מאחר שצדקו רוב דבריו
לא ניחוש למיעוט דבריו שנמצאו חולקין עליהן דבתר רובא אזלינן.

אבל בעל **קו"ש** שולל את התפיסה הזו מכל וכל, לאור כללי הפסק שאנחנו
מוצאים בתלמוד עצמו, שעושים בדיוק את אותו הדבר:

חלילה לאמר כן וכו' ע"ש ולכאורה הרי מצינו בגמ' עירובין דף
מ"ו...

הוא טוען שבסוגיית עירובין מצאנו כללי פסיקה אישיים, ולכן אין סיבה
לשלול אותם עקרונית.

אולם הוא מוסיף וטוען שהכללים הללו התבססו על חכמתו של האדם בו הם
עסקו, שכן התלמוד שם (עירובין מו ע"ב) עושה קו"ח בין הכללים, כלומר
מניח טרנזיטיביות:

כלשון הזה אמר רבי יעקב בר אידי אמר רבי יוחנן: רבי מאיר ורבי
יהודה – הלכה כרבי יהודה. רבי יהודה ורבי יוסי – הלכה כרבי יוסי,
ואין צריך לומר רבי מאיר ורבי יוסי – הלכה כרבי יוסי. השתא
במקום רבי יהודה – ליתא, במקום רבי יוסי מיבעיא? אמר רב אסי:
אף אני לומד רבי יוסי ורבי שמעון – הלכה כרבי יוסי. דאמר רבי
אבא אמר רבי יוחנן: רבי יהודה ורבי שמעון הלכה כרבי יהודה.
השתא במקום רבי יהודה ליתא, במקום רבי יוסי מיבעיא?

על דברי הגמרא הללו כותב בעל הקו"ש שם:

רבי מאיר ורבי יהודה הלכה כרבי יהודה רבי יהודה ורבי יוסי הלכה
כר' יוסי ר' מאיר ור' יוסי הלכה כר' יוסי, השתא במקום ר' יהודא
ליחיה במקום ר' יוסי מיבעי?! ומוכח מזה שההכרעה היתה מי
משני החולקין הוא בר סמכא יותר דאם נפרש שההכרעה היא על
הדינין עצמן ולא מפני האומרין אין מקום לק"ו א"כ למה לא יוכלו
חכמי טוליטולא להכריע כי הרמב"ם הוא בר סמכא יותר מהחולקין
עליו.

249

שלושת הכללים בהם מדובר הם טרנזיטיביים: ר׳ יהודה > ר׳ מאיר. ר׳ יוסי > ר׳ יהודה. ר׳ יוסי > ר׳ מאיר. אלא שהתלמוד קובע שאת הכלל השלישי אין צורך לומר, שכן הוא נגזר משני הראשונים. מכאן מוכיח בעל **קו״ש** שהכללים הללו התבססו על חכמתם של החכמים הנדונים, שאם לא כן לא היה מקום להניח טרנזיטיביות הכרחית ביניהם. אם הכללים היו נקבעים שרירותית, או מסיבות אחרות (לא חכמתם של החולקים), אז אין הכרח שיהיה ביניהם יחס טרנזיטיבי.

במונחים שלנו נאמר שאם הכללים הללו היו אפוסטריוריים, כלומר מבוססים על הכרעות שהתקבלו באופן מקומי, יכול להיווצר מצב שבמחלוקת ר״מ ור׳ יוסי תהיה הלכה כר״מ. הנחת הטרנזיטיביות של הגמרא מעידה שהיא ראתה את הכללים הללו כאפריוריים, כלומר כקביעות שמבטאות את חכמתם היחסית של החכמים החולקים. ומכאן אכן קשה כיצד ר״י בן הרא״ש קובע בפסקנות שלא ניתן לקבל חכם מסויים אלא יש לדון בכל מקום בהתחשב בכל הדעות השונות. ראה ב**קו״ש** שם בהמשך שהציע הסבר לדבריו.

דיון לאור דברינו למעלה
האם ייתכן מצב שכללי פסיקה אישיים לא יהיו טרנזיטיביים? כלומר האם תיתכן מערכת שבה נוהגים שלושת הכללים הבאים: 1. ר׳ יהודה > ר״מ. 2. ר׳ יוסי > ר׳ יהודה. 3. ר״מ > ר׳ יוסי.
לאור דברינו למעלה זה בהחלט ייתכן. יתר על כן, זה ייתכן אפילו אם נניח שהכללים הללו מבטאים חכמה יחסית של החכמים החולקים. זאת אם נניח שיש צירי חכמה שונים, שיוצרים עדיפויות לא טרנזיטיביות.
לדוגמא, אם העדיפות של ר׳ יהודה על ר״מ היא במונחי ציר a (לדוגמא, מתינות ושיקול דעת). והעדיפות של ר׳ יוסי על ר׳ יהודה היא במונחי ציר b (לדוגמא, חריפות). והעדיפות של ר״מ על ר׳ יוסי היא במונחי ציר c (לדוגמא, הכרת המציאות).

אמנם כפי שראינו למעלה, כדי שתהיה פונקציית מידה שמתארת את חכמתו של כל אחד משלושת החכמים הללו, ברור שחייבים להיות כאן משקלים תלויי סיטואציה. לדוגמא, מידת המתינות ושיקול הדעת של ר' יהודה (שנמדדת במונחי a), היא שונה כאשר הוא עומד מול ר' יוסי או מול ר"מ. לחילופין, סוג החריפות של ר' יוסי הוא אמנם משמעותי מול ר' יהודה, אבל כלפי ר"מ שניחן בחריפות מסוג שונה היא לא עדיפה. ובניסוח אחר: עמדות ונימוקים כמו של ר"מ, החריפות של ר' יוסי לא מצליחה 'לפצח'. ר"מ רואה דברים מזווית שאינה נגישה לכלי החשיבה של ר' יוסי.[83]

ישנה בגמרא כאן שוב הנחה כמו שראינו בדברי **החוו"י** בסוף הפרק הקודם, שאם היה מדובר כאן בחכמה, היתה מתחייבת טרנזיטיביות בין הכללים.

אמנם זה לא אומר שבהכרח יש כאן מאפיין כללי של כללי הקדימה האישיים. בהחלט ייתכן שהקו"ח שעושה הגמרא (שמניח טרנזיטיביות בין ר"מ, ר' יוסי ור' יהודה) הוא מקומי בלבד, והוא נכון לשלושת החכמים הללו, אך לא ניתן ללמוד ממנו לכל כללי הפסיקה האישיים.

---

[83] כדי להדגים את ריבוי צירי ההירכיה, ולהסביר את הצירים בהם בחרנו בדוגמא שלמעלה, נביא כאן דברים ממאמרו של מיכאל אברהם, 'האם ההלכה היא פלורליסטית?', **המעין** מז, ב, טבת תשסז, עמ' 41.

הגמרא בעירובין יג ע"ב מביאה שהבת קול פסקה הלכה כב"ה, ומסבירה זאת כך:

> ***וכי מאחר שאלו ואלו דברי אלהים חיים מפני מה זכו בית הלל לקבוע הלכה כמותן - מפני שנוחין ועלובין היו, ושונין דבריהן ודברי בית שמאי. ולא עוד אלא שמקדימין דברי בית שמאי לדבריהן.***

כלומר הלכה נפסקה כמותם מפני שהם נהגו כראוי ובאדיבות. לכאורה משתמעת מכאן תפיסה פלורליסטית, לפיה אין אמת הלכתית, ולכן ניתן להכריע הלכה מתוך שיקולים זרים לבירור האמת. אך ר' יוסף קארו, בספרו **כללי הגמרא** (בתוך ספר הליכות עולם לר' ישועה הלוי מתלמיסאן, תל-אביב תשי"ל, עמ' נא), מציע הסבר אחר לגמרי לדבר:

> ***תמיה לי, אם לא היה הדין כדבריהם, וכי מפני רוב המידות הטובות שבהם קבעו הלכה כמותם? ואפשר דהכי קאמר: מפני מה זכו שיכוונו תמיד האמת עד שמפני היותם אמת קבעו הלכה כמותם.***

עדיין לא ברור מדוע באמת האמת תמיד איתם? אפשר להסביר שההתנהגות המתונה, שהם שקלו את דברי ב"ש לפני דבריהם ורק אחר כך גיבשו עמדה משלהם, היא שמביאה אותם קרוב יותר לאמת. קביעת הלכה כמותם אינה פרס על התנהגות טובה, אלא הכרעה בגלל שהם באמת קרובים יותר לאמת. המתינות ושיקול הדעת היא תכונה חשובה מאד עבור פוסק.

רואים מכאן שיש צירי הירכיה שונים שנותנים עדיפות לפוסק כשאנחנו באים להכריע האם הלכה כמותו: מתינות ושיקול דעת מחד, וחריפות מאידך.

תמונה זו עשויה אולי להסביר את דעתו של ר״י בן הרא״ש, שכן בלי זה באמת קושייתו של בעל **קו״ש** עליו היא קשה מאד. הוא טוען שאין עדיפות מוחלטת בחכמה לאף חכם, ומכיון שאין לנו יכולת לקבוע סוגי חכמה ועדיפות באופן גורף (שלא כמו בתלמוד, שם הדבר נעשה משיקולים של אחידות ומניעת מחלוקות), לכן יש לדון בכל סוגיא באופן מקומי ולא ללכת אחרי כללים גורפים.

פרק אחד-עשר

הקשר לספר הראשון – תורת הענישה ההלכתית

מבוא

בפרק זה, שמסיים את העיון במקורות ההלכתיים, נעסוק בתורת הענישה
ההלכתית, ונראה גם בה היבטים של אינקומנסורביליות. אנו נשתמש בדוגמא
האחרונה הזו כדי להצביע על הקשר בין התמונה אותה הצגנו בספר הזה לבין
המודל אותו פיתחנו בספר הראשון.

סקירה על תורת הענישה הכללית

ההלכה, כמו כל מערכת משפטית, מגדירה אוסף של עונשים שמוטלים על
עבריינים. בספרות המשפטית ניתן למצוא כמה וכמה תיאוריות ענישה שונות,
שכל אחת מהן תולה ומסבירה את העונש בהסבר אחר.[84]

יש הרואים בעונש איום על עבריינים (כתפקיד חינוכי, וכן כחלק מהבהרת
משמעותו ועמדתו של החוק ושל המחוקק). אחרים רואים בעונש גורם מרתיע
(הרתעה כללית או פרטית), שצריך למנוע עבריינות עתידית. ישנן תפיסות
שרואות בעונש סוג של נקמה ממוסדת, או תגמול לעבריין על העבירה שעשה.
אחרים רואים בעונש אמצעי למניעה (לפחות לגבי סוגי עונשים כמו כליאה),
או הגנה חברתית. ולבסוף, יש גם כאלה שרואים בו אמצעי לחינוך ושיקום.

התפיסות הללו נבדלות זו מזו גם במישור המעשי. תפיסות של הרתעה, אם הן
פונות רק כלפי העבריין עצמו, לא יסכימו להעניש עבריין שאין סיכוי שישוב
למעשיו. אלו שרואים בעונש הרתעה חברתית כן יסכימו לענישה במקרים
כאלה. הרואים בעונש נקמה ממוסדת, ייתכן שלא יטילו עונש אם אין אנשים
שנפגעו באופן ישיר (אם כי זה לא הכרחי), וכן הלאה.

---

[84] ראה על כך, לדוגמא, בספרו של חיים כהן, **המשפט** (מהדורה שנייה, מתוקנת ומורחבת),
מוסד ביאליק, ירושלים תשנב, בעיקר בפרק שמיני סעיף ג, בעמ' 691 והלאה. לגבי התפיסה
ההלכתית, ראה מאמרו של מיכאל אברהם, 'נותן לרשע רע כרשעתו, האמנם?', בתוך **עלון
שבות בוגרים** ט, אייר-סיון תשנו, עמ' 145.

חומרת העבירה כמדד לעונש

לכאורה דבר מוסכם הוא שחומרת העונש שמוטל על העבריין היא פונקציה של חומרת העבירה. לא הרי עונש על הוצאת שם רע כעונש על רציחה. לא הרי עונש על אי תשלום מס כעונש על בגידה במדינה, וכו׳. ההנחה שחומרת העונש תלויה בחומרת העבירה נראית מתאימה לכל התפיסות שהוצגו למעלה (אם כי לפי חלקן יש מקום להתלבט לגבי נקודה זו).

אך בהלכה אנחנו מוצאים מחלוקת בנקודה זו. ב**ספר המצוות לרס״ג** (מהדורת ר׳ ירוחם פערלא) בעונש המ׳ כותב הרס״ג:

> ***לפי כבוד השבת מחלליה ובאי מאורשה חמודה.***

ור׳ ירוחם פישל פערלא (=ריפ״פ) בפירושו על אתר כותב:

> ***נראה דכוונתו לומר בזה דלפי ערך חשיבת מצות שביתת שבת שהיא מן המצות היותר גדולות שבתורה כן בערך זה הוא עונש מחלליה שהוא העונש היותר חמור שבכל מיני העונשין שבתורה דקיי״ל דסקילה חמורה מכל שאר מיתות ב״ד. וכן בנערה המאורשה לפי ערך חומר העבירה חומר העונש.***

הוא מסביר שכוונת רס״ג היא לומר שחומרת המצווה היא הקובעת את חומרת העונש עליה.

לאחר מכן הוא מביא שכך כתב רס״ג גם בספרו **האמונות והדעות** (מאמר חמישי):

> ***ובאיזה צד נדע שאינם חמורות מפני שלא הגדילו ענשם בעולם הזה וכו׳. אבל המזיד הוא שעובר על החמורות והם שיש בהם כרת וכו׳ וארבע מיתות ב״ד. ובזה נדע כי הם חמורות וכו׳.***

בהמשך דבריו ריפ״פ מביא כך גם בשם הרמב״ם ב**פיהמ״ש** לאבות פ״ב מ״א, שכתב (ועיין על כך גם במאירי ורשב״ץ בספרו **מגן אבות** שם):

> ***וזה, שהתורה כולה - ממנה מצוות עשה ומצוות לא תעשה. אמנם מצוות לא תעשה, הנה ביאר הכתוב העונש על כל אחת מהן, מלבד המעט, וחייב בקצתן מיתות, ובקצת כרת, ומיתה בידי שמים,***

ומלקות, וידענו מן העונשים מצוות לא תעשה כולן, מה מהן איסורו
חמור ומה מהן למטה מזה, והן שמונה מדרגות: המדרגה הראשונה,
והיא החמורה שבהן - הם הדברים אשר חייב בהם סקילה.
והמדרגה שלמטה מזו - מחוייבי שריפה. והשלישית - מחוייבי
הרג. והרביעית - מחוייבי חנק. והחמישית - מחוייבי כרת.
והששית - מחוייבי מיתה בידי שמים. והשביעית - מחוייבי
מלקות. והשמינית - לאוין שאין לוקין עליהן. ומאלה המדרגות נדע
גודל החטא וקוטנו.

אבל מצוות עשה - לא נתבאר שכר כל אחת מהן מהו אצל ה', עד
שנדע מה מהן יותר חשוב ומה מהן למטה מזה, אלא ציוה לעשות
מעשה פלוני ופלוני, ולא ייודע שכר איזה משניהם יותר גדול אצל
ה', ולפיכך ראוי להשתדל בכולן. ומפני זה העיקר אמרו: "העוסק
במצוה פטור מן המצוה", מבלי הקשה בין המצוה אשר הוא עוסק
בעשייתה והאחרת אשר תחלוף ממנו. ולזה גם כן אמרו: "אין
מעבירין על המצוות", רצונו לומר: אם הזדמן לך מעשה מצוה, אל
תעבור ממנו ותניחנו כדי לעשות מצוה אחרת.

במשפטים המודגשים הרמב"ם כותב בפירוש כדברי ריפ"פ.

בתוך דבריו שם, ריפ"פ שישנו מקור בראשונים שחולק על התפיסה הכל כך
אינטואיטיבית הזו, והוא ר' יהודה החסיד ב**ספר חסידים**:

וזה שלא כדעת רבינו יהודה החסיד ז"ל (בספר חסידים השלם סי'
קנ"ז) שכתב וז"ל דע לך כי לא לפי חומר הפורעניות תוכל לידע
מצות עונשן ושכרן. שהרי חילול שבת בסקילה ומקצת מצות עריות
בחנק ובכרת. אעפ"י שמחלל שבת בעבור פיקוח נפש מותר ואינו
יכול לעשות כן באיסור עריות וברציחה שאינן בסקילה. לכך אל
תאמר שזו יקרה וחביבה מזו עכ"ל עיי"ש. וכ"כ עוד לקמן (שם
סימן תתרמ"ו) שאין להעריך ערך המצוות ע"פ עונש העובר עליהן.
והביא ראיה לזה שהרי עון שבועת שקר ומחיקת השם אינו אלא
בלאו ועון אשת איש הוא בחנק. ואע"פ כן כשנבעלה בעבירת אשת

איש כמה בעילות לא נפלה יריכה ולא צבתה בטנה. וכשהשביעה הכהן ושתתה מים המרים נפלה יריכה וצבתה בטנה.

בניגוד לרס״ג והרמב״ם שהבאנו, ר׳ יהודה החסיד טוען שאין קשר ישיר בין חומרת העבירה לחומרת העונש שניתן עליה. הוא מעלה כמה שיקולים חזקים לטובת תפיסתו. לדוגמא, שמירת שבת עונשה סקילה, שהיא העונש החמור ביותר, ואילו עריות עונשן חנק, שהוא עונש קל יותר (לגבי הירכיית העונשים, ראה בציטוט מהרמב״ם למעלה). ובכל זאת, פיקוח נפש דוחה שבת, אבל לא דוחה איסורי עריות (שהרי אדם חייב למות ולא לעבור עליהם). בעצם זוהי דילמה או לולאה בינארית.

ריפ״פ שם דן בדברים באריכות, והוא מסיים את דבריו במילים:

ודברי הר״י החסיד ז״ל נפלאים בעיני. ודברי רבינו הגאון והרמב״ם ז״ל פשוטים וברורים דלא עביד קב״ה דינא בלא דינא וישרים דרכי ה׳ וכו׳.

נמצאנו למדים שהקשר בין חומרת העונש לחומרת העבירה שנוי במחלוקת בין הראשונים. לפי רס״ג והרמב״ם, כחומרת העונש כן חומרת העבירה, בעוד שלפי ר׳ יהודה החסיד אין קשר הכרחי כזה. שאלתו/זעקתו של ריפ״פ בסוף דבריו אכן נראית משכנעת. דברי ר״י החסיד נראים לכאורה תמוהים מאד.

תפיסת הענישה ההלכתית

לא ניכנס כאן לדיון מקיף בשאלת תורת הענישה ההלכתית. מבחינתנו מה שחשוב הוא הדיון באינקומנסורביליות. כדי להבין כיצד זו נכנסת לכאן, עלינו לנסות ולחשוב מה יכולה להיות תורת ענישה שמתאימה לתפיסה כמו זו של ר״י החסיד? כאמור למעלה, כל התפיסות המקובלות מוליכות למסקנה שחומרת העונש צריכה להיות פרופורציונית לחומרת העבירה.

כדי להבין זאת, נתבונן בפסוקים בסוף פרשת מסעי שמתארים את עונש המיתה (בסיף) שמוטל על רוצח במזיד (במדבר לה, לא-לד):

וְלֹא תִקְחוּ כֹפֶר לְנֶפֶשׁ רֹצֵחַ אֲשֶׁר הוּא רָשָׁע לָמוּת כִּי מוֹת יוּמָת: וְלֹא תִקְחוּ כֹפֶר לָנוּס אֶל עִיר מִקְלָטוֹ לָשׁוּב לָשֶׁבֶת בָּאָרֶץ עַד מוֹת הַכֹּהֵן:

וְלֹא תַחֲנִיפוּ אֶת הָאָרֶץ אֲשֶׁר אַתֶּם בָּהּ כִּי הַדָּם הוּא יַחֲנִיף אֶת הָאָרֶץ וְלָאָרֶץ לֹא יְכֻפַּר לַדָּם אֲשֶׁר שֻׁפַּךְ בָּהּ כִּי אִם בְּדַם שֹׁפְכוֹ: וְלֹא תְטַמֵּא אֶת הָאָרֶץ אֲשֶׁר אַתֶּם יֹשְׁבִים בָּהּ אֲשֶׁר אֲנִי שֹׁכֵן בְּתוֹכָהּ כִּי אֲנִי יְקֹוָק שֹׁכֵן בְּתוֹךְ בְּנֵי יִשְׂרָאֵל:

התורה מציגה הרצח כעבירה שיוצרת פגמים מטפיזיים בעולם. ומתוך כך היא מציגה גם את עונש המוות כסוג של כפרה על הטומאה (או ההחנפה) שנגרמת לארץ כתוצאה ממעשה הרצח. אי אפשר לכפר על הארץ אלא בדמו של הרוצח.

נראה שלפחות לגבי עונש מוות על רצח יש כאן תפיסת ענישה שונה מכל אלו שהוצגו למעלה. נראה לכאורה שהענישה כאן היא תיקון העוול או הפגם שנגרם על ידי העבירה (החנפה או טומאה של הארץ).

דוגמא נוספת לתפיסה כזאת אנחנו מוצאים בסוף פרק ראשון של מסכת מכות, שם המשנה מביאה שתי מימרות תנאיות:

סנהדרין ההורגת אחד בשבוע - נקראת חובלנית; רבי אליעזר בן עזריה אומר: אחד לשבעים שנה.

המשנה עוסקת בהימנעות מהטלת עונש מוות. הימנעות כזאת, שמוצגת כמדיניות ההלכתית המומלצת, מעוררת שאלות קשות לגבי ממד ההרתעה שבעונש. ואכן מייד אחר כך המשנה שם מביאה מחלוקת תנאים באותו עניין:

רבי טרפון ורבי עקיבא אומרים: אילו היינו בסנהדרין - לא נהרג אדם מעולם; רשב"ג אומר: אף הן מרבין שופכי דמים בישראל.

ר"ט ור"ע לוקחים את המדיניות לקיצוניות רבה, וטוענים שהם לא היו עונשים שום עבריין במיתה. הגמרא שם בהמשך מסבירה שהם מציעים ליושבים בדין לברר האם העדים ראו שהנרצח לא היה טריפה (=אדם שבין כה וכה עומד למות). הדבר הזה כמובן אינו אפשרי, ולכן אין בסיס לענוש את הרוצח.

רשב"ג מייד מגיב בחריפות רבה, ואומר שהם מרבים שופכי דמים בישראל, שכן תפקידו של העונש הוא להרתיע, ועונש תיאורטי אינו יכול למלא את התפקיד הזה.

מהי נקודת המחלוקת? מסתבר שרשב"ג מבין את עונש המוות כאמצעי
הרתעה. אולם ר"ע ור"ט תופסים את העונש ככפרה, או טיהור הארץ. לכן
לדעתם השיקול של ההרתעה אינו נכנס (כפי שמעירים האחרונים על אתר,
כדי להרתיע ניתן להשתמש בכלים עונשיים אחרים, כמו הכנסה לכיפה).
לשיטת ר"ע ור"ט הריגה בסיף נעשית רק במקום שבו אנחנו משוכנעים
שנעשה רצח גמור (של אדם שהוא בוודאות בריא).

אם נאמץ תפיסה דומה לגבי עונשים על עבירות אחרות, יכולה להתקבל
תמונה שבה חומרת העונש אינה בהכרח פרופורציונית לחומרת העבירה.
הקשר בין העבירה לעונש הוא קשר שבסוג ולא קשר של חומרה. ההבדל בין
עונש סיף לעונש סקילה אינו רק הבדל של חומרה אלא הבדל של סוג. סוג
מסויים של פגם דורש סוג מתאים של תיקון, אבל התיקון שדרוש לעבירה
חמורה אינו בהכרח תיקון שכרוך בסבל גדול, אלא תיקון שבסוגו יכול לתקן
את סוג הפגם של אותה עבירה.

אם כן, תפיסה של עונש כהרתעה מוליכה ליחס פרופורציוני בין חומרת
העבירה לחומרת העונש, אבל תפיסה של עונש ככפרה עשויה להוביל אותנו
לתמונה שונה. ייתכן שזוהי גופא מחלוקת ר"י החסיד מול רס"ג והרמב"ם.

תופעת האינקומנסורביליות

המשמעות של התמונה בה חומרת העונש אינה פרופורציונית לחומרת
העבירה היא שברקע הסיטואציה ישנם שני צירים שונים של היררכיה. ציר
אחד קובע את חומרת העבירה, והציר השני קובע את סוגה. ייתכן שעבירה א
תהיה חמורה מעבירה ב מבחינת ציר א, אבל קלה מבחינת ציר ב (לדוגמא,
היא פוגמת באופן אנוש יותר אבל במישור רוחני נמוך יותר, או בכלל שונה).
זה מה שרואים גם בדוגמא שהביא ר"י החסיד: עונש סקילה הוא חמור יותר
מעונש חניקה. אבל הם כנראה גם שונים בסוגם. לכן שמירת שבת, שהיא
עבירה קלה יותר מאשר עריות (שהרי היא נדחית בפני פיקוח נפש, ועריות –
לא), עונשה סקילה, ואילו עריות החמורות עונשן רק חנק.

לכן דברי ר״י החסיד אינם כה תמוהים כפי שמציג אותם ריפ״פ בסוף דבריו שהובאו למעלה. ריפ״פ, בדיוק כמו **החוו״י** שהובא בפרק הקודם, מניח את קיומו של ציר יחיד שחולש על חומרת העבירות והעונשים, אבל ר״י החסיד טוען שייתכנו כמה צירי חומרה שונים. זוהי בעצם אינקומנסורביליות. כבר פגשנו לאורך הספר כמה מפרשים שהניחו זאת כדבר פשוט, והתעלמו מהאפשרות של אינקומנסורביליות.

הקשר לספר הראשון: הדגמה על ידי טבלא

לפני שנמשיך עוד קצת עם הדוגמא האחרונה, נזכיר כאן כמה עקרונות יסודיים מהמודל שפותח והוצג בספר הראשון בסדרה שלנו.

בספר הראשון הצגנו מודל שמנתח את הנתונים בטבלת נתונים ומסביר אותם במונחי מודל תיאורטי שמכיל פרמטרים מיקרוסקופיים שונים. המודל מהווה 'הסבר' לנתונים שבטבלא. המודל מוצא ייצוג לכל שורה או עמודה בטבלא, במונחי ערכים שונים של הפרמטרים של המודל. כדי להבהיר זאת, ניטול דוגמא מהספר הראשון. ידועים לנו שלושה נתונים: כסף לא מחיל נישואין אבל מחיל קידושין. ואילו חופה מחילה נישואין ולא ברור האם היא מחילה קידושין.

טבלת הנתונים היא הבאה:

	נישואין	קידושין
כסף	0	1
חופה	1	?

ראינו שם שכדי להגיע למילוי הנכון של המשבצת הריקה בטבלא, עלינו להשוות בין שתי טבלאות שונות, האחת במילוי 1 והשנייה במילוי 0, להסביר את שתיהן ולהשוות בין המודלים שמתקבלים עבור שתיהן. המודל הפשוט יותר מגדיר את המילוי הנכון.

ראינו שם שבטבלא כזו של קו״ח, המילוי הנכון הוא 1. המודל שמסביר את הנתונים הללו הוא הבא:

העוצמה של כסף: α

העוצמה של חופה: 2α

העוצמה הדרושה להחלת קידושין: α

העוצמה הדרושה להחלת נישואין: 2α

במסגרת המודל הזה, ניתן להבין בבירור שחופה מצליחה להחיל את שתי התוצאות (קידושין ונישואין), ואילו כסף מצליח להחיל רק את האירוסין (אין בו די עוצמה כדי להחיל את הנישואין).

המודל הזה הוא ההסבר המינימלי לנתונים שבטבלא. כל הסבר אחר יהיה מורכב יותר (לדוגמא הסבר שתולה את הנתונים הללו בשני פרמטרים שונים, ואז הוא מאפשר גם מילוי 0 במשבצת הריקה). אם כן, במקרה זה, די היה לנו בפרמטר יחיד כדי להסביר את הנתונים. משמעות הדבר היא שניתן לסדר את השורות ואת העמודות על פי ציר הירככיה יחיד (שיחידותיו נמדדות במונחי α).

אך מה קורה אם טבלת הנתונים שלנו היא שונה, לדוגמא:

	נישואין	קידושין	פדיון
כסף	0	1	1
חופה	1	?	0

רואים כאן שמבחינת פדיון, דווקא הכסף הוא בעל עוצמה גבוהה יותר מאשר חופה, בניגוד למה שעולה מעמודת הנישואין. משמעות דבר היא שיש כאן שני צירי היררכיה שונים (α, β), והסידור על פני שני הצירים הוא הפוך (מי שחמור באחד קל בשני, ולהיפך). לכסף יש יתרון מבחינת β ולחופה מבחינת α. במקרה כזה, התוצאה במשבצת הריקה אינה בהכרח 1. הדבר תלוי בשאלה האם כדי להחיל קידושין דרושה עוצמה חזקה מבחינת ציר α או דווקא מבחינת β.

זה מה שנקרא פירכא על קו״ח. הפירכא בעצם מראה שלא נכון שיש כאן רק ציר אחד של היררכיה (כמו שמניח הקו״ח, ואז מגיע למסקנה שהמילוי הוא

1), אלא ישנם שניים הפוכים. במצב כזה לא ניתן להסיק מהנתונים שום מסקנה לגבי מילוי המשבצת הריקה.

נחשוב כעת מה קורה בטבלת הנתונים הבאה:

	נישואין	קידושין
כסף	0	1
חופה	1	0

גם כאן ברור שיש שני צירי היררכיה שונים. לכסף יש יתרון מבחינת אחד, ולחופה יתרון מבחינת השני. כך גם לגבי היחס בין קידושין ואירוסין.

יישום לאינקומנסורביליות בתורת הענישה

נשוב כעת למקרה שלנו לגבי תורת הענישה. ראינו למעלה ששמירת שבת היא עבירה קלה יותר מאשר עריות, אבל עונשה חמור יותר (סקילה מול חנק). ניתן להציג את הנתונים הללו באמצעות הטבלא הבאה:

	חומרה	עונש
שמירת שבת	0	1
עריות	1	?

כפי שראינו למעלה, ר"י החסיד בעצם טוען שטבלא כזו היא טבלת קל וחומר (=קו"ח), ולכן המילוי הצפוי היה צריך להיות 1. אם עריות חמורות יותר משמירת שבת, אז העונש שניתן עליה ודאי חמור לפחות כמו שמירת שבת. אולם, כפי שהוא ממשיך וטוען, לא זה המצב. בפועל, המילוי במשבצת הריקה הוא 0 (העונש לעריות הוא קל יותר).

אם כן, הטבלא המתקבלת היא הבאה:

	חומרה	עונש
שמירת שבת	0	1
עריות	1	0

בסוף הסעיף הקודם ראינו שמשמעותה של טבלא כזו היא שיש כאן שני צירי היררכיה הפוכים. שמירת שבת היא חמורה מבחינת האחד ועריות חמורים מבחינת השני. ומה לגבי העמודות? כאן המצב נראה מעט מבלבל. הרי אחת העמודות היא החומרה עצמה. כלומר חומרה ועונש אינן תוצאות הלכתיות אלא צירי החומרה עצמם (הפרמטרים α ו-β). ציר אחד הוא חומרה והשני הוא העונש. כלומר חומרה ועונש הם הסבר לנתונים (חלק מהמודל שמסביר את הטבלא) ולא הנתונים עצמם.

כיצד עלינו להציג את הבעייה באופן שיתאים למתודה של הספר הראשון? לשם כך עלינו לכלול בטבלא נתונים הלכתיים ולא צירים תיאורטיים. מהם הנתונים ההלכתיים הרלוונטיים כאן? בטיעונו של ר"י החסיד ברור שדחייה בפני פיקו"נ היא הנתון ההלכתי, והחומרה היא רק ההסבר לכך. לעומת זאת, לגבי העונש, אמנם יש שני עונשים (חנק וסקילה), אבל אין טעם להפריד אותם לשני טורים שונים, מפני שעל כל עבירה ניתן רק עונש אחד. יחס החומרה ביניהם נקבע מסברא אפריורית, ולא על סמך נתונים כלשהם בטבלא.

לכן נראה שעלינו לייצג את התמונה בצורה הבאה:

	דחיית פיקו"נ	עונש חמור
שמירת שבת	0	1
עריות	1	0

כעת אנחנו פותרים את הטבלא במתודה שראינו למעלה, ומקבלים את שני הפרמטרים שקיבלנו באותה טבלא למעלה:

שמירת שבת: α

עריות: β

כדי קבל עונש חמור דרוש: α

כדי לדחות פיקו"נ דרוש: β

כעת ברור שלא נכון היה לדבר על חומרה באופן כללי, ולהחליט ששמירת שבת פחות חמורה מעריות. יש סוג מסויים של חומרה שקובע את דחיית פיקו"נ (β), וסוג אחר של חומרה (או סוג פגם) שקובע לגבי העונש (α).

מסקנות

המסקנה הראשונה מכל זה היא שישנה שקילות בין המתודה שפיתחנו בספר הראשון לבין שיקולי האינקומנסורביליות בהם עסקנו כאן.

המסקנה השנייה היא שאין שום דבר מיוחד בתמונה שקיבלנו לגבי היחס בין חומרת העבירה לחומרת העונש. תמונה זו משקפת את העובדה שאין יחס פשוט בין שתי השורות או העמודות, ולכן יש כאן שני פרמטרים, או שני צירי חומרה, שונים, ששולטים על הנתונים הללו. זה בדיוק המצב בכל הסיטואציות שבהן יש אינקומנסורביליות. לדוגמא, במקרה של התלבטות בין שוקולד לעגבניה, אננו מעדיפים את העגבניה מבחינת הבריאות ואת השוקולד מבחינת הטעם. אלו שני צירי היררכיה שונים (והפוכים במקרה זה, כמו בדרך כלל ☺), ולכן התמונה שמתקבלת נראית סתירתית. אך כפי שראינו אין מדובר כאן בסתירה של ממש, אלא במבנה של טבלת נתונים עם שתי עמודות בלתי תלויות. זה כמובן מצב שמופיע לא מעט גם בהקשרים אחרים, ואין בו שום דבר בעייתי ברמה העקרונית.

בספר הראשון כבר הזכרנו את הדוגמא לקו"ח הבא: אם אסתר ששונאת ספרות יפה אוהבת ג'אז, אז רבקה שאוהבת ספרות יפה ודאי שתאהב ג'אז. האם היינו מקבלים שיקול קו"ח כזה? ודאי שלא. מדוע לא? מפני שהציר ששולט על אהבת ספרות יפה (=הנטיה הנפשית הזו) הוא כנראה שונה מהציר (או הנטיה) ששולט על אהבת ג'אז. אין סיבה להניח שמדובר בציר היררכיה אחד, ולכן אין מקום לקו"ח. מאותה סיבה עצמה אין מקום לקו"ח שעושה ריפ"פ (נגד ר"י החסיד), או לקו"ח שעושה ה**חוו"י** (שתמה על השואל) ועוד.

המסקנה היא שפתרון לולאות וקונפליקטים, כמו גם בעיות של טרנזיטיביות, אינו אלא בבואה של המתודה אותה פיתחנו בספר הראשון. שם המטרה

היתה לצבור מידע, כלומר למלא משבצות ריקות בטבלת נתונים לאור שאר הנתונים שבטבלא. עשינו זאת דרך השוואה בין שתי טבלאות מלאות לגמרי, שהמשבצת הריקה באחת מולאה ב-1 ובשניה מולאה ב-0. כל טבלא הסברנו באמצעות מודל תיאורטי של פרמטרים, וראינו איזה הסבר פשוט יותר.

לעומת זאת, כאן המטרה אינה לצבור מידע, אלא להסביר אוסף נתונים שנראים סותרים. טבלת הנתונים במקרה זה היא אחת, והיא משקפת מצבים בהם יש יותר מפרמטר מיקרוסקופי אחד במודל התיאורטי עבור הנתונים הללו.

אך ישנו עוד הבדל, והוא שבתהליכי צבירת מידע אנחנו יוצאים מנתונים ובונים מהם מודל תיאורטי. לעומת זאת, בהקשר של פתרון קונפליקטים אנחנו עוסקים ישירות במודל, ולא יוצאים מנתונים. בעצם כל הכיוון הוא הפוך: אנחנו יוצאים מהמודל, ומתוכו בונים את הנתונים. כפי שראינו בפרקים הקודמים, אנחנו מתחילים עם הנחה שיש כמה צירי היררכיה שונים, ונותנים משקל לכל אחת מהאפשרויות במונחי כל אחד מצירי ההיררכיה (המשקלים במקרים אלו הם תלויי סיטואציה). לאחר מכן אנחנו מנסים לבנות כללי קדימה בכל הסיטואציות.

יישום למקרים משולשים

האם האנלוגיה הזו רלוונטית גם לגבי המקרים המשולשים? נראה שבהחלט כן. לדוגמא, אם יש לנו מקרה משולש לא טרנזיטיבי עם טבלת הנתונים הבאה:

	X	Y	Z
a	1	3	2
b	2	1	3
c	3	2	1

האופציה a יש לה תכונות (X,Y,Z), בעוצמות של (1,2,3) בהתאמה. לאופציה b יש את התכונות הללו בעוצמות מוזזות, וכך גם לגבי אופציה c. ברור ששלוש האופציות אינן טרנזיטיביות, שכן לכל אחת יש עדיפות ונחיתות לעומת כל אחת אחרת.

אם ניישם על הטבלא הזו את הניתוח מהספר הראשון, נוכל לראות מייד ששלושת העמודות בטבלא הן בלתי תלויות (אין יחס סדר ביניהן), ולכן ברור שמדובר כאן בשלושה צירי היררכיה שונים. המודל יכיל בהכרח שלושה פרמטרים: α β ו-γ. זוהי בדיוק המשמעות של הניתוח שעשינו בפרקים הקודמים, שם ראינו שיחס לא טרנזיטיבי בין שלוש האופציות משמעותו היא שיש שלושה צירי היררכיה שונים, שהסדר על פני כל אחד מהם שונה מהסדר על פני שני האחרים.

דוגמא שיכולה לתת לנו טבלת נתונים כזאת, היא משאל בקרב בוחרי מפלגה כלשהי, שמוצבים בפניהם שלושה מועמדים: a, b ו-c. כאשר שואלים אותם האם הם מעדיפים את a או את b הם עונים: a. לשאלה האם עדיף b או c הם עונים: b. ולשאלה האם a או c הם עונים: c. גם כאן יש מצב לא טרנזיטיבי. גם כאן אנחנו מניחים שהעדיפויות הן מבחינות שונות. מועמד a עדיף על b מבחינת הכריזמה (Y). מועמד b עדיף על c מבחינת כושר הניהול (Z). ומועמד c עדיף על a מבחינת החזון (X).

הטבלא שלמעלה יכולה לייצג את המשקלים שיש לכל אחד משלושת המועמדים בשלושת הצירים השונים. המועמד העדיף הוא מי שיש לו עדיפות בסכום המשקלים הכולל. כמובן שעדיין הטבלא הזו לא נותנת לנו דרך לייצד את שלושת כללי העדיפות הבינאריים. המשקלים הכוללים של כל המועמדים הם מספרים, וככאלה הם אינם יכולים לקיים את שלושת כללי העדיפות גם יחד. אך בכך כבר עסקנו למעלה.

אמנם נכון שהמשמעות הזו רק מבהירה את מה שעשינו בפרקים הקודמים, ואת המשמעות של האינקומנסורביליות במונחי המתודה שפותחה בספר

הראשון. אך נראה שהמתודה הזו אינה מסייעת לנו בהכרעת הקונפליקטים הללו עצמם.

כאמור, בהקשר של הכרעת קונפליקטים אנחנו לא יוצאים מטבלת נתונים ובונים מודל, אלא יוצאים מכללי קדימה, או דחייה, ובונים מודל (פונקציית משקל, או מידה). לכן ניתוח של טבלת נתונים לא יועיל לנו כאן. זוהי רק אנלוגיה שמבהירה את המשמעות של מה שעשינו.

כעת נבחן את הדברים בצורה יותר קונקרטית על דוגמאות של קונפליקטים משולשים. ראינו שיש שתי דוגמאות כאלה: הקונפליקט המשולש של השבת אבידה – שהוא קונפליקט של דחייה, והקונפליקט של ברכות – שהוא קונפליקט של קדימה.

קונפליקטים משולשים

נזכיר שקונפליקט כמו זה של הל׳ ברכות, מורכב משלוש שלשות:

- שלוש ברכות על מאכלים שונים: זית, מעשה קדרה משעורים, יין.
- שלוש סיטואציות בינאריות: א. יין מול זית. ב. מעשה קדרה מול יין. ג. זית מול מעשה קדרה.
- שלושה כללי קדימה שעוסקים בשלוש הסיטואציות הבינאריות הללו:

א. יין קודם לזית, כי ברכתו חשובה יותר (והחשיבות הזו מתגברת אפילו על קדימה בפסוק).

ב. שעורים קודמים ליין כי הם גם קודמים בפסוק וגם ברכתם חשובה (אם כי פחות מיין).

ג. זית קודם לשעורים כי הוא קודם בפסוק, וקדימה בפסוק עדיפה על חשיבות הברכה של שעורים (שאינה כמו יין).

זה דומה מאד לדוגמא מלמעלה של שלושת ההעדפות הפוליטיות, שהיו בדיוק בעלות אותו מבנה לוגי. גם שם ראינו שהיו שלושה פרמטרים שונים ששלטו על ההעדפות הבינאריות.

כעת עלינו לחשוב כיצד להציג את הנתונים הללו בטבלא. לכאורה עלינו להציג את המאכלים מול הסיטואציות, ולתת משקל לכל מאכל בכל סיטואציה:

מאכל/סיטואציה	א	ב	ג
זית	0	1	-
יין	1	-	0
מעשה קדרה משעורה	-	0	1

ישנה כאן בעיה, כי בכל אחת מהסיטואציות אין משמעות למשקלו של אחד המאכלים.

אם נניח שבכל סיטואציה יש ציר שונה שקובע את יחסי הקדימה, אזי ניתן להגדיר את משקלו של כל מאכל על כל ציר באופן הבא:

מאכל/סיטואציה	א	ב	ג
זית	1	2	0
יין	2	0	1
מעשה קדרה משעורה	0	1	2

כאשר ההנחה היא שבציר של הסיטואציה המסויימת אין שום משקל למאכל שאינו משתתף בה.

הטבלא שאותה קיבלנו היא לא טרנזיטיבית בעליל, בדיוק כמו שראינו בסעיף הקודם (וכמו בדוגמת הבחירות). משמעות הדבר היא שמניתוח כמו זה שעשינו בספר הראשון עולה כי יש לנו בבעייה הזו מודל עם שלושה פרמטרים, שמשמעותם היא שלושה צירי היררכיה שונים, ולכן אין טרנזיטיביות. אך כאן הניתוח הזה הוא חסר ערך טכני, שכן זה היה ברור מאליו גם בלי ניתוח ומציאת מודל. האנלוגיה לספר הראשון רק מבהירה את המשמעות הדברים.

ניתן היה כעת להתייחס לאותה טבלא באופן אחר. אפשר לראות כל עמודה בה כציר שונה של היררכיה (ולא כסיטואציה). כעת המשקלים שמופיעים בטבלא הם המשקל שיש לכל מאכל על הציר המסויים שמתארת העמודה.

במשמעות הזאת, המשקל הכולל של כל אחד מהמאכלים הוא סכום משוקלל של משבצות בשורה שלו. לדוגמא, המשקל של הזית הוא: a + 2b. משקלו של היין הוא: 2a + c. ומשקלו של מעשה הקדרה הוא: b + 2c.

אלא שכעת ברור ששלושת המשקלים הללו לא נותנים לנו פתרון לבעיה: ייתכן שהם ייתנו לנו פתרון לקונפליקט המשולש (אם באמת מדובר בשלושה משקלים שונים, יש להקדים את הגבוה מביניהם), אבל הם לא מתארים נכונה את שלושת כללי הקדימה (שכן שלושה מספרים לא יכולים להיות לא טרנזיטיביים).

למעלה ראינו בדיוק את אותה תופעה, והסקנו שאין מנוס מהצמדת משקלים תלויי סיטואציה. כלומר שיין הוא בעל משקל מסויים כשהוא עומד מול זית, אבל הוא בעל משקל אחר כשהוא עומד מול מעשה קדרה.

מה שזה אומר הוא שמשקלו של יין אינו הסכום המשוקלל כפי שהצענו, אלא בכל סיטואציה יש לו משקל שונה. ומכאן שדווקא המשמעות הראשונית של הטבלא היא זו שמייצגת את זה טוב יותר. בכל סיטואציה יש שם משקל שונה לכל ברכה.

אלא שכעת יש לנו בעיה הפוכה: אנחנו יכולים להציג את שלושת כללי הקדימה הלא טרנזיטיביים באופן הולם, אבל אין לנו דרך להכריע בקונפליקט המשולש. כדי להכריע אותו אנחנו צריכים למצוא את משקלו של כל מאכל בסיטואציה המשולשת. כאן אנחנו נזקקים לתכני הבעייה, והם שיקבעו זאת. אם משקלו של יין בסיטואציה א וג' הוא שונה בגלל שעומד מול זית או מעשה קדרה, אזי בסיטואציה המשולשת עומדים מולו שניהם. עלינו להחליט מה יהיה משקלו במצב כזה.

בעצם יש לנו מטרה למצוא משקלים שונים של שלוש אפשרויות סדר ברכות. כל סידור כזה יש לו משקל, והמשקל הגבוה ביותר הוא הסידור הנכון מבחינה הלכתית.

גם בקונפליקט של דחייה (כמו השבת אבידה) הדרך היא מקבילה לגמרי.
הדרך להכריע בקונפליקט המשולש היא למצוא איזה צעד שוקל הכי הרבה
(ולא איזה סדר שוקל הכי הרבה). לכן לא נחזור שוב על הדברים.

סיכום: משמעותה של האנלוגיה לספר הראשון

את דרך ההכרעה בכל הקונפליקטים הללו כבר הצגנו בפרקים הקודמים. כאן
רק רצינו להראות שהמתודה הזו אינה אלא שיקוף של המתודה שפותחה
בספר הראשון בסדרה שלנו.

בשני ההקשרים היתה לנו בעיה מפני שחשבנו בתוך קופסת הנתונים. בספר
הראשון מדובר בנתונים הלכתיים שהיינו צריכים לחלץ מהם הלכה שאינה
ידועה. ראינו שהדרך לפתור את הבעייה היתה לצאת אל מחוץ לעולם המושגי
של הנתונים ההלכתיים, אל עבר פרמטרים מופשטים שעומדים בבסיס טבלת
הנתונים. גם בהכרעת קונפליקטים המצב די דומה. כאשר אנחנו נמצאים
בתוך הקונפליקט, וחושבים עליו במונחי כללי הדחייה, או הקדימה, אין שום
דרך להכריע את הבעייה (בגלל חוסר הטרנזיטיביות של שלושת הכללים
הבינאריים).

ההבדל היסודי הוא שבבעיות מהסוג של הספר הראשון מטרתנו היא למצוא
נתון חסר, ושם יש משמעות לניתוח של הנתונים. אנחנו יוצאים מהנתונים
ומגיעים למודל התיאורטי. המודל הזה מכיל פרמטרים שאין לנו צורך לזהות
אותם כדי להגיע לפתרון הבעייה (לזיהוי יש ערך למדני בלבד). לעומת זאת,
בהכרעת קונפליקטים הפתרון הטכני (מספר הפרמטרים, כלומר הצירים) הוא
טריביאלי. אין כל צורך בניתוח מתמטי או לוגי כדי להגיע לזה. הבעייה היא
לזהות ולפרש את הצירים הללו, שכן ההכרעה בקונפליקטים משולשים
דורשת שימוש בתכונותיהם, וקביעת הערכים הרלוונטיים בסיטואציה
המשולשת.

המשותף לשני ההקשרים הוא שבשני המקרים כדי להגיע להכרעה היה עלינו
לצאת מהקופסא, ולנסח שפה אחרת (מטא-שפה), שבה ניתן לייצג ולמשקל

269

את הסיטואציות והאפשרויות השונות, וכך לקבל הכרעה. בנקודה זו יעסוק
הפרק המסכם של הספר.

פרק שנים-עשר

סיכום ומשמעות כללית: יציאה אל מחוץ למסגרת

מבוא

בסוף הפרק הקודם עמדנו על כך שמתוך האנלוגיה למודל שהוצג בספר הראשון עולה בבירור שדרך פתרון הבעיות בשני ההקשרים הוא יציאה אל מחוץ לקופסא. הבעייתיות נוצרת בגלל שהנתונים מכתיבים לנו מסגרת חשיבתית שבתוכה לא ניתן לפתור את הבעייה, ולכן כדי למצוא פתרון עלינו לפרוץ אל מחוץ למסגרת הזאת, ולהתבונן עליה מבחוץ.

בפרק זה נעסוק מעט במשמעות של היציאה אל מחוץ לקופסא, הן בהקשר הלוגי והן בהקשר ההלכתי.

משמעותה של חוסר טרנזיטיביות

כאשר יש בפנינו שלושה כללים בינאריים לא טרנזיטיביים:

א. $a > b$

ב. $b > c$

ג. $c > a$

מייד עולה השאלה המשולשת: מה עושים כאשר יש בפנינו סיטואציה בת שלושה צעדים אפשריים (a, b ו-c)? באיזה משלושתם עלינו לבחור? בתוך המערכת אין שום אפשרות לפתור את הבעייה, שהרי פתרון בתוך המערכת דומה למחשב שקיבל את שלושת ההוראות שלמעלה. ברור שהוא ייכנס ללולאה אינסופית.

כיצד בכל זאת יכול אדם לפתור את הבעייה? הוא חייב לצאת אל מחוץ לקופסא של הכללים. כלומר עליו להיות מסוגל לצאת אל מחוץ לכללים כדי להתבונן עליהם מבחוץ ולנסות למשקל אותם (כמה שווה כל כלל). רק כך ניתן לקוות להכרעה בקונפליקט כזה.

271

פרשנות מלבר ומלגיו

יציאה כזו בעצם אומרת לנו שאנחנו שונים ממחשב. בעוד הוא כפוף לכללים
באופן פורמלי ופועל על פיהם באופן עיוור, ולכן הוא נכנס ללולאה אינסופית,
בני אדם אמורים להיות מסוגלים לצאת החוצה ולבחון את הכללים עצמם.
עליהם לפעול מחוץ למערכת הכללים, שכן רק מבחוץ ניתן להתבונן עליהם
ולהשוות ביניהם.

כשמתבוננים על הכללים מבפנים, אין שום דרך ליצור היררכיה ביניהם. הכלל
כשלעצמו לעולם אינו נותן לנו רמז על גבולותיו, ועל יחסו לכללים אחרים.
אם אומרים לנו שחטאת העוף קודמת לעולת בהמה, הכלל הזה אינו אומר
לנו מאומה על השאלה מהיכן הוא נגזר, מה משקלו, ומה יחסו לכללים
אחרים. ניסוח של כלל הוא לעולם גורף וטוטלי, ולכן הוא לא מאפשר שיקול
דעת.

מדובר כאן בפרשנות של הכללים, אבל פרשנות מבחוץ (מלבר) ולא מבפנים
(מלגיו). פרשנות לכלל בדרך כלל חושפת את תוכנו של הכלל המדובר. היא
גוזרת ממנו את המסקנות המתחייבות מתוכנו. לדוגמא, הכלל שחטאת קומת
לעולה, נותן לנו על ידי גזירה לוגית שחטאת העוף קודמת לעולת בהמה. הוא
כמובן אומר זאת לגבי כל סוג של חטאת עוף מול כל סוג של חטאת בהמה.
זוהי פרשנות מלגיו. פרשנות כזו רק חושפת את התוכן שטמון בכלל.

הפרשנות מלבר, עליה אנחנו מדברים כאן, אינה עוסקת רק בכלל הספציפי,
אלא במערכת הנורמטיבית בכלל. עלינו להבין איזה מקום יש לכלל הזה
במערכת, מה הוא בא להשיג, ועד כמה הוא משמעותי. את כל זה עלינו
להשוות מול פרשנות מלבר לשני הכללים האחרים, ורק כך נוכל להגיע
להכרעה בקונפליקט המשולש.

להבדיל מפרשנות מלגיו, שמסתפקת בהבנה של הסוגיות הנוגעות לכלל
המדובר, פרשנות מלבר דורשת כמובן הבנה ובקיאות בכל מרחבי המערכת
הנורמטיבית. לא די להתמצא בסוגיות שנוגעות לכלל המדובר, שכן עלינו
לברר את מקומו ביחס לכלל המערכת.

פוסקים בדרך כלל נרתעים מפרשנות כזאת, מכמה סיבות שונות. ראשית, יש חשש שאיננו מבינים את המכלול כולו. דיינו שאנחנו מתיימרים להבין את הכלל המסוים, ואת תוכנו והוראותיו. גם לגבי זה ישנם ויכוחים לא מעטים בין פרשנים ופוסקים. הבנה יומרנית של כלל המערכת נראית מרתיעה, שכן יש בה ממד ספקולטיבי מאד.

מעבר לזה, המסורת ההלכתית היא שיש לקבל את הוראות התורה וההלכה כפי שהן. אל לנו להיכנס לטעמי המצוות, שכן במחלוקת התנאים בין ר' שמעון לר' יהודה (ראה סנהדרין כא ע"א ומקבילות), נפסקה הלכה כר"ש שלא דורשים טעמא דקרא. במעשה הפרשני אנחנו לא משתמשים בטעמי המצוות אלא רק מנתחים אותן מתוכן. בהקשרים אחרים מקובלנו, בלשון חכמים: "בהדי כבשי דרחמנא למה לך?" (ראה בבלי ברכות י ע"א).

אולם הקונפליקטים מאלצים אותנו לעשות זאת. אם היינו מסתפקים בפרשנות מלגיו בלי פרשנות מלבר, לא היינו יכולים להגיע להכרעה בקונפליקטים כאלה.

פרמטרים תיאורטיים

פרשנות מלבר, שמשמעותה היא יציאה אל מחוץ לקופסא, מוליכה אותנו לממדים ספקולטיביים. עלינו להניח שבבסיס התמונה שבפנינו עומדים מושגים תיאורטיים מופשטים ששולטים עליה ומחוללים אותה. בספר הראשון די היה לנו להגדיר את מספרם ואת היחסים ביניהם כדי להגיע לפתרון. כאן עלינו להמשיך בספקולציה, ולנסות להבין מהם הפרמטרים הללו. לזהות אותם ולנסות לקבוע את משקלם היחסי.

כאשר יש מערכת של שלושה כללים לא טרנזיטיביים, באופן פורמלי לגמרי (בדיוק כמו בספר הראשון), אנחנו יכולים להסיק שבמודל התיאורטי עומדים שלושה פרמטרים בלתי תלויים. אם הם לא היו, שלושת הכללים היו סותרים אהדדי. עוד לפני שאנחנו מגיעים להכרעה בקופליקט משולש, רק כדי להגיע לתמונה שאינה סתירתית ביחס לכללים הבינאריים, עלינו להסיק לוגית את המסקנה שיש כאן שלושה צירי עדיפות שונים. עד כאן הניתוח הלוגי-מתמטי.

273

מכאן והלאה, כדי להתקדם בהכרעת קונפליקטים משולשים היה עלינו לזהות אותם ולהשתמש בזיהוי הזה. זוהי כבר היזקקות לתכנים, ולפרשנות מלבר.

פונקציית מידה

ההכרעה בין שלושת האופציות דורשת פונקציית מידה. יש להצמיד מידה לכל אחת מהאפשרויות כדי להשוות אותן זו לזו. מידה כזו חייבת להימדד באותם קני מידה (אותן יחידות), שאם לא כן ההשוואה היא חסרת משמעות. הצורך להגיע למדידה באותה קני מידה, הוא שהכריח אותנו לקבוע משקלים תלויי סיטואציה. משקלים אחידים לעולם לא היו יכולים לתאר נכונה את שלושת הכללים הבינאריים. מאידך, משקלים תלויי סיטואציה הם משקלים בסיטואציות הבינאריות. כיצד ניתן להסיק מהם את המשקלים הרלוונטיים בסיטואציה המשולשת? אך ורק על ידי היזקקות לתכנים המעורבים בבעיה. שוב יש כאן אלמנט של פרשנות מלבר. עלינו לצאת אל מחוץ למערכת בה מנוסחים הכללים, כדי לקבוע באילו קני מידה הם משתמשים, והאם יש קנה מידה משותף לשלושתם (כדי שהם יהיו קומנסורביליים).

היציאה החוצה היא למערכת כללית, שרואה את הכללים הללו מנקודת המבט של כלל המערכת הנורמטיבית, ומצליחה להצמיד להם משקלים באותו קנה מידה. הדבר דומה לבעיית האינקומנסורביליות בין ערכים. כשרוצים להשוות בין עזרה לזולת לבין מימוש עצמי, או בין בריאות לטעם טוב, או בין פיקוח נפש ושבת, אין מנוס ממציאת דנה מידה משותף. אבל כשמתבוננים בתוך המערכת של טעמים טובים ורעים, לא ניתן להעריך ולמדוד את הבריאות. זהו קנה מידה אחר. היכולת להשוות בין שני קני המידה, היא לצאת אל מחוצה להם ולשקול את שניהם בקנה מידה שלישי, מופשט יותר, שמשווה ביניהם.

הדבר דומה להשוואה בין שני ערכים אתיים (שנדונה בפרקים הראשונים), שדורשת מציאת קנה מידה משותף לשניהם. בדילמה של סארטר שתוארה שם, היה על הסטודנט להשוות ולהכריע בין הערך של כיבוד אם לבין הערך

של הלחימה בנאצים. אלו שני ערכים שונים והם נמדדים במונחים שונים. כיצד אפשר להשוות ביניהם? רק אם יוצאים אל המערכת האתית הכוללת, ומנסים לבחון את מיקומו ומעמדו של כל אחד משני הערכים הללו במערכת כולה. כך ניתן למקם אותם על סולם ערכים, ולקבוע היררכיה ביניהם. שם השתמשנו במינוח של מידת הטוב שיש בכל ערך. אם רוצים לקבוע עדיפות של כיבוד אם או של לחימה בנאצים, עלינו למדוד את שני הערכים הללו במונחי הטוב שיש בהם. זהו קנה המידה המופשט שמשותף לכל הערכים האתיים.

באותו אופן יש קנה מידה משותף לכל הערכים ההלכתיים. זהו מידת עבודת השם שיש בכל אחד מהם. הדרך הכללית היותר להכריע בקונפליקטים הלכתיים היא לנסות ולמדוד את כל הצעדים והאופציות במונחי משקלם בעבודת השם. אלא שאת זה די קשה לעשות. לפעמים ישנה אינטואיציה ברורה, ואז אנחנו מגיעים למה שכינה בעל **החזון איש**, "החלק החמישי של **השולחן ערוך**" (שהוא כמובן בעל ארבעה חלקים בלבד), כלומר האינטואיציה של הפוסק. אבל בדרך כלל אנחנו עוצרים באמצע הדרך, ומנסים למדוד את הערכים הנדונים בקני מידה פחות כלליים, ועדיין משותפים לשניהם. כך עשינו זאת גם בספר זה.

משמעותה של כל הפרוצדורה הזאת היא מציאת פוונקציית מידה. פונקציה כזו מודדת את הערכים שבקונפליקט ומאפשרת לנו למקם אותם על סולם ערכים משותף ולהכריע ביניהם.

המשמעות התורנית של היציאה למערכת הכללית

אנו נוכחים לראות שבמצבים בהם ישנה דילמה שנראית לכאורה בלתי אפשרית להכרעה, דבר זה נכון בהכרח רק בתוך המערכת. יציאה מחוץ למערכת יכולה לאפשר פיתרון גם לדילמה מן הטיפוס הזה. כמובן שהפתרון אינו מובטח, לפחות לא פתרון שיהיה נגיש לנו, אבל אם המערכת היא עקבית ושלימה חייב להיות בה פתרון לכל מצב כזה. אם לא מצאנו אותו, הבעייה

היא אך ורק אצלנו. המשקלים תלויי הסיטואציה הם קשים להגדרה, אבל הם חייבים להיות קיימים.

מיכאל אברהם, בשער התשיעי של ספרו **שתי עגלות וכדור פורח**, מרחיב בנקודה זו, ומצביע על האנלוגיה למשפט גדל בלוגיקה מתמטית. גם משפט גדל עוסק משפטים שלא ניתנים להכרעה על ידי חשיבה בתוך המערכת, והם מאלצים אותנו להיזקק לתכונות של המערכת בכללה. לכן הוכחתו של משפט גדל דורשת מעין 'פרשנות מלבר', כלומר יציאה אל מחוץ למערכת.

בבית המדרש מקובלת התפיסה שבתורה ישנם כל הפיתרונות לכל בעיות האדם והעולם (כאמור בפסוק: "תורת ה' תמימה" – שלמה). בצורה דומה, בתורת מוסר כללית (וגם במערכת משפטית) ישנן גישות הגורסות כי ישנו פיתרון נכון אחד ויחיד לכל בעיה (מוסרית, או משפטית). אם אנחנו לא מגיעים לפתרון הזה, הבעייה היא אצלנו. התורה אינה בהכרח אוסף הפסוקים והמקורות הספציפיים שבפנינו, אלא מערכת מופשטת שמצויה אצל הקב"ה עצמו. ייתכן שאוסף המקורות שקיבלנו בתוספת כל מה שנגזר (או יכול להיגזר) מהם על ידי הליכים פרשניים שונים, מכיל את כל התוכן הזה. אך גם זה לא לגמרי בטוח.

משמעות הדברים היא שלכל קונפליקט משולש יש בהלכה (במובנה המופשט והכללי) שלושה צירים בלתי תלויים וגם משקלים תלויי סיטואציה לכל אופציה. השאלה האם בפועל תמיד נצליח למצוא אותם ולהכריע את הקונפליקט היא כמובן שאלה אחרת, והתשובה עליה אינה חד משמעית.

יישומים לפרדוכס ההצבעה

דוגמא נוספת ליציאה אל מחוץ למערכת כדי לפתור בעייה מצויה בפרדוכס ההצבעה. הבעייה הוצגה במאמר באנגלית שבסוף הספר הראשון, ושם הצענו כיוון אפשרי לטפל בה. בעיית הצבעה (voting) נוצרת כאשר ישנה קבוצה שלכל אחד מחבריה יש רצונות שונים, והם מנסים להגיע להחלטה משותפת

של הקבוצה שתהיה בעלת התאמה אופטימלית לרצונות של הפרטים המרכיבים אותה.

לדוגמא, קבוצת אנשים יוצאת לטיול בלונדון. מוצעות להם כמה אופציות של אתרים נוספים לביקור, שעליהם יצטרכו לשלם בנפרד: תיאטרון (T), מסעדה יוקרתית (D) ושיט בנהר התימזה (B). משלושה אתרים כאלה נוצרות 8 אפשרויות (האם לבקר או לא לבקר בכל אחד מהם). לדוגמא, רק שיט בנהר, או מסעדה ותיאטרון בלי שיט וכדו׳.

כל אחד מחברי הקבוצה מביע את רצונותיו באשר לכל אחת מ-8 הקומבינציות, ואת העדיפויות שלו לגביהם, ונערכת הצבעה. ישנם מצבים שבהם נוצר פרדוכס, כלומר ההצבעה אינה משקפת את רצון הרוב באופן מיטבי. דוגמא ידועה לפרדוכס כזה נוצרת במקרה של 13 חברים בקבוצה, שרצונותיהם לגבי 8 האפשרויות מוצגים בטבלא הבאה:

	H	G	F	E	D	C	B	A
T	0	0	1	1	0	1	1	0
D	0	1	1	0	0	0	1	1
B	0	0	0	1	1	0	1	1
סה״כ	0	3	1	1	3	3	1	1

סה״כ 13 מצביעים, שמתפלגים בין האפשרויות השונות. כל אפשרות מתוך A-G מיוצגת בעמודה אחת, והיא זוכה למספר תומכים שמופיע במשבצת התחתונה באותה עמודה.

האפשרויות C, D ו-G זוכות לרוב התומכים, כלומר 3. אבל ביניהם אין לנו הכרעה.

אם נתבונן ברצונות של המצביעים לגבי כל אירוע בנפרד, וננסה להבין מה יחסם של המצביעים לכל אחד מהאירועים בנפרד, עלינו לסכם את כל אחת

מהשורות בטבלא לחוד, בסיכום משוקלל (כלומר כל אפשרות, 1 או 0, מוכפלת במספר המצביעים שמופיע למטה). אם נסכם את המצביעים בצורה כזו, נקבל שעבור כל אחד משלושת האירועים המוצעים, T ,D ו-B, ישנם 6 תומכים ו-7 מתנגדים. כלומר לכאורה אף אחד מהאירועים לא זוכה לרוב, ולכן לכאורה האפשרות האופטימלית היא לא לבקר באף אחד מהם.

אך אם נשים לב לעמודה האחרונה מימין בטבלא (H), האפשרות הזו לא נבחרה על ידי אף אחד מהמצביעים. כלומר התוצאה שהתקבלה על ידי קריטריון הרוב היא תוצאה שאף אחד מהמצביעים לא רוצה בה. נעיר כי תופעה דומה מתקבלת במקרה של 4 אפשרויות בילוי ו-31 מצביעים.

לכאורה נראה שכאן הפרדוכס הוא מלאכותי, שהרי ניתן היה להצביע על כל אתר בנפרד ולקבל תוצאות מדויקות. אבל זה לא נכון, שכן הרצון לבקר4 באתר X תלוי בשאלה האם נלך לאתרים אחרים. לכן נכון יותר להצביע על קומבינציות, כפי שהצגנו כאן.

שתי דוגמאות נוספות לפרדוכסים דומים

נציין כי במקרים מסויימים כלל לא ניתן להצביע על כל אתר בנפרד. חשבו על הצבעה בבחירות פוליטיות. נערכת שם הצבעה בין מפלגות שונות, אבל לכל מפלגה יש מצע שמורכב מהרבה סעיפים. כשבוחר כלשהו מצביע עבור המפלגה הזו הוא לא בהכרח מזדהה עם כל סעיפי המצע שלה, ולכן גם שם יכול להיווצר מצב דומה למתואר כאן, כלומר שההכרעה בבחירות תוביל למדיניות שבה ההחלטה בכל סעיף וסעיף בהתנהלות הממשלה עומדת בניגוד לרצון רוב המצביעים. כלומר לא יהיה צעד אחד שאותו תעשה הממשלה הנבחרת שמקובל על רוב המצביעים. האפשרות להצביע על כל סעיף בנפרד אינה אפשרית, גם בגלל הקושי הטכני (שלא כמו בפוליס היווני הקדום), אבל גם בגלל העובדה שדעתו של פלוני בסעיף א תלויה בשאלה מה ייעשה בסעיפים ב וג'. לכן הדרך היחידה היא לקבוע הצבעה על המכלול כולו. לפעמים ישנו מצב שהסעיפים תלויים זה בזה, והתוצאות הקולקטיביות ייתנו

מדיניות לא קוהרנטית, ולכן אין מנוס מהצבעה עבור מפלגות שתפקידן לאגד את הסעיפים למדיניות כוללת וקוהרנטית שעליה מצביעים.

דוגמא נוספת שבה מופיעה בעייתיות דומה, היא פרדוכס השופטים (גם היא מופיעה ונדונה במאמר באנגלית בסוף הספר הראשון). ראובן תובע את שמעון על הפרת חוזה. שמעון טוען שאין סעיף כזה בחוזה, ואפילו אם היה סעיף כזה, הוא לא הפר אותו שכן הוא כלל לא עשה את המעשה שמייחס לו ראובן. השופטים צריכים להחליט בשתי הסוגיות: א. משפטית – האם אכן יש סעיף כזה בחוזה. ב. עובדתית – האם שמעון עשה את המעשה, ובכך הפר את הסעיף הזה (אם הוא קיים). התפלגות הדעות בין השופטים היא הבאה:

	קיום הסעיף	עשיית המעשה	פס"ד סופי
שופט א	0	1	0
שופט ב	1	0	0
שופט ג	1	1	1

שני שופטים פוטרים את שמעון ואחד מחייב אותו, ולכן על פי כללי המשפט (וגם ההלכה) הוא פטור. מאידך, בדיקה של כל אחת מההחלטות לחוד, מעלה כי בשאלה האם יש סעיף כזה יש רוב לדעה שאכן יש. ובשאלה האם שמעון עשה את המעשה יש רוב לדעה שכן. לכן לכאורה הפס"ד הסופי היה צריך להיות ששמעון חייב, בניגוד לכללי המשפט.

גם כאן הצבירה של הדעות של הפרטים לגבי שתי ההחלטות, יוצרת החלטה סופית שאינה עומדת בהתאמה לדעת הרוב.

כדי לפתור את הבעייה כאן אין צורך לצאת אל מחוץ לקופסא. כאן בהחלט קיימת אפשרות להכריע בכל אחת מהסוגיות לחוד, ולקבוע ששמעון באמת חייב. זה כלל לא פרדוכס, אלא שתי אפשרויות שונות לקבל החלטה שיפוטית, ומה שצריך הוא להחליט איזו משתיהן נראית לנו סבירה יותר.

אבל במקרה של קבוצת המטיילים (או הבחירות הפוליטיות) יש בהחלט פרדוכס. שם אין לנו אפשרת אחרת, והשאלה כיצד לקבוע את ההכרעה הנכונה, שתתאים באופן אופטימלי לדעת רוב הפרטים.

בחזרה לפרדוכס ההצבעה

ישנן כמה אפשרויות לחשוב על הכרעה בפרדוכס הזה, שכולן מצריכות יציאה אל מחוץ לקופסא. לדוגמא, יכולנו למשקל את רצונות המשתתפים בצורה כלשהי, ולהתחשב ברצונות המשוקללים. אם היינו שואלים כל אחד מהם עד כמה הוא רוצה כל אפשרות, ולא רק מה הוא רוצה, זה היה מאפשר לנו לקבל החלטה.

שאלה כזו היא יציאה אל מחוץ לקופסא. המסגרת שמכניסה אותנו לבעייה היא אוסף הרצונות. כשלעצמם הם לא מאפשרים לנו פתרון. מאידך, יציאה החוצה מאפשרת לנו למדוד את עוצמת הרצונות ולשקול אותם, וכך לקבוע הכרעה. הצמדת משקל לעיקרון או לרצון, היא לעולם תוצאה של יציאה אל מחוץ לקופסא.

גם הכרעה על ידי הצמדת משקל הסתברותי לאפשרויות שונות, נעשית על ידי יציאה אל מחוץ לקופסא. אנו בודקים כל אפשרות מול מכלול האלטרנטיבות ומצמידים לה משקל הסתברותי.

במקרה של פרדוכס ההצבעה ישנה אפשרות נוספת, וגם היא יציאה אל מחוץ לקופסא במובן כלשהו, והיא ניסיון לרדת לקריטריונים שלפיהם האנשים קיבלו את ההחלטות שלהם, ולנסות להגיע להכרעה על פי הקריטריונים הנסתרים הללו (ולא על פי הרצונות שמובעים בגלוי).

כיצד מגיעים לקריטריונים הללו? ניתן לבחון את שלושת האתרים עצמם, ולראות מה המהות שלהם. לדוגמא, תיאטרון הוא בילוי אינטלקטואלי-תרבותי, לעומת שיט או סעודה. סעודה היא בילוי קולינארי. שיט ותיאטרון שניהם מראים לנו דברים מיוחדים ללונדון (בעוד שאוכל ניתן לאכול גם במקומות אחרים) וכדו'. אך אפשר גם לבחון כל אחת משמונה האפשרויות השונות. לדוגמא, אלו שרצו רק שני בילויים או אחד, כנראה רצו לחסוך כסף.

אחרים שהעדיפו שלושה בילויים כנראה שהכסף פחות חשוב בעיניהם. מי שרצה תיאטרון ושיט כנראה רוצה לראות היבטים ייחודיים ללונדון. אלה שרוצים סעודה ושיט כנראה מעוניינים בבילוי מאוורר ולא אינטלקטואלי. השיקולים הללו הם שעומדים ביסוד הניתוח אותו עשינו במאמר שבסוף הספר הראשון, שם הראינו כיצד ניתן להגיע להחלטה דרך חשיפת הרצונות העקרוניים של המצביעים (לא מה שהם אומרים: תיאטרון, שיט, או מסעדה. אלא מה שמונח בבסיס האמירות הללו: חיסכון כספי, בילוי אינטלקטואלי או לא, איוורור, תיור וכדוי).

אם כן, גם שם מדובר בסוג של קונפליקט שנראה ללא אפשרות הכרעה, והדרך להכריע בו בכל זאת היא להתבונן עליו מבחוץ. התהליך הזה מקביל למה שעשינו בספר הזה, שכן גם כאן יצאנו אל מחוץ לקופסא כדי להבין מה עומד בבסיס הנתונים שמהווים את המסגרת (=של הקופסא) שיוצרת את הבעייה. לאחר שהבנו את מה שעומד ביסוד הכללים המתנגשים יכולנו לפעמים להגיע להכרעה ביניהם. בדיוק כמו בפרדוכס ההצבעה ובמודלים של הספר הראשון.

www.ingramcontent.com/pod-product-compliance
Lightning Source LLC
Chambersburg PA
CBHW070449100426
42812CB00004B/1239